劉玉才　水上雅晴　主編

經典與校勘論叢

北京大學出版社
PEKING UNIVERSITY PRESS

圖書在版編目(CIP)數據

經典與校勘論叢/劉玉才,(日)水上雅晴主編. —北京:北京大
學出版社,2015.4
ISBN 978-7-301-25696-1

I.①經… II.①劉…②水… III.①古籍－校勘學－文集 IV.①G256.3-53

中國版本圖書館CIP數據核字(2015)第084337號

書　　　　名	經典與校勘論叢
著作責任者	劉玉才　水上雅晴　主編
項目統籌	東亞漢籍研究工作坊
責任編輯	吳遠琴
標準書號	ISBN 978-7-301-25696-1
出版發行	北京大學出版社
地　　　　址	北京市海淀區成府路205號 100871
網　　　　址	http://www.pup.cn　新浪微博:@北京大學出版社
電子信箱	dianjiwenhua@163.com
電　　　　話	郵購部 62752015　發行部 62750672　編輯部 62756694
印刷者	北京大學印刷廠
經銷者	新華書店
	650毫米×980毫米　16開本　33.5印張　410千字
	2015年04月第1版　2015年04月第1次印刷
定　　　　價	84.00圓

日本學術振興會科學研究費基盤研究

中國國家社科基金重點項目

中國國家社科基金重點項目
"《十三經註疏校勘記》研究"
(項目批准號:11AZW005)階段成果

日本學術振興會科學研究費基盤研究(Ｂ)
"中日校勘學發展和相關的複合性研究"
(項目批准號:23320009)階段成果

目　録

前言　　　　　　　　　　　　　　　　　　　　劉玉才/1

校勘學——讀莊子　　　　　　　　　　　　　　陳鴻森/1

校勘學的基本原理　　　　池田秀三撰　水上雅晴譯/1

《易》學與校讎學　　　　　　　　　　　　　　鄭吉雄/9

南宋刊單疏本孔穎達《毛詩正義·鄭風》校箋　　石立善/38

日本舊鈔岩崎本《尚書》寫卷校證

　　——兼論與敦煌寫本互證的重要性　　　　　許建平/98

論武英殿本《禮記注疏》的刊刻　　　　　　　　李寒光/115

自述《春秋正義校勘記》之撰作　　野間文史撰　水上雅晴譯/133

吳騫《皇氏論語義疏參訂》初探　　影山輝國撰　水上雅晴譯/153

隋劉炫《孝經述議》復原研究解題　　林秀一著　童　嶺譯/165

《十三經注疏校勘記》略説　　　關口順撰　水上雅晴譯注/206

顧廣圻與《十三經注疏校勘記》

　　——以《毛詩釋文校勘記》爲考察中心　　　水上雅晴/242

阮元《十三經注疏校勘記·毛詩》所稱"正義本"考辨　程蘇東/263

《周禮注疏校勘記》平議　　　　　　　　　　　　唐田恬/284

南昌府學本《儀禮注疏》所附校勘記辨正　　　　　　張　文/329

阮元《左傳注疏校勘記》成書管窺

　　——從陳樹華《春秋左傳集解考正》到阮書　　袁　媛/353

《孟子注疏校勘記》編纂考述　　　　　　　　　　王耐剛/381

唐石經校譌　　　　　　　　　松崎慊堂撰　　劉玉才整理/425

周易校勘記舉正　　　　　　　海保漁村撰　　張學謙整理/465

宋本《周易注》附《釋文》校記　　　孟　森撰　　劉玉才整理/487

相臺本《周易》校記　　　　　　　　　　　　　　孟　森/511

《爾雅》校譌　　　　　　　　　松崎慊堂撰　　劉玉才整理/518

前　言

　　校勘之學是古典文獻學的基石，而對於儒家經典文本的校勘，更是經學乃至中國古典學術的核心內容。在寫本時代，校訂刊正經書文字，即已超越經師授經講學需求，而承擔起正定學術的職能。兩漢經今、古文之爭，此後刊立熹平石經、正始石經及至唐開成石經，無不致力於通過文本校訂刊正以確立權威定本。兩宋以降，刻本漸繁，然經書文本歧異仍未消弭。儒家經典相沿有“五經”“九經”“十三經”諸說，加之權威注釋義疏，蔚爲大觀。諸經之經注與義疏，原本別行，南宋坊刻本爲便利起見，匯合經注、義疏、釋文於一書。南宋之後，十三經的組合方式，經、注、疏、釋文的文本結構，逐漸形成固定搭配，《十三經注疏》遂成爲士人閱讀的最基本文獻，影響深遠。然而由於經疏文字率爾搭配，章節分合、長短無定，而且相互遷就改易，又人爲造成經典文本的混淆。宋板《十三經注疏》在宋元明三朝不斷覆印，但後印本多有補板、修板，字跡漫漶，明代據之翻刻爲監本、閩本、毛本諸本，文本訛誤更甚。清康乾以降，考據之學興起，校訂經書文字漸成風尚，而日人山井鼎《七經孟子考文》的校勘成果引進之後，亦頗爲中土學人所推重。其間，惠棟、盧文弨、浦鏜諸儒可謂開風氣之先，錢大昕、段玉裁、王念孫等踵行其後，至阮元組織匯校《十三經注疏》，纂成《十三經注疏校勘記》，則堪稱清儒經典校勘的集大成之作。

　　歷代經典及其注釋義疏的文本實況，清儒雖然進行了很好的揭示與校理，但囿於時代，掌握版本無多，版刻源流梳理不清，文本校訂亦不乏武斷之處，故仍遺留下大量文獻問題。而我們今天有幸能夠利用到許多前人未曾寓目的珍稀版本、海外佚籍與出土文獻，這對於經典與校勘研究的推進無疑會提供極大的助力。有鑑於此，筆者與水上雅晴教授分別在中日兩國申請課題，並邀集同道，合作開展經典校勘方面的文獻整理與研究工作。此《經典與校勘論叢》（以下簡稱"《論叢》"）即爲中日雙方學者初步研究成果的結集，內容主要包括以下三個部份：

　　第一部分主要選自日本琉球大學、北海道大學與北京大學"《十三經注疏校勘記》研究"課題組合作主辦的"校勘與經典"學術討論會專題論文。該次會議共有來自中國大陸、臺灣、香港和日本方面的知名學者十餘人宣讀論文，是古典文獻學界一次水準較高的國際學術集會。會議圍繞校勘論題，對中國古典文獻學研究的一些重要問題展開多方研討，取得了豐厚的學術成果。《論叢》收入的京都大學名譽教授池田秀三《校勘學的基本原理》，闡述了校勘學的基本原理和主要方法，強調校勘之學應該保持客觀性，不要強不知以爲知。廣島大學名譽教授野間文史《自述〈春秋正義校勘記〉之撰作》，敘述了著作《春秋正義校勘記》的校勘對象、參考版本以及前人著作如阮元《十三經注疏校勘記》、浦鏜《十三經注疏正字》的功過得失。實踐女子大學文學部教授影山輝國《吳騫〈皇氏論語義疏參訂〉初探》，介紹清代學者吳騫著作《皇氏論語義疏參訂》的基本情況和文獻價值。香港教育學院文化史講座教授鄭吉雄《〈易〉學與校讎學》，以《周易》的版本與異文作爲範例，說明中國古代經典文獻存在的一字多義現象，以及此種現象與校勘學之間的關係。浙江大學古籍研究所教授許建平《日本舊鈔岩崎本〈尚書〉寫卷校證——兼論與敦煌寫本互證的重要性》，選取日本舊鈔岩崎本《尚書》若干條進行考釋，並論述利用敦煌本校勘岩崎本的重要性。上海師範大學哲學學院教授石立善會後提交的《南宋刊單疏本孔穎達〈毛詩正義·鄭風〉校箋》，主要利用日本杏雨書屋所藏南宋單疏本《毛詩正義·鄭風》，與現存多種版本進行對校，並施以個人按斷。《論叢》收入的多篇高水準研究論文，反映了中日古典文獻學研究的最新成果，預期對中日學界交流學術，相互啟發，可以產生積極影響。

　　第二部分主體爲筆者主持國家社科基金重點項目“《十三經注疏校勘記》研究”的階段性成果。該項目是對清代學者阮元組織編纂《十三經注疏校勘記》的一次深入研究。嘉慶初年，阮元組織江浙學者編纂《十三經注疏校勘記》，後在江西刊刻宋本《十三經注疏》並附錄校記。阮元《十三經注疏校勘記》堪稱經典文本校勘的空前之作，集中體現了清代經典校勘學的特色。理清阮刻《校勘記》的功過得失，對今日開展經書整理和經學研究仍有重要意義。“《十三經注疏校勘記》研究”項目立足於文獻學的傳統治學理路，引入數據分析方法，對《十三經注疏校勘記》的文本進行細緻梳理，力求客觀揭示其文獻來源與校勘特點，爲學界提供扎實的文獻資料和全新的方法借鑑。項目參與者來自北京大學、華東師範大學和日本琉球大學等校專業研究機構。現已完成各經校勘記的文獻整理，並陸續發表研究論文和數據分析報告。《論叢》收錄的相關成果包括：水上雅晴《顧廣圻與〈十三經注疏校勘記〉——以〈毛詩釋文校勘記〉爲考察中心》，程蘇東《阮元〈十三經注疏校勘記·毛詩〉所稱“正義本”考辨》，張文《南昌府學本〈儀禮注疏〉所附校勘記辨正》，唐田恬《〈周禮注疏校勘記〉平議》，袁媛《阮元〈左傳注疏校勘記〉成書管窺》，王耐剛《〈孟子注疏校勘記〉編纂考述》。項目研究在對阮刻《十三經注疏校勘記》的條目進行全面文獻梳理的基礎上，理清其版本依據與文本來源，並進行歸納分類和量化統計，總結其校勘工作的流程與採錄文獻的幅度，準確得出各項文獻的引用資料。同時，以阮元開局校經這一重大的學術工程爲軸心，對參與校勘經書的學術群體進行綜合考察，關注他們的學術取向、學術評價與學術成就，探討參校學者的校經得失。項目力求將研究對象置於學術史視野的觀照之下，在經典文本的校勘和清儒經學成就的研究方面取得較大突破。

第三部分輯録若干稀見經典校勘文獻。主要包括日本松崎慊堂《唐石經校譌》、《爾雅校譌》，日本海保漁村《周易校勘記舉正》，孟森《宋本〈周易注〉附〈釋文〉校記》、《相臺本〈周易〉校記》等。這些文獻爲中日前輩學者經典校勘的重要成果，但因獲取不易，以往學界甚少利用。如日本江户後期儒學者海保漁村的《周易校勘記舉正》，即以舊抄單疏本《周易正義》校阮本，並加按斷，以補阮元《周易注疏校勘記》之闕誤。考證派儒學者松崎慊堂《唐石經校譌》、《爾雅校譌》則以日本所存古鈔、宋槧校正《唐石經》及通行版本，足可媲美山井鼎《七經孟子考文》，且補阮元《十三經注疏校勘記》之失。近代著名學者孟森爲日本文求堂影刊宋本《周易》所作校記，創獲良多，然因流布不廣，學界甚少利用，今與其《相臺本〈周易〉校記》一併整理刊佈。這些重要經典校勘文獻的整理刊佈，可以爲學界提供一批内容豐富的研究資料，或引發新的學術生長點。

此外，《論叢》還收入日本已故《孝經》文獻學者林秀一的名作《隋劉炫〈孝經述議〉復原研究解題》，這是該文首次譯作中文刊佈，譯者還進行了全面整理校核工作。著名學者關口順所撰《〈十三經注疏校勘記〉略説》，是日本學者關於阮元《十三經注疏校勘記》研究最爲全面的論文，文中引用的文獻資料尤其是日本學界的研究情況，可以彌補此方面中國論著的不足。《論叢》所收爲作者最新增訂本，也是首次以中文發表，較日文本補充了不少新的内容，譯者還加入了自己的注釋。

中國傳統經典是東亞共同的文化財富，中日兩國學者圍繞經典校勘問題進行合作研究，具有非同尋常的學術意義和文化意義。我們希望通過《論叢》的出版，達到切磋交流、啟迪學術的目的。爲此，特別感謝積極參與研討的中日兩國學者和參與雙方項目的各位同道，尤其是爲籌備"校勘與經典"學術研討會和翻譯日本學者論文付出大量心血的水上雅晴教授，感謝童嶺教授慨允整理翻譯林秀一長文。陳鴻森先生爲在日本沖繩召開的"校勘與經典"學術研討會題詩一首，謹置卷端，以誌紀念。北京大學社會科學部爲《論叢》提供了出版資助，北京大學出版社吳遠琴編輯精心編校，我們對此均表示衷心感謝！

劉玉才

2015年元月

校勘學——讀莊子

陳鴻森

魯魚亥豕

每下愈況

我們尋行數墨

反覆推敲

不敢稍有輕忽，甚至是

十目一行

此亦一是非

彼亦一是非

沿途盡是歧義的人生

我們一次又一次

審時度勢

權衡再三

像外交辭令般字斟句酌

就是不敢輕下案斷

在我們的時代

左右形似　　虛實相倣

積非成是　　聚是成非

要勘正訛誤

談

何容易

心非口是　　唯唯

昨是今非　　諾諾

是是非非

形形色色

孰非？

孰是？

欲辨已忘

鹽

兩眼迷離

校不勝校

匆匆翻過一卷《人間世》

不著一字

校勘學的基本原理*

池田秀三撰　水上雅晴譯

一

　　會議籌備會要求本人作演講,對校勘學進行全面梳理,所以本人不自揣量,而提出"校勘學的基本原理"之題目。但現在内心後悔這條題目還是有點誇大的,又是不合適的。之所以如此認爲是因爲本人感到疑問:校勘不過是對各個文獻進行的個別性而且具體性的工作,然則所謂"校勘學"這樣的抽象一般性的,換言之,具備體系性的一門近代的學問到底可不可以成立? 校勘工作不僅不可缺少有關目録學、版本學、書誌學等方面的素養,又不可缺少涉及文字、音韻訓詁、輯佚等文獻學上的全面學識,同時不可缺少涉及歷史、地理、天文曆法等領域的知識。我們不能否定校勘是運用諸門學科的極爲高級的學術工作,認爲可以將這種學術工作稱爲"校勘之學"

　　* 本文是筆者在"校勘與經典"國際學術研討會(日本琉球大學,2013 年 11 月 18—19 日)上的演講文稿之翻譯文,這篇譯文係日本學術振興會科學研究費基盤研究(B)"中日校勘學發展和相關的複合性研究"(項目批准號:23320009)的階段性成果之一。

(即中國傳統意義下的"學")①,同時不禁懷疑所謂"校勘學"這門擁有獨自領域的學問本來是否可以存在。不僅如此,儘管所謂"校勘學"這門學問可以存在,但是其中有没有所謂"原理"的抽象思辨可以發揮作用的餘地,對此也不得不感到疑問。管見所及,校勘學内只有一定的基本程序,或者僅有規則,本人認爲自己所提出的題目可能不合適籌備會要求的理由就在於此。本人雖然充分了解在以"校勘與經典"爲主題的學術會議中講這樣的話缺乏見識,但是這就是發自肺腑的真心話。

校勘學不過是由規則而構成的,只是在規則的背後既然存有共同理念,本人先請允許將之稱爲原理,然後重新確認校勘學的規則以及意義,以履行演講者的責任。順便事先説明一下,爲了討論這個問題本來應該引述具體事例,由於時間的緣故無法實行。缺少具體事例的議論恐怕不免浮泛,尚請原諒爲幸。

二

剛才提到本文重新確認校勘學的規則,這不過是與會先生們所熟識的基礎知識,然則在此重新説明,未免有班門弄斧之嫌。實際上,校勘學的規則無需贅言。即:薈萃衆本,從其中選擇最善本定爲底本,將之與諸本進行校對,修正字句,增補脱文,删除衍文,從而確定文本。校勘工作實爲費心費力,不過工作内容卻是明確而且簡單的。雖然如此,僅對諸本加以校對一番就校完是罕見的,在大多場合,還留有誤脱和衍文。留有誤脱和衍文則自然文意不通,因此就文意不通的地方探討其原因來推斷原初文本。在進行這種工作之時,很多方法被運用,舉要而言之,如衆所周知,對誤字,一面考慮形

---

① 小島祐馬説:"中國自古以來,在提到'學'的時候,只意味著知識的集合體,中國人對這些知識形成體系與否,未必介意。因此,當代意義的科學在中國的'學'中不能看到。"(《中國思想史》,東京:創文社,1968年,第1頁)

訛（"魯魚、豕亥之訛"即鄭玄所謂"字之誤"是也）和聲訛（即鄭玄所謂"聲之誤"是也）的可能性，一面推斷本字。對文句脱衍，根據前後文脈和句法來推測原來的文句，在這些方法無效的場合，經常利用另外方法，即進而參考他書所引文句從而試圖恢復原文。

　　陳垣將這種方法分爲四類校法，即（一）對校法，（二）本校法，（三）他校法，（四）理校法①。上面已經提到的諸本校合就是（一）對校法；考慮前後文脈和句法來推定原來文句就是（二）本校法；參考他書所引文本就是（三）他校法。至於（四）理校法是在無古本可據時"以意改字"，對於這種方法，將在後面重新加以考察。

　　如上面所説的，這些校勘學的方法是從事校勘者都熟識的，也是到現在的兩千年間一直實行的。剛才説"兩千年間"是因爲在劉向校書之初，這些方法已經被利用。姚名達在他的《中國目錄學史》中設立"劉向等典校秘書之義例"五個項目：（一）"廣羅異本"，（二）"互相補充，除去複重"，（三）"條別篇章，定著目次"，（四）"讐校訛文脱簡，寫定正本"，（五）"命定書名"②。從這些義例可以了解，在劉向之時，校勘學的體例已經接近完成。閱讀現存的《晏子》、《戰國策》、《荀子》等敘錄，就容易了解劉向校書之嚴格，我們今天的校勘，與劉向的幾乎没有差異。當然，由於時代不同，不能完全一致。例如，在文本本身尚未固定的寫本時代與在文本幾乎固定的版本時代，廣羅眾本的意義不可同日而語。至於書名的確定和篇章的辨別，現在幾乎不用介意。總而言之，由劉向創始的校勘方法直到現在襲用下來，這是不可置疑的事實。換言之，校勘學基本上在劉向時代已經

　　① 陳垣《校勘學釋例》，北京：中華書局，1959年，第144—149頁。
　　② 姚名達《中國目錄學史》，長沙：商務印書館，1937年，第39—42頁。雖然姚氏没有注明，這五條義例恐怕是參考孫德謙《劉向校讐學纂微》而立的。孫德謙對劉向校讐學的方法加以詳細分析，從而歸納爲二十三個項目，首先設立"備眾本"、"訂脱誤"、"删複重"、"條篇目"、"定書名"、"謹編次"、"析內外"等有關校勘的諸項目。又參照蔣元卿《校讎學史》第三章《校讎學的建立時期》，合肥：黃山書社，1985年。此書初刊於1934年。

確立，後人將之配合時代潮流加以修正，從而傳承下來。直率言之，從劉向以來，校勘學一直沒有激烈的變革，恐怕將來也沒有。如果學問是不斷被要求根本性的變革發展，校勘學大概不能認爲是學問。上面對校勘學可能是獨立學問與否提出疑問的理由在此。雖然如此，本人並不以悲觀的眼光看待校勘學。實情是完全相反。説老實話，本人認爲校勘學是一門已經完備的學問，並不需要如何變革，不，本人倒是認爲不該加以變革（其實，這種事情同樣適合以訓詁學爲首的所有古典文獻學，並不限於校勘學，在此不贅論）。

總之，本人對校勘學所要求的不是變革其內容，也不是加上新的內容，而是將其傳統內容原原本本地傳給後代。只是，對後代的繼承而言，不得不感到危機感。本人所提到的校勘學規則和方法，正如反復談到的那樣屬於基本常識的事，對參會學者而言，恰如是孔夫子門前賣《孝經》。但是翻開近年陸續刊行的古籍點校本不免感到疑問：不僅年輕學者，甚至具有權威性的學者也不知道這種常識，或者說，儘管知道常識，不能了解常識的真正意義。這就是本人不避贅言的理由。下面將講到本人自己所感到的畏懼。

三

薈萃眾本是很重要的，但是數量不是核心，應該留意的是收集屬於不同系統之版本。屬於同一系統的版本，無需多本，其實只有一本就夠了。例如，收藏《漢魏叢書》者再得到《百子全書》這套叢書，沒有很大意義。因爲《百子全書》可謂是以《漢魏叢書》爲基礎而編成的，藏有《漢魏叢書》本就足夠了。正如這樣，文本的是非並不能以多數表決方式來決定。爲了闡明版本系統之同異，版本學與目錄學的知識是不可缺少的，這也是自不待言的。

就底本的選擇而言，不可以古爲貴。雖然在大多場合，最古的本子確是最好的，但是書本之古老與精善不是一回事。唐以前寫本並不總是正確,宋元版未必完全是優良的。我們總是只能比較諸本而決定底本。反之,若一概以《四部叢刊》本爲據,對文本沒有加以分析,這種態度難免缺乏見識之誹。

剛才說明的注意事項也是先學已經指出的,無需重新加以詳細解說。例如,武内義雄在《支那學研究法》一書中,關於校讎“根據自家經驗,應該注意的事項”舉出幾事①:“一,通目録學”、“二,正文獻系統”、“三,嚴格選定底本”,從而加以詳述。本人所講說的不過是套用他的說法②。

武内氏接着舉出“四,留意古書所引之文”,認爲“古典文字之誤,往往利用古書所引字句可以修正”,因而主張重視《群書治要》等雜纂書和類書所引文字。高論不容置疑,但是本人想提起一事。根據管見,武内氏似乎比較過於信奉類書等記載③。其實,先人在引用古書之時未必一字一句準確抄寫,這種事情從《後漢書·王符傳》所引《潛夫論》與今本呈現出的很大差異就可以了解④。類書也不例外,或者說,類書是編纂型的一種百科事典,則文字齟齬的可能性更高。類書中的文字,從先行類書轉引的實爲不少,未必是從當時流通的文獻直接引用。幾本類書所引文字相同,未必提高文本的可靠性。古書的引文,儘管確是校勘上的重要資料,並不都是全面可靠的,還是應該對個別記載加以詳細分析。

---

① 武内氏將“校讎”和“校勘”作爲同義詞而使用,但是校讎是指辨章學術源流同異之學,在一般場合,其中包含目録、版本學而作廣義使用。武内氏又將校讎的含義限定於對校,本校和他校則分屬於“稽疑”,本文將稽疑納入校勘之範圍内進行討論。
② 武内義雄《支那學研究法》,《武内義雄全集》第九卷,東京:角川書店,1979年,第31—32頁。此文初刊於1949年。
③ 這種態度或許出於武内氏崇敬不已的王念孫之影響。王念孫雖然真是偉大學者,管見所及卻未免有兩個弊端:一是過於濫用假借,另一是過於置信類書。
④ 不待言的是,這種異同並不都是出於范曄的不正確引用,他所見的文本或許與今本屬於不同系統。《後漢書》《潛夫論》各自的轉寫過程也應該加以考慮。無論如何,我們應該記住,與今天學人的看法不同,范曄沒有認爲自己應該一字一句正確的抄寫古文獻的文本。

關於引文的校勘，在此表示懸念。近年，陸續刊行古典注釋書點校本，而往往看到點校者將注釋書中的引文文字改作而配合所引原典的文字。這是毫無道理的行爲。除了明顯的誤記、誤刻以外，古典的文字原則上不能改動。每位著者動輒按照記憶引用文章，則在文章細節裏產生異同並不罕見，縱使記憶正確，著者也是以主旨的敘述爲優先，往往對原典文章進行改寫，或者給予省略（即所謂"節引"）。由於著者的誤解或錯覺，所引文章有時與原典呈現文字差異，這種區別也是出於著者的看法，則校者不該隨意改動而配合原典文字。加之，在將引文與原典進行對照的時候，應該參見著者當時可能看到的本子，不可以簡單利用現在的通行本[①]。

四

以上就是本人認爲在進行校勘工作之時應該注意的事項概要。最後還有一事要提到，就是説，可以讀懂的文句並不一定是正當的。大家或許認爲讀懂的文章就是絕對正當的，但是事實不是如此。舉例來講，現在有Ａ和Ｂ兩種文本，如果Ａ本文意通順，Ｂ本文意不通的話，大概任何人也会判定Ａ本爲正當，恐怕其判斷百分之九十九是妥當的。儘管如此，本人敢於主張，文意通順的文本並不絕對正當。文意不通表明Ｂ本確實含有誤脱，但是這個事情並不保證Ａ本是正當的文本。因爲不能讀懂，所以先人對此進行改竄以致文義通順，這種可能性並非完全沒有。Ｂ接近原態，Ａ卻離原態愈遠，這種事情很少發生，但是本人希望校勘者將這種可能性放在心裡進行校勘。

----

① 在校訂引用文的過程所發生的誤謬，喬秀岩《古籍整理的理論與實踐》（《北京讀經説記》，臺北：萬卷樓，2013年，第132—135頁）在"校引文必須知作者所據"節中用具體例子來詳述之，值得參閱。附帶及，這篇論文對古籍整理的須知事項進行全面解説，極爲有用。

　　本人之所以講究此事是因爲最近研究者信而不疑地認爲古典都是可以讀懂的，對這種樂觀態度難以贊同。本人不能同樣相信古典是容易讀懂的，實際上有時讀不懂——如果被人批評説，那是因爲你的讀解能力有問題，則無可辯解。本人認爲我們應該保持古典是難以讀懂這種畏懼，但是同時不得不認爲，如果大家都保持同樣畏懼，則近年出土資料研究之隆盛，不可能出現……。

　　古典是難以讀懂的，沒有這種畏懼的人遇到不懂的文句往往勉強理解。意味不懂的文字，則判定爲形訛或者聲訛，從而換爲文意通順的文字。形訛改字和聲訛改字是校勘學中重要而且正統的方法，畢竟不該濫用。至少，事先想定文意通順的文字，然後説明，A字與B字聲近，B字與C字是形近，C字與D字是一聲之轉，故A字是D字之誤，這種階段性的推論是不該做的。至於根據形訛或者聲訛的改字沒有效果之場合，一些人以私意改變文章，或者補充文字，以致文意通順。上面所提到的陳垣所謂“理校法”相當於此。

　　陳氏對理校法表示高見：“遇無古本可據，或數本互異，而無所適從之時，則須用此法。此法須通識爲之，否則鹵莽滅裂，以不誤爲誤，而糾紛愈甚矣。故最高妙法者此法，最危險者亦此法”①，認爲非具有最高學識者，不能利用理校法。本人這樣的淺學自不待言，根據管見，縱使通識者原則上也不能利用這種方法，因爲沒有明確證據的校訂，終究屬於妄改。如果稱之爲妄改算是説得過分，至少可以稱之爲臆改。

　　雖然如此，一些學者甚至主張，臆改不是不好，將不能讀懂的地方不改而保留，則無法進展。宮崎市定就是這一説法的代表性人物，他説：“本文可能有缺誤的地方，又有錯誤的地方，對此嘗試進行補正不是沒用的。……人們在進行這種工作之際總是感到心理上的抗拒，是因爲可能會蒙受對古典的‘臆改’之譏，特別是在發生錯

①　陳垣《校勘學釋例》，第148頁。

誤之時蒙受'淺人妄改'之譏。……但是我的態度卻是不避諱'臆改'的。"①他又説："一般説來,古典文本充滿錯誤,不含錯誤的本子幾乎没有。……原文不通順,從而不能作爲史料來利用的場合,則不得不以意改而讀之。"②

宮崎氏明知故犯那樣的言辭之根柢有對清朝考證學的反感,還有歷史學者與文獻學者不同的自負,在此置之不論。反正,不避諱臆改的態度也值得尊重。但是本人始終要保持傳統的"戒妄改"的立場③。因爲,本人相信,校勘學之爲學,以客觀性爲核心因素。然而一談起客觀性,便會受到指責,曰,哪裏有純粹而且客觀的校勘學? 不用提到對《史承節碑》銘文的校勘例子④,校勘學不能避免主觀性、思想性是很明白的事。本人充分了解此事,但是同時認爲校勘學本身決不應削減其客觀性。一邊自覺難免主觀性,一邊志向於客觀性,一面抱有讀不懂之畏懼,一面努力回溯原初之文本,本人認爲各以所能揚棄這兩種矛盾就是校勘學的本質。

【作者簡介】　池田秀三,京都大學名譽教授。

　　　　　　　水上雅晴,琉球大學教育學部教授。

---

① 宮崎市定《陸賈〈新語〉の研究》,《アジア史研究第五》,京都:同朋舍,1968年,第491頁。此文初刊於1965年。

② 宮崎市定《論語の新研究》,東京:岩波書店,1975年,第64—65頁。

③ 武内氏,作爲校讐者應該留意的第五個事項,舉出"戒妄改",説:"凡在進行校讐之時,不該以私意改正文。……應該避開隨意改竄正文。"武内義雄《支那學研究法》,第33頁。

④ 參見水上雅晴《史承節碑の發見とその影響—清儒による〈後漢書〉鄭玄傳の校訂—》,《東方學》第98輯,東京:東方學會,1999年。

《易》學與校讎學

謹以此文獻給一位值得尊敬的前輩——來新夏教授

鄭吉雄

一、兩類"校讎/校勘"

校讎學在中國是一門古老的學問。如果說文獻是文化與文明的載體，"校讎"就是保證文化文明能藉由文獻獲得完整而準確地承載與傳播的一門學問。古人常常強調讀書治學要"求義"，揭示經典文獻裡面的"意義"是最終目標，而校讎作爲"方法"是達至目標的必要工具。倘若方法不夠完善，目標就無法達至。本文藉由《周易》的版本與異文作爲範例，說明中國古代經典文獻存在一種"一字多義"（polysemy）的現象，以及這種現象和校讎學之間的關係。

"校讎"也稱之爲"校勘"，原本是指文獻的核對；但廣其意義，也指涉因整理文獻之需而對於圖書知識進行分類的工作。這兩種意義的"校讎"，原本都和劉向（77BC—6AD）有關。因爲劉向校書中祕，不但在技術上對文獻內容進行對勘校正，其所編《七略》，也對於先秦流傳至漢初的文獻，依據其知識的類型和施用以及傳承的源流，提出前所未有的一種分類架構。前一項是古今治校讎、校勘學者所重視的工作，《別錄》所謂"一人讀書，校其上下，得謬誤，爲

'校';一人持本,一人讀書,若怨家相對,爲'讎'"①即指此。傳統學者於文獻的訛誤,透過版本的研究,字詞的比較,而對内容有所諟正,排除了障礙,讓後人順暢地通讀中國古典載籍。毫無疑問,這是當今文獻學家所不陌生的。然而今人論"校讎"或"校勘",有時會將重點置於此,而忽略了圖書與文獻分類以明知識源流的重要性。著名文獻學家喬衍琯(1929—2008)説:

> 我國歷史悠久,載籍繁富,而每經一次傳鈔或刊印,便不免有些脱誤、衍羨或顛倒的情形,影響到學術研究,便得靠精密的校勘來改正,而校勘又是讀書的基本功夫。我國校勘書籍,早在周秦,便已注意到,而宋代盛行雕板印書,清代崇尚實學,校勘學都有輝煌的成就。宋人對校勘的見解,散見於文集、筆記或所校書的敍跋中,清人如王念孫的《讀書雜志》、盧文弨的《群書校補》,都極精審,俞樾的《古書疑義舉例》,更建立了校勘的體系。此後校勘益密,陳垣撰《元典章校補釋例》(民國二十三年十月史語所刊於北平),胡適之推爲我國校勘學走上科學道路之傑作。王叔岷校諸子數十種、《史記》一百三十卷,旁及《孟子》、《陶淵明詩集》等,更集其數十年校勘的學識經驗,撰爲《校讎學》,後出轉精,又超越清儒的成就②。

　　喬先生講校勘、校讎,側重了技術層面也就是文獻的校訂工作,卻沒有提及文獻編次所涉及圖書與知識源流變遷的研究的重要性。而後者在整個文獻學史及至於廣義的思想史(intellectual history)的發展源流上,重要性絶不在前者之下。劉向《七略》、班固(32—92)《漢書·藝文志》藉由圖書部次而轉對於文史知識作宏觀的

---

① 引自嚴可均《全上古三代秦漢三國六朝文·全後漢文》,北京:中華書局,1985年,第1册,卷三十六,第657頁。

② 《中華百科全書》"校勘學"條目,參中國文化大學、中華學術院、中華百科全書編纂委員會編《中華百科全書》,臺北:中國文化大學出版社,1981年,第5册,第571頁。

分類,在中國近世亦不乏學者加以繼承,其中當以鄭樵(1104—1162)及章學誠(1738—1801)爲最著名。鄭樵的學説具見於《通志·校讎略》;學誠的學説則具見於《文史通義》及《校讎通義》。嚴格來説,章學誠的學問主要還是來自鄭樵,而《校讎通義》實係不完整的文稿,亦係章氏中年未定之論,他的相關學術思想的定論,還是多寄託於晚年撰寫的《文史通義》諸篇①。回溯鄭樵的"校讎"之論,見於其《通志》卷七十一,"校讎略"第一的第二部分"編次必謹類例論六篇"的第一篇説:

> 學之不專者,爲書之不明也;書之不明者,爲類例之不分也。有專門之書,則有專門之學;有專門之學,則有世守之能。人守其學,學守其書,書守其類。人有存没,而學不息;世有變

---

① 章學誠注意到鄭樵,和他畢生的論敵也是景仰者戴震也不無關係。學誠在《答客問上》説:"癸巳(雄按:乾隆三十八年[1773])在杭州,聞戴徵君震與吳處士穎芳談次,痛詆鄭君《通志》,其言絶可怪笑,以謂不足深辨,置弗論也。其後學者頗有訾謷,因假某君敘説,辨明著述源流,自謂習俗浮議,頗推陷廓清之功。"(《文史通義》內篇四,章學誠《章氏遺書》,臺北:漢聲出版社影印劉氏嘉業堂本,1973年,上册,卷四,第84頁)本年夏是學誠畢生第二次遇到戴震,可能是在他與戴震在寧波道署相遇之前的一次,其時學誠在史學上已窺見門徑,自信滿滿。而同年學誠撰《與嚴冬友侍讀》説:"識力頗進,而記誦益衰,思斂精神,爲校讎之學。上探班劉,溯源官禮,下該《雕龍》《史通》,甄別名實,品藻流別,爲《文史通義》一書,草創未多,頗用自賞。"(《章氏遺書》,中册,卷二十九,第747頁)這一年他的"校讎之學""上探班劉",那就是追源於《七略》《漢志》,但當年尚未撰《校讎通義》,而是開始經營《文史通義》。而翌年(乾隆三十九年甲午[1774])學誠撰成《和州志》並從中輯爲《和州文徵》八卷,後删爲《和州志隅》二十篇。《和州志隅·自敘》説:"鄭樵有史識而未有史學,曾鞏具史學而不具史法,劉知幾得史法而不得史意,此予《文史通義》所爲作也。《通義》示人,而人猶疑信參之。蓋空言不及徵諸實事也。"(《章氏遺書》,下册,外編卷十六,第1236頁)當年學誠對於鄭樵略有批評,但並未影響他對鄭的推崇。至乾隆四十四年己亥(1779)學誠始著成《校讎通義》四卷,而乾隆四十六年辛丑(1781)學誠在大梁遇劫匪,失去所有書籍,也包括《校讎通義》。他在《跋西冬戌春志餘草》記:"余自辛丑游古大梁,所遇匪人,盡失篋携文墨,四十四歲以前撰述,蕩然無存。……但己亥著《校讎通義》四卷,自未赴大梁時,知好家前鈔存三卷者,已有數本。及余失去原稿,其第四卷竟不可得。索還諸家所存之前卷,則互有異同,難以懸斷,余亦自忘真稿果何如矣。遂仍訛襲舛,一併鈔之。"(《章氏遺書》中册,卷二十九,第747頁)由此可見今本《校讎通義》並不完整,亦非原本。

故,而書不亡①。

由此段話中可見,鄭樵論"校讎",其首要的關懷,在於分類例,守專家之學而使學術能超越個人的生死,代代相傳。對於書籍類例的區分,也就等於上文所説的"對於知識的分類"。唯有成功地區分書的類例,才能讓書的要旨明晰,進而讓學術能專精。而專精,正是學術超越於世變以外的一種永恒的作用。"世有變故"也許是無法避免的,但書不亡,世變背後的穩定價值就能藉由書籍的保存、學術的專精而守住。這是"校讎"在改正脱誤、衍羡、顛倒的技術工作之上,更爲深遠的理想。章學誠《校讎通義》論"校讎"尤深於此一項工作:

> 校讎之義,蓋自劉向父子部次條別,將以辨章學術,考鏡源流,非深明於道術精微,群言得失之故者,不足與此。後世部次甲乙,紀錄經史者,代有其人,而求能推闡大義,條別學術異同,使人由委溯源,以想見於墳籍之初者,千百之中,不十一焉②。

學誠所謂"道術",講的其實是一種人文文化變遷的理路③。人類生活形態與夫文明的發展,是聖王立政創制的依據,而官府政制的文字紀錄,即所謂"史",實乃儒家經典的原始,而爲後世學術的起源。"辨章學術,考鏡源流"者,其意義範圍,已經超越對文獻書籍"脱誤、衍羡或顛倒的情形"加以校正的技術層面工作,也並非僅僅只是目錄學的編目工作,而是進而及於歷史文化的偉業。

以上略説兩類"校讎",相信都是當世治校讎學的學者所熟知的,不待贅言。後一種"校讎"涉及文史知識的分類,需要具備對於

---

① 鄭樵著,王樹民點校《通志二十略》,北京:中華書局,1995年,下册,第1804頁。

② 章學誠《校讎通義》内篇一,《章氏遺書》,上册,卷十,第213頁。

③ 詳見鄭吉雄《論章學誠的道與經世思想》,《臺大中文學報》第5期,臺北:臺灣大學中國文學系,1992年6月,第303—328頁。鄭吉雄《論戴震與章學誠的學術因緣——"理"與"道"的新詮》,刊《文史哲》"創刊六十周年紀念專號"總324期,濟南:山東大學,2011年5月,第163—175頁。

人文學、文獻學的宏觀視野,高瞻遠矚。雖然經鄭樵、章學誠的闡發,爲學界所知悉,唯因晚近中國文史領域受西方文明衝擊,尤其歐美大學分科觀念的規範,今天言"校讎"或"校勘"的學者,已鮮少致意於此,可爲之太息長嘆,但亦無可如何。至於前一種強調蒐羅版本、訂正異文的"校讎",雖然廣泛受到當世治校讎學的學者所注意,但其實箇中種種繁複的問題頗不少,未發之覆尚多。本文特別要提出的是中國文獻裡面字詞的多義性(multiplicity of meaning)所呈現一字多義的現象,有時在校勘工作,很容易被忽略。學者對於比對不同版本而發現的異文,除了能辨別異文的對錯、版本的優劣外,也要着眼於不同異文之間共同呈現的關係。簡而言之,由於漢字具有形音義統一的特性,統一之中又有參差:有兩個字形異而義同的,有兩個字音近而義通的,也有兩個字形混而義異的。這些情形,導致一個文本中的某個字在不同版本中出現各式各樣異寫(即"異文")的情況。由於情況眾多,原因繁複,校書者應避免遽爾下斷語,在彼此之間做是非判斷,獨取其中一種字形以擷取某一種意義,而是應該透過訓詁的知識,注意不同版本的異寫,其實可能反映的是經典字詞的多義性——某一個字同時具有兩種或以上的意義,可以並存。研究者應將這幾種字義一併考慮,勿輕易取捨。以下謹以《周易》版本異文爲例,撰爲本文,就教於方家。

二、《周易》的異文與校讎問題

《周易》包含"經"(卦體、卦辭、爻辭、卦序等)及"傳"(即十翼),其涉及校讎的工作,首在於版本異文的問題。《經典釋文》所列版本的異同至多,其中經文異文甚多,形成的原因也很多。近世出土文獻中出現多種本子的《周易》,如馬王堆帛書《周易》(以下簡稱《帛易》)、阜陽雙古堆《周易》殘簡(以下簡稱"阜陽《易》")、上海博物館藏戰國楚竹書《周易》(以下簡稱"上博《易》")等,以及疑爲《歸藏》而與《易》相關的文獻,版本的異同增多了,研究的材料豐富了,的確有利於研究者將《易》學向前推進。不過這部經典的異體字原本繁複的情形,因新材料的出現而更形複雜,也是事實。然而研究者對於這些古今出現的異文,往往會將之單純化,加以處理。阜陽《易》的整理者韓自強就說:

> 阜陽《周易》出現的異文,都是因爲衍、奪、通假和使用古今字不同而造成的。

《帛易》出土後,李學勤評論其中的異文,特別指"異文大多數是文字通假":

> 當然,帛書與通行本比較,不一定帛書總是更好,而且異文大多數是文字的通假①。

我同意帛書與通行本比較,不一定較好,說異文中有不少是文字的通假,基本上也沒有錯;但這種說法很容易誤導學者:只用"通假"的原則,就將原文似乎讀不通的字,一概以讀音類近、"一音之轉"、"聲近可通"等爲理由,轉讀爲另一個字,以求符合研究者自身主觀所想望的意思。這種研究取向,近年在《易》學界非常普遍,學者當不會陌生。韓自強的一番話,就是很典型的例證:

> 阜陽《周易》有些異文使用了比今本字義更爲準確明白的字。例如"豫"卦的"盱豫"作"歌豫";"復"卦的"无祇悔"作"无智悔"。就使得令人費解的"盱"、"祇"兩字的含義得以明瞭。再如"剝"卦裏的"剝牀以辨"、"剝牀以膚",牀何以有膚、有膝蓋! 這些難解的文句,在阜陽《周易》簡裏作"僕牀以膚",帛書作"剝臧以膚",僕、臧皆是古代的奴隸,剝是小擊,牀和臧都是

---

① 李學勤《〈周易〉研究的新途徑——讀〈帛書周易校釋〉》,《湘潭大學學報(社會科學版)》第15卷第3期,湘潭:湘潭大學,1991年7月,第155頁。

戕字的假借字，"僕戕以膚"或"剝臧以膚"，都是説奴隸的皮膚或膝蓋受到創傷，這樣，"剝"卦的内容就很容易理解了[1]。

韓先生整理阜陽《易》十年以上，備極辛勞，人所共知。但上述的解讀方法，真是完全讓人無法接受，舉三方面説明：

1. 卦爻辭非常古老。就像《尚書·周書》諸篇、《詩經·大雅》、《周頌》一樣，卦爻辭本來就不可能容易解讀。後人解讀卦爻辭，應以準確靠近原義爲目的，而非以"容易理解"爲目的。

2. 凡指某字應"讀爲"或"讀若"某聲，或某字是另一字之假借，應有輔證，不能單純以聲音爲關聯，直接指稱假借而不理會上下文脈和其他輔證。

3. 究竟卦爻辭的性質是什麽？這至今仍没有可靠的答案，何以見得多記大人君子治國用兵的《周易》卦爻辭，竟然會瑣碎到紀録"奴隸的皮膚或膝蓋受到創傷"呢[2]？

事實上，經典出現異寫、異文的原因很多，除了一般常見的"假借"、"形近而誤"、"涉上文或下文而誤"等之外，還有地域、年代、書寫者之身分與習慣，乃至於本文的"一字多義"等原因都存在。後人不能因爲古典"難解"，就儘求方便易解以圖了事。"假借"是一個容易借用的理由，尤其應該謹慎從事。事實上《易》學界以及出土簡帛研究者濫用假借、不去全面追溯字義的歷史發展的情形已經太多，熟悉這一行的學者一定知道。個人近年曾針對"行"、"中"兩個字寫過兩篇長文[3]，討論其字義變遷的類别與軌迹，正是希望提示學界對

---

① 韓自强《阜陽漢簡〈周易〉研究》，上海：上海古籍出版社，2004年，第100頁。

② 説詳拙著《論〈易經〉非占筮紀録》，《周易研究》2012年第2期，濟南：山東大學易學與古代哲學研究中心，2012年4月，第24—32頁。

③ 鄭吉雄、楊秀芳、朱歧祥、劉承慧《先秦經典"行"字字義的原始與變遷——兼論"五行"》，《中國文哲研究集刊》第35期，臺北：臺灣中國文哲研究所，2009年9月，第89—127頁。鄭吉雄《先秦經典"中"字字義分析——兼論〈清華簡·保訓〉"中"字》，簡帛經典古史研究國際論壇，香港浸會大學中文系主辦，2011年11月30日—12月2日。

於古代經典字義應採取更嚴謹的態度。關於《周易》異文,多年前已有專門的著作出現①,但頂多臚列歸納,斷言某一字應讀爲某字而已,未嘗對異文可能反映漢語“多義性”的現象,有一絲一毫的發明。直至今天,除了幾篇拙文外②,以個人的淺陋所知,似尚未見有學者專注於此,殊爲可惜。

蒐羅《周易》異文的著作,最早且最爲豐富的,當推陸德明《經典釋文》,其中所列,何止百條。那是因爲漢魏以前,《易》家各有師承,對於經典原文内容,各有所持,亦各有其獨特的説解。自鄭玄兼綜今古文,諸家經説散佚者多,幸而透過唐代《經典釋文》、《周易集解》一類書籍,才得以保存。其中有的是很單純的差異,例如“困”卦九四“困於金車”③,《經典釋文》云“金車,本亦作金輿”④。“車”是“輿”字的部件,二字意義相同。作“車”作“輿”,也許對爻義的解釋,關係不甚大。又或“損”卦《象傳》“君子以懲忿窒欲”,“窒”字《經典釋文》記“鄭、劉作愼,愼,止也”⑤。“窒”之與“愼”均有“止”之義,意義亦無分別⑥。又如“謙”卦,《經典釋文》記《子夏傳》作“嗛”,云“嗛,謙也”⑦。“謙”、“嗛”二字形近義同,亦不至於混淆。

有一些異文對於校正原本經文、或使文義順通,是有幫助的。如“晉”卦初六“晉如摧如,貞吉。罔孚,裕,无咎”。《帛書》“摧”作

---

① 如吳新楚《周易異文校證》,廣州:廣東人民出版社,2001年。

② 鄭吉雄《從卦爻辭字義的演繹論〈易傳〉對〈易經〉的詮釋》,《漢學研究》第24卷第1期,臺北:漢學研究中心,2006年6月,第1—33頁。這篇論文與其他四篇討論《周易》字義的論文並收入拙著《周易玄義詮解》,臺北:臺灣中國文哲研究所,2012年10月。

③ 本文所引《周易》經傳均據《周易正義》,爲免煩瑣,不另出注。參王弼注,孔穎達疏《周易正義》,《十三經注疏》整理本,北京:北京大學出版社,2000年,第1册。

④ 陸德明《經典釋文》,上海:上海古籍出版社據北京圖書館藏宋刻本影印,1984年,上册,第108頁。

⑤《經典釋文》,上册,第104頁。

⑥《詩·豳風·東山》:“洒埽穹窒。”(毛亨傳,鄭玄箋,孔穎達疏《毛詩正義》卷八,《十三經注疏》整理本,第5册,第612頁)《豳風·七月》:“穹窒熏鼠。”(《毛詩正義》卷八,第587頁)《説文解字》:“窒,塞也。”(《説文解字注》,第346頁。)

⑦《經典釋文》上册,第85頁。

"浚",張政烺釋爲"逡",義爲徘徊不進①。實則《經典釋文》釋"摧":

> 罪雷反,退也。鄭讀如"南山崔崔"之崔②。

　　鄭玄讀爲"崔嵬"之"崔",《説文解字》:"崔,大高也。"③那就是巍峨之意,指的是山岳的崇高。面對崇高的山岳,而徘徊不前,這樣或能補充解釋《帛易》作"浚"而義爲"逡巡"的徘徊不進的原因。當然,究竟文本講的是"崇高"(作"崔")還是"逡巡"(作"浚"),從嚴格意義上説爭議仍在,問題又未必解決了。又如"明夷"卦六二"明夷,夷于左股,用拯馬壯,吉"④,《經典釋文》討論"夷于左股"之"夷":

> "夷",如字。子夏作"睇",鄭、陸同,云:"旁視曰睇。"京作"眱"⑤。

　　"如字"云云,是陸德明所確認的。如採子夏、鄭玄、陸績之"睇"字,釋爲"旁視",則旁視左股,難以理解。本爻"夷于左股",似與下句"用拯馬壯"相承接,"夷"字似讀爲"痍",義爲"傷"⑥,即傷於左股之意。

　　又如"睽"卦六三"見輿曳,其牛掣,其人天且劓。无初,有終",《經典釋文》:

---

　　① 張政烺《馬王堆帛書周易經傳校讀》,北京:中華書局,1980年,第87頁。

　　②《經典釋文》,上册,第100頁。

　　③ 許慎著,段玉裁注《説文解字注》,臺北:天工書局據經韵樓藏版影印,第441頁。

　　④ 雄按:王弼讀爲"用拯馬,壯吉"。王弼《周易注》:"以柔居中,用夷其明,進不殊類,退不近難,不見疑憚,順以則也,故可用拯馬而壯吉也。"(《周易正義》卷四,《十三經注疏整理本》,第1册,第183頁)

　　⑤《經典釋文》,上册,第100頁。

　　⑥《春秋公羊傳》成公十六年:"晉侯及楚子、鄭伯戰于鄢陵。楚子、鄭師敗績。敗者稱師,楚何以不稱師? 王痍也。王痍者何? 傷乎矢也。"(公羊壽傳,何休解詁,徐彥疏《春秋公羊傳注疏》卷十八,《十三經注疏》整理本,第21册,第465頁)又按"大壯"卦《周易集解》引虞翻:"壯,傷也。"參李鼎祚輯《周易集解》卷七,臺北:臺灣商務印書館,1996年,第170頁。

掣,昌逝反。鄭作"觢",云:"牛角皆踊曰觢。"徐"市制反"。《説文》作"觢",之世反,云:"角一俯一仰。"子夏作"觟",《傳》云:"一角仰也。"荀作"觭"。劉本從《説文》,解依鄭①。

由此看來,"其牛掣"的"掣"字幾乎可以確定是形近而致的訛誤,其本字取義與"牛角"或有關,或"牛角皆踊",或"角一俯一仰",或"一角仰"。諸形不論爲"觢"抑或"觢",都是因形近而訛爲"掣"字。透過異文,我們可以糾正原文的錯誤。這是一個顯例。

在這些例子以外,也有很多並不單純的異體字,不但字形不同,意義也南轅北轍,讓後世的學者不容易作取捨。如"豫"卦九四"由豫,大有得。勿疑,朋盍簪"的"簪"字,異體至多。《經典釋文》:

"簪",徐側林反,《子夏傳》同,疾也。鄭云速也。《埤蒼》同。王肅又祖感反。古文作貸。京作撍。馬作臧。荀作宗。虞作哉,哉,叢合也。蜀才本依京,義從鄭②。

"簪"字有"貸"、"撍"、"臧"、"宗"、"哉"等異體計五種,讀音至少兩種。它們或僅知其形而未知其義,或採相同之形而不同之義(如蜀才),簡直讓人無從選擇。又如"益"卦上九《象傳》:

《象》曰:"莫益之",偏辭也;"或擊之",自外來也。

"偏辭"一詞,《經典釋文》:

音篇。孟作"徧",云:周帀也③。

作"徧"則義爲周匝,作"偏"則不周匝,二字字形略有區別,意義適爲相反。又如"泰"卦九二"包荒,用馮河,不遐遺,朋亡,得尚於中

---

① 《經典釋文》,上册,第101—102頁。
② 《經典釋文》,上册,第86頁。
③ 《經典釋文》,上册,第104頁。

行"。其中"包荒",《帛易》作"枹妄"。《經典釋文》：

> "苞"。本又作"包",必交反。下卦同,音薄交反。"荒",本亦作巟,音同。鄭注《禮》云：穢也。《説文》：水廣也,又大也。鄭讀爲康,云虚也。……馮,音憑①。

然則"包荒"或作"枹妄"、"苞荒"、"苞巟",究竟哪一個爲正確？實無定論。惠棟《九經古義·周易古義》卷一"泰九二"條：

> "包荒",《説文》引作巟,從川亡,云"水廣也"。《釋文》云："本亦作巟,音同。"(原注：鄭氏云："巟讀爲康,虚也。"《穀梁傳》云："四穀不升謂之康。"康是虚巟之名,其義同也。)②

雄按："包荒"的"荒"字,《經典釋文》："鄭讀爲'康',云'虚'也。"③《説文解字》引則作"巟",義爲"水廣"④。鄭玄經説與許慎多不同⑤,此處亦不例外。許慎引此卦而訓"巟"爲"廣",顯然着眼於河,即讀"包荒"二字義爲被廣濶之大河所包圍。鄭玄讀"巟"爲"康"訓"虚",則着眼於"包"而讀爲"匏","包巟"就是"匏虚"。"匏虚,用馮河",是將匏瓜掏空,用以渡河,即《莊子·逍遥遊》所謂"慮瓠以爲大樽"：

> 惠子謂莊子曰："魏王貽我大瓠之種,我樹之成,而實五石,以盛水漿,其堅不能自舉也。剖之以爲瓢,則瓠落無所容。非不呺然大也,吾爲其無用而掊之。"莊子曰："……今子有五石之

---

①《經典釋文》,上册,第83頁。

②惠棟《九經古義》卷一,《清代學術筆記叢刊》據省吾堂四種本影印,北京：北京學苑出版社,2005年,第13册,第14頁。

③《經典釋文》,上册,第83頁。

④《説文解字注》,第568頁。

⑤如許慎著《五經異義》,鄭玄著《駁五經異義》。

瓠,何不慮以爲大樽而浮乎江湖,而憂其瓠落無所容?"①

"包荒"二字究竟採用何形何義,許、鄭兩位經學大師的訓釋即截然相異,實讓人費解。又如"屯"卦六三"即鹿无虞,惟入於林中。君子幾不如舍,往吝。""鹿",《經典釋文》:"王肅作麓。"②鹿、麓二字,影響到該爻的説解。《周禮·夏官·大司馬》:

> 虞人萊所田之野,爲表,百步則一,爲三表,又五十步爲一表③。

又《天官·大宰》:

> 虞衡作山澤之材。

賈公彦《疏》:

> 案"地官":"掌山澤者謂之虞,掌川林者謂之衡。"則衡不掌山澤。而云"虞衡作山澤"者,欲互舉以見山澤兼有川林之材也④。

如作"鹿",此爻即謂君子射獵逐鹿至於森林之中而無虞人引領⑤。如作"麓",此爻即謂君子行入山澤之中並無虞人引領。二者對經義終極的解讀,也許無大分別。但對此爻爻義的解釋,畢竟至爲不同。不過,有没有可能這個字同時指涉"鹿"、"麓"二字呢?如果考慮本文所提出卦名一字多義的現象,我們也很難完全排除

---

① 郭慶藩撰、王孝魚點校《莊子集釋》,北京:中華書局,1961年,第1冊,第36—37頁。《説文解字》:"匏,瓠也。"(《説文解字注》,第434頁)

②《經典釋文》,上冊,第77頁。

③ 鄭玄注、賈公彦疏《周禮注疏》卷二十九,《十三經注疏》整理本,第8冊,第911頁。

④《周禮注疏》卷二,《十三經注疏》整理本,第7冊,第40頁。

⑤ "君子幾不如舍",《經典釋文》又記:"鄭作機,云:弩牙也。"(上冊,第77頁)鄭讀"幾"爲"機",言機不如舍,有射獵的情狀,則以作"鹿"於義較勝。

“鹿”、“麓”兼採的可能性,但畢竟此一例並不似下文討論“井”、“履”那樣明顯,所以我們也不好遽爾下定論,以某字爲是,某字爲非。

又如“師”卦卦辭“師,貞,丈人吉,无咎”,王弼《周易注》:

> 丈人,嚴莊之稱也。爲師之正,“丈人”乃吉也。興役動眾,无功,罪也,故吉乃“无咎”也①。

朱熹《周易本義》:

> 丈人,長老之稱。用師之道,利於得正,而任老成之人,乃得吉而无咎。戒占者亦必如是也②。

《帛易》及上博《易》皆作“丈人”,與今本無異。然而,“丈人”一詞,《周易》六十四卦卦爻辭僅此一見,是屬於比較罕見的詞彙。唯李鼎祚《周易集解》載崔憬引《子夏傳》,“丈人”作“大人”③。倘若經文本作“大人”而後世抄本始誤作“丈人”,不但竹簡本與帛書本抄寫錯了,後世注家如王弼、朱熹的説法亦皆誤④。然如今考察此字,讀爲“大人”雖較“丈人”爲通順,畢竟屬於孤證,即使有上博《易》以外的出土文獻作“大人”,亦難遽爾推翻簡帛本及今本。

又如“晉”卦六五“悔亡,失得勿恤。往吉,无不利”,“失得”,《經典釋文》:

> 如字。孟、馬、鄭、虞、王肅本作“矢”。馬、王云:“離爲矢。”虞云:“矢,古誓字。”⑤

①《周易正義》卷二,《十三經注疏》整理本,第1册,第60頁。
②朱熹著,廖名春點校《周易本義》,北京:中華書局,2009年,第62頁。
③李鼎祚《周易集解》卷三,第56頁。
④高亨《周易古經今注》:“《集解》引崔憬曰:‘《子夏傳》作“大人”。’李鼎祚曰:‘《子夏傳》作“大人”。’……亨按諸説是也。《易》恆言大人,無言丈人者。”(高亨《周易古經今注》,北京:中華書局,1957年,第27頁)
⑤《經典釋文》,上册,第100頁。

　　究竟"失得"是否當作"矢得"？這並不容易定奪。"晉"卦上離下坤，爲明出地上之象，"離爲矢"是《説卦傳》之説，六五居外卦之中爻，故漢魏諸儒皆本《易》象之説，讀此字作"矢"，馬融、王肅云"離爲矢"，未知是否出於深信《説卦傳》之説。但漢魏《易》家多用象數解《易》，且視經傳爲一體。這樣推斷，這個異文"矢"字，也不能説碻不可移（唯象數派大將虞翻讀"矢"爲"誓"，卻表示其未採"離爲矢"的取象之説）。

　　由上文可知，《周易》的異文極多而繁複，其實有許多因年代久遠，實難獲得定論，至今即使得出土文獻之助，仍然缺乏確據，恐難以平息爭議。治《易》之困難，除象數、義理糾紛聚訟甚多外，異文亦是重要因素，只不過一般讀者不去注意，沒能察覺其中的關鍵而已。以上引述的異文之"例"，雖未必能有定論，以確定彼此之是非，但至少提供了後代學者參照之用。也有一些異文，可以確定是有多義性的，例如"大有"卦之"有"，《雜卦傳》：

　　大有，眾也。

《經典釋文》：

　　包容豐富之象①。

《詩·魯頌·有駜》："自今以始，歲其有"，《毛傳》：

　　歲其有，豐年也②。

《説文解字》"年"：

_____

　　①《經典釋文》，上册，第84頁。
　　②孔穎達《五經正義》本作"歲其有豐年也"，云"定本、《集注》皆云'歲其有年'"。阮元《校勘記》引《唐石經》"有"下旁添"年"字，云："考此詩'有'與下'子'韻，不容更有'年'字。依《釋文》本爲是"。（《毛詩正義》卷二十，《十三經注疏》整理本，第6册，第1641頁）

穀熟也。……《春秋傳》曰:"大有年。"

段玉裁《注》:

宣十六年經文。《穀梁傳》曰:"五穀皆孰爲'有年';五穀皆大孰爲'大有年'。"①

"大有"上九爻辭"自天祐之,吉,无不利",《帛書》"祐"作"右"。《説文解字》:

祐,助也。右,助也②。

"自天祐之"之"右"爲"祐"字的語源,加"示"旁,專指天之幫助、庇祐,但此種庇祐,在農業社會,當以"穀熟"爲最重要,所以這個"右"或"祐"字,是從"大有"卦名的"有"字而來。據此,《帛易》作"右"字,兼有"庇祐"和"穀熟"兩義,非僅有"助也"一義。換言之,如單純釋"自天右之"爲得天之助,就代表了釋經者忽略了一字多義的原則了③。

三、版本校勘與《周易》卦名多義性

傳本《周易》不同版本的異文多録於《經典釋文》,而近世則出土文獻關於《易》的文本尤其豐富:

1. 漢石經:自宋代以降陸續問世的漢石經《周易》遺文,經屈萬里《漢石經周易殘字集證》蒐輯考證而廣受注意。

2. 輯本《歸藏》:清代馬國翰《玉函山房輯佚書》以及嚴可均《全

---

① 《説文解字注》,第326頁。
② 分見《説文解字注》,第3頁、第114頁。
③ 張立文:"蓋天助爲右,故孽爲'祐'。從示,以示自天助也。"(張立文《周易帛書今注今譯》,臺北:臺灣學生書局,1991年,下册,第600頁)即未顧及此"右"及"祐"字與"有"之間的語源關係。

上古三代秦漢三國六朝文》所輯《連山》、《歸藏》遺文,因爲此二書與《周易》爲相傳三代筮書,有可供比較的價值。

3. 帛書《周易》:1973年湖南長沙馬王堆帛書出土,其中有《周易》一種,以八宮卦的形式爲卦序,卦名與今本不同。除六十四卦外,尚有:《二三子問》(共三十二節),卷下:《繫辭》、《易之義》、《要》、《繆和》、《昭力》五種。

4. 阜陽漢簡《周易》:1977年安徽阜陽雙古堆出土漢簡,其中有《周易》殘簡,經韓自强十餘年整理,而略可見其大體。據韓自强《阜陽漢簡〈周易〉研究》,屬卦爻辭的約1108個字,分屬53個卦,170多條卦爻辭。卦名保存的有32個。總計阜陽《周易》和今本、帛書不同的異文有63個字,和今本相同與帛書有別的異文51個字,和帛書相同與今本有別的26個字①。

5. 上博《易》:1994年出現於香港文物市場,後爲上海博物館收購的一批戰國楚地竹簡,其中有58支竹簡紀錄了34個《周易》的卦(部分爲殘斷,含25個卦畫),總計1806個字。其中第32簡"睽"卦九三爻辭,缺"牛掣,其人天且劓。无初,有終"。香港中文大學中國文化研究所舊藏的一支殘簡,恰好有這11個字,應該就是原缺的簡段②。

6. 王家臺秦簡《歸藏》:1995年湖北省江陵縣荆州秦鎮郢北村出土秦墓,有大量竹簡,荆州博物館發表《江陵王家臺15號秦墓》發掘

---

① 韓自强《阜陽漢簡〈周易〉研究》,第100頁。
② 香港中文大學所藏簡"掣"字字形作"攸",陳松長編著《香港中文大學文物館藏簡牘》(香港:香港中文大學文物館,2001年,第12頁)注稱"此字讀爲'掣'",引饒宗頤《在開拓中的訓詁學——從楚簡易經談到新編〈經典釋文〉的建議》:"楚簡此本作'攸'者,因諸觢、犎、契均從刧爲聲,《説文》四下:'刧,巧刧也,從刀丰聲。'又丰字云:'艸蔡也,象艸生之散亂,讀若介。'攸字從攴介爲聲,與刧之丰聲讀若介正同音,可借用。《説文》角部:'觢,一角仰也,從角刧聲,《易》曰其牛觢。'今本《易經》觢作掣,《集韻》去聲十三祭:掣字下同音字共二十,掣又作㨗,與犎、觢爲一字。足見楚簡之'攸',乃丰、刧之音借。"(原刊《第一屆國際訓詁學研討會論文集》,1997年)

報告[①]，其中包括一批164支簡屬《易》卦，包括卦畫、卦名及卦辭。這是一部從未發現過、與今本《周易》不同，卻與清人所輯《歸藏》有大量相近内容的本子。

以上的本子，内容異同極多，以下暫將焦點放在卦名之上。其中《歸藏》屬相傳殷商《易》，清儒輯本及王家臺秦簡都受到質疑。究竟這兩種《歸藏》有何種校勘的價值，因限於篇幅，擬另文討論。

六十四卦中，的確有不少卦的卦名雖有異寫，但應該只是假借字。如今本《周易》"需"卦，《帛易》作"襦"，上博《易》作"孤"，輯本《歸藏》亦有此卦，作"溽"。"需"、"溽"二字上古均屬"侯"部，而"襦"字或作"繻"，在《周易》僅一見，即"既濟"卦六四"繻有衣袽"，上博《易》作"需又衣緊，冬日戒"，"繻"又作"需"。按《説文解字》"襦"：

> 襦，短衣也。从衣，需聲。一曰䣆衣[②]。

"需"卦全卦取等待之義，和衣服並無關係。正如《説文》釋"需"：

> 需，𩓣也，遇雨不進，止𩓣也[③]。

《説文》並未具體指"需"字有"䣆衣"之義，因此，《帛易》的"襦"字只能説是"需"的假借，與另一字"𩓣"通，並未含有在"需"字以外的特殊意義。又如今本《周易》"臨"卦，《帛易》、阜陽《易》皆作"林"。"臨"、"林"上古皆"來"紐"侵"部，古音相同。又輯本《歸藏》無"臨"卦但有"林禍"，學者即讀爲"臨"。"臨"卦卦義爲君子臨民治民，字義並無林木或相關意義，其字作"林"應屬單純的假借，或可確定。至

---

① 荆州地區博物館《江陵王家臺15號秦墓》，《文物》1995年第1期，北京：文物出版社，1995年，第37—43頁。

② 段玉裁《注》："日部曰：'安䣆，温也。'然則䣆衣，猶温衣也。"（《説文解字注》，第394頁）

③《説文解字注》，第574頁。

於"禍"字則不知何所指。又如今本《周易》"无妄"卦,《帛易》作"无孟",阜陽《易》作"无亡",上博《易》作"亡忘",王家臺《歸藏》有"毋亡",輯本《歸藏》作"母亡"。按"无妄"卦卦義,即孔穎達《正義》所謂:

> 物皆无敢詐僞虛妄,俱行實理,所以大得亨通,利於貞正,故曰元亨利貞也①。

而其他諸本所作異寫,均無異於"无妄"的特殊意義。故彼此間僅有單純的假借關係。其餘許多卦,包括"咸"②、"遯"③、"晉"等④,以及"否"卦《帛易》作"婦","損"卦輯本《歸藏》作"員","剝"卦阜陽《易》、輯本《歸藏》皆作"僕",都屬於單純假借之例。將"剝"字讀爲奴僕之"僕",並無根據。

但此外尚有不少卦,情況截然不同,不同的本子作異寫,並不是單純的假借,而是有超過一個意義的牽連。如"坤"之爲卦名,《釋文》云:

> 本又作"巛"⑤。

"坤"之與"巛"之爲異體,就涉及解讀的問題。王引之《經義述聞》説:

> 《説文》:"坤,地也。《易》之卦也,從土從申,土位在申。"是乾坤字正當作"坤"。其作"巛"者,乃是借用"川"字。考漢孔龢

---

①《周易正義》卷三,《十三經注疏》整理本,第1冊,第135頁。
②《帛易》、上博《易》、輯本《歸藏》皆作"欽"。"咸"、"欽"上古同屬侵部。
③《經典釋文》一本作"邌",又作"遁"(上冊,第98頁)。《帛易》作"掾",上博《易》作"㩼",輯本《歸藏》作"遯"。
④《帛易》作"溍"。按"溍晉"爲日出地上之象,日有火象,與水無關。故作"溍"可確定爲假借。
⑤《經典釋文》,上冊,第76頁。

碑、堯廟碑、史晨奏銘、魏孔羨碑之"乾坤"，衡方碑之"剝坤"，郙閣頌之"坤兌"，字或作⺌⺌，或作⺌⺌，或作⺌⺌，皆隸書"川"字。是其借"川"爲"坤"，顯然明白。"川"爲"坤"之假借，而非"坤"之本字。故《説文》"坤"字下無重文作"巛"者。《玉篇》"坤"下亦無"巛"字，而於"川"部"巛"字下注曰："注瀆曰川也。古爲坤字。"然則本是"川"字，古人借以爲"坤"耳[1]。

按《帛易》"坤"卦名正作"川"。"川"，王氏父子以爲是"坤"的假借，並非"坤"的本字。然而，出土竹簡陰爻皆作"八"或"ハ"，"巛"字諸形如"⺌⺌"、"⺌⺌"、"⺌⺌"等似均與坤卦卦體"☷"形的側置相似。以此而論，"巛"可能是坤卦在簡帛出土文獻的卦體之形的借用，它與"坤"字的關係，就不是假借，而是指涉同一卦名的兩個不同的字。這個"巛"字，後來部分抄寫者因形近而寫成"川"，也有仍保持原形如王氏父子所引幾種碑銘的寫法，在"川"、"巛"之間。《象傳》作者以"川"、"順"同音，遂引申爲"地勢坤"，形成如王氏父子所説的"天行健"，"健"即是"乾"，"地勢坤"，"坤"即是"順"的平行現象。至於"坤"字最早出於戰國，右旁從"申"即與閃電有關，與"巛"意義並無關連[2]，但合而觀之，則可以窺見相對於"天"或"乾"而與大地相關的意義[3]。

又如"履"卦之"履"本義爲鞋履，引申爲步履，故有"履虎尾"、"履道"云云，但實則同時含有"禮"之義，因禮儀禮制，重在實踐，如

---

[1] 王引之《經義述聞》卷一，南京：江蘇古籍出版社，2000年，第4—5頁。

[2] 程燕《談清華簡〈筮法〉中的"坤"字》一文（刊《周易研究》2014年2期，第19—20,31頁）認爲《清華簡》"坤"字作爲從"大"、"昆"聲。實則此字下筆並非"大"字，實爲兩陰爻，形狀與衆多出土數字卦陰爻之形幾完全相同。

[3] 楊秀芳論證"乾"《帛易》作"鍵"，"鍵"與"楗"、"犍"等字爲一詞族（word family），"鍵"、"楗"皆有支撐之義，與"乾"的"天"的象喻有關。詳見楊秀芳《從詞族研究論"天行健"的意義》，收入鄭吉雄、佐藤鍊太郎主編《臺日學者論經典詮釋中的語文分析》，臺北：臺灣學生書局，2010年，第35—76頁。又參拙著《試從詮釋觀點論易陰陽乾坤字義》，收入《周易玄義詮解》，第1—44頁。

人行步。故"履"卦《象傳》云：

> 君子以辯上下，定民志。

"辯上下"正是"禮"之要義，故"履"卦，《經典釋文》云：

> 利恥反，禮也[①]。

"履"初九"素履"，《周禮·屨人》：

> 掌王及后之服屨。爲赤舄、黑舄、赤繶、黄繶；青句、素屨，
> 葛屨[②]。

又《儀禮·士冠禮》：

> 素積白屨，以魁柎之[③]。

《周禮》、《儀禮》所記之禮晚於《周易》卦爻辭時代，但可反證"素履"或"素屨"屬於古禮之一部分，足證"履"與"禮"的關係。難怪"坤"卦初六"履霜堅冰至"，《經典釋文》云：

> 如字。鄭讀履爲禮[④]。

鄭讀"履"爲"禮"，衡諸古史，的有確據。《帛易》"履"卦正作"禮"，恰好說明了"履"、"禮"的關係。可見將"履"寫成"禮"，並不是單純的假借，而表示此卦兼指"履"、"禮"二義，包含的意義在一種以上。

又如"井"卦，諸本無異，唯上博《易》作"汬"，從表面上看，"井"

---

①《經典釋文》，上冊，第82頁。
②賈公彥《疏》："屨自明矣，必連言服者，著服各有屨也。"(《周禮注疏》卷八，《十三經注疏》整理本，第7冊，第254頁)
③鄭玄注，賈公彥疏《儀禮注疏》卷三，《十三經注疏》整理本，第10冊，第59頁。
④《經典釋文》，上冊，第76頁。

中有水，作"汬"傳達此一字義，似理所當然。但證諸本經內容，則實不然。初六"井泥不食，舊井无禽"，王引之《經義述聞》"舊井无禽"條：

> 《易》爻凡言田有禽、田无禽、失前禽，皆指"獸"言之。此禽字不當有異，井當讀爲阱；阱字以井爲聲。（原注：《說文》："阱，大陷也。從阜井，井亦聲。"）……是阱所以陷獸也。舊阱，湮廢之阱也。阱久則淤淺，不足以陷獸，故无禽也。……卦體上坎下巽，坎爲陷，巽爲入，故有禽獸陷入於阱之象。初六陰爻體坤，坤土塞阱，故湮廢而不用也。不然，則久井不見渫治，爲禽所不嚮，仍是井泥不食之義[1]。

王氏父子從"禽"字的義訓（非家禽，乃專指捕獵之野獸）論證"井當讀爲阱"，但事實上此一解說猶有一間之未達。"井泥不食，舊井无禽"之義，係指舊井已涸，用以取水則無水可食，用爲陷阱又無禽可獲，引而申之，雖無凶象，但亦如卦辭所言"无喪无得"。據此卦名，"井"字在此卦卦爻辭中，原本兼指水井、陷阱兩義，諸本作"井"，雖不能同時兼指此兩義，但至少可以將兩義同時包括。上博《易》抄寫者在"井"下加"水"字成"汬"，則反而使"陷阱"之義被忽略了，後人就讀不到"舊井无禽"中特有的"陷阱"的意思了。

與"井"卦頗有相關的是"習坎"卦，亦與陷阱有關。《經典釋文》云：

> 徐苦感反，本亦作"埳"，京、劉作"欿"，險也，陷也[2]。

《說文解字》引亦作"欿"。又《帛易》作"習贛"，《歸藏》此卦則名爲"勞"（王家臺本）或"犖"（輯本），字無可說。"坎"於八經卦之象爲

---

① 《經義述聞》卷一，第27—28頁。
② 《經典釋文》，上冊，第95頁。

“水”，然而此卦爲“習坎”而非“坎”，初六、六三爻辭皆言“入于坎窞”，六四“納約自牖”、上六“係用徽纆，寘于叢棘”，皆强調陷身坎窞之中未能脱身。是故諸家所釋，此卦以“埳”、“欿”之義爲主，以“水”之義爲輔。王弼《周易注》：

> 坎，險陷之名也①。

朱熹《周易本義》：

> 坎，險陷也，其象爲水，陽陷陰中，外虛而中實也。此卦上下皆坎，是爲重險②。

然則“習坎”之“坎”，取其涉水危險之象；“習欿”則取其坎窞、陷阱之象。兩種寫法，意義雖微有不同，但終極取向則一致。我不認爲有誰可以在這種異文之中，區分出對錯、是非，甚至優劣。

再舉“觀”卦爲例，王家臺秦簡《歸藏》亦有此卦，卦名作“灌”。“觀”、“灌”二字，似屬異文而無關。然而“觀”卦卦辭：

> 盥而不薦，有孚顒若。

《周易集解》引馬融：

> 盥者，進爵灌地以降神也，此是祭祀盛時。及神降薦牲，其禮簡略，不足觀也③。

“觀”之爲義，與“盥”有關，“盥”爲“進爵灌地以降神”，則與“灌”亦有關。無怪乎王家臺秦簡《歸藏》作“灌”了。王弼《周易注》：

> 王道之可觀者，莫盛乎宗廟。宗廟之可觀者，莫盛於盥

---

①《周易正義》卷三，《十三經注疏》整理本，第1册，第152頁。
②《周易本義》，第122頁。
③ 李鼎祚《周易集解》卷五，第112頁。

也。至薦，簡略不足復觀，故觀盥而不觀薦也。孔子曰："禘自既灌而往者，吾不欲觀之矣。"盡夫觀盛，則下觀而化矣。故觀至盥則"有孚顒若"也①。

《説文解字》"觀"：

> 諦視也。从見，雚聲②。

"觀"、"灌"皆从"雚"，輯本《歸藏》此卦作"瞿"，以王家臺秦簡《歸藏》作"灌"考之，顯然爲"雚"形近之誤。"觀"、"盥"、"灌"又與"祼"有關。《説文解字》"祼"：

> 灌祭也。从示，果聲③。

由此可見，王家臺秦簡《歸藏》之作"灌"，絶非只取聲音的相同以爲"觀"之假借，而是關乎祭祀的内容與精神。《春秋左傳》襄公九年"君冠，必以祼享之禮行之"，杜預《注》云：

> 祼，謂灌鬯酒也④。

孔穎達《疏》：

> 《周禮·大宗伯》"以肆獻祼享先王。"《鬱人》："凡祭祀之祼事，和鬱鬯以實彝而陳之。"鄭玄云："鬱，鬱金，香草也。鬯釀秬爲酒，芬香條暢於上下也。築鬱金煮之，以和鬯酒。"《郊特牲》云："灌用鬯臭。"鄭玄云："灌謂以圭瓚酌鬯，始獻神也。"然則"祼"，即灌也，故云"祼謂灌鬯酒也"。祼是祭初之禮，故舉之以

---

① 《周易正義》卷三，《十三經注疏》整理本，第1册，第114頁。
② 《説文解字注》，第408頁。
③ 《説文解字注》，第6頁。
④ 左丘明傳，杜預注，孔穎達正義《春秋左傳正義》卷三十，《十三經注疏》整理本，第18册，第1004頁。

表祭也①。

《周禮·春官·大宗伯》“以肆獻祼享先王”，鄭玄《注》：

> 祼之言灌，灌以鬱鬯，謂始獻尸求神時也。《郊特牲》曰：“魂氣歸于天，形魄歸于地，故祭所以求諸陰陽之義也。殷人先求諸陽，周人先求諸陰。”灌是也②。

扼言之，“祼”爲祭禮之專名，“灌”則專指禮中“灌以鬱鬯”之儀式③。《禮記·郊特牲》：

> 周人尚臭，灌用鬯臭，鬱合鬯，臭陰達於淵泉。灌以圭璋，用玉器也。既灌，然後迎牲，致陰氣也。蕭合黍、稷，臭陽達於牆屋，故既奠，然後焫蕭合羶薌。

“羶薌”即“馨香”。鄭玄《注》：

> 羶當爲“馨”，聲之誤也。奠或爲“薦”④。

這部分的祭禮，先使氣味（臭）達於淵泉，再使氣味達於牆屋。前者爲“灌”禮，屬陰；後者爲“薦”（奠）禮，屬陽。先陰而後陽，次序井然，黃慶萱：

> 盥、薦都是宗廟祭祀的儀式。盥，通灌。於宗廟神龕前東向束白茅爲神像置地上，而持鬯酒灌白茅束成的神像上，使酒味滲入淵泉以求神。薦，是將犧牲陳列在供桌上⑤。

---

① 《春秋左傳正義》卷三十，《十三經注疏》整理本，第18冊，第1004—1005頁。
② 《周禮注疏》卷十八，《十三經注疏》整理本，第8冊，第541頁。
③ 禘禮亦有“灌”之儀式。《論語·八佾》：“禘自既灌而往者，吾不欲觀之矣。”（何晏注、邢昺疏《論語注疏》卷三，《十三經注疏》整理本，第23冊，第36頁）
④ 鄭玄注，孔穎達疏《禮記正義》卷二十六，《十三經注疏》整理本，第13冊，第952—953頁。又《經典釋文》：“薌，音香。”（中冊，第729頁）
⑤ 黃慶萱《周易讀本》，臺北：三民書局，1980年，第250頁。

黃先生似乎沒有注意到祭祀儀式中也有陰陽之喻。朱熹《周易本義》：

> 觀者，有以示人，而爲人所仰也。九五居上，四陰仰之，又內順外巽，而九五以中正示天下，所以爲觀。……顒然，尊敬之貌①。

雄按："觀"、"灌"從"雚"聲，"灌"、"祼"、"盥"音義相近。可見"觀"卦本義，原本關乎神聖的祭禮，但又絕非如"古史"一派的解釋，指該卦爲記述某一古代故事，因爲"觀"卦諸爻都引申"觀臨"、"目視"之義，並不是史書記實。以"盥"字之會意而分析，字形象人手於器皿中洗滌。

倘若再以"臨"卦與"觀"卦互證，"觀"、"臨"互爲覆卦，"臨"亦有觀臨目視之義。《説文解字》"臨"字緊接"監"字之後，釋"監"字爲"臨下也"，釋"臨"字爲"監也"②。二字互訓。"監"字甲骨文象人俯身自器皿所盛之水爲鏡自照③，故稱"監"，或加偏旁爲"鑑"，與"臨"字象人巨目注視，"觀"卦"觀我生"、"觀其生"、"觀國"等義亦相近（凡《周易》六十四卦，每兩卦爲一組，每組意義或相反，或相近）。"觀"卦卦辭用"祼"、"灌"祭祀之義，以譬喻觀民、自觀的神聖性。祭禮先"祼"而後"薦"，"盥而不薦"，意即向先祖神靈敬酒，而不以宗廟祭祀的慣例獻祭，"有孚顒若"，主要依靠的是個人的信孚。"臨"有"君臨"之意，指君主臨民教民，故有"咸臨"、"甘臨"之名；"觀"則不限於君主，而及於士大夫對人民生活各種觀察，故有"觀我生"（治國者自觀）、"觀其生"（觀民）之別。總結上文分析，"觀"、"灌"、"祼"、"盥"與"臨"、"監"等都彼此相關，共同呈現一種以神聖虔敬心情對待祭禮

---

①《周易本義》，第98頁。

②《説文解字注》，第388頁。

③ 何琳儀："會人以皿中盛水照影之意。"（何琳儀《戰國古文文字典》，北京：中華書局，1998年，下冊，第1451頁）

的態度來觀臨人民,同時自監自省的意義。異文之難以區分對錯是非,又可藉此以見。

上文所舉之例子,皆一字兼有二義或以上。亦有如"升"卦,《帛易》、阜陽《易》作"登"(二字上古皆屬"蒸"部)二字屬同義。餘如"豐"卦,《漢石經》作"豐",即"禮"之本字,《説文解字》釋"豐"爲:

> 行禮之器也,从豆,象形。凡豐之屬皆从豐,讀與禮同①。

因"豐"卦諸爻"豐其蔀"、"豐其沛"、"豐其屋",可見"豐"之義引申爲盛大,而卦辭"王假之",故與典禮有關。

值得一談的是今本《周易》"大畜"、"小畜"二卦,"畜"皆有畜積之意。"小畜",《帛易》作"少蓻",《經典釋文》:

> 本又作"蓄"。……積也,聚也。卦內皆同。鄭許六反,養也②。

又"師"卦《象傳》"君子以容民畜眾"之"畜",《經典釋文》:

> 敕六反,聚也;王肅許六反,養也③。

則"畜"有積聚、養育之義。"小畜"卦《象傳》釋爲"君子以懿文德",實由卦辭"密雲不雨,自我西郊"(此二句講的就是水氣的畜積、畜養)而來。"自我西郊"指周民族居岐而言,"密雲不雨"疑指文王畜積恩德不發④,故《象傳》稱"施未行也"。而據《經典釋文》,"大畜"卦

---

① 《説文解字注》,第208頁。
② 《經典釋文》,上册,第81頁。
③ 《經典釋文》,上册,第80頁。
④ 文王"積善累德……陰行善"(司馬遷《史記·周本紀》,北京:中華書局,1952年,第116—117頁),有潛龍之象。"諸侯皆向之",終能"自西自東,自南自北,無思不服"(《詩·大雅·文王有聲》,《毛詩正義》卷十六,《十三經注疏》整理本,第6册,第1236頁)。故"密雲不雨,自我西郊",有所畜積而東向拓土,在周人而言,即屬文王之象。

之"畜"本又作"蓄",與"小畜"相同①。然而"大畜"的"畜"字字義,又兼指體型大的牲畜,即爻辭所稱"豶豕"、"童牛"、"良馬"。以"豶豕之牙"一辭,可知"大畜"卦所述的牲畜非豢養於家中,而係自外捕獵而得,因其勇悍而易傷人,故爻辭稱"豶豕之牙"。其餘"童牛之牿"、"良馬逐",都清楚提示了獲得此類野獸的主人應設法駕馭並防範,避免受其傷害。正如《象傳》所言,"大畜"卦精神在於"養賢":

> 《彖》曰:大畜,剛健,篤實,輝光,日新其德。剛上而尚賢,能止健,大正也。"不家食,吉",養賢也。"利涉大川",應乎天也。

以此譬諸天子諸侯養賢,賢士的能力强大者(不論文武)亦容易傷害其主人,故古人有養士譬如養虎、養鷹的種種譬喻②。這一類的思維,即源出於"大畜"卦。卦辭所謂"不家食",就是不食於家之意,亦即獲之於野外的意思。天子求賢,多從宮廷以外求,湯之聘傅説、文王之延吕尚,都如此。得賢以後,即畜養於朝廷。總之"大畜"、"小畜"皆有畜積、畜養之義,《帛易》"小畜"之"畜"作"蘍"、上博《易》"大畜"之"畜"作"坴",均爲同義之異文,但《經典釋文》二卦下皆云"本又作蓄",《帛易》"大畜"之"畜"亦作"蓄",則兼有"豢養"及"畜積"二義。"大畜"之"畜"更兼有抽象之"畜積"及具體之"牲畜"二義。《歸藏》所記兩卦名,多一"毒"字,輯本"大畜"作"大毒畜",王家臺簡未見。輯本"小畜"作"小毒畜",王家臺本作"少督"。"少督"之

---

① 《經典釋文》"大畜":"本又作蓄,救六反,義與'小畜'同。"(上册,第92頁)

② 韓非子早已以虎喻力量强大的臣下:"弑其主,代其所,人莫不與,故謂之虎。……散其黨,收其餘,閉其門,奪其輔,國乃無虎。"(《韓非子·主道》,王先謙撰,鍾哲點校《韓非子集釋》,北京:中華書局,2003年,第28—29頁)《三國志·吕布藏洪傳》:"始,布因(陳)登求徐州牧。登還,布怒,拔戟斫几曰:'卿父勸吾協同曹公,絶婚公路。今吾所求無一獲,而卿父子並顯重。爲卿所賣耳!卿爲吾言,其説云何?'登不爲動容,徐喻之曰:'登見曹公言:"待將軍譬如養虎,當飽其肉,不飽則將噬人。"公曰:"不如卿言也。譬如養鷹,饑則爲用,飽則揚去。"其言如此。'布意乃解。"(陳壽《三國志》,北京:中華書局,1959年,第225頁)又杜甫《送高三十五書記十五韻》:"饑鷹未飽肉,側翅隨人飛。高生跨鞍馬,有似幽并兒。"(杜甫著、仇兆鰲注《杜詩詳注》,北京:中華書局,1999年,第1册,第127頁)

"督",宜與"毒"爲假借①。"毒"字有二義,一爲毒藥之意,如《周易》"噬嗑"卦"噬腊肉,遇毒"之"毒";另一爲養育之意,即《老子》"亭之毒之"、《周易》"師"卦"以此毒天下"之"毒"②。因可推知《歸藏》卦名之"毒"字,義爲養育,實與"畜養"之意相輔。

四、結　論

經典異文甚多,而歷代的抄寫者在抄寫經文時,受限於文本物質的限制,當不可能同時寫下反映數種意義的文字的各種形體。《周易》亦不例外,如"井"之與"汬","坎"之與"欿"均是。字形雖含歧義,但畢竟任何抄本都只能選擇其中一種寫法,以寄託抄寫者自身解讀的意義。故對後世學者而言,抄不同的版本,讀到不同的字體,不同的寫法,應該要注意到:這些分歧不但反映了抄寫者對於該經典的某種特殊理解及詮釋,同時也注定讓讀者失去其他未被選擇而呈現出來的字形及其寄託的意義。如本文篇首所説,校讎學在中國是一門古老的學問。如果説文獻是文化與文明的載體,"校讎"就是保證文化文明能藉由文獻獲得完整而準確地承載與傳播的一門學問。如果治校讎學者不能察覺漢語"一字多義"的本質,對於異文的現象輕輕放過,最終結果,可能導致文化文明傳承的失真。這真是關乎民族文化命脈存續的大問題。生當後代的我們,作爲學者,也應該高度警覺漢字"一字多義"的現象,追源漢語本身形、音、義合一的特性,將不同版本寫作不同形體的異體字放在一起,從形、音、義三方面參互比較,比合而觀,不宜一概用單純的方法視某字爲本義,

---

① "毒"定紐幽部、"督"端紐幽部。二字音近可通。

② 王弼《老子注》:"亭謂品其形,毒謂成其質。"(《老子四種》,臺北:大安出版社,2011年,第44頁)《周易》"師"卦《象傳》:"以此毒天下,而民從之。"《經典釋文》:"毒,徒篤反。役也。馬云:治也。"(《經典釋文》,上冊,第80頁)《莊子·人間世》:"無門無毒。"郭象《注》:"毒,治也。"(《莊子集釋》,第1冊,第149頁)實則"師"卦《象傳》、《莊子·人間世》《注》所訓"治、役",義與"育"亦相通,因養育人民,與治役人民,並無二致。

其餘諸體則爲假借；更不宜用是非對錯的觀念，擇一以爲正確，視其餘爲誤寫。大雅君子，當致意於此。

【作者簡介】　鄭吉雄，香港教育學院文化史講座教授，臺灣大學中文系教授，荷蘭萊頓大學歐洲漢學講座。

南宋刊單疏本孔穎達《毛詩正義·鄭風》校箋

石立善

緒　言

南宋刊單疏本《毛詩正義》，乃紹興九年（1139）九月紹興府覆雕北宋淳化三年（992）監本，1951年6月日本政府定爲國寶。單疏本《毛詩正義》天壤間僅存此一部，不知何時東傳日本。

單疏本《毛詩正義》非全本，闕首七卷（周南、召南、邶風、鄘風、衛風、王風），存三十三卷，即卷八至卷四十，起自《鄭風》至《商頌》。凡十七册，白口，單黑魚尾，左右雙邊，有欄，半葉十五行，行十九至二十五字不等，版心有刻工名。各卷首題“毛詩正義卷第幾”，次行空二格署“唐國子祭酒曲阜縣開國子臣孔穎達等奉/勑撰定”，次行空四格題“鄭風變譜”，次行空五格記本卷篇目。經、傳、箋皆標起止，空一格疏之，疏中注音皆雙行小字。每卷末記字數“計幾字”。書末附北宋校訂者名録，空五行有刊記“紹興九年九月十五日紹興府雕造”。書中鈐有“金澤文庫”、“香山常住”、“井々居士珍賞子孫永保”、“炳卿珍藏舊槧古鈔之記”、“天壤間孤本”、“寶詩簃”、“宋本”等藏書印。

　　單疏本《毛詩正義》原藏日本金澤文庫,後落入上杉憲實(1410—1466)之手,上杉歿後,流入山口縣常寧寺。古澤滋(1847—1911)任山口縣知事期間(1899—1902),從常寧寺求得此本,獻給井上馨(1836—1915),後井上馨轉讓給竹添光鴻(1842—1917),竹添又轉讓給內藤湖南(1866—1934)①。單疏本現藏日本杏雨書屋(隸屬於武田科學振興財團)。

　　光緒末年,繆荃孫東渡日本考察,得見單疏本《毛詩正義》,遂請竹添光鴻影鈔一部。民國七年(1918),劉承幹《嘉業堂叢書》本即據竹添影鈔本翻刻(三函,凡十八冊,卷末附繆荃孫校勘記三卷),惜其版式、文字皆未能傳單疏本原貌,且繆氏之校勘記疏漏尤甚。日本東方文化學院於1936年3月按原寸珂羅影印出版(《東方文化叢書》第八,線裝,乾、坤兩帙凡十七冊),由於發行部數較少,2011年3月武田科學振興財團又按原寸彩照影印出版(線裝,四帙凡十七冊)。最近,人民文學出版社據杏雨書屋藏本付諸影印(黑白,四葉拼爲一頁,上下兩段)②。

　　筆者數年前開始整理點校《毛詩注疏》,即以單疏本爲主,其間承蒙杏雨書屋館長吉川忠夫先生惠贈一套單疏彩照新影本,師長鼓勵莫大於此。本文以單疏本與南宋刊十行《毛詩注疏》、清阮元校刻《毛詩注疏》本、明嘉靖福建刻本《毛詩注疏》、明崇禎毛氏汲古閣刻本《毛詩注疏》等諸本對勘,並參照山井鼎與物觀《七經孟子考文及補遺》、浦鏜《十三經注疏正字》、阮元《毛詩注疏校勘記》等前人校訂成果,參互比勘,共校得文字異同並脱衍魯魚之訛數千條,間附己意,與定是非。今擇取《鄭風》一卷凡二百三十條,臚列於此,乞大雅

---

　　① 參照島田翰《古文舊書考》卷二"毛詩正義三十三卷"條,臺北:廣文書局影印東京民友社1905年刊本,關靖、熊原政男《金澤文庫本之研究》第一部《續 金澤文庫本の研究‧再び京洛に旅して》,武藏村山:青裳堂書店,1981年12月,第32頁。
　　②《南宋刊單疏本毛詩正義》,北京:人民文學出版社影印日本杏雨書屋藏本,2012年1月。

方家賜正。

凡　例

一、校勘所用諸書版本如下：

南宋刊十行本《毛詩註疏》（東京：汲古書院影印日本足利學校藏本，1973年12月。以下簡稱“十行本”）

清嘉慶阮元校刻本《毛詩注疏》（清嘉慶二十年[1815]江西南昌府學刊《十三經注疏》，京都：京都出版社影印，1973年4月。以下簡稱“阮本”）

明嘉靖福建刻本《毛詩注疏》（以下簡稱“閩本”）

明崇禎毛氏汲古閣刻本《毛詩注疏》（以下簡稱“毛本”）

清乾隆武英殿刻本《毛詩注疏》（清同治十年[1871]廣東書局重刊本。以下簡稱“殿本”）

北大整理校點本《毛詩正義》（龔抗雲等整理，劉家和審定。北京：北京大學出版社，2000年12月。以下簡稱“北大整理校本”）

魏了翁《毛詩要義》（《續修四庫全書》所收影印南宋淳祐十二年[1152]刻本）

呂祖謙《呂氏家塾讀詩記》（《文淵閣四庫全書》本）

山井鼎、物觀《七經孟子考文及補遺》（《文淵閣四庫全書》本。以下簡稱“考文”、“補遺”）

浦鏜《十三經注疏正字》（《文淵閣四庫全書》本。以下簡稱“正字”）

阮元《毛詩注疏校勘記》（《續修四庫全書》所收影印清嘉慶十三年[1808]文選樓刻本《十三經注疏校勘記》。並參用《皇清經解》本、盧宣旬摘録本校之。以下簡稱“阮元《校勘記》”）

盧宣旬補校《毛詩注疏校勘記》（清嘉慶二十年江西南昌府學刊《十三經注疏》各卷末附盧宣旬摘録阮元《校勘記》，其中含有盧氏補校，今舉而別之。以下簡稱“盧宣旬補校”）

汪文臺《十三經注疏校勘記識語》(清光緒三年[1877]江西書局刻本。以下簡稱"識語")

孫詒讓《十三經注疏校記》(北京:中華書局點校本,2009 年 1 月。以下簡稱"校記")

繆荃孫《毛詩單疏校勘記》(《嘉業堂叢書》本翻刻單疏《毛詩正義》卷末附。以下簡稱"繆校")

其他所引據諸書,皆隨文出注。

日本武田科學振興財團出版原寸彩照影印本無頁碼,此本爲非賣品,海内外稀見,爲讀者查閱之便,於各條原文標出人民文學出版社影印本頁碼,如"頁37,上-右-1行",即第37頁上段右葉右數第1行。

卷首及《詩譜》

(1)毛詩正義卷第八(頁37,上-右-1行)

善按:十行本、阮本、閩本、毛本作卷第四,宋代注疏本從經注本而分卷二十,魏了翁《毛詩要義》分卷同。殿本作卷第七,從《詁訓傳》卷帙而分卷三十,而單疏《毛詩正義》卷帙分爲四十,故不同如是。

(2)唐國子祭酒曲阜縣開國子臣孔穎達等奉/勅撰定(頁37,上-右-2至3行)

善按:"唐國子祭酒曲阜縣開國子臣孔穎達等奉/勅撰定",各卷卷首題下有之,十行本、阮本僅於卷第一之首題"唐國子祭酒上護軍曲阜縣開國子孔穎達奉/敕撰"而已,閩本、明監本、毛本於卷首《毛詩正義序》下題"唐國子祭酒上護軍曲阜縣開國子臣孔穎達奉敕撰",殿本《毛詩正義序》下則題"唐孔穎達撰"。宋刊《尚書正義》單疏本作:"國子祭酒上護軍曲阜縣開國子臣孔穎達奉/勅撰",《周易正義》單疏本作:"國子祭酒上護軍曲阜縣開國子臣孔穎達奉/勅撰",《禮記正義》單疏本則作:"唐國子祭酒上護軍曲阜縣開國子臣孔穎達等奉/

勑撰"。考于志寧《孔穎達碑》①首題"大唐故太子右庶子銀青光禄大
夫國子祭酒上護軍曲阜憲公孔公碑銘",長孫無忌《五經正義表》②亦
稱"祭酒上護軍曲阜縣開國子孔穎達",上護軍爲唐代勳官正三品,
惟《毛詩正義》所署官職無"上護軍",蓋或脱或省,此三字本當有
之。又十行本、阮本"子"下無"臣"字,十行本、阮本、閩本、明監本、
毛本"撰"下無"定"字,單疏本《尚書正義》、《周易正義》"孔穎達"下
無"等"字,皆或脱或省,本當有之。

(3) 鄭譜變風(頁37,上-右-4行)

"變風"二字,十行本、阮本、閩本、毛本、殿本(殿本《詩譜》總置
於卷首)無。

善按:《毛詩正義》以鄭玄《詩譜》爲綱而撰,注疏本體裁不同,故
删單疏"變風"、"正小雅"、"變小雅""正大雅"、"變大雅"等字樣。

(4) 而兼云宣王明其母弟也(頁37,上-右-14行)

十行本、阮本、閩本、毛本、殿本"明"下有"是"字。

善按:《毛詩要義》卷四中同單疏本,似脱"是"字。

(5) 又爲幽王大司徒(頁37,上-左-5至6行)

十行本、阮本、閩本、毛本、殿本"又"下有"云"字。山井鼎《考
文》謂日本永懷堂板"又云"作"桓公",諸本皆與崇禎本(善按即毛
本)同,但永懷堂板爲異。浦鏜《正字》云:"又下衍'云'字。"阮元《校
勘記》云:"閩本、明監本、毛本同。案此不誤,浦鏜云'衍"云"字',非
也。《譜》以上説京兆鄭縣,以下説河南新鄭,故以'又云'爲更端之
辭。山井鼎《考文》載永懷堂板'又云'作'桓公',出於臆改,其板自
是俗書,無足論者。盧文弨亦取改此文,失之矣。"繆校云:"魏鶴山
《要義》與此本同。"

---

① 《孔穎達碑》,東京:二玄社影印宋拓,1970年。
② 長孫無忌等《上五經正義表》,載《尚書正義》單疏本卷首,《四部叢刊三編》所收影
印南宋刊本。

善按:浦説是,鄭玄《詩譜》辭簡,"云"字疑後世所加,呂祖謙《呂氏家塾讀書記》卷八、《毛詩要義》卷四中、張文伯《九經疑難》卷四①、王應麟《詩地理考》②卷二引皆無"云"字。

(6)問於史伯曰(頁37,上-左-6行)

"史",十行本、阮本、毛本、殿本同,閩本作"吏"。浦鏜《正字》云:"史,監本誤'吏'。"阮元《校勘記》云:"閩本、明監本'史'誤'吏',毛本不誤。"

善按:浦、阮校是,《毛詩要義》卷四中亦作"史",殿本作"史"不誤。

(7)寄帑與賄(頁37,上-左-10至11行)

十行本、阮本、閩本、毛本、殿本同。浦鏜《正字》云:"帑,《國語》作'孥',下同。"

善按:《國語·鄭語》③韋昭注云:"妻子曰孥。"《常棣》"樂爾妻帑"陳奐疏云④:"帑者,奴之假借。""孥"、"帑"皆爲"奴"之借字。

(8)奉辭罰罪(頁37,上-左-11至12行)

十行本、阮本、閩本、毛本、殿本同。浦鏜《正字》云:"罰罪,《國語》作'伐辠'。"

善按:《毛詩要義》卷四中同諸本。《古文尚書·大禹謨》亦同。"伐"、"罰"二字古多通用,此"罰"乃"伐"之借字。"辠"爲古"罪"字,《説文解字·辛部》⑤:"辠,犯灋也。秦以辠似皇字,改爲罪。"今檢公序本、天聖明道本《國語》⑥皆作"罪",不作"辠"。

(9)依疇歷華(頁37,上-左-14行)

---

① 張文伯《九經疑難》,《續修四庫全書》所收影印明抄本。
② 王應麟《詩地理考》,《文淵閣四庫全書》本。
③ 《國語》,《四部叢刊》所收影印明翻宋公序本。
④ 陳奐《詩毛氏傳疏》,臺北:廣文書局影印清道光二十七年(1847)刻本,1979年4月。
⑤ 許慎《説文解字》(大徐本),《四部叢刊初編》所收影印宋刻本。
⑥ 《國語》,《士禮居叢書》所收景刊宋本。

　　十行本、阮本、閩本、毛本、殿本同。浦鏜《正字》云:“《國語》
‘疇’作‘睬’;‘華’,或作‘莘’,誤也。韋昭曰:‘華,國名。’《史記正
義》:‘故華城在鄭州管城南三十里。’”

　　善按:《毛詩要義》卷四中同。疇、睬同爲尤母字,音近可通。王
應麟《詩地理考》卷六云:“疇,《國語》作睬。《周語》‘摯疇之國也由大
任’,注:摯、疇二國任姓。”蓋以疇即睬國。公序本《國語》作“睬”,天
聖明道本作“縣”,《路史》①卷二十九《國名記》以“縣”爲商代國名,《字
彙補·黑部》②載之。善按:疑“縣”爲“睬”之訛字。又,王應麟《困學紀
聞》③卷六:“《鄭語》‘依縣歷莘’,《史記·鄭世家》注‘莘’作‘華’。《水
經注》:‘黄水逕華城西。史伯曰:“華君之土也。”韋昭曰:“華,國
名。”秦白起攻魏拔華陽,司馬彪曰:“華陽在密縣。”’《括地志》:‘華
陽城在鄭州管城縣南。’可證今本之誤。”陳啟源《毛詩稽古編》④卷
五、趙一清《水經注箋刊誤》⑤卷八“史伯謂鄭桓公曰華君之土也”條、
董增齡《國語正義》⑥卷十一等說同。公序本作“莘”,天聖明道本作
“華”,觀《詩譜》知鄭玄所見古本《國語》亦作“華”,可爲塙證。

　　(10)桓公從之言然之(頁37,下-右-4至5行)

　　十行本、阮本、閩本、毛本、殿本同。浦鏜《正字》云:“一本無‘言
然之’三字。”

　　善按:《毛詩要義》卷四中同諸本。此當有“言然之”三字。浦言
“一本”不知爲何本。

　　(11)食溱洧焉(頁37,下-右-12行)

　　十行本、阮本、閩本、毛本、殿本同。浦鏜《正字》云:“《鄭語》作

---

　　①　羅泌《路史》,《文淵閣四庫全書》本。
　　②　吳任臣《字彙補》,清康熙五年(1666)刻本。
　　③　王應麟《困學紀聞》,《四部叢刊三編》所收影印元刻本。
　　④　陳啟源《毛詩稽古編》,《孔子文化大全》叢書所收影印張敦仁校清抄本,濟南:山東
友誼書社,1991年10月。
　　⑤　趙一清《水經注箋刊誤》,清光緒六年(1880)章氏刻本。
　　⑥　董增齡《國語正義》,清光緒六年(1880)章氏刻本。

‘主芣騩而食溱洧’。”

善按:《毛詩要義》卷四中同諸本。此非脱誤,《正義》引書或有簡省。

(12) 公誠居虢鄶民皆公之民也(頁37,下-左-4行)

十行本、阮本、閩本、毛本、殿本同。浦鏜《正字》謂“居”下、“鄶”下各脱“之”字。

善按:《毛詩要義》卷四中同諸本。《史記·鄭世家》有二“之”字,單疏本以下皆脱。

(13) 桓公曰善(頁37,下-左-4行)

“曰”,殿本同,十行本、阮本、毛本、閩本作“臣”。山井鼎《考文》謂永懷堂板卷端疏作“桓公臣善”,《史記》“臣”作“曰”。浦鏜《正字》云:“曰,誤‘臣’。”阮元《校勘記》云:“閩本、明監本、毛本同。案山井鼎云‘《史記》臣作曰’,是也。”

善按:作“曰”是,殿本不誤。《通志》[1]卷七十七、《毛詩要義》卷四中亦作“曰”。

(14) 東其民於洛東(頁37,下-左-4至5行)

十行本、阮本、閩本、毛本同,殿本“東”下有“徙”字。浦鏜《正字》謂“東”下脱“徙”字。

善按:《毛詩要義》卷四中亦無“徙”字。浦校是,此當有“徙”字,《史記·鄭世家》有“徙”字,殿本蓋據此增之。

(15) 故傳會爲此説耳(頁37,下-左-7行)

十行本、阮本、閩本、毛本、殿本同。浦鏜《正字》云:“傅,監本誤‘傳’。”

善按:《毛詩要義》卷四中同諸本。

(16) 外傳云皆子男之國(頁37,下-左-7行)

十行本、阮本、閩本、毛本、殿本同。浦鏜《正字》云:“‘是其’二

① 鄭樵《通志》,《文淵閣四庫全書》本。

字誤‘皆’。”

善按:《毛詩要義》卷四中同諸本。

(17) 故昭十六年左傳(頁37,下-左-9至10行)

“昭”,十行本、阮本、閩本、殿本同,毛本作“桓”。浦鏜《正字》云:“昭,誤‘桓’。”阮元《校勘記》云:“明監本、毛本‘昭’誤‘桓’,閩本不誤。”

善按:《毛詩要義》卷四中作“昭”,殿本不誤。

(18) 昔我先君桓公(頁37,下-左-10行)

“昔”,十行本、阮本、閩本、殿本同,毛本作“皆”。阮元《校勘記》云:“明監本、毛本‘昔’誤‘皆’,閩本不誤。”

善按:《毛詩要義》卷四中亦作“昔”,殿本不誤。

(19) 斬之蓬蒿藜藋(頁37,下-左-11行)

“藋”,殿本同,十行本、阮本、閩本、毛本作“翟”。浦鏜《正字》云:“藋,誤‘翟’。”阮元《校勘記》云:“閩本、明監本、毛本同。案浦鏜云‘藋誤翟’,是也。”繆校云:“阮本‘藋’作‘翟’,誤。”

善按:浦、阮説是。孔疏本諸《春秋左傳》[1],《昭公四年》亦作“藋”,《毛詩要義》卷四中亦作“藋”,殿本不誤。

(20) 是桓公寄帑之時(頁37,下-左-11行)

“公”,十行本、阮本、閩本、殿本同,毛本作“王”。浦鏜《正字》云:“桓公,毛本誤‘桓王’。”阮元《校勘記》云:“毛本‘公’誤‘王’,閩本、明監本不誤。”

善按:浦、阮校是。《毛詩要義》卷四中亦作“公”,殿本不誤。

(21) 居溱洧之地(頁38,上-右-2行)

十行本、阮本、閩本、毛本、殿本同。浦鏜《正字》云:“地,《鄭譜》作‘間’。”

---

① 《春秋左傳注疏》,京都:京都出版社影印清嘉慶二十年[1815]江西南昌府學刊《十三經注疏》本。

善按:《毛詩要義》卷四中亦作"地"。

（22）鄭祝融之墟（頁38,上-右-7行）

十行本、阮本、閩本、毛本、殿本同。浦鏜《正字》云:"墟,《左傳》作'虛'。凡經傳'墟'字放此。"

善按:《毛詩要義》卷四中亦作"墟","虛"、"墟"古今字。

（23）鄭志荅趙商（頁38,上-左-3至4行）

"荅",十行本、阮本、閩本同,殿本、毛本作"答"。

善按:《毛詩要義》卷四中作"答"。"畣"爲本字,經典多用"荅"字,"答"爲"荅"荅之後起俗字。單疏本用"荅"字。《説文解字·艸部》"荅,小尗也",段玉裁注云①:"叚借爲酬荅。"《玉篇·入部》②云:"畣,今作荅。"《爾雅·釋言》③:"俞、畣,然也。"《經典釋文·爾雅音義》④云:"畣,古'荅'字。"《五經文字·艹部》⑤:"荅、畣,對荅之荅本作'畣',經典及人間行此'荅'已久,故不可改變。"下同,不復出校。

（24）案左傳及鄭世家（頁38,上-左-11行）

十行本、阮本、閩本、殿本同,毛本"案"作"按","及"作"又"。浦鏜《正字》云:"及,毛本誤'又'。"阮元《校勘記》云:"毛本'及'誤'又',閩本、明監本不誤。"

善按:《毛詩要義》卷四中作"案"。案爲本字,《廣韻·翰韻》⑥云:"案,察行也,考也,驗也。"案本義爲几屬,此引申義也。"案"、"按"古多通用。

（25）齊人殺子亹（頁38,上-左-15行）

"殺",十行本、阮本、閩本、殿本同,毛本作"弑"。阮元《校勘記》

---

① 段玉裁《説文解字注》,臺北:藝文印書館影印清經韻樓刻本,1999年9月。
②《大廣益會玉篇》,北京:中國書店影印清康熙張氏澤存堂重刊宋本,1983年9月。
③《爾雅》,《四部叢刊初編》所收影印宋刊本。
④ 陸德明《經典釋文》,上海:上海古籍出版社影印宋元遞修本,1985年10月。
⑤ 張參《五經文字》,臺北:新文豐出版公司影印清後知不足齋刻本,1984年。
⑥《校正宋本廣韻》,臺北:藝文印書館影印清康熙張士俊重刊宋本,2002年2月。

云:"毛本'殺'誤'弒',閩本、明監本不誤。"

　　善按:《毛詩要義》卷四中亦作"殺",殿本不誤。

　　(26)子文公踕立(頁38,下-右-2行)

　　十行本、阮本、閩本、毛本、殿本同。浦鏜《正字》云:"踕,《左傳》作'捷'。"阮元《校勘記》云:"閩本、明監本、毛本同。案此不誤,浦鏜云'踕,《傳》作捷',非也[1]。此據《世家》。"

　　善按:《毛詩要義》卷四中亦作"捷"。《春秋公羊傳》、《國語·周語》同《左傳》作"捷",按鄭文公名本作"捷",《史記》作"踕"乃後起字,《春秋公羊傳》作"接"爲"捷"之同音借字。

　　(27)蓋後立時事也(頁38,下-右-10至11行)

　　"蓋",十行本、阮本、閩本、殿本同,毛本作"皆"。阮元《校勘記》云:"明監本、毛本'蓋'誤'皆',閩本不誤。"

　　善按:阮校是,殿本不誤。

　　(28)是突前篡之初(頁38,下-右-11行)

　　"初",閩本、毛本、殿本同,十行本作"箋",阮本作"年"。阮元《校勘記》云:"閩本、明監本、毛本'箋'作'初'。案皆非也,當作'事',上下文可證。"

　　善按:作"箋"、"年"非,阮説作"事"亦非,詳上下文義,單疏本作"初"是,《毛詩要義》卷四中亦作"初",殿本不誤。

　　(29)褰裳亙是初年事也(頁38,下-右-14行)

　　"亙",十行本、阮本、閩本、毛本、殿本作"宜"。"年",毛本、殿本同,十行本、阮本、閩本作"田"。浦鏜《正字》云:"'年',監本誤'田'。"阮元《校勘記》云:"閩本、明監本同。毛本'田'作'年'。案皆非也,'田'當作'日',形近之譌。"

　　善按:"宜"爲正字,"亙"爲減畫俗字,單疏本用"亙"字,《毛詩要

---

① "非",《皇清經解》本同,南昌府學刊《十三經注疏》附盧宣旬摘録《校勘記》本作"是",按當作"非",盧氏摘録本誤也。

義》卷四中作“宜”。《玉篇·宀部》“宜”字條云：“今作‘冝’。”《五經文字·宀部》云：“冝，冝，上《説文》，下石經。”又，阮説非，浦説作“年”是，“田”乃音訛字，《毛詩要義》卷四中亦作“年”，殿本不誤。

（30）雖當突前篡之時（頁38，下-左-1行）

“之”，閩本、毛本、殿本同，十行本、阮本無。阮元《校勘記》云：“明監本、毛本‘時’上衍‘之’字，閩本剟入。”繆校云：“阮本無‘之’字，反以爲衍。”

善按：有“之”字義長。

（31）鄭於左方中（頁38，下-左-6行）

十行本、阮本、閩本、毛本、殿本同。浦鏜《正字》云：“方，監本誤‘六’。”

善按：《毛詩要義》卷四中亦作“方”。

（32）鄭荅趙商（頁38，下-左-8行）

十行本、阮本、閩本、毛本、殿本同。浦鏜《正字》云：“趙商，《詩譜序》疏作‘張逸’，未知孰是。”

善按：《毛詩要義》卷四中同諸本。

（33）後人不能盡得其第（頁38，下-左-8行）

“第”，毛本、殿本同，十行本、阮本、閩本作“弟”。浦鏜《正字》云：“脱‘次’字。‘第’，監本作‘弟’，古同。”

善按：此文無“次”字亦通，《詩譜序》疏引《鄭志》作“次第”。“第”，爲“弟”之後起別體字，《毛詩要義》卷四中亦作“第”。

《緇衣》

（34）【序疏】而善於其卿之職（頁38，下-左-11至12行）

“善”，十行本、阮本、閩本同，毛本、殿本作“美”。浦鏜《正字》云：“善，誤‘美’。”阮元《校勘記》云：“明監本、毛本‘善’誤‘美’，閩本不誤。”

善按:浦、阮校是,《毛詩要義》卷四中亦作"善"。

(35) 四曰以樂教和(頁39,上-右-5行)

十行本、阮本、閩本、毛本、殿本同。浦鏜《正字》謂"樂"下脱"禮"字。

善按:浦校是,《周禮·地官司徒》[①]有"禮"字,"樂禮"謂饗燕作樂皆合禮節也。

(36) 五曰以儀辯等、父坐子伏之屬辯其等級(頁39,上-右-5至6行、12至13行)

二"辯"字,十行本、阮本、閩本、毛本、殿本作"辨"。

善按:《毛詩要義》卷四中亦作"辨"。"辨"正字,"辯"爲借字。據《説文解字》,辨別之字本作"辨",俗作辨,而"辯"本訓治,乃"辨"之假借。

(37) 則民不愉(頁39,上-右-6行)

"愉",十行本、阮本、殿本同,閩本、毛本作"偷"。浦鏜《正字》云:"偷,經作'愉',音偷。"阮元《校勘記》云:"閩本、明監本、毛本'愉'誤'偷',下同。案此正用《周禮》字。"

善按:《經典釋文·禮記音義》:"不愉,音偷,又音揄。"今本《周禮》經字"愉"、"偷"兩作,"愉"、"偷"古通,"愉"爲本字。然此正義本當作"愉"。

(38) 則民不暴(頁39,上-右-6行)

十行本、阮本、閩本、毛本、殿本同。浦鏜《正字》云:"暴,經作虤。"

善按:"虤"爲暴之古字,《説文解字·虎部》:" ,虐也,急也。從虎從武。見《周禮》。""虤"爲"虣"之易構字。《玉篇·虍部》云:"虤,今作'暴'。"

(39) 度謂宫室車服之制(頁39,上-右-15行)

---

① 《周禮》,《四部叢刊初編》所收影印明翻宋刊本。

“車”,十行本、阮本、閩本、毛本、殿本作“衣”。

善按:作“車”是。《周禮·地官司徒》“九曰以度教節則民知足”鄭玄注:“度謂宮室車服之制”,即孔疏所本。

(40)【一章疏】此衣若獘、緇衣若獘(頁39,上-左-8行、上-左-13行)

案:二“獘”字,十行本、阮本、毛本上作“敝”,下作“弊”,閩本、殿本上作“敝”,下作“獘”。

善按:《毛詩要義》卷四中作“獘”。“敝”爲本字,“弊”爲後起字,“弊”又爲“獘”之變體,“弊”、“獘”多混用,“獘”則爲“獘”之減畫俗省。考經文“敝”字,《經典釋文》云:“敝,本又作弊。”[1]“獘”另兼正字,《説文解字·犬部》云:“獘,頓仆也。从犬,敝聲。”段玉裁注云:“獘本因犬仆製字,叚借爲凡仆之偁,俗又引伸爲利弊字,遂改其字作弊。”《玉篇·犬部》云:“獘,獸名也,頓仆也,俗作弊。”俗寫常“敝”、“弊”、“獘”(獘)混用不分。

(41)而言予爲予授者(頁39,上-左-12行)

十行本、阮本、閩本、毛本、殿本下“予”字作“子”。浦鏜《正字》云:“予授,誤‘子授’。”阮元《校勘記》云:“閩本、明監本、毛本同。案浦鏜云‘予譌子’,是也。”

善按:“子”爲“予”之形訛字,浦、阮校是。《毛詩要義》卷四中亦誤作“子”。

(42)非民所能改授之也(頁39,上-左-12至13行)

“授”,十行本、阮本、閩本、毛本、殿本作“受”。浦鏜《正字》云:“改授,誤改受。”阮元《校勘記》云:“閩本、明監本、毛本同。案浦鏜云‘授譌受’是也。”

善按:當作“授”,浦、阮校是,《毛詩要義》卷四中亦作“授”。

(43)又再染以黑乃成緇(頁39,下-右-2行)

---

[1] “弊”,閩本、殿本注疏附《釋文》誤作“獘”。

十行本、阮本、閩本、毛本、殿本同。浦鏜《正字》謂“黑”下脫“則爲緅又復再染以黑”九字。阮元《校勘記》云：“閩本、明監本、毛本同。案‘乃’上，浦鏜云：‘脫“則爲緅又復再染以黑”九字。’考《周禮》注是也。此以‘黑’複出而脫去。”繆校云：“此亦脫。”

善按：浦、阮校甚塙，而單疏本亦脫此九字，不成文義，《毛詩要義》卷四中亦脫。

（44）此緇衣即士冠禮所云（頁39，下-右-2至3行）

“即”，十行本、阮本、閩本、毛本、殿本作“卿”。浦鏜《正字》云：“即，誤‘卿’。”阮元《校勘記》云：“閩本、明監本、毛本同。案浦鏜云‘即誤卿’，是也。”繆校云：“阮本‘即’作‘卿’，誤。”

善按：當作“即”，諸家校是，《毛詩要義》卷四中亦作“即”。

（45）素韠是也（頁39，下-右-3行）

“韠”，十行本、阮本、閩本、殿本同，毛本作“韠”。浦鏜《正字》云：“韠從革旁，作俗字。”

善按：《毛詩要義》卷四中作“韠”。“韋”旁俗寫常作“革”，《廣韻·質韻》：“韠，俗作韠。”

（46）則緇衣卿士所服也（頁39，下-右-5行）

“則”，閩本、殿本、毛本同，十行本、阮本作“周”。阮元《校勘記》云：“閩本、明監本、毛本‘周’作‘則’。案所改非也，‘周’當作‘明’，形近之譌。”繆校云：“阮本‘則’作‘周’，兩通。”

善按：此句謂“美武公善爲司徒，而經云‘緇衣’，則緇衣卿士所服也。而天子與其臣皮弁以日視朝，則卿士旦朝於王服皮弁，不服緇衣，故知是卿士聽朝之正服”，詳其文義，作“則”自通，不煩改作“明”字，《毛詩要義》卷四中亦作“則”，可知明代諸本淵源有自，非後改之。

（47）則知國之政教事在君所斷之（頁39，下-左-1至2行）

十行本、阮本、閩本、毛本、殿本同。浦鏜《正字》云：“事，當‘自’字誤。”

善按：《毛詩要義》卷四中同諸本。“事”字當爲衍文，上文引《舜典》“闢四門”鄭注“卿士之職，使爲己出政教於天下”，可證。

（48）釋詁云之適往也（頁39，下-左-5至6行）

十行本、阮本、閩本、毛本、殿本同。浦鏜《正字》云：“‘適’、‘之’字誤倒。”阮元《校勘記》云：“閩本、明監本、毛本同。案此不誤，浦鏜云‘適、之字誤倒’，非也，《有杕之杜》正義亦引作‘之適’，可證。”

善按：“適”、“之”非誤倒，阮説是。此疏釋毛傳“適，之”，《爾雅·釋詁》作“適、之，往也”，《尚書·盤庚》正義引《釋詁》則作“適、之，往也”[①]蓋引文體式各異，不必以原文律之。

（49）内路寝之裏（頁39，下-左-11行）

“路”，十行本、阮本、閩本、殿本同，毛本作“朝”。浦鏜《正字》云：“路，誤‘朝’。”阮元《校勘記》云：“明監本、毛本‘路’誤‘朝’，閩本不誤。”

善按：浦校是，《毛詩要義》卷四中亦作“路”。

（50）伐柯勸王迎周公（頁40，上-右-8行）

“勸”，閩本、毛本、殿本同，十行本、阮本作“言”。

善按：作“勸”是。《伐柯》正義云：“《箋》以下云‘我覯之子’，謂得見周公，則二章皆勸迎周公之事。”《毛詩要義》卷四中亦作“勸”。

《將仲子》

（51）【序疏】是致大亂也（頁40，上-左-2行）

十行本、阮本“亂”下有“大”字，閩本、毛本、殿本“亂”下有“國”字。盧宣旬補校云：“毛本下‘大’字作‘國’。案‘國’字是也。”繆校云：“毛本下‘大’字作‘國’爲是，與上文合。”

---

①《尚書注疏》，京都：京都出版社影印清嘉慶二十年（1815）江西南昌府學刊《十三經注疏》本。

善按：盧、繆校非也。十行本、阮本下"大"字爲衍文，毛本改下
"大"字作"國"，蓋據上文"於事之小，不忍治之，以致大亂國焉，故刺
之"。然此詩《小序》云："弟叔失道而公弗制，祭仲諫而公弗聽，小不
忍以致大亂焉"，如單疏本作"是致大亂也"可通，又《巧言》正義云
"王既不察，故讒言得自容入；臣又信之，故讒言遂興，所以枉殺無
辜，致此大亂也"，亦可證。

（52）繕甲兵（頁40，上-左-13行）

"甲兵"，十行本、阮本、閩本、殿本同，毛本作"兵甲"。浦鏜《正
字》云："甲兵字，毛本誤倒。"阮元《校勘記》云："毛本'甲兵'誤倒，閩
本、明監本不誤。"

善按：浦、阮校是。

（53）是謂共城大叔（頁40，上-左-15行）

十行本、阮本、閩本、毛本、殿本同。浦鏜《正字》云："六字疑衍
文。"

善按：浦説非也，此六字非衍文，史稱段爲"共叔"，正以其出奔
共也，此孔疏即釋之也。

（54）大叔于田序曰（頁40，上-左-15行）

"于"，十行本、阮本、閩本、殿本同，毛本作"於"。浦鏜《正字》
云："于，毛本誤'於'。"

善按：浦校是

（55）【一章疏】四牡傳云杞枸檵（頁40，下-右-9至10行）

"檵"，殿本同，十行本、阮本、閩本、毛本作"繼"。浦鏜《正字》
云："檵，誤從糸旁作。"阮元《校勘記》云："閩本、明監本、毛本同。案
考彼傳及《爾雅》，皆是'檵'字，此'繼'字當誤。"繆校云："阮本'檵'
作'繼'，誤。"

善按：諸家校是，"繼"爲形訛字，殿本不誤。

（56）理微赤（頁40，下-右-11行）

十行本、阮本、閩本、毛本、殿本同。浦鏜《正字》謂"理"前脱

“木”字。

善按：此文無“木”字亦通。

（57）哀二十年左傳云（頁40，下-右-12至13行）

“二十”，十行本、阮本、殿本同，閩本、毛本作“十二”。浦鏜《正字》云：“‘二十’字誤倒。”阮元《校勘記》云：“閩本、明監本、毛本‘二十’誤倒。”

善按：浦、阮校是，殿本不誤。

（58）吳公子慶忌驟諫吳子（頁40，下-右-13行）

“子”，閩本、毛本、殿本同，十行本、阮本作“王”。

善按：檢《春秋左傳·哀公二十年》正作“子”，則十行本、阮本作“王”字乃後人所改也。

（59）不請公子吕矣則祭仲之諫（頁40，下-左-2至3行）

十行本、阮本、閩本、毛本、殿本同。浦鏜《正字》云：“矣，疑衍，或‘然’字之誤，屬下句。”阮元《校勘記》云：“閩本、明監本、毛本同。案浦鏜云‘矣，或然字之誤，屬下’，是也。”

善按：《毛詩要義》卷四中同諸本作“矣”。

（60）懷與安實敗名病大事（頁40，下-左-6行）

十行本、阮本、閩本、毛本、殿本同。浦鏜《正字》云：“案‘敗名’二字出《左傳》。病，《國語》作‘疚’。”阮元《校勘記》云：“閩本、明監本、毛本同。案‘敗名’二字當衍，此引《晉語》‘實病大事’，或記《左傳》‘敗名’於傍，遂誤入。《皇皇者華》正義引‘實病大事’，不誤。”繆校云：“此‘敗名’二字因《左傳》文而衍。”

善按：阮校是，“敗名”二字衍文，單疏本亦誤。

（61）【三章疏】故云彊韌之木（頁40，下-左-10行）

十行本、阮本、閩本、毛本、殿本同。阮元《校勘記》云：“閩本、明監本、毛本同。案《傳》作‘忍’，《正義》作‘韌’，‘忍’、‘韌’古今字，易而說之也。”

善按：《毛傳》“檀彊韌之木”，《經典釋文》云：“忍，本亦作刃，同，而慎反。依字木(善按"木"當作"韋")旁作刃,今此假借也。""韌"見諸《説文解字》新附字,段玉裁《周禮漢讀考》①卷二(頁660上段)"注尚柔刃也"條云:"刃、韌,古今字。""刃"爲本字,"忍"爲借字,"韌"爲後起字。

(62)駁馬梓榆(頁40,下-左-11行)

"榆",閩本、毛本、殿本同,十行本、阮本作"檽"。山井鼎《考文》謂宋板"榆"作"檽"。阮元《校勘記》云:"閩本、明監本、毛本'檽'作'榆'。案'榆'字是也,《晨風》正義引作'榆'。"

善按:此當作"榆",阮校是。又按:《考文》所引"宋板疏"即日本足利學校藏南宋刊十行本《毛詩注疏》。

《叔于田》

(63)【一章疏】以寵禄過度(頁41,上-右-4行)

"禄",閩本、毛本、殿本同,十行本、阮本作"私"。物觀《考文補遺》謂宋板《疏》"禄"作"私"。阮元《校勘記》云:"閩本、明監本、毛本'私'誤'禄'。"

善按:阮説非也,當作"寵禄",《五經正義》專用"寵禄"一詞。

(64)丰曰俟我乎巷(頁41,上-右-7行)

"丰",十行本、阮本、閩本同,毛本、殿本作"毛"。浦鏜《正字》云:"丰,誤'毛'。"阮元《校勘記》云:"明監本、毛本'丰'誤'毛',閩本不誤。"

善按:浦、阮校是,殿本亦誤"毛"。

(65)洵信釋詁文(頁41,上-右-8行)

十行本、阮本、閩本、毛本、殿本同。浦鏜《正字》云:"洵,《爾雅》

---

① 段玉裁《周禮漢讀考》,《段玉裁遺書》所收,臺北:大化書局影印清經韻樓叢書本,1986年4月版。

作‘詢’。”

善按：《宛丘》“洵有情兮而無望兮”毛傳云：“洵，信也。”《静女》“洵美且異”，鄭箋云：“洵，信也”，《經典釋文》：“洵，本亦作詢。”《説文解字・心部》：“恂，信心也。”段注：“《毛詩》段‘洵’字爲之，如‘洵美且都’、‘洵訏且樂’，鄭《箋》皆云：‘洵，信也。’《釋詁》曰：‘詢，信也’，注引《方言》‘宋、衞曰詢’，皆段‘詢’爲‘恂’也。”本字爲“恂”，“洵”、“詢”皆“恂”之借字，“恂”、“洵”、“詢”古通用。又孔穎達《正義》引《釋詁》此文皆作“洵”，如《溱洧》“洵訏且樂”正義等皆同，蓋以經字“洵”代之也。

（66）【三章疏】服馬猶乘馬夾轅兩馬謂之服馬（頁41，上-右-13行）

十行本、阮本、閩本同，毛本、殿本“夾”作“也”，浦鏜《正字》云：“脱‘夾’字。”阮元《校勘記》云：“明監本、毛本‘夾’誤‘也’，閩本不誤。”

善按：阮校甚塙，《毛詩要義》卷四中亦作“夾”。

（67）皆是人事而言（頁41，上-右-14行）

十行本、阮本、閩本、毛本、殿本同。浦鏜《正字》云：“是，疑‘自’字誤。”

善按：《毛詩要義》卷四中同諸本。“是”疑“據”字之訛。

（68）言其不妄爲武也（頁41，上-左-2行）

“也”，閩本、毛本、殿本同，十行本、阮本無。阮元《校勘記》云：“閩本、明監本、毛本‘武’下衍‘也’字。”

善按：阮校非是，“也”字非衍。

《大叔于田》

（69）【一章疏】大叔至傷女（頁41，上-左-5行）

十行本、阮本、閩本、毛本同，殿本删標起止，而僅以傳、箋代之，殊失原貌。北大整理本校記(頁333)云:"'大叔',按:依疏標起止例,應作'叔于'。"

善按:北大整理本之説大謬。孔穎達《正義》所據經文本作"大叔于田乘乘馬",上篇《叔于田》正義云:"此言'叔于田',下言'大叔于田',作者意殊,無他義也。"與《經典釋文》所引"本或作"本同,故《正義》標起止作"大叔"。考唐石經、宋經注本及注疏本等經文皆作"大叔于田乘乘馬"①,"大"字蓋涉《序》文而衍,陸德明、蘇轍以下諸儒皆有説②。而北大整理本誤讀阮元《校勘記》"大叔于田"條,故妄删經文"大"字,又指斥《正義》標起止"大叔至傷女"爲誤,削足適履,實不足據。

(70) 此經止云兩驂(頁41,上-左-15行)

"驂",毛本、殿本同,十行本、阮本、閩本作"騄"。浦鏜《正字》云:"止,監本誤'正'。"

善按:"騄"爲"驂"之俗字,"参"字俗寫作"叅",下同,不復出校。

(71) 然則藪澤非一(頁41,下-右-6行)

"澤",十行本、阮本、閩本、毛本、殿本無。阮元《校勘記》云:"閩本、明監本、毛本同。案'則'當作'澤',上下文可證。"

---

①《毛詩》,《四部叢刊初編》所收影印宋刊巾箱本;《纂圖互注毛詩》,台北:故宫博物院影印該館藏南宋刊本,2001年。

②《經典釋文》云:"叔于田,本或作'大叔于田'者誤。"蘇轍《詩集傳》卷四"大叔于田刺莊公也"條云:"二詩皆曰'叔于田',故此加'大'以别之,非謂段爲大叔也。然不知者又加'大'于首章,失之矣。"(《續修四庫全書》本所收南宋淳熙七年[1180]刻本)阮元《毛詩注疏校勘記》"(經)大叔于田"條云:"此詩三章,共十言'叔',不應一句獨言'大叔'。或名篇自異,詩文則同,如《唐風·杕杜》、《有杕之杜》二篇之比。其首句有'大'字者,援《序》入經耳。當以《釋文》本爲長。"洪頤煊《讀書叢録》卷二"大叔于田"條云:"毛《傳》'叔之從公田也',足證毛本無'大'字。《序》欲以别於上篇,故加'大'字,後人據《序》以增經,非也"(臺北,廣文書局影印清道光刻本,1978年)。胡承珙《毛詩後箋》卷七"大叔于田"條(合肥:黄山書社,1999年8月,第372頁)、陳奂《詩毛氏傳疏》卷七、馬瑞辰《毛詩傳箋通釋》卷八"大叔于田"條(北京:中華書局,2010年6月,上册第254-255頁)等説同。按:《太平御覽》卷八百九十三《獸部五·馬一》引一本即無"大"字(《四部叢刊三編》所收影印日本藏宋刊本)。

善按：阮説非，據單疏本知注疏本“藪”下脱“澤”字，“則”字不誤。

（72）狙伏前事復爲也（頁41，下-右-15行至左1行）

“伏”，十行本、阮本、閩本、毛本、殿本作“伏”。浦鏜《正字》云：“伏，誤伏。”阮元《校勘記》云：“閩本、明監本、毛本同。案浦鏜云‘伏誤伏’，是也。”繆校云：“阮本‘伏’作‘伏’，誤。”

善按：諸家校是。《爾雅·釋言》郭注：“狙伏，復爲”，邢《疏》①引孫炎語作“伏”。

（73）【二章疏】此叔能磬騁馬矣（頁41，下-左-5行）

十行本、阮本、閩本、毛本、殿本同。浦鏜《正字》云：“此，毛本誤‘比’。”

善按：《毛詩要義》卷四中同諸本。毛本亦作“此”，浦誤校。

（74）欲止則住（頁41，下-左-5行至6行）

“住”，殿本同，十行本、阮本、閩本、毛本作“往”。浦鏜《正字》云：“住，誤‘往’。”阮元《校勘記》云：“閩本、明監本、毛本同。案浦鏜云‘住誤往’，是也。”繆校云：“阮本‘住’作‘往’，誤。”

善按：“往”爲“住”之形訛字，《毛詩要義》卷四中亦作“住”，殿本不誤。

（75）又能從送以逐禽矣（頁41，下-左-6行）

“從”，十行本、阮本、閩本、毛本、殿本作“縱”。繆校云：“《要義》亦作‘從’，可讀如‘縱’。”

善按：從、縱古今字，《毛詩要義》卷四中亦作“從”。

（76）驂與中對文（頁41，下-左-9行）

“與”，閩本、毛本、殿本同，十行本、阮本無。阮元《校勘記》云：“明監本、毛本‘驂’下衍‘與’字，閩本剜入。”繆校云：“阮本無‘與’

---

①《爾雅注疏》，京都：京都出版社影印清嘉慶二十年(1815)江西南昌府學刊《十三經注疏》本。

字,兩通。然《要義》亦有'與'字。"

善按:"與"字非衍,《毛詩要義》卷四中亦有"與"字。

(77) 鴈行者與之並差退(頁41,下-左-11行)

"鴈",閩本同,十行本、阮本、毛本、殿本作"雁"。浦鏜《正字》謂"並"下脱"行"字,《曲禮》注"雁行"作"肩隨"。

善按:浦校是,諸本"並"下奪"行"字,《曲禮》"五年以長則肩隨之"鄭注云:"肩随者,與之並行差退。"又,"鴈"、"雁"二字古別,此鴻雁之本字當爲"雁",後世則"雁"、"鴈"混用不分,詳《説文解字‧隹部》"雁"字、《鳥部》"鴈"字段注。

(78)【三章疏】乘一乘之鴇馬(頁42,上-右-2行)

十行本、阮本同,閩本、毛本上"乘"字作"秉",閩本、毛本、殿本"鴇"作"鴰"。山井鼎《考文》云:"諸本疏'秉一乘之鴰馬',宋板'秉'作'乘','鴰'作'鴇'。"浦鏜《正字》云:"乘一乘之鴰馬,上'乘'字誤'秉'。"阮元《校勘記》云:"閩本、明監本、毛本上'乘'字誤'秉','鴇'誤'鴰'。案經、傳皆作'鴇',《正義》作'鴇'。鴇、鴰,古今字,易而説之也。"

善按:浦、阮校是,單疏本可證。又按經傳"鴇"字,胡承珙《毛詩後箋》卷七"乘乘鴇"條(頁376)云:"蓋《毛詩》特借'鴇'爲'鴰'耳。説《詩》者謂馬名取諸鳥,以其毛色相似,如後世紫燕、晨鳧之類。"此假借説,較阮説爲長。

(79) 以惰慢者必遲緩(頁42,上-右-9行)

十行本、阮本、閩本同,毛本、殿本"慢"作"愰"。浦鏜《正字》云:"以惰愰者必遲緩,'慢'誤'愰'①。"阮元《校勘記》云:"明監本、毛本'慢'誤'愰',閩本不誤。"

善按:浦、阮校是,"惰慢"乃經典常語。

(80) 明上句言覆矢(頁42,上-右-13行)

---

① 四庫本浦鏜《正字》本作:"以慢愰者必遲緩,慢誤惰。"文有舛訛,今校改之。

　　"明"，十行本、阮本、毛本、殿本同，閩本作"名"。浦鏜《正字》云："明，監本誤'名'。"阮元《校勘記》云："閩本、明監本'明'誤'名'，毛本不誤。"

　　善按：作"明"是，《毛詩要義》卷四中亦作"明"。

　　(81) 弢弓謂弛弓而納之弢中（頁42，上-右-14行）

　　"弛"，十行本、阮本、閩本、毛本、殿本作"弢"。

　　善按：此當如單疏作"弛"是。此文言射畢，則弛其弓而納之弢也，釋《箋》"弢弓，弢弓"，故下文繼云"故云'弢弓，弢弓'，謂藏之也"。《呂氏家塾讀書記》卷八、段昌武《毛詩集解》①卷七引亦作"弛"。注疏本作"弢"字蓋淺人所改，而宋代已有作"弢"之本。

《清人》

　　(82) 【序疏】臣有高克者（頁42，上-左-1行）

　　"臣"，十行本、阮本同，閩本、毛本、殿本作"將"。阮元《校勘記》云："閩本、明監本、毛本'臣'誤'將'。"

　　善按：阮校是，殿本亦誤作"將"。

　　(83) 又不能以理廢退（頁42，上-左-2行）

　　十行本、阮本、閩本、毛本、殿本同。浦鏜《正字》云："理，當'禮'字誤。"

　　(84) 文公乃使高克將兵禦狄於境（頁42，上-左-3行）

　　"境"，閩本、毛本、殿本同，十行本、阮本作"竟"。阮元《校勘記》云："閩本、明監本、毛本'竟'作'境'，下言'禦狄於境'同。案所改是也，《序》作'竟'，《正義》作'境'，下文皆可證。'竟'、'境'古今字，易而說之也。《考文》古本《序》亦作'境'，誤采《正義》所易之今字。"

　　善按：阮校甚塙，單疏本正作"境"。然阮謂《考文》"古本"誤采

_____

　　① 段昌武《毛詩集解》，《文淵閣四庫全書》本。

《正義》則非,《考文》所據乃日本古鈔本,淵源有自,非采《正義》爲之,餘同,不贅。

(85) 故言侵也(頁42,上-左-15行)

"也",十行本、阮本、閩本同,毛本、殿本作"之"。阮元《校勘記》云:"明監本、毛本'也'誤'之',閩本不誤。"

善按:《毛詩要義》卷四中亦作"也",殿本誤作"之"。

(86)【一章疏】狄人已去(頁42,下-右-6行)

"已",毛本、殿本同,十行本、阮本、閩本作"以"。

善按:"已"、"以",古多通用。

(87) 高克乃使四馬被甲馳驅敖遊(頁42,下-右-6至7行)

閩本、毛本、殿本同,十行本、阮本無"甲"字,"驅"作"駈"。阮元《校勘記》云:"明監本、毛本'被'下有'甲'字,閩本剜入。案所補是也。"繆校云:"阮本落'甲'字。"

善按:阮、繆校是,十行本、阮本奪"甲"字。又,"驅"爲正字,"駈"爲俗字,《說文解字·馬部》云:"驅,馬馳也。從馬,區聲。"《干祿字書·平聲》[1]云:"駈、驅,上通下正。"《五經文字·馬部》云:"驅,音區,作'駈'訛。"

(88) 文公不召故刺之(頁42,下-右-8至9行)

"之",十行本、阮本同,閩本、毛本、殿本作"也"。阮元《校勘記》云:"閩本、明監本、毛本'之'誤'也'。"

善按:阮校是,殿本亦誤作"也"。

(89) 言禦狄於境(頁42,下-右-10行)

"於",十行本、阮本、閩本、毛本、殿本作"于"。"境",閩本、毛本、殿本同,十行本、阮本作"竟"。

善按:《毛詩要義》卷四中同單疏本。"于"、"於"古今字,五經古多用"于",傳則多用"於"。又,疏當作"境","竟"、"境"古今字,而

---

[1] 顔元孫《干祿字書》,北京:紫禁城出版社影印顔真卿書碑明拓本,1990年7月。

《正義》用今字“境”。

（90）北山傳云旁旁然不得已（頁42，下-右-15行）

十行本、阮本、閩本、毛本、殿本同。浦鏜《正字》云：“《傳》作‘傍傍’，音同。”

善按：“旁”、“傍”古今字。

（91）酋近夷長也（頁42，下-左-6行）

“近”，十行本、阮本、閩本、殿本同，毛本作“短”。浦鏜《正字》云：“近，毛本誤‘短’。也，彼注作‘矣’。”阮元《校勘記》云：“毛本‘近’誤‘短’，閩本、明監本不誤。”

善按：阮校是，殿本不誤。又，浦謂“彼注”即《考工記》鄭注。

（92）攻國之兵用短守國之兵用長（頁42，下-左-6至7行）

十行本、阮本、閩本、毛本、殿本同。浦鏜《正字》云：“用，《考工記》作‘欲’。”

善按：此不誤，《無衣》、《閟宮》正義引《考工記》皆作“用”，正義改字而引。

（93）此禦狄於境（頁42，下-左-7行）

“於”，十行本、阮本、閩本、毛本、殿本作“于”。

善按：“于”、“於”古今字。

（94）是守國之兵用長（頁42，下-左-7行）

“用”，閩本、毛本、殿本同，十行本、阮本無。阮元《校勘記》云：“明監本、毛本‘兵’下衍‘用’字，閩本剜入。”

善按：阮校非是，《正義》上引《考工記》云“攻國之兵用短，守國之兵用長”，則此當有“用”字。

（95）魯頌以二矛與重弓共文（頁42，下-左-8行）

“二”，閩本、毛本、殿本同，十行本、阮本無。阮元《校勘記》云：“明監本、毛本‘以’下衍‘二’字，閩本剜入。案此無‘二’字，乃與上下文互見，不當添也。”繆校云：“阮本落‘二’字，《閟宮》疏亦以‘二矛’與‘重弓’對舉。”

善按：繆校是。此當有"二"字，《毛詩要義》卷四中亦有"二"字，十行本、阮本奪之。

(96)【二章疏】然則題者表識之言（頁43，上-右-1至2行）

十行本、阮本無"則"字，閩本、毛本、殿本"題"作"矛"。阮元《校勘記》云："明監本、毛本'題'誤'則矛'二字，閩本剜入。"

善按：《毛詩要義》卷四中同單疏本。明監本、閩本、毛本、殿本"題"誤作"矛"，十行本、阮本脫"則"字，

(97)【三章疏】注云左陽也（頁43，上-右-13行）

"左"，殿本同，十行本、阮本、閩本、毛本作"右"。浦鏜《正字》云："左，誤右。"阮元《校勘記》云："閩本、明監本、毛本同。案浦鏜云'左，誤右'，是也。"

善按：浦、阮校是，《毛詩要義》卷四中亦作"左"，殿本不誤。

(98) 鄭丘緩爲右（頁43，上-左-5行）

"丘"，殿本同，十行本、阮本、閩本、毛本作"兵"。山井鼎《考文》云："兵，當作'丘'。"浦鏜《正字》云："丘，誤兵。"阮元《校勘記》云："閩本、明監本、毛本同。案山井鼎云'兵當作丘'，是也。"繆校云："阮本'丘'作'兵'，誤。"

善按：諸家校是，《春秋左傳·成公二年》作"丘"，《毛詩要義》卷四中亦作"丘"。

(99) 故月令說耕耤之義云（頁43，上-左-12行）

"耤"，十行本、阮本、閩本作"籍"，毛本、殿本作"藉"。

善按：《毛詩要義》卷四中亦作"耤"。今本《禮記·月令》或作"籍"，或作"藉"①，《經典釋文·禮記音義》出"帝藉"條。《說文解字·耒部》云："耤，帝耤千畝也。古者使民如借，故謂之耤。从耒昔聲。"

---

①《禮記注疏》，京都：京都出版社影印清嘉慶二十年（1815）江西南昌府學刊《十三經注疏》本；《纂圖互註禮記》（《四部叢刊初編》所收影印宋刻本）作"籍"，南宋淳熙四年（1177）撫州公使庫刻本《禮記》、清乾隆仿宋相台五經本《禮記》、景南宋紹熙三年（1192）越刊八行本《禮記注疏》、衛湜編《禮記集說》卷三十九（《通志堂經解》本）作"藉"。

《五經文字·耒部》云："耤田字,六經多以'藉'字爲之,亦取蹈藉之義。""耤"爲本字,"藉"爲假借字,"籍"爲"藉"之換旁俗字,從艸、竹旁字常互混。

（100）置耒耜於車右御者之間（頁43,上-左-13行）

十行本、阮本、閩本、毛本、殿本同。浦鏜《正字》謂"右"下脱"與"字。

善按:《毛詩要義》卷四中同諸本。《月令》鄭注有"與"字,然此無"與"字亦通,孔疏儞引傳注或有增減,如此文即增"耜"字。

《羔裘》

（101）【序疏】朝多賢臣賢者（頁43,下-右-8行）

閩本、毛本、殿本同,十行本、阮本無"臣賢"二字,阮元《校勘記》云:"閩本、明監本、毛本'賢'下衍'臣賢'二字。"

善按:"臣賢"二字非衍,"賢者"屬下,讀作"以桓、武之世,朝多賢臣,賢者陵遲,自莊公爲始",與《序》箋"鄭自莊公而賢者陵遲,朝無忠正之臣"正合。《毛詩要義》卷四下亦有"臣賢"二字。

（102）【一章疏】刺今朝廷無此人（頁43,下-右-12行）

十行本、阮本同,毛本、殿本"人"下有"也"字,閩本"此"下二格剜闕待補,。阮元《校勘記》云:"明監本、毛本'人'下衍'也'字,閩本剜入。"

善按:阮校是,毛本、殿本"也"字衍文。

（103）知緇衣者（頁43,下-右-14行）

"知",十行本、阮本同,閩本、毛本作"如",殿本作"加"。浦鏜《正字》云:"如,當'知'字誤。"阮元《校勘記》云:"閩本、明監本、毛本'知'誤'如'。"

善按:浦、阮校是,《毛詩要義》卷四下亦作"知","加"、"如"皆"知"字之形訛。

（104）【三章疏】剛則疆（頁44，上-右-1行）

“疆”，十行本、阮本、閩本、殿本作“彊”，毛本作“强”。

善按：“疆”爲“彊”之形訛字，“彊”本字，“强”爲借字，

（105）亦謂朝多賢臣（頁44，上-右-6行）

“多”，閩本、毛本、殿本同，十行本、阮本作“夕”。盧宣旬補校云：“夕，當作‘多’。”繆校云：“阮本‘多’作‘夕’，誤。”

善按：盧、繆校是，“夕”乃“多”之形訛字。

《遵大路》

（106）【序疏】（頁44，上-右-10至11行）

十行本、阮本、閩本、毛本、殿本無《序》疏。浦鏜《正字》云：“《序》下缺疏，疑脱漏。”

善按：單疏本亦無《序》疏，此非脱漏，考正義全書唯此篇與《蘀兮》《竹竿》序無疏。

（107）【一章疏】説文摻字參（山音反）聲（頁44，上-左-2至3行）

十行本、阮本作“説文摻字山音反聲”，閩本、毛本、殿本作“説文摻字參此音反聲”。山井鼎《考文》謂宋板“參此”二字作“山”。浦鏜《正字》謂“聲”字疑衍。阮元《校勘記》云：“閩本、明監本、毛本‘字’下有‘參’字。案所補是也，‘山音反’三字當雙行細書，即爲‘參’字作音也。閩本、明監本、毛本‘山’誤‘此’。”繆校云：“山音反，作雙行。下‘此遥反’同。”

善按：《毛詩要義》卷四下同單疏本。王鳴盛《蛾術編》卷三十“操字注把持也”條引孔疏改作：“《説文》摻字參聲，山音反，訓爲斂也；操字枲聲，此遥反，訓爲奉也。”迮鶴壽注云：“《詩》疏作‘摻字參山音反聲’、‘操字枲此遥反聲’，《挍勘記》謂‘山音反’、‘此遥反’六字當作雙行小注，實則兩‘聲’字在上，傳寫者誤倒耳。”阮校甚塙，王、迮説非也。十行本、阮本脱“參”字，閩本、毛本、殿本“此”爲“山”

字之形訛。又《正義》注音皆雙行小字而別於正文,注疏本卻與正文等同,遂失其原貌,須明辨之。

(108)操字枲(此遥反)聲(頁44,上-左-3行)

十行本、阮本、閩本、毛本、殿本作"操字枲此遥反聲"。浦鏜《正字》謂"聲"字疑衍。阮元《校勘記》云:"閩本、明監本、毛本同。案'此遥反'三字當雙行細書,即爲'枲'字作音也。此'枲聲'與上'參聲',皆二字連文。"

善按:《毛詩要義》卷四下同單疏本。"聲"字非衍,阮校是,又十行本、阮本以雙行小字"此遥反"誤入正文,殊失原貌。

(109)則袂是袪之本(頁44,上-左-4行)

十行本、阮本、閩本、毛本、殿本同,浦鏜《正字》云:"本,毛本誤'木'。"

善按:《毛詩要義》卷四下同諸本。毛本亦作"本",浦誤校。

(110)正義曰釋語文(頁44,上-左-7行)

十行本、阮本、閩本、毛本、殿本"語"作"詁",殿本刪"正義曰"三字。

善按:"語"爲"詁"之形訛字。殿本多刪"正義曰",殊失原貌。

《女曰雞鳴》

(111)【序疏】朝廷之士不悦有德之君子(頁44,上-左-10至11行)

"士",十行本、阮本同,閩本、毛本、殿本作"上"。阮元《校勘記》云:"閩本、明監本、毛本'士'誤'上'。"

善按:殿本"士"亦誤"上"。

(112)刺不悦德也(頁44,上-左-14至15行)

"悦",十行本、阮本、閩本、毛本、殿本作"説"。

善按:"説"、"悦"古今字。

（113）箋德謂至德者（頁44，上-左-15行）

"者"，閩本、毛本同，十行本、阮本作"也"。殿本删標起止。阮元《校勘記》云："閩本、明監本、毛本'也'作'者'。案所改是也。"

善按：當作"者"，阮校是。

（114）【一章疏】士者男子之大號（頁44，下-右-10至11行）

"大"，十行本、阮本同，閩本、毛本、殿本作"美"。浦鏜《正字》云："美，當'大'字誤。"阮元《校勘記》云："閩本、明監本、毛本'大'誤'美'。"

善按：浦、阮校是，殿本亦誤。

（115）群臣別色始入（頁44，下-右-15行）

十行本、阮本、閩本、毛本、殿本同。浦鏜《正字》云："別，《禮記》作'辨'。"

善按：《玉藻》"朝辨色始入"鄭玄注云："辨猶正也，別也。"則《正義》用訓詁字"別"代之。

（116）説文云繳謂生絲爲繩也（頁44，下-左-4行）

十行本、阮本、閩本、毛本、殿本同。浦鏜《正字》云："説文云繳謂生縷也，'縷'誤'爲繩'二字。繳，《説文》作'繁'。"

善按：《論語·述而》邢昺疏①、《吕氏家塾讀詩記》卷八引與諸本同。又，繳爲"繁"之易構字。

（117）【二章疏】葱渼處末（頁44，下-左-14行）

"渼"，十行本、阮本、閩本、毛本、殿本作"渫"。浦鏜《正字》云："渫，《禮記》作'涤'，避唐諱故也。"

善按：單疏本作"渼"亦避唐諱字，《毛詩要義》卷四下亦作" "。

（118）曲禮所陳燕食之饌（頁45，上-右-2至3行）

"食"，十行本、阮本同，閩本、毛本、殿本作"飲"。阮元《校勘記》

---

①《論語注疏》，京都：京都出版社影印清嘉慶二十年（1815）江西南昌府學刊《十三經注疏》本。

云:"閩本、明監本、毛本'食'誤'飲'。"

　　善按:阮校是,《毛詩要義》卷四下亦作"食",殿本誤作"飲"。

　　(119)【三章疏】去則以報苔之(頁45,上-右-12行)

　　"苔",十行本、阮本同,毛本作"畣",閩本、殿本作"答"。阮元《校勘記》云:"毛本'苔'作'畣',閩本、明監本作'答'。"①

　　善按:"畣"乃"苔"之古字,"答"爲"苔"之後起俗字,單疏本多用"苔"。説詳本文第(23)條。

　　(120)珩佩上玉也(頁45,上-右-14行)

　　"佩",十行本、阮本、閩本、殿本同,毛本作"珮"。阮元《校勘記》云:"毛本'佩'誤'珮',下同,閩本、明監本不誤。"

　　善按:阮校是,《説文解字》作"佩",《毛詩要義》卷四下亦作"佩"。

　　(121)璜半璧也(頁45,上-右-14行)

　　"半",閩本、毛本、殿本同,十行本、阮本作"圭"。盧宣旬補校云:"《説文》'圭'作'半',案'半'字是也。"繆校云:"阮本'半'作'圭',誤。"

　　善按:作"半"是,《毛詩要義》卷四下作"半",十行本亦誤。

　　(122)佩玉有衝牙(頁45,上-右-15行)

　　"衝",閩本、毛本、殿本同,十行本、阮本作"衡"。盧宣旬補校云:"《禮記》'衡'作'衝'。"繆校云:"阮本'衝'作'衡',誤。"

　　善按:作"衝"是,《毛詩要義》卷四下亦作"衝","衡"爲形訛字,十行本亦誤。

　　(123)玉藻説佩有黝珩(頁45,上-左-1行)

　　"黝珩",十行本、阮本、閩本、毛本、殿本同。浦鏜《正字》云:"《記》作'幽衡',《注》:'幽讀爲黝,黑謂之黝。'"

　　善按:《毛詩要義》卷四下同諸本。《爾雅·釋器》云:"黑謂之黝",

---

① "答",文選樓本、《皇清經解》本均誤作"苔",今改。

是鄭注所本。“珩”、“衡”二字古通。

（124）公侯佩山玄玉（頁45，上-左-4行）

“公”，閩本同，十行本、阮本、毛本、殿本作“諸”。浦鏜《正字》云：“諸①，《記》作‘公’。”阮元《校勘記》云：“明監本、毛本同，閩本‘諸’作‘公’。案此‘公’字用《禮記》文改也。”繆校云：“阮本‘公’作‘諸’，誤。”

善按：作“公”是，《玉藻》作“公”，《毛詩要義》卷四下亦作“公”。又，《白虎通》卷八《衣裳》及《文選》曹植《責躬詩》、《求自試表》李善注引《禮記》作“諸”，後人或據之改疏。

（125）士佩瓀玟玉（頁45，上-左-5行）

十行本、阮本、閩本、毛本、殿本同。浦鏜《正字》云：“下衍‘玉’字，《注》②：‘瓀玟，石次玉者。’”阮元《校勘記》云：“閩本、明監本、毛本同。案此不誤，浦鏜云‘玉，衍字’，非也。《記》無‘玉’字，《正義》引而增之，《著》正義引亦有‘玉’字，可證。”

善按：阮說是，《正義》引經或有增字，《毛詩要義》卷四下亦有“玉”字。

（126）下傳亦云佩有琚瑀（頁45，上-左-7行）

“瑀”，閩本、毛本、殿本同，十行本、阮本作“玖”。阮元《校勘記》云：“閩本、明監本、毛本‘玖’作‘瑀’，案‘瑀’字誤改也。”繆校云：“阮本‘瑀’作‘玖’，與上傳不合，誤。《校勘記》甚辨，然本傳是‘瑀’字，非‘玖’字。”

善按：作“瑀”是，《毛詩要義》卷四下亦作“瑀”。阮元《校勘記》據此誤本《女曰雞鳴》正義，謂《有女同車》“佩玉瓊琚”毛傳“佩有琚瑀，所以納間”之“瑀”字當作“玖”，殊失之。

（127）謂納衆玉與珩上下之間（頁45，上-左-8行）

_____

①《文淵閣四庫全書》本《十三經注疏正字》本原誤作“侯”字，今據文義改。
②“注”當作“疏”，此乃孔穎達《禮記正義·玉藻》文。

“閒”,十行本、阮本、閩本、毛本、殿本作“間”。浦鏜《正字》云:
“與,當‘於’字誤。”

善按:《毛詩要義》卷四下作“間”。從日之“間”乃後起之俗字。
《説文解字·門部》云:“閒,隙也。从門从月。”古“閒隙”、“中閒”惟用
“閒”。又,作“與”字不誤,《毛詩集解》卷七引《正義》亦作“與”。

(128)但辭不言來容非異國(頁45,上-左-9至10行)

十行本、阮本、閩本、毛本、殿本“但”作“俱”,“容”作“客”。浦鏜
《正字》云:“俱①、客,當‘但’、‘容’之誤。”

善按:詳上下文義,知浦校甚塙,單疏本可證。“俱”爲形訛字,
“客”涉上文諸“客”字而誤。

(129)非言古士(頁45,上-左-12行)

“言”,閩本、毛本、殿本同,十行本、阮本無。阮元《校勘記》云:
“閩本、明監本、毛本‘非’下衍‘言’字。”繆校云:“阮本脱‘言’字。”

善按:詳文義,有“言”字是,十行本、阮本脱。

(130)此章必是異國耳(頁45,上-左-13行)

“必”,閩本、毛本、殿本同,十行本、阮本作“非”。阮元《校勘記》
云:“閩本、明監本、毛本‘非’作‘必’。案所改非也,‘非’當作‘自’。”
繆校云:“阮本‘必’作‘非’,誤。”

善按:阮校非也,詳上下文義,當作“必”。

(131)又稱臣無境外之交(頁45,上-左-13至14行)

十行本、阮本、閩本、毛本、殿本同。浦鏜《正字》云:“‘又’下疑
有脱字。”

善按:詳上下文義,“稱”乃“禮”字之訛。

(132)一食再饗(頁45,下-右-1行)

十行本、阮本、閩本、毛本、殿本同。浦鏜《正字》云:“一,經文作
‘壹’。凡引《周》、《儀》二禮放此。”

---

①《文淵閣四庫全書》本《十三經注疏正字》脱“俱”字,今據文義補。

善按：此文"一"爲本字。《説文解字·壹部》云："壹，專壹"。"壹"、
"一"古通。

（133）衛侯使以弓問子貢（頁45，下-右-3行）

十行本、阮本、閩本、毛本、殿本同。浦鏜《正字》云："貢，《左傳》
作'贛'。"

善按：《毛詩要義》卷四下亦同諸本作"貢"。端木賜字，本字作
"贛"，"貢"爲借字。《説文解字·貝部》云："贛，賜也。從貝，省聲。"同
書云："貢，獻功也。"《五經文字·貝部》云："貢、贛，上貢獻，下賜也，
經典亦通用之。"

（134）即出己之意施遺前人（頁45，下-右-4行）

十行本、阮本、閩本、毛本、殿本同。浦鏜《正字》云："意，疑'惠'
字誤。"

善按：《毛詩要義》卷四下亦作"意"。

（135）送之與別其實一也（頁45，下-右-5至6行）

十行本、阮本、閩本、毛本、殿本同。浦鏜《正字》云："與別，疑
'小別'之誤。"

善按：原文可通，浦説非也，《毛詩要義》卷四下亦作"與別"。

《有女同車》

（136）【序疏】鄭人刺忽之不婚於齊（頁45，下-右-7行）

"婚"，十行本、阮本同，閩本、毛本、殿本作"昏"。阮元《校勘記》
云："鄭人刺忽之不婚於齊，閩本、明監本、毛本同。案《序》作'昏'，
《正義》作'婚'。'昏'、'婚'古今字，易而説之也，例見前。《考文》古本
《序》作'婚'，誤采此。"

善按：《毛詩要義》卷四下亦作"婚"，《正義》用今字爲説，阮説
是。然閩本、毛本作"昏"而不作"婚"，阮誤校。又，阮元《校勘記》用
"昏"、"婚"，而十行本、阮本正文皆作"昬"、"婚"。古祇作"昬"、"婚"，

"昏"、"婚"乃唐人避太宗諱之改字。

（137）北戎侵齊（頁45，下-右-12行）

十行本、阮本、閩本、毛本、殿本同。浦鏜《正字》云："伐，誤侵。"

善按：《毛詩要義》卷四下亦作"侵"。《春秋左傳·桓公六年》"侵"作"伐"，此文作"侵"亦通，孔疏改"伐"爲"侵"例，又見《定之方中》序疏"狄人侵衛"，《左傳·閔公二年》"侵"本作"伐"。又"伐"、"侵"有別，《春秋左傳·隱公二年》"鄭人伐衛"胡安國傳云："凡兵聲罪致討曰伐，潛師掠境曰侵。"[①]

（138）獲其二帥（頁45，下-右-13行）

"帥"，十行本、阮本、殿本同，閩本、毛本作"師"。阮元《校勘記》云："閩本、明監本、毛本'帥'誤'師'。"

善按：殿本作"帥"不誤。

（139）今以君命奔齊之急（頁45，下-左-3行）

"以"，十行本、阮本、閩本、殿本同，毛本作"之"。浦鏜《正字》云："以，誤'之'。"阮元《校勘記》云："明監本、毛本'以'誤'之'，閩本不誤。"

善按：作"以"是，《毛詩要義》卷四下亦作"以"。

（140）人其謂我何（頁45，下-左-4行）

十行本、阮本、閩本、毛本、殿本同。浦鏜《正字》云："人，《左傳》作'民'。"

善按：《毛詩要義》卷四下亦作"人"。作"人"者，唐人避太宗諱而改之。

（141）此言齊女賢而忽不娶（頁45，下-左-5行）

十行本、阮本、閩本、毛本、殿本同。阮元《校勘記》云："閩本、明監本、毛本同。案《序》作'取'，《正義》作'娶'。取、娶古今字，易而説之也，例見前。《考文》古本《序》作'娶'，誤采此；添'忽'字，亦誤采

---

① 胡安國《春秋傳》，《四部叢刊續編》所收影印宋刊本。

此也。"

善按:《毛詩要義》卷四下亦作"娶"。《説文解字·女部》云:"娶,取婦也。"段注云:"經典多段'取'爲'娶'。"

(142)明是在後妻者也(頁45,下-左-11行)

"者也",十行本、阮本、閩本同,毛本、殿本作"之賢"。阮元《校勘記》云:"明監本、毛本'者也'誤'之賢',閩本不誤。"

善按:阮校是,《毛詩要義》卷四下亦作"者也"。

(143)何必實賢實長也(頁46,上-右-3行)

十行本、阮本、閩本、毛本、殿本同。浦鏜《正字》云:"實字,監本上誤'貴',下誤'貴'。"阮元《校勘記》云:"明監本'實'皆誤'貴',閩本、毛本不誤。"

善按:《毛詩要義》卷四下同諸本。

(144)【一章疏】宋雍氏女於鄭莊公曰雍姞(頁46,上-左-1行)

"姞",殿本同,十行本、阮本、閩本、毛本作"始"。浦鏜《正字》云:"姞,誤'始'。"阮元《校勘記》云:"閩本、明監本、毛本同。案浦鏜云'姞誤始',考《左傳》,是也。"繆校云:"阮本'姞'作'始',誤。"

善按:諸家校是,事見《春秋左傳·桓公十一年》,殿本不誤。

(145)【二章疏】此解鏘鏘之意(頁46,下-右-2行)

十行本、阮本、閩本、毛本、殿本同。阮元《校勘記》云:"閩本、明監本、毛本同。案傳及經皆作'將將',《正義》作'鏘鏘',易古字爲今字而説之也,例見前。《庭燎》正義作'將將',當是不知者依經、注改之耳。"

善按:《説文解字》無"鏘"字,"鏘"乃"將"之後起別體字。阮謂《庭燎》正義當作"鏘鏘",檢單疏本彼文正作"鏘鏘"(頁184,下-左-9行),知其説之塙。

《山有扶蘇》

(146)【序疏】山有扶蘇二章章四句至美人(頁46,下-左-1行)

“人”，十行本、阮本、閩本、毛本作“然”，殿本刪標起止。

善按：阮元《校勘記》“（小序）所美非美然”條云：“唐石經、小字本、相臺本同。案《正義》云‘皆是所美非美人之事，定本“所美非美然”，與俗本不同’，是《正義》‘然’字當是‘人’字，標起止云‘至美然’，後改也。”阮校甚塙，單疏可證孔所據本《序》作“人”字。注疏本作“然”，淺人所改也。

（147）【一章疏】所美非美故刺之（頁46，下-左-1行）

閩本、毛本、殿本同。十行本、阮本下“美”字作“矣”。山井鼎《考文》謂宋板下“美”字作“矣”。阮元《校勘記》云：“閩本、明監本、毛本‘矣’作‘美’。案所改是也，下文云：‘此篇刺昭公之所美非美，養臣失宜。’是其證。”

善按：阮校是，《小序》正義亦可證，十行本、阮本誤作“矣”。

（148）荷扶蕖其華菡萏（頁46，下-左-3行）

閩本、毛本、殿本同。十行本、阮本“其”下疊一“其”字。盧宣旬補校云：“衍一‘其’字。”繆校云：“阮本衍‘其’字。”

善按：盧、繆校是，《毛詩要義》卷四下亦無下“其”字，十行本、阮本誤衍。

（149）反以喻不宜（頁46，下-左-6行）

“宜”，十行本、阮本、閩本、毛本、殿本作“宜”。浦鏜《正字》云：“喻，監本誤‘噞’。”

善按：“宜”爲正字，“宜”爲減畫俗字，單疏本用“宜”字。

（150）箋人之至意同（頁46，下-左-13行）

“箋”，閩本、毛本同，十行本、阮本作“醜”，殿本刪標起止。盧宣旬補校云：“毛本‘醜’作‘箋’。案‘箋’字是也。”繆校云：“阮本‘箋’作‘醜’，誤。”

善按：十行本、阮本“醜”字蓋涉下文而誤。

（151）【二章疏】傳以橋松共文、以明橋非木也、不取橋游爲義（頁47，上-右-13行；頁47，上-左-1行）

三"橋"字,閩本、毛本、殿本同,十行本、阮本皆作"喬"。阮元《校勘記》云:"閩本、明監本、毛本'喬'作'橋',下'以明喬非木也'、'不取喬游爲義'同。案'喬'字是也,凡《正義》説《傳》者,例用'喬',十行本皆未誤,此用毛義易字,非《正義》本經作'喬'也。"

善按:《毛詩要義》卷四下同單疏本。阮説甚辨,然非是。《正義》上用"喬高"爲説釋毛義,而此則言"橋、松共文",辨橋非木,别白之處宜用毛傳原字"橋",十行本、阮本作"喬"誤。

(152) 嫌爲一木(頁47,上-右-13行)

"木",十行本、阮本、毛本、殿本同,閩本作"本"。阮元《校勘記》云:"閩本、明監本'木'誤'本',毛本不誤。"

善按:《毛詩要義》卷四下亦作"木"。

(153) 是龍红一草而别名(頁47,上-右-14至15行)

"别",閩本、毛本、殿本同,十行本、阮本作"列"。繆校云:"阮本'别'作'列'。"

善按:作"别"是,十行本、阮本作"列"爲形訛字。

(154) 葉大而赤白色(頁47,上-右-15行)

十行本、阮本、閩本、毛本、殿本同。浦鏜《正字》謂"葉"下脱"麤"字。

善按:浦校非是,《正義》引書或有簡省,《吕氏家塾讀詩記》卷八、《爾雅疏》引並無"麤"字。

(155) 此草直名龍耳(頁47,上-左-2行)

十行本、阮本、閩本、毛本"草"作"章",殿本無"直"字。浦鏜《正字》云:"草,誤'章'。"阮元《校勘記》云:"閩本、明監本、毛本同。案浦鏜云'草誤章',是也。"繆校云:"阮本'草'作'章',誤。"

善按:諸家校是,《毛詩要義》卷四下亦作"草",殿本脱"直"字。

(156) 不應言槁游也(頁47,上-左-3至4行)

"槁",十行本、阮本、閩本、毛本、殿本作"橋"。阮元《校勘記》云:"閩本、明監本同,毛本'槁'作'橋'。下'明槁松喻無恩於大臣',

明監本、毛本皆作‘橋’。案‘槁’字是也，凡《正義》説《箋》者，例用‘槁’，十行本多未誤，唯‘不應言槁游也’一字誤作‘橋’耳。”

善按：阮説是。《毛詩要義》卷四下亦誤作“橋”。

（157）非一人而已（頁47，上-左-9行）

“一”，毛本同，十行本、阮本、閩本、殿本作“二”。浦鏜《正字》云：“二，毛本誤‘一’。”

善按：《毛詩要義》卷四下亦作“一”。

（158）於義雖通（頁47，下-右-3行）

十行本、阮本、閩本、毛本、殿本同。浦鏜《正字》云：“雖，當‘難’字誤。”

善按：“雖”字不誤，浦説非是，蓋誤讀原文也。“云刺昭公，而謂狡童爲昭公”以下非孫毓語，皆爲《正義》之文。《毛詩要義》卷四下亦作“雖”。

（159）下篇言昭公有壯狡之志（頁47，下-右-3至4行）

“壯”，十行本、阮本、閩本、毛本、殿本作“狂”。阮元《校勘記》云：“閩本、明監本、毛本同。案‘狂’當作‘壯’，形近之譌。”繆校云：“阮本‘壯’作‘狂’，誤。”

善按：阮、繆校是，《毛詩要義》卷四下亦作“壯”。

《蘀兮》

（160）【一章疏】有人謂此蘀兮蘀兮（頁47，下-右-5行）

“有”，十行本、阮本、閩本、毛本、殿本作“詩”。

善按：此當如單疏本作“有”，“詩”字淺人所改也。孔疏不知詩篇主人公爲誰時，解説詩義常用“有人”代之，如《卷耳》“采采卷耳，不盈頃筐”孔疏云：“言有人事采此卷耳之菜，不能滿此頃筐。”《正月》“謂天蓋高？不敢不局。謂地蓋厚？不敢不蹐”孔疏云：“時有人言，謂此上天蓋實高矣，而有雷霆擊人，不敢不曲其脊以敬之。”《北山》"陟彼北山,言采其杞"孔疏云:"言有人登彼北山之上者,云我采其杞菜之葉也。"

(161)必待風其吹汝(頁47,下-右-6行)

"汝",十行本、阮本、閩本、毛本、殿本作"女"。

善按:"女"、"汝"古今字。

(162)和者當是汝臣(頁47,下-右-9行)

"是",閩本、毛本、殿本同,十行本、阮本無。阮元《校勘記》云:"閩本、明監本、毛本'當'下有'是'字,案所補是也。"繆校云:"阮本無'是'字,脱。"

善按:阮、繆校是,此與上文"倡者當是我君"句式同,十行本、阮本脱。

(163)十月隕蘀(頁47,下-右-10至11行)

十行本、阮本、閩本、毛本、殿本同。浦鏜《正字》云:"隕,監本誤'賢'。"

(164)言有君不以爲君(頁47,下-左-3行)

十行本、阮本、閩本、殿本同,毛本上"君"字作"臣"。阮元《校勘記》云:"明監本、毛本上'君'字誤'臣',閩本不誤。"

善按:阮校是。

《狡童》

(165)【序疏】使立突(頁47,下-左-12行)

"使",十行本、阮本同,閩本、毛本、殿本作"所"。浦鏜《正字》云:"所,疑'使'字誤。"阮元《校勘記》云:"閩本、明監本、毛本'使'誤'所'。"

善按:《毛詩要義》卷四下亦作"使",殿本誤作"所"。

《褰裳》

（166）【序疏】以國曰有狂悖幼童之人（頁48，上-右-8行）

“曰”，十行本、阮本、閩本、毛本、殿本作“内”。

善按：單疏本誤，“曰”爲“内”之形訛字。

（167）欲大國以兵征鄭（頁48，上-右-10行）

“大”，十行本、阮本、閩本、殿本同，毛本作“人”。阮元《校勘記》云：“毛本‘大’誤‘人’，閩本、明監本不誤。”

善按：阮校是。

（168）故復言狂童之狂（頁48，上-右-12行）

十行本、阮本、閩本、毛本、殿本同。浦鏜《正字》云：“復，疑‘後’字誤。”

（169）鄭世子忽復歸於鄭（頁48，上-左-1行）

“歸”，閩本、毛本、殿本同，十行本、阮本作“思”。盧宣旬補校云：“思，當作‘歸’。”繆校云：“阮本‘歸’作‘思’，誤。”

善按：盧、繆校是，《毛詩要義》卷四下亦作“歸”。

（170）於時諸侯信其爭競（頁48，上-左-2行）

十行本、阮本、閩本、毛本、殿本同。浦鏜《正字》云：“信，當‘任’字誤。”

善按：《毛詩要義》卷四下亦作“信”。

（171）【一章疏】故所思大國正之（頁48，上-左-12行）

“正”，十行本、阮本、閩本、殿本同，毛本作“止”。浦鏜《正字》云：“正，毛本誤‘止’。”

善按：浦校是。

（172）傳惠愛溱水名（頁48，上-左-12行）

“溱”，十行本、阮本、閩本、毛本作“至”，殿本刪標起止。

善按：作“至”是，“溱”字涉傳文而訛。

（173）何知此子不斥大國之君者（頁48，下-右-2行）

“何”，十行本、阮本、閩本、毛本、殿本作“可”。浦鏜《正字》云：“可，當‘何’字誤。”阮元《校勘記》云：“閩本、明監本、毛本同。案浦鏜云‘可，當“何”字誤’，是也。”繆校云：“此本正作‘何’。”

善按：浦、阮校甚塙，單疏本可證。

（174）正可有親疏之異（頁48，下-右-5行）

“可”，十行本、阮本同，閩本、毛本、殿本作“以”。“疏”，十行本、阮本同，閩本、殿本作“疏”，毛本作“疎”。阮元《校勘記》云：“閩本、明監本、毛本‘可’誤‘以’。”

善按：阮校是，殿本亦誤“以”。又，“疏”、“疎”皆爲“疏”之俗字，《説文解字・𠫓部》云：“疏，通也，從𠫓從疋，疋亦聲。”疋、足旁形近混用，漢碑已見“疏”字，《五經文字・𠫓部》載“疏”字，蓋已視爲正字。

（175）齊晉宋衛諸夏大國（頁48，下-右-14行）

“衛”，閩本、毛本、殿本同，十行本、阮本作“是”。阮元《校勘記》云：“閩本、明監本、毛本‘是’作‘衛’。案此非也，‘宋’當作‘本’。”阮元《校勘記》“(箋)先鄉齊晉宋衛後之荆楚”條云：“《正義》云：‘齊、晉本是諸夏大國，與鄭境接連，楚則遠在荆州，是南夷大國。’下文云：‘其實大國非獨齊、晉，他人非獨荆楚也。定本云“先鄉齊晉宋衛，後之荆楚也”，義亦通。’是《正義》本當無‘宋衛’二字，今《正義》作‘齊晉宋衛諸夏大國’者誤。下文又云：‘而云告齊晉宋衛者’，此承定本之下因引《春秋經》有‘宋公、衛侯’，遂并説，義亦通耳，與上文不同。”

善按：阮校是。《漢書・五行志》云：“諸夏大國，唯有齊、晉。”宋、衛不與焉。

（176）見子與他人之異耳（頁46，下-右-15行）

“耳”，閩本、毛本、殿本同，十行本、阮本作“有”。盧宣旬補校云：“毛本‘有’作‘耳’。”

善按：“有”爲“耳”字之形訛。

（177）此述鄭人告難之意耳（頁48，下-左-5行）

十行本、阮本、閩本、毛本、殿本同。浦鏜《正字》云：“耳，監本誤‘宜’。”

善按：作“耳”是，《毛詩要義》卷四下亦作“耳”。

（178）是爲諸國不思正己（頁48，下-左-6行）

“爲諸”，十行本、阮本同，閩本、毛本、殿本作“謂侯”。阮元《校勘記》云：“閩本、明監本、毛本‘爲諸’誤‘謂侯’。”

善按：阮校是，《毛詩要義》卷四下亦作“爲諸”。

（179）【二章疏】故箋申之云他土猶他人（頁48，下-左-14行）

“申”，十行本、阮本、閩本、毛本、殿本無，閩本、毛本無“之”字，閩本“士”作“事”。浦鏜《正字》云：“士，監本誤‘事’。”阮元《校勘記》云：“閩本、明監本、毛本脱‘之’字。閩本、明監本‘士’誤‘事’，毛本不誤。”

善按：《箋》申説毛傳，《正義》解釋輒用“申之云”，故“申”字當有，十行本以下皆奪。閩本、明監本“士”誤“事”。

（180）其卿三命（頁49，上-右-3行）

“三”，十行本、阮本、殿本同，閩本、毛本作“二”。浦鏜《正字》云：“三，誤‘二’。”阮元《校勘記》云：“閩本、明監本、毛本‘三’誤‘二’。”

善按：《周禮·春官宗伯》作“三”，浦、阮校是，《毛詩要義》卷四下亦作“三”。

《丰》

（181）【序疏】謂之婚姻（頁49，上-右-11行）

“婚”，十行本、阮本同，閩本、毛本、殿本作“昏”。阮元《校勘記》云：“閩本、明監本、毛本‘婚’誤‘昏’，下同。案此《正義》十行本唯‘昏時’、《士昏禮》‘昏’字不從女，是也。其《序》注標起止皆作‘婚’，則‘婚’者，《正義》所易字。”

善按："昏"爲古字，"婚"爲後起字，《正義》用今字爲説。古祇作"昏"、"婚"，"昏"、"婚"乃唐人諱改字，下同。

（182）壻之黨爲姻兄弟（頁49，上-右-14行）

"壻"，閩本、毛本、殿本同，十行本、阮本無。阮元《校勘記》云："閩本、明監本、毛本'之'上有'壻'字，案所補是也。"繆校云："阮本脱'壻'字。"

善按：阮校是，《毛詩要義》卷四下亦有"壻"字，十行本、阮本奪。

（183）我行其野箋云新特謂外婚謂婦爲婚也（頁49，上-右-15行至上-左-1行）

"謂婦"，十行本、阮本同，閩本、毛本、殿本作"爲婦"。"婚"，閩本、毛本作"昏"。浦鏜《正字》云："爲婦，當'謂婦'誤。下當脱'家'字。傳，誤'箋'。"阮元《校勘記》云："閩本、明監本、毛本'謂'誤'爲'。"

善按：《毛詩要義》卷四下與單疏本同，殿本"謂婦"亦誤作"爲婦"。"箋"當作"傳"，浦校是。《我行其野》"求爾新特"傳云："新特，外昏。"又浦謂"謂婦"下脱"家"字，非是。

（184）詩人比句故言堂耳（頁49，上-左-13行）

"比"，十行本、阮本、閩本、毛本、殿本作"此"。

善按："此"乃"比"之形訛字，《毛詩要義》卷四下亦作"比"。"比句"謂合句、協句，詩人不言"塾"而言"堂"者，爲與前句協韻。

（185）【二章疏】主人升堂西面賓升堂北面（頁49，下-右-1行）

十行本、阮本、閩本、毛本、殿本同。浦鏜《正字》云："二'堂'字，經文無。"

善按：《士昏禮》無二"堂"字，然"俟我乎堂兮"之"堂"傳、箋異説，毛讀如字，鄭謂當爲"棖"，《正義》此處申毛，故引經添"堂"字。

（186）【三章疏】此女失其妃耦、以不得妃耦（頁49，下-右-8至9行、下-左-13行）

二"妃"字，十行本、阮本、閩本、毛本、殿本皆作"配"。

善按："妃"爲正字，"配"借字。《説文解字·女部》"妃，匹也"，段注云:"人之配耦亦曰匹。妃本上下通偁,後人以爲貴偁耳。《釋詁》曰:'妃,媲也。'引申爲凡相耦之偁。《左傳》曰:'嘉耦曰妃。'其字亦叚'配'爲之。"孔穎達《正義》用正字"妃",而注疏本則多改作"配"。

(187)婦人之服不殊裳(頁49,下-右-14行)

"婦",閩本、毛本、殿本同,十行本、阮本作"而"。繆校云:"阮本'婦'作'而',誤。"

善按:作"婦"是,《毛詩要義》卷四下亦作"婦"。《柏舟》"綠兮衣兮,綠衣黃裳"鄭箋云:"婦人之服不殊衣裳。"其孔疏兩云"鄭以婦人之服不殊裳"。

(188)士昏禮云女次紒衣纁袡(頁49,下-左-7行)

十行本、阮本、閩本、毛本、殿本同。浦鏜《正字》云:"紒,經作'純'。"

善按:"紒",《毛詩要義》卷四下同,乃"純"字隸變之俗訛字,下"紒"字同,不復出校。又,《毛詩要義》卷四下此詩正義"士昏禮"字皆誤作"婚"。

(189)女從者畢袗玄(頁49,下-左-8行)

"袗",十行本、阮本、殿本同,閩本、毛本作"衿"。浦鏜《正字》云:"袗,誤'衿'。"阮元《校勘記》云:"閩本、明監本、毛本'袗'誤'衿'。"

善按:浦、阮校是,《毛詩要義》卷四下亦作"袗"。

《東門之墠》

(190)【序疏】私自奸通(頁50,上-右-1行)

"奸",十行本、阮本、閩本、毛本、殿本作"姦"。

善按:"姦"爲正字,《玉篇·女部》、《五經文字·女部》、《廣韻·删聲》"姦"字條皆以"奸"爲俗字。

(191)故各自爲刺也(頁50,上-右-2行)

"各自",十行本、阮本、閩本、毛本、殿本作"名曰"。浦鏜《正字》云:"名,當'皆'字誤。"阮元《校勘記》云:"閩本、明監本、毛本同。案'名曰',當作'各自',形近之譌。"

善按:阮校甚塙,單疏本可證,殿本亦誤作"名曰"。

(192)【一章疏】異姓主名治際會(頁50,上-左-9行)

"治",十行本、阮本、殿本同,閩本、毛本作"洽"。浦鏜《正字》云:"治,誤洽。"

善按:浦校是。

(193)壇阪可以喻難易耳(頁50,上-左-14行)

"易",閩本、毛本、殿本同,十行本、阮本無。阮元《校勘記》云:"閩本、明監本、毛本'難'下有'易'字。案所補是也。"繆校云:"阮本脫'易'字。"

善按:阮校是,十行本、阮本奪"易"字。

(194)則近在門外(頁50,上-左-15行)

閩本、毛本、殿本同,十行本、阮本作"則在東門外"。山井鼎《考文》謂宋板作"則在東門外"。阮元《校勘記》云:"閩本、明監本、毛本誤作'則近在門外'。"

善按:阮校非是。壇坂者喻遠近也,則當如單疏本作"則近在門外"。

(195)是女奔男(頁50,下-右-7行)

十行本、阮本、閩本、毛本、殿本"女"下有"欲"字。

善按:據上下文義,單疏本脫"欲"字。

(196)故知以禮爲遠近(頁50,下-右-11至12行)

"遠",閩本、毛本、殿本同,十行本、阮本作"達"(善按十行本用墨筆改作"遠")。阮元《校勘記》云:"毛本'送'作'遠',案'遠'字是也。"

善按:"達"爲"遠"形訛字。

(197)【二章疏】女呼男迎已之辭(頁50,下-左-2至3行)

“呼”,閩本、毛本、殿本同,十行本、阮本作“乎”。盧宣旬補校云:“乎,當作‘呼’。”

善按:此當作“呼”,盧校是,單疏本可證。

（198）踐淺釋言文(頁50,下-左-10行)

十行本、阮本、閩本、毛本、殿本同。浦鏜《正字》云:“踐,《爾雅》作‘俴’。”

善按:《説文解字·人部》、《小戎》“小戎俴收”毛傳云:“俴,淺也。”本詩“有踐家室”毛傳云:“踐,淺也。”“踐”本訓“履”,毛以“踐”爲“俴”之假借。《正義》引《釋言》亦從毛傳改作。

《風雨》

（199）【一章疏】言風而且雨(頁50,下-左-12行)

“而”,閩本、毛本、殿本同,十行本、阮本作“雨”。盧宣旬補校云:“毛本作‘風而且雨’。”繆校云:“阮本‘風雨且雨’,誤。”

善按:此釋毛傳“風且雨”,作“而”是,十行本、阮本作“雨”乃形訛字,殿本不誤。

《子衿》

（200）【序疏】鄭國衰亂不脩學校(頁51,上-右-5行)

“脩”,十行本、阮本、閩本、殿本同,毛本作“修”。“學”,閩本、毛本、殿本同,十行本、阮本無。阮本《校勘記》云:“閩本、明監本、毛本‘校’上有‘學’字。案所補是也。”繆校云:“阮本脱‘學’字。”

善按:《毛詩要義》卷四下同單疏本。此文“修”爲正字,“脩”爲借字,《説文解字·肉部》:“脩,脯也。”同書《彡部》:“修,飾也。”修治,爲修之引申義。經傳多假“脩”爲“修”。又,《毛詩要義》卷四下亦有“學”字,十行本、阮本奪“學”字。

（201）鄭人游於鄉校（頁51，上-右-8至9行）

十行本、阮本、閩本、毛本、殿本同。浦鏜《正字》云：“下《左傳》有‘以議執政’四字。”

善按：《毛詩要義》卷四下同諸本。《正義》斷章取義，故略而不引下文。

（202）言於其中可以校正道藝（頁51，上-右-10行）

“校”，十行本、阮本、閩本、殿本同，毛本作“挍”。繆校云：“阮本《校勘記》云當作‘挍’①，然此本亦作‘校’。”

善按：阮元《校勘記》“言可以校正道藝”條謂《箋》“挍正”字當從扌作“挍”，《正義》中字同此。阮説非也，今單疏本亦從木作“校”，《干祿字書·去聲》：“挍、校，上比挍，下校尉。”《五經文字·手部》云：“挍，經典及《釋文》或以爲比挍字。案字書無文。”錢大昕《十駕齋養新錄》②卷三“陸氏釋文多俗字”條云：“《説文·手部》無‘挍’字，漢碑木旁字多作手旁，此隸體之變，非別有‘挍’字。六朝俗師妄生區別，而元朗亦從而和之。”汪文臺《識語》云：“古人學校、考校字皆作‘校’，《説文》、《玉篇》有‘校’無‘挍’③，其明證也。以從木從手爲別者，始於《周禮釋文》，孔、賈諸疏即不如此。”“校”爲本字，“挍”爲後起字，漢魏以降扌、木旁俗寫混用。

（203）故稱校也（頁51，上-右-10至11行）

“稱”，閩本、殿本同，十行本、阮本作“曰”。毛本“校”作“挍”。山井鼎《考文》謂宋板“稱”作“曰”。阮元《校勘記》云：“明監本、毛本‘曰’誤‘稱’。”

善按：詳上下文義，作“稱”是。又毛本作“挍”誤，説見上第（202）條，下同，不復出校。

---

① 繆荃孫《毛詩單疏校勘記》“挍”字原誤作“授”，今改。
② 錢大昕《十駕齋養新錄》，《續修四庫全書》所收影印清嘉慶刻本。
③ 按：宋本《玉篇·手部》有“挍”字，汪氏失檢。

（204）【一章疏】釋器云衣眥謂之襟、李巡曰衣眥衣領之襟（頁51，上-左-5至6行）

二“眥”字，殿本同，十行本、阮本、閩本、毛本作“皆”。浦鏜《正字》云：“眥，誤‘皆’，下同。”阮元《校勘記》云：“閩本、明監本、毛本同。案浦鏜云‘眥，誤皆’，考《爾雅》，是也。段玉裁云：‘作“皆”不誤，“皆”猶交也，“衣皆”謂衣領，衣之交處也。此當是李巡本獨得之，他本作“眥”，不可解，乃字之誤耳。’汪文臺《識語》云：“‘眥’之爲‘皆’，字畫小誤，未必李巡本獨作‘皆’也。《説文》云：‘眥，目匡也。’蓋衣領裹交處似之，因以爲名。‘衣皆’不可解，‘皆猶交也’，未詳所出。此《記》本顧氏廣圻所定，《文選·離騷》注‘衣眥謂之襟’，尤本‘眥’作‘皆’，顧所選《考異》云：‘文出《爾雅》，考《釋文》“眥，才細反”，又“子移反”，不得作“皆”。《詩·鄭風》正義引作“皆”，誤與此同。’則顧後亦知段説之非。”繆校云：“衣眥謂之襟，阮本‘眥’作‘皆’，誤，下同。”

善按：段説無據，浦、汪説是。《毛詩要義》卷四下引俱作“皆”。“皆”乃“眥”之形訛字，其誤由來已久。

《揚之水》

（205）【序疏】竟以此死（頁51，下-左-12行）

“竟”，十行本、阮本、閩本、毛本、殿本作“意”。繆校云：“上文云詩作忽未死之先，然繹《序》言，似從死後悼之，此‘竟’字與《序》言合。”

善按：繆説是，“意”爲“竟”之形訛字。

（206）【一章疏】彼他人之言（頁52，上-右-3行）

“彼”，閩本、毛本、殿本同，十行本、阮本作“被”。阮元《校勘記》云：“閩本、明監本、毛本‘被’作‘彼’。案所改是也。”

善按：阮校是，十行本亦誤。

《出其東門》

（207）【序疏】而輾高渠彌（頁52，上-左-9行）

"輾"，殿本同，十行本、阮本、閩本、毛本作"輮"。浦鏜《正字》云："輾，誤輮。"阮元《校勘記》云："閩本、明監本、毛本同。案浦鏜云'輾，誤輮'，是也。"繆校云："阮本'輾'作'輮'，誤。"

善按：作"輾"是，《毛詩要義》卷四下亦作"輾"，殿本不誤。

（208）與之盟而捨之（頁52，上-左-11行）

"捨"，十行本、阮本、閩本、毛本、殿本作"舍"。浦鏜《正字》云："赦，誤舍。"

善按：《毛詩要義》卷四下亦作"捨"。《春秋左傳·莊公十四年》作"赦"，然浦説非是。"舍"乃"赦"之同音借字，"舍"、"捨"古今字。《爾雅·釋詁》云："赦，舍也。"《周禮·秋官司寇》"三赦"鄭玄注："赦，舍也。"《説文解字·攴部》："赦，置也"，段注云："《网部》曰：'置，赦也。'二字互訓。赦與捨，音義同，非專謂赦罪也。後捨行而赦廢，赦專爲赦罪矣。"《説文解字·手部》："捨，釋者，解也"，段注云："經傳多叚舍爲之。"孔疏蓋以同音互訓字借之。

（209）【一章疏】有棄其妻者（頁52，下-右-6行）

"棄"，十行本、阮本、閩本、殿本同，毛本作"弃"。"者"，閩本、毛本、殿本同，十行本、阮本無。阮元《校勘記》云："閩本、明監本'妻'下有'者'字。案所補是也。"繆校云："阮本'者'字脱。"

善按："弃"，《説文解字·華部》"棄"字云："弃，古文棄。"《玉篇·部》："棄，古作弃。"唐人避"世"字，故從古文寫作"弃"。又，此文當有"者"字，十行本、阮本脱。

（210）見有女被棄者如雲雲之從風（頁52，下-右-7行）

閩本、毛本、殿本同，十行本、阮本無下"雲"字。阮元《校勘記》云："閩本、明監本、毛本重'雲'字，衍。"

善按：阮校非是。孔疏乃云："見有女被棄者如雲，雲之從風，東西無定。”“如雲”,衆多之謂,“雲之從風”則言其飄忽困苦之貌,文通義順,“雲”字非衍。《毛詩要義》卷四下亦有下“雲”字。

（211）非己一人所以救恤(頁52,下-右-12行)

十行本、阮本、閩本、毛本、殿本同。浦鏜《正字》云:“以,當‘可’字誤。”

（212）青黑曰綦(頁52,下-右-15行)

“曰”,十行本、阮本同,閩本、毛本、殿本作“白”。浦鏜《正字》云:“曰,誤‘白’。”阮元《校勘記》云:“閩本、明監本、毛本同。案浦鏜云‘曰誤白’,是也。”

善按:浦、阮校是,《毛詩要義》卷四下亦作“曰”。

（213）則詩人爲詩(頁52,下-左-9行)

十行本、阮本、閩本、毛本、殿本同。浦鏜《正字》云:“則,疑‘以’字誤。”

善按:此文作“則”亦通。

（214）故言縞衣綦巾所爲作者之妻服也(頁52,下-左-10行)

十行本、阮本、閩本、毛本、殿本同。

善按:阮元《校勘記》“(箋)縞衣綦巾所爲作者之妻服也”條云:“小字本、相臺本同。案此‘所’字上當有‘己’字。《正義》當本云:‘故言縞衣綦巾,己所爲作者之妻服也,己謂詩人自己。’今《正義》脫去‘所’上‘己’字耳。不然,此箋更無‘己’字,其‘己謂詩人自己’者安所指乎?《考文》古本有‘己’字,采《正義》而得之者也。”阮説“所”上當有“己”字是,今單疏本同諸本,亦無“己”字,蓋脫之。

（215）是心不忍絶也(頁52,下-左-11行)

“是”,十行本、阮本、閩本、殿本同,毛本作“自”。阮元《校勘記》云:“明監本、毛本‘是’誤‘自’,閩本不誤。”

善按:阮校是。

（216）【二章疏】説文云闉闍城曲重門(頁53,上-右-11至12行)

十行本、阮本、閩本、毛本、殿本同。浦鏜《正字》云:“曲,《説文》

作‘內’。”阮元《校勘記》云：“閩本、明監本、毛本同。案此不誤，浦鏜云‘曲，《說文》作“內”’，非也。《說文》本作‘曲’，今《說文》誤耳。《九經字樣》云：‘闉，城曲重門也。’可證。”

善按：阮校是，《毛詩要義》卷四下亦作“曲”。段玉裁《說文解字注》“闉”字條依《正義》改“城內”爲“城曲”。

（217）又有荼薆葇（頁53，上-右-12行）

“葇”，毛本同，十行本、阮本、閩本、殿本作“葉”。浦鏜《正字》云：“荼，《爾雅》作‘蒤’。”

善按：《毛詩要義》卷四下亦作“葉”。“葇”爲“葉”字之俗寫，漢碑已見之，下不復出校。又《爾雅·釋草》作“蒤”者，乃後起之俗字。

（218）即委葉也（頁53，上-右-13行）

“葉”，毛本同，閩本、殿本作“葉”，十行本、阮本作“菜”。山井鼎《考文》謂宋板“葉”作“菜”。阮元《校勘記》云：“閩本、明監本、毛本‘菜’作‘葉’，案所改是也。”繆校云：“阮本‘葉’作‘菜’，誤。”

善按：“菜”爲“葉”之形譌字，《毛詩要義》卷四下同單疏本作“葉”。

（219）六月云白斾英英（頁53，上-右-15行）

“英英”，十行本、阮本、閩本、殿本同，毛本作“央央”。浦鏜《正字》云：“案央讀如英，監本作‘英英’，誤。”阮元《校勘記》云：“毛本‘英英’誤‘央央’，閩本、明監本不誤。”

善按：阮校是，《正義》引《六月》經本作“英”，《毛詩要義》卷四下亦作“英英”。《六月》毛傳云：“央央，鮮明貌。”“英”爲本字，“央”爲借字。《爾雅·釋天》刑疏引《六月》作“央央”。又按：“斾”，諸本皆同，正字爲“斾”，“斾”爲省畫俗字，《五經文字·㫃部》云：“斾，從市，或從‘巾’者，訛。”

（220）皆白常白旗素甲（頁53，上-左-2行）

十行本、阮本、閩本、毛本、殿本同。浦鏜《正字》云：“旂，誤旗。”

善按：浦說非是。《國語·吳語》作“旂”，斾者，旗也，《正義》以訓詁字代之。《毛詩要義》卷四下亦作"旗"。

《野有蔓草》

(221)【序疏】不得早相妃耦（頁53，上-左-11至12行）

"妃"，十行本、阮本、閩本、毛本、殿本作"配"。

善按："妃"正字，"配"借字。《正義》用正字"妃"，而注疏本則多改作"配"。說詳本文第(186)條。

(222)毛以爲君之潤澤不下流下章首二句是也（頁53，上-左-14行）

"爲"，十行本、阮本、閩本、殿本同，毛本作"謂"。浦鏜《正字》云："爲，誤'謂'。二章，誤'下章'。"阮元《校勘記》云："閩本、明監本、毛本同。案浦鏜云'二誤下'，是也。"

善按：浦、阮校大謬。"下"字不誤，孔疏所謂"下章"、"上章"，或指以下幾章、以上幾章而言，如《女曰雞鳴》序孔疏云："首章先言古人不好美色，下章乃言愛好有德"，此詩共三章，"下章"即謂二章與三章。又如《叔于田》三章孔疏云："以上章言無居人，無飲酒"，此"上章"即指一章與二章而言。此孔疏行文之例，不可不知也。

(223)【一章疏】郊外野中有蔓延之草（頁53，下-右-1行）

十行本、阮本、閩本、毛本、殿本同。阮元《校勘記》云："閩本、明監本、毛本同。案'蔓延'當倒，下文可證。"孫詒讓《校記》云："似非倒。"

善按："蔓延"、"延蔓"兩通，不可以下文"草之所以能延蔓者"律上。"郊外野中有蔓延之草"蓋釋"野有蔓草"，"草之所以能延蔓者，由天有隕落之露，漙漙然霑潤之兮，以興民所以得蕃息者，由君有恩澤之化養育之兮"則本於王肅"草之所以能延蔓，被盛露也。民之所以能蕃息，蒙君澤也"。故辭當兩存。

(224)漙漙然霑潤之兮（頁53，下-右-2行）

“霈”，閩本、毛本、殿本同，十行本、阮本作“露”。阮元《校勘記》
云：“毛本‘露’作‘霈’。”

善按：作“霈”是，“露”爲形訛字。露之及於草木，謂霈也，王化、
王政之澤被亦謂霈也。“霈潤”者，形容君之恩澤化育无所不及也。

（225）靈作零字故爲落也（頁53，下-右-10行）

十行本、阮本、閩本、毛本、殿本同。浦鏜《正字》云：“靈作零字，
疑有脱誤。”

善按：浦説非也，《正義》無脱誤，《毛詩要義》卷四下亦同諸本。
據疏文可知孔穎達所據經“零露溥兮”之“零”字作“靈”，《箋》亦作
“靈”，“靈”爲“零”之假借字，詳參段玉裁《詩經小學》卷七①。

（226）鄭以仲春爲婚月（頁53，下-右-13行）

“婚”，殿本作“婚”，十行本、阮本、閩本、毛本作“媒”。浦鏜《正
字》云：“婚，誤媒。”阮元《校勘記》云：“閩本、明監本、毛本同。案浦
鏜云‘婚誤媒’，是也。”

善按：浦、阮校是，“媒”字蓋涉上文而誤，殿本不誤。又，“婚”爲
本字，“婚”爲唐人諱改字。

《溱洧》

（227）【一章疏】士曰已觀乎（頁53，下-左-4行）

十行本、阮本、閩本、毛本、殿本同。浦鏜《正字》云：“乎，當‘矣’
字誤。”阮元《校勘記》云：“閩本、明監本、毛本同。案浦鏜云‘乎，當
矣字誤’，是也。”

善按：據鄭《箋》，知浦、阮校是，“乎”當作“矣”字，單疏本亦誤。

---

① 段玉裁《詩經小學》卷七“零露溥兮”條云：“據此則經文本作‘靈露’，《箋》本作‘靈，
落也’。經文假‘靈’爲‘零’，依《説文》則是假‘靈’爲‘霝’”（《段玉裁遺書》所收，臺北：大
化書局影印清抱經堂叢書本，1986年4月版）。阮元《校勘記》從段説，陳奐《詩毛氏傳疏》
卷七、馬瑞辰《毛詩傳箋通釋》卷八“大叔于田”條（上册第286頁）等説同。

（228）蘭當爲王者香草（頁53，下-左-10行）

十行本、阮本、閩本、毛本、殿本同。浦鏜《正字》云：“下衍‘草’字。”

善按：此文有“草”字亦通，《毛詩要義》卷四下亦有“草”字。

（229）廣而長節（頁53，下-左-10至11行）

十行本、阮本、閩本、毛本、殿本同。浦鏜《正字》謂“廣”上脱“但”字。

善按：無“但”字亦通，《吕氏家塾讀詩記》卷八、《毛詩要義》卷四下、《玉海》①卷一百七十一“漢池苑”條引《正義》皆無“但”字。

（230）洵信釋詁文（頁53，下-左-13行）

十行本、阮本、閩本、毛本、殿本同。浦鏜《正字》云：“洵，《爾雅》作‘詢’。”

善按：“洵”、“詢”皆“恂”之借字，本字爲“恂”，説詳本文第（65）條。

結　語

本文所用南宋刊單疏本《毛詩正義》及南宋刊十行本《毛詩注疏》，皆藏諸扶桑，近世方出，爲有清諸儒未見之本。吾生之也晚，得見珍本，安敢自矜！惟持之以詳校諸本，並參前儒之説，略記所得而已。

一、諸家《毛詩注疏》校勘記平議

日本江户儒者山井鼎、物觀持彼邦足利學校所藏諸刊本及古鈔本，參互比校，可謂勤矣，然囿於學識，《七經孟子考文及補遺》大多僅止於羅列文字異同而已，未至於判斷是非。清儒嘉善浦鏜，以一

---

① 王應麟《玉海》，京都：京都出版社影印元明合璧本，1977年。

人之力徧校群經注疏,而其所據者僅四種明本(監本、監本修板、閩本、毛氏汲古閣本)耳,於校訂異同之外,間有探考疏文之依據,亦頗可觀。今《四庫》本《正字》文字偶有訛脱,須校之而後可用。浦氏熟讀注疏,尤長於理校,惜疏於小學訓詁,其書雖得失互見,亦讀經不可或闕者也。阮元《校勘記》頗倚重浦氏《正字》,宜矣!其明引之外,暗用亦不爲少也。阮元、顧千里、段玉裁等識高心細[1],浸淫注疏既久,《毛詩注疏校勘記》又集衆長於一,考辨論斷,巨細靡遺,其所得往往與單疏本暗合,實漢唐經學之功臣,惟其過信十行本[2],當爲吾儕之鑑也。後盧宣旬之補校,亦有貢獻。繆荃孫乃國人最早得見單疏本《毛詩正義》者,然其《毛詩單疏校勘記》僅據阮元《校勘記》爲説,疏略龃舛,幾無足觀者,可謂辜負天下之孤本。

二、單疏本《毛詩正義》之局限

單疏本《毛詩正義》爲現存諸本之最善者,視注疏本則佳處不勝舉,固可寶之,然其本已非唐代孔書原貌,此又不可不知也。考《玉海》卷四十三"端拱校五經正義"條云:"端拱元年(988)三月,司業孔維等奉勅校勘孔穎達《五經正義》百八十卷,詔國子監鏤板行之。……《詩》則李覺等五人再校,畢道昇等五人詳勘,孔維等五人校勘,淳化三年壬辰(992)四月以獻。"後淳化五年(994)至咸平(998—1003)年間,北宋諸儒亦不斷校改《五經正義》之訛舛。知此單疏本刊刻前,曾經宋人多次校勘,即便如此,其舛誤亦所在多有。如本文所舉第(60)條"懷與安實敗名病大事",諸本衍"敗名"二字,單疏本亦衍。又如第(43)條"又再染以黑乃成緇",諸本"黑"字下奪"則爲緅又復再染以黑"九字,卒不可讀,而單疏本亦脱之。又如第

---

①《毛詩注疏校勘記》分纂者爲顧千里,乃用阮元舊校本,段玉裁覆校,其中參用山井鼎與物觀、浦鏜、陳啓源、惠棟、戴震、段玉裁、盧文弨、臧琳等諸家之説。
②阮元所用"宋十行本"實爲元刻明修本。

(12)例"公誠居號鄙民皆公之民也",諸本"居"下、"鄙"下脫"之"字;
第(14)例"東其民於洛東",十行本、阮本、閩本、毛本"東"下脫"徙"
字;第(35)例"四曰以樂教和",諸本"樂"下脫"禮"字,單疏本皆脫
之。又如筆者昔日曾指出《正義》所引鄭玄《詩譜‧小大雅譜》錯簡之
問題[①],而此單疏本亦同諸本錯亂。諸如此類,不可枚舉。以余觀
之,單疏本《毛詩正義》之底本乃五代南朝之舊刊本,此底本究竟如
何,今不得而知,恐已非孔書原貌矣。況且此底本又屢經宋人校訂
鈔刻,脫訛不免衍生其間,宋刊單疏本蓋處於唐代鈔本與宋刊十行
本之間,視孔穎達原書猶有相當距離,學者須審慎別白,不可迷信
"宋刻單疏"而作爲一切之準繩。

　　三、清乾隆殿本《毛詩正義》之價值

　　殿本刊刻於乾隆十一年(1746),自阮元極力排斥殿本,統校群
經注疏時摒棄不用,其後學者於殿本皆不屑一顧。今經詳細比勘,
知殿本不同於諸本,而獨與單疏本合者非一,甚或有優於宋刻十行
本處,尤其卷首《詩譜》文字幾同於單疏本,此譜當采某善本爲之,頗
值得吾人重視。殿本妄删標起止及"正義曰"等文字,所附《考證》
(内含校記)至爲疏率,全不足爲訓,然其注疏正文有不容忽視者。
一般認爲,殿本之底本爲明代監本,今知其異於監本文字者頗多,監
本舛誤處,殿本多正之,余以爲殿本必定參用他本校訂,並核查《正
義》引文出處,如第(55)條"四牡傳云杞枸檵"、第(74)條"欲止則
住"、第(97)注條"云左陽也"、第(144)條"宋雍氏女於鄭莊公曰雍
姞"、第(207)條"而輂高渠彌"、第(226)條"鄭以仲春爲婚月",注疏
本中獨殿本不誤也。阮元棄用殿本,可謂千慮一失。顧殿本埋没已
久,今特爲抉發其殊善,覽者詳之。又,今觀南宋刊十行本,雖略優

————————

　　① 石立善《〈毛詩正義〉引鄭玄〈詩譜‧小大雅譜〉佚文錯簡之更定》,《中國經學》第7
輯,桂林:廣西師範大學出版社,2011年。

於阮元所用元刻明修十行本,然猶舛訛互見,明刻閩、毛諸本亦有可取之處,不可偏廢。

四、孔穎達《毛詩正義》義例舉略

孔穎達《正義》之義例,於亦可略爲歸總。甲、《正義》引書不拘於原文,或以訓詁字代之,不可以爲誤也。如第(115)條"群臣別色始入",考《玉藻》鄭玄注云:"辨猶正也,別也。"則《正義》用訓詁字"別"代之。第(220)條"皆白常白旗素甲",《國語·吳語》作"旆",旆,旗也,《正義》以訓詁字"旗"代之。第(208)條"與之盟而捨之",諸本"捨"作"舍",《春秋左傳·莊公十四年》作"赦",然"舍"、"捨"不誤,"舍"、"捨"與"赦"爲同音互訓之字。乙、《正義》引書或增字爲説,不可以爲誤也。第(125)條"士佩瓀玟玉",引《玉藻》文而增"玉"字。第(185)"主人升堂西面賓升堂北面",《士昏禮》無二"堂"字,考"俟我乎堂兮"傳、箋異説,"堂"毛讀如字,鄭謂當爲"棖",《正義》此處申毛,故引經添"堂"字。丙、《正義》"下章"、"上章",非專謂下一章、上一章,亦指以下幾章、以上幾章而言,如第(222)條"毛以爲君之潤澤不下流下章首二句是也",此"下章"即謂二章與三章,而阮元、浦鏜不明孔疏體例,以"下"爲"二"之訛,乃以不誤爲誤也。;又如《叔于田》三章孔疏云:"以上章言無居人,無飲酒",此"上章"即指一章與二章而言。凡此之類,皆孔疏自爲義例,須審辨之,不可以爲誤也。

五、本文或有可取處舉例

本文主要以單疏本《毛詩正義》及十行本《毛詩注疏》證驗清儒之校訂所得,間或出己意,補其未逮,如辨別正俗字、本字假借字、古今字等,又進而斷定是非,或有一二可取之處,今摘録如下:第(131)條"又稱臣無境外之交",余指出"稱"疑"禮"字之訛;第(63)條"以寵禄過度",阮元謂當作"寵私",余指出作"寵禄"是,《五經正義》專用"寵禄"一詞;第(81)條"弢弓謂弛弓而納之弢中",諸本"弛"作"弢",

余指出作"弛"是,此文釋《箋》,謂射畢則弛其弓而納之鬯也。第
(47)條"則知國之政教事在君所斷之",浦鏜謂"事"當"自"字誤,余
指出"事"字疑衍文;第(51)條"是致大亂也",十行本、阮本"亂"下有
"大"字,閩本、毛本、殿本"亂"下有"國"字,盧宣旬、繆荃孫謂如毛本
作"是致大亂國也"是,余指出當如單疏本作"是致大亂也";第(39)
條"度謂宮室車服之制",諸本"車"作"衣",余指出作"車"是;第(50)
條"伐柯勸王迎周公",十行本、阮本"勸"作"言",余指出作"勸"是;
第(158)條"於義雖通",諸本同,浦鏜謂"雖"當"難"字之訛,余指出
"雖"字不誤,浦氏誤讀《正義》;第(223)條"郊外野中有蔓延之草",
阮元謂"蔓延"當倒,余指出"蔓延"、"延蔓"兩通,不可以下文"草之
所以能延蔓者"律上;第(224)條"溥溥然霑潤之兮",十行本、阮本
"霑"作"露",余指出作"霑"是,露之及於草木謂霑,王化、王政之澤
被亦謂霑也;第(101)條"朝多賢臣賢者",十行本、阮本無"臣賢"二
字,阮元謂"臣賢"衍文,余指出"臣賢"非衍,"賢者"屬下讀,正與
《序》鄭箋合;第(126)條"下傳亦云佩有琚瑀",十行本、阮本"瑀"作
"玖",阮元謂"瑀"爲"玖"字誤,余指出作"瑀"是,而阮元《校勘記》據
此誤本《女曰雞鳴》正義,竟謂《有女同車》"佩玉瓊琚"毛傳"佩有琚
瑀,所以納間"之"瑀"字當作"玖",殊失之;第(179)條"故箋申之云
他士猶他人",余指出諸本或奪"申"字,或奪"申之"二字,《箋》申説
毛傳,《正義》輒用"申之云",乃本書常語也;第(151)條"傳以橋松共
文、以明橋非木也、不取橋游爲義"條,十行本、阮本"橋"皆作"喬",
阮元謂當作"橋",余指出《正義》上文用"喬高"爲説釋毛義,而此則
言"橋、松共文",辨橋非木,別白之處宜用毛傳原字"橋"。

【作者簡介】　石立善,上海師範大學哲學學院教授。

日本舊鈔岩崎本《尚書》寫卷校證
——兼論與敦煌寫本互證的重要性

許建平

　　岩崎家所藏隸古定《尚書》，有三件寫本，分别爲第三、第五、第十二卷：

　　(1) 第三卷，存《禹貢》殘篇，起“夾右碣石，入于河”之“河”，至“三邦底貢厥名”僞孔傳“其名天下稱善”，46行，經文單行大字，傳文雙行小字。

　　(2) 第五卷，存《盤庚》上中下、《説命》上中下、《高宗肜日》、《西伯戡黎》、《微子》九篇，起《盤庚上》“我王來，既爰宅于兹”之“兹”，至《微子》“我不顧行遯”僞孔傳“所執各異，皆歸於仁”之“各”，共237行，經文單行大字，傳文雙行小字。

　　(3) 第十二卷，存《畢命》、《君牙》、《冏命》、《吕刑》四篇，起《畢命》“以成周之衆”，至《吕刑》末，196行，經文單行大字，傳文雙行小字。

　　内藤湖南云：“第五、第十二兩卷實與神田香巖君藏《尚書》殘卷同出一手，第三卷自屬别手，但其並爲初唐人手筆。”①劉起釪《日本

---

① 轉引自《尚書文字合編》第4册《附録》，上海：上海古籍出版社，1996年，第451頁。

的尚書學與其文獻》也有介紹①。顧頡剛、顧廷龍的《尚書文字合編》影印了岩崎本②。

內藤湖南在《岩崎本跋》中詳考了《禹貢》"瑤琨篠簜"僞孔傳"瑤琨皆美石也"句之異文後言："惟此一條，已足見其愈于諸本。異日當全録校語，盡發其佳處也。"③恕我孤陋，迄今未見有對岩崎本《尚書》通校者。在研究中以岩崎本《尚書》爲對校本者，亦不甚多，主要有陳鐵凡《敦煌本商書校證》、劉起釪《尚書校釋譯論》、陳鴻森《禹貢注疏校議》諸篇④。

對岩崎本作全面通校，茲事體大，非短期可以藏工。本文擷取若干條進行考釋，並談談利用敦煌本校勘岩崎本的重要性。

本文所據岩崎本即顧頡剛、顧廷龍的《尚書文字合編》所影印者，用以對校之《尚書》則據《中華再造善本》影印之北京大學所藏宋刻本，在文中簡稱"宋本"。

（1）雷夏旡澤，灉、沮烗同（禹貢）

宋本"灉"作"澭"，"烗"作"會"。

《史記·夏本紀》、《漢書·地理志上》、《周禮·夏官·職方氏》"其浸廬、維"鄭注引《禹貢》："雷夏既澤，雍、沮會同。"⑤"澭"字均作"雍"。《史記》、《漢書》所據者今文《尚書》，《周禮》爲古文經，其所據者古文《尚書》也。故王先謙謂今、古文《尚書》俱作"雍"，僞古文作"澭"⑥。

---

① 劉起釪《日本的尚書學與其文獻》，北京：商務印書館，1997年，第71—117頁。

② 顧頡剛、顧廷龍《尚書文字合編》，上海：上海古籍出版社，1996年。

③ 轉引自《尚書文字合編》第4冊《附録》，上海：上海古籍出版社，1996年，第454頁。

④ 陳鐵凡《敦煌本商書校證》，臺北：長期發展科學委員會，1965年；劉起釪《尚書校釋譯論》，北京：中華書局，2005年；陳鴻森《禹貢注疏校議》，《大陸雜誌》第79卷第6期，1989年12月。

⑤ 司馬遷《史記》（修訂本）第1冊，北京：中華書局，2013年，第69頁。班固《漢書》第6冊，北京：中華書局，1962年，第1525頁。鄭玄注、賈公彦疏《周禮注疏》，阮元編《十三經注疏》第4冊，臺北：藝文印書館，1960年，第500頁。

⑥ 王先謙《尚書孔傳參正》上冊，北京：中華書局，2011年，第256頁。

劉起釪從之①。

《說文》無"雍"字,季旭昇於《說文新證》"雝"篆下云:"甲骨文从佳、吕聲,或从水,羅振玉以爲'古辟雍字如此'。吕形或省其一作口形。戰國楚文字'吕'形訛爲'邑'形,爲後世隸楷所本。武威簡《儀禮·特牲》字形已近'雍'形,故後世或作'雝',或作'雍',其實是同一個字。"②清人多以"雍"爲"雝"之隸變③,江聲《尚書集注音疏》因而改"雍"爲"雝"④。段玉裁云:"雍者,雝之隸變字,不从水。《夏本紀》、《地理志》皆作雍,不從水,是古今文《尚書》本皆不作'灉'也。後人加水旁而釋以《爾雅》'水自河出爲灉',恐非。"⑤

《爾雅·釋水》:"水自河出爲灉。"⑥《漢書·鄒陽傳》"是以申徒狄蹈雍之河"顔注引《爾雅》:"水自河出爲雍。"⑦《釋名·釋水》:"水從河出曰雍沛。"⑧是《爾雅》之"灉"亦作"雍"。《淮南子·人間》:"昔者楚莊王既勝晉於河、雍之間。"⑨郝懿行《爾雅義疏》謂此"雍"即"灉"也⑩。"灉"字最早見於《說文》⑪,《爾雅·釋水》之"灉"蓋本作"雍"。《尚書》本當作"雍","灉"爲後起字。

P.3615《尚書》寫卷作"邕",《說文·川部》:"邕,四方有水自邕城

① 顧頡剛、劉起釪《尚書校釋譯論》第2册,北京:中華書局,2005年,第555頁。

② 季旭昇《說文新證》上册,臺北:藝文印書館,2002年,第277頁。

③ 陳玉樹《毛詩異文箋》云:"灉與雝皆當作邕……雍爲雝之隸變。"(《續修四庫全書》第74册,上海:上海古籍出版社,1995年,第326頁)錢大昕《經典文字考異》:"雝,隸變爲雍,即邕字。"(《嘉定錢大昕全集》第1册,南京:江蘇古籍出版社,1997年,第5頁)

④ 江聲《尚書集注音疏》,四部要籍注疏叢刊本《尚書》中册,北京:中華書局,1998年,第1540頁。

⑤ 段玉裁《古文尚書撰異》,四部要籍注疏叢刊本《尚書》中册,北京:中華書局,1998年,第1853頁。

⑥ 郭璞注,邢昺疏《爾雅注疏》,阮元編《十三經注疏》第8册,臺北:藝文印書館,1960年,第119頁。

⑦ 班固《漢書》第8册,北京:中華書局,1962年,第2347頁。

⑧ 王先謙《釋名疏證補》,上海:上海古籍出版社,1984年,第65頁。

⑨ 劉文典《淮南鴻烈集解》下册,北京:中華書局,1989年,第588頁。

⑩ 郝懿行《爾雅義疏》下册,上海:上海古籍出版社,1983年,第899頁。

⑪ 李圃主編《古文字詁林》第9册,上海:上海教育出版社,2004年,第54頁。

池者。"①《説文新證》云："從邑從川,不足以會邕城池之意。邕疑爲灉之省,灉從水從吕,本有水邕城池之意。"②是敦煌本作"邕"者,"灉"之省文也。

《宋本玉篇·水部》："澭,紆用切。《爾雅》:'水自河出爲澭。'又音灉。滽、瀆,並同上。"③《説文》無"滽"字,《篆隸萬象名義》亦無此字,可知顧野王所撰《玉篇》未收。今所見第一部收入此字的字書即爲《宋本玉篇》。"滽"者,"澭"之省文。

陸德明《經典釋文·爾雅音義》云:"澭,字又作瀆。"④因雝、灉同字,故"澭"寫作"瀆",這也是《宋本玉篇》"澭"之別體"瀆"之所本。

綜上所論,知《尚書》原作"灉",隸變作"雝",省"隹"作"邕",添水作"澭"。"澭"字省"隹"作"滽",旁作"瀆"。

郭璞《爾雅注》引《書》曰:"澭沮會同。"字與宋本同,P.3735《爾雅注》寫卷亦作"澭",可知六朝寫本《爾雅注》即作"澭"⑤。郭璞《爾雅注》成於東晉渡江之後,其所見的已是孔傳本《古文尚書》⑥,那麼郭璞所引者即僞古文《尚書》,王鳴盛謂"晉人改雝爲澭"⑦,其說當確。《釋名·釋水》"水從河出曰雝沛"之"雝",段氏校作"澭"⑧,疑未確。

《玉篇·山部》:"岇,古文會字。"⑨商承祚認爲"厒"是"岇"的訛變⑩。

(2)羍土白墳,菜濱廣斥(禹貢)

① 許慎《説文解字》,北京:中華書局,1963年,第239頁。
② 季旭昇《説文新證》下册,臺北:藝文印書館,2002年,第149頁。
③ 顧野王著、陳彭年重修《宋本玉篇》,北京:北京市中國書店,1983年,第349頁。
④ 陸德明《經典釋文》,北京:中華書局,1983年,第423頁。
⑤ 許建平《敦煌經籍叙録》,北京:中華書局,2006年,第433頁。
⑥ 劉起釪《尚書學史》(訂補本),北京:中華書局,1989年,第193頁。
⑦ 王鳴盛《尚書後案》,《嘉定王鳴盛全集》第1册,北京:中華書局,2010年,第191頁。
⑧ 任繼昉《釋名匯校》,濟南:齊魯書社,2006年,第58頁。
⑨ 顧野王著、陳彭年重修《宋本玉篇》,北京:北京市中國書店,1983年,第406頁。
⑩ 商承祚《石刻篆文編字説》,《石刻篆文編》"附録",北京:中華書局,1996年,第23頁。

宋本“庠”作“斥”。

《隸辨》：“庠，即斥字。《説文》本作‘庤’，從广從屰，碑變從干。”①
“庤”字隸變作“庠”，或省點作“庈”②，《五經文字》卷中《广部》：“庤、
庈，上《説文》，下經典相承隸省。”③《説文·言部》“諤”篆下段注：“凡
從庤之字隸變爲庈，俗又譌斥。”④宋本作“斥”，已是俗字。

（3）九江孔殷，池潛冗道（禹貢）

宋本“池”作“沱”。

《説文·水部》：“沱，江別流也。出嶓山，東別爲沱。從水，它
聲。”徐鉉曰：“沱沼之沱通用此字。今別作池，非是。”⑤《説文》無
“池”字，段玉裁《説文解字注》據《初學記》引《説文》及《左傳正義》引
應劭《風俗通》而補⑥。劉心源《古文審》云：“今檢各家所刊《初學記》
皆是它聲，無一本作也字。段乃云也聲誤爲它聲，改書就己，亦不直
矣。《風俗通》既非篆本，亦不過應劭説隸體耳。如果許書有池，則
沲、陂二字説解一應作沱矣。”⑦黃侃《説文段注小箋》云：“由別流之
義引申爲池沼。《説文》無池字，池即沱之轉變，隸書於從它與也之字
往往互譌。”⑧《聲類疏證》云：“《説文》本無池字，池即沱也。”⑨徐復
云：“沱，池本字。”⑩戰國秦漢簡帛“差池”、“曲池”、“陂池”、“池陽”等

① 顧南原《隸辨》，北京：北京市中國書店，1982年，第730頁。
② 顧南原《隸辨》，北京：北京市中國書店，1982年，第731頁。
③ 張參《五經文字》卷中，鮑廷爵《後知不足齋叢書》本，清光緒九年（1883），第34A
頁。
④ 段玉裁《説文解字注》，上海：上海古籍出版社，1981年，第100頁。
⑤ 許慎《説文解字》，北京：中華書局，1963年，第224頁。
⑥ 段玉裁《説文解字注》，上海：上海古籍出版社，1981年，第553頁。
⑦ 轉引自李圃主編《古文字詁林》第9册，上海：上海教育出版社，2004年，第10頁。
⑧ 黃焯編《説文箋識四種》，上海：上海古籍出版社，1983年，第191頁。
⑨ 郭晉稀《聲類疏證》，上海：上海古籍出版社，1993年，第486頁。
⑩ 徐復《广雅補釋下篇》，《徐復語言文字學晚稿》，南京：江蘇教育出版社，2007年，第
159頁。

均寫作"沱"①。徐寶貴云："西漢中晚期以後的文字,把以前的'沱'字所從的'它'旁改換成'也',分化出'池'字。"②《尚書》原應作"沱"也。

（4）盤庚學于民,由乃位（盤庚上）

宋本"學"作"斅","乃"下有"在"字。

《説文·攴部》："斅,覺悟也。从教从冂。冂,尚朦也。臼聲。學,篆文斅省。"③徐灝《説文解字注箋》云："斅從冂,其義難明。疑先有學,而後加攴爲斅。"④馬叙倫《説文解字六書疏證》云："金、甲文皆尚未見有斅字。《盤庚》'斅於民',《兑命》'惟斅學半',《禮記·學記》引《兑命》作'學學半',則'斅'爲'學'之遞增字。"⑤以"斅"爲"學"之後起字⑥,是也。然謂金、甲文未見"斅"字,則不確。甲文有"學"無"斅",金文已有"斅"字,《沈子它簋》、《中山王鼎》皆作"斅"⑦。郭店楚簡中亦有"斅"字⑧。《説文》謂"學"爲"斅"之省文,誤。

"乃"下"在"字,諸本皆有,岩崎本當是脱漏。

（5）亡㝵刑庚（盤庚上）

宋本"庚"作"康"。

《説文·禾部》："穅,穀皮也。从禾从米,庚聲。康,穅或省。"⑨以

---

① 白於蓝《戰國秦漢簡帛古書通假字彙纂》,福州:福建人民出版社,2012年,第295頁。

② 徐寶貴《以"它"、"也"爲偏旁文字的分化》,《文史》2007年第3輯,北京:中華書局,2007年,第246頁。

③ 許慎《説文解字》,北京:中華書局,1963年,第69頁。

④ 徐灝《説文解字注箋》,《續修四庫全書》第225册,上海:上海古籍出版社,1995年,第370頁。

⑤ 馬叙倫《説文解字六書疏證》第2册第6卷,上海:上海書店,1985年,第157頁。

⑥ 單周堯亦持此説,單周堯《多體形聲字窺管》,《中國語文研究》第10期,香港中文大學中國文化研究所吴多泰中國語文研究中心,1992年5月,第43頁。

⑦ 季旭昇《説文新證》上册,臺北:藝文印書館,2002年,第234頁。

⑧ 陳斯鵬《郭店楚墓竹簡考釋補正》,《華學》第4輯,北京:紫禁城出版社,2000年,第81頁。

⑨ 許慎《説文解字》,北京:中華書局,1963年,第145頁。

"康"爲"穅"之省文。郭沫若《釋支干》云：

> 从庚之字有康字，小篆作𧆑，从米，云穅之省。穅曰"穀之
> 皮"，然古文康字不从米……文既不从米，意亦絶無穅義。……康
> 字訓安樂，訓和静，訓廣大，訓空虛，只空虛之義於穀皮稍可牽及，
> 其它均大相逕庭，無由引伸。余意此康字必以和樂爲其本義，故
> 殷周帝王即以其字爲名號。穅乃後起字，蓋从禾康聲，古人同音
> 通用，不必康即是穅。大凡和樂字多借樂器以爲表示，如和本小
> 笙，樂本絃樂之象……然則康字蓋从庚，庚亦聲也[1]。

林潔明云："郭説甚是。庚字實象其形，康字蓋虛象其意。康字
庚下數點蓋象庚搖動時之樂聲，由樂聲以見和樂之義也。"[2]是康、庚
同字，上博簡《季康子問於孔子》篇，"康"皆寫作"庚"[3]，足可爲證。
《尚書》"康"字，岩崎本作"庚"，蓋存古文也。

《君雅》"嗣守文、武、成、康遺緒"之"康"，岩崎本亦作"庚"。

（6）予亦拙𣹏（盤庚上）

宋本"拙"作"拙"，"𣹏"作"謀"。

《説文·火部》："灻，火光也。从火出聲。《商書》曰：'予亦灻謀。'
讀若巧拙之拙。"[4]馬宗霍云："日本古寫本隸古定《商書》殘卷此文作
拙。左旁從矢，與火形近，是拙即灻之筆誤。知僞孔本初亦不作拙
也。今作拙者，叚借字。"[5]劉起釪云："岩崎、内野、雲窗諸隸古寫本
作'拙'，而薛本作'灻'，知'拙'爲'灻'之訛。是漢代本及僞孔本原皆
作'灻'，'拙'字爲衛包所改。"[6]

---

① 郭沫若《甲骨文字研究》，北京：科學出版社，1962年，第170—171頁。
② 轉引自李圃主編《古文字詁林》第11册，上海：上海教育出版社，2004年，第411頁。
③ 白於藍《戰國秦漢簡帛古書通假字彙纂》，福州：福建人民出版社，2012年，第705頁。
④ 許慎《説文解字》，北京：中華書局，1963年，第207頁。
⑤ 馬宗霍《説文解字引經考》上册，北京：中華書局，2013年，第194頁。
⑥ 顧頡剛、劉起釪《尚書校釋譯論》第2册，北京：中華書局，2005年，第939頁。

案：薛季宣《書古文訓》作"灿"，岩崎本、內野本、元亨本皆作
"炾"。《周官》"心勞日拙"之"拙"，薛本則作"炾"。同一字之古文，薛
本或作"炾"，或作"灿"。《汗簡》引《尚書》作"炋"①，隸定即爲"炾"。鄭
珍《汗簡箋正》云："薛本《盤庚》'予亦拙謀'作灿，是采《説文》灿下所
引《書》作之。而《周官》'心勞日拙'作炾，蓋當時有譌火旁作矢者。
僞本用爲古文，非也。"②鄭珍説是也。日本隸古定寫本作"炾"，即僞
孔本原貌也。劉氏信真僞難辨之《書古文訓》，而不信淵源有自的日
本隸古定寫本，不知其可也。僞孔本作"炾"，正如鄭珍、馬宗霍所
言，"灿"之訛也。

《説文·心部》："惎，毒也。"③"惎"爲"惎"之誤。"惎"爲"謀"之古
文，敦煌寫本"謀"多寫作"惎"，如《盤庚中》"汝不謀長，以思乃災"，
P.2643"謀"作"惎"；《大禹謨》"弗詢之謀勿庸"，S.801"謀"作"惎"。

（7）施實惪于民，至于姻友（盤庚上）

宋本"姻"作"婚"。

《集韻·真韻》："姻，女字。"④讀作眉貧切，與《尚書》義不合。《説
文·日部》："昏，日冥也。從日氐省。氐者，下也。一曰民聲。"⑤段
注："字從氐省爲會意，絶非從民聲爲形聲也。蓋隸書淆亂，乃有從
民作昏者，俗皆遵用。"⑥王獻唐云："證以漢碑，字多從民。繁陽令楊
君碑，則從氐。知兩京文字，原有從氐從民二體，許固兩存不廢。從
民之説，既在昏下，當出昏爲重文。許書重文，亦往往附見説解中，
無足異也。字從氐日爲會意，從民日爲形聲。蓋在小篆而後，又分
二支：氐民形體相似，初從石鼓一支演出從氐，後以體近，或誤爲民

① 郭忠恕《汗簡》，北京：中華書局，1983年，第16頁。
② 鄭珍《汗簡箋正》第3卷，光緒中廣雅書局刊本，第7A頁。
③ 許慎《説文解字》，北京：中華書局，1963年，第223頁。
④ 丁度等《集韻》上册，上海：上海古籍出版社，1985年，第120頁。
⑤ 許慎《説文解字》，北京：中華書局，1963年，第138頁。
⑥ 段玉裁《説文解字注》，上海：上海古籍出版社，1981年，第305頁。

聲,更造昏字,各有祖述,爲兩京昏昏二體。”①

《説文解字句讀》於“姻”篆下云:“昏因古字,婚姻後作。”②因“昏”而有“婚”,因“昏”而有“婚”,岩崎本之“姬”,當是“婚”之壞字。

(8) 予若籲褭兹邑(盤庚中)

宋本“邑”前有“新”字。

《盤庚》三篇,“邑”出現五次:《盤庚上》“不常厥邑,于今五邦”、“天其永我命于兹新邑”,《盤庚中》“予若籲懷兹新邑”、“無俾易種于兹新邑”,《盤庚下》“用永地于新邑”。

《左傳·哀公十一年》引《盤庚之誥》:“其有顛越不共,則劓殄無遺育,無俾易種于兹邑。”③《史記·伍子胥列傳》載伍子胥之言曰:“且《盤庚之誥》曰:‘有顛越不恭,劓殄滅之,俾無遺育,無使易種于兹邑。’”④所引即《盤庚中》“無俾易種于兹新邑”句,而無“新”字。王叔岷《尚書斠證》云:“上文‘予若籲懷兹新邑’,敦煌本新字補在兹字下旁,或原本亦無新字。”⑤

“予若籲懷兹新邑”句,P.3670 無“新”字,與岩崎本同;P.2643“新”字朱筆旁注,陳鐵凡云:“新字旁注,似爲事後增補,疑原本無之。”⑥案該寫卷的朱筆校字與正文字體不同,乃閲讀者所爲⑦。蓋當時流傳《尚書》本子,或有“新”字,或無“新”字。P.2643抄于唐肅宗乾元二年(759),已晚於衛包改字的天寶三載(744),而據衛包改字本上石的《開成石經》即有“新”字。

---

① 王獻唐《周昏盨玉鈢考》,《那羅延室稽古文字》,濟南:齊魯書社,1985年,第72—73頁。

② 王筠《説文解字句讀》,北京:中華書局,1988年,第492頁。

③ 杜預集解、孔穎達疏《春秋左傳正義》,阮元編《十三經注疏》第6册,臺北:藝文印書館,1960年,第1018頁。

④ 司馬遷《史記》(修訂本)第7册,北京:中華書局,2013年,第2635—2636頁。

⑤ 王叔岷《尚書斠證》,《歷史語言研究所集刊》第36本上册,1965年12月,第128頁。

⑥ 陳鐵凡《敦煌本商書校證》,臺北:長期發展科學委員會,1965年,第22頁。

⑦ 許建平《敦煌經籍叙録》,北京:中華書局,2006年,第99頁。

《盤庚中》二"新邑"，其"新"字原本蓋無，乃據《盤庚上》"天其永我命于茲新邑"句而添。此句"天其永我命于茲新邑"所以作"新邑"，乃承上文"不常厥邑，于今五邦"而來，新遷殷地，故謂新邑也。下言"茲邑"，即謂新邑殷也，其義已足，無需再添"新"字。至於《盤庚下》"用永地于新邑"，不言"茲邑"，故作"新邑"也。

(9) 惟學孫志，務旹敏，𠂤修乃來。(説命下)

宋本"孫"作"遜"。

P.2643《尚書》寫本作"孫"，與岩崎本同。P.2516《尚書》寫本作"遜"，與宋本同。《書古文訓》作"愻"。

《説文・心部》："愻，順也。"《辵部》："遜，遁也。"① 段氏注云：

> 六經有"孫"無"遜"。《大雅》"孫謀"，《聘禮》"孫而説"，《學記》"不陵節而施之謂孫"，《論語》"孫以出之"，皆"愻"之叚借也。《春秋》"夫人孫于齊"、"公孫于齊"，《詩》"公孫碩膚"，《尚書序》"將孫于位"，皆逡遁遷延之意。故《穀梁》云："孫之爲言猶孫也。"公羊云："孫猶孫也。"何休云："孫猶遁也。"鄭箋云："孫之言孫，遁也。"《釋言》云："孫，遁也。"《釋名》曰："孫，遜也。"遜遁在後生也，古就孫義引伸，卑下如兒孫，非別有"遜"字也。《至部》"臸"字下云："從至，至而復孫，孫，遁也。"此亦有"孫"無"遜"之證。今《尚書》、《左氏》經傳，《爾雅・釋言》，淺人改爲"遜"。許書"遜，遁也"，蓋後人據今本《爾雅》增之，非本有也②。

李惇云："遜，遁也；愻，順也。古字並作'孫'，後有愻、遜二字，一從辵，則爲遁；一從心，則爲順，字形文義皆截然不可混。《説文》'愻'字下云'順也，《唐書》五品不愻'，此古文也。後人並改作'遜'，

---

① 許慎《説文解字》，北京：中華書局，1963年，第218、40頁。
② 段玉裁《説文解字注》，上海：上海古籍出版社，1981年，第72頁。

而經典中遂罕見‘愻’字矣。”①

　　《禮記·學記》：“《兌命》曰：‘敬孫務時敏，厥脩乃來。’”②僞古文《說命》改“敬孫”爲“孫志”③。P.2643與岩崎本作“孫”，存其朔也。作“遜”者，即段氏所謂淺人所爲。《書古文訓》作“愻”，應是以僞傳“學以順志”句，謂此字釋作“順”，不釋作“遁”，故據《說文》而改作“愻”也。實遜、愻均爲“孫”之孳乳字，李惇言之已詳。

　　《微子》“吾家耄遜于荒”之“遜”，岩崎本及P.2516、P.2643並作“孫”，是也。

　　（10）我 祖 祗逋敕于上（微子）

　　宋本“祗”作“厎”，“逋”作“遂”。

　　案：“祗”爲祇之俗字，《廣韻·脂韻》：“祇，敬也，俗從互。”④《說文·示部》：“祇，敬也。”⑤義與僞傳不合⑥。宋本作“厎”，與八行本、《書古文訓》《唐石經》及南宋石經同，馮登府云：“《說文》‘厎，砥石’，引伸之，義爲致。本通致。‘西旅厎貢厥獒’，《漢書》‘厎’作‘致’，是也。俗從‘底’，誤。”⑦《爾雅·釋言》：“厎，致也。”⑧故元亨本、足利本、影天正本作“致”，同義換用也。“底”者，“厎”之形誤字，P.2643、P.2516《尚書》均誤作“底”。岩崎本作“祇”者，“厎”之音誤字，《說文·厂部》：“厎，柔石也。砥，厎或從石。”⑨“砥”爲“厎”之重

　　① 李惇《群經識小》，《清經解》第4冊，上海：上海書店，1988年，第875頁。
　　② 鄭玄注，孔穎達疏《禮記正義》，阮元編《十三經注疏》第5冊，臺北：藝文印書館，1960年，第651頁。《周禮·地官·師氏》鄭注引《說命》曰：“敬孫務時敏，厥脩乃來。”孫詒讓認爲鄭玄乃據《學記》所引《兌命》（《周禮正義》第4冊，北京：中華書局，1987年，第999頁）。
　　③ 許錟輝《先秦典籍引尚書考》，臺灣師範大學1970年博士論文，第60A頁。
　　④ 陳彭年等《宋本廣韻》，北京：北京市中國書店，1982年，第31頁。
　　⑤ 許慎《說文解字》，北京：中華書局，1963年，第7頁。
　　⑥ 僞傳釋此句云：“言湯致遂其功，陳列於上世。”則以“致”釋“祇”。
　　⑦ 馮登府《南宋石經考異》，《清經解》第7冊，上海：上海書店，1988年，第973頁。
　　⑧ 郭璞注，邢昺疏《爾雅注疏》，阮元編《十三經注疏》第8冊，臺北：藝文印書館，1960年，第37頁。
　　⑨ 許慎《說文解字》，北京：中華書局，1963年，第193頁。

文,《廣韻》“厎”、“砥”同爲旨夷切。

《説文・辵部》：“遾,亡也。遾,古文遾。”①《集韻・至韻》：“遾,古作**遾**。”②“**遾**”爲“遾”之隸定,“遾”爲“**遾**”之形訛。下“殷遾喪,越至于今”句之“遾”,岩崎本亦誤作“遾”。

(11)商亓淪喪,我罔爲僕(微子)

宋本“僕”前有“臣”字。

《釋文》云：“臣僕,一本無臣字。”③段玉裁云：“無者是也。《毛詩》‘景命有僕’,《傳》云：‘僕,附也。’《説文》曰：古文僕字从臣作䑞。恐此是古本作‘䑞’,析爲二字也,今刪‘臣’字。”④劉起釪云：“其實‘罔爲僕’與‘罔爲臣僕’意義全同,都是説我毋爲奴隸。”⑤案其義雖全同,而文字則有別也。P.2516、P.2643《尚書》寫卷“臣”字旁注,乃閲讀者據它本而添。是當時流行兩種本子,或作“僕”,岩崎本是也;或作“臣僕”,陸德明所據本同也。據《説文》“僕”之古文作“䑞”,則漢時古文《尚書》應是作“䑞”,僞古文承之,亦作“䑞”。後世傳寫者,或改“䑞”爲“僕”,或析爲“臣僕”二字。

(12)庀作刑曰誥三方(呂刑)

宋本“誥”作“詰”。

孫星衍云：“‘詰’作‘誥’,今文《尚書》也。”⑥皮錫瑞不以爲然,云：“蓋即以《困學紀聞》引《書》作‘誥’,與《周禮》鄭注不同,故斷爲今文。然《尚書》不見有作‘誥’之本,《紀聞》恐傳寫之誤,未可爲

---

① 許慎《説文解字》,北京：中華書局,1963年,第41頁。
② 丁度《集韻》上册,上海：上海古籍出版社,1985年,第475頁。
③ 陸德明《經典釋文》,北京：中華書局,1983年,第44頁。
④ 段玉裁《古文尚書撰異》,四部要籍注疏叢刊本《尚書》中册,北京：中華書局,1998年,第1923頁。
⑤ 顧頡剛、劉起釪《尚書校釋譯論》第2册,北京：中華書局,2005年,第1082頁。
⑥ 孫星衍《尚書今古文注疏》下册,北京：中華書局,1986年,第518頁。

據。"①王先謙云："'誥'亦'詰'之字誤,諸書無作'誥'之本。"②劉起釪云："王應麟可能承林(林之奇)、呂(呂祖謙)之説影響,逕用誥字。不顧《尚書》各本於此句'詰'字從來不作'誥',而孫氏妄從之,皮氏駁之甚是。"③

顧炎武《九經誤字·書》云："度作刑以詰四方,石經、監本同,《釋文》:'詰,起一反。'今本作誥,誤。"④彭元瑞《石經考文提要》云："坊本譌以誥,今從諸本。"⑤是顧氏、彭氏所見本有作"誥"者。

屈萬里《漢石經尚書殘字集證》云："兹撿諸本《困學紀聞》,'度作刑以詰四方'之'詰'字,元刊及清刊本皆如此作。惟明萬曆癸卯莆田吳獻台刊本作'誥'。孫氏蓋據此本,遂謂:'詰,一作誥。'而不知其爲訛字。蓋《漢書·刑法志》引《呂刑》作'詰';《周禮·天官·大宰之職》'以詰邦國',及《秋官·大司寇之職》'以佐王刑邦國詰四方'兩處鄭注引《呂刑》,亦皆作'詰'。故皮氏斷言'《尚書》不見作誥之本'也。"⑥

屈氏考定《困學紀聞》作"誥"者乃誤本,原本乃作"詰",力挺皮氏《尚書》無作"誥"之本之説。但顧炎武、彭元瑞亦曾見過作"誥"之本,今日本所藏唐寫殘卷岩崎本亦作"誥"字,可見作"誥"之《尚書》文本由來已久。孫星衍以作"誥"者爲今文《尚書》,固然不確,斷言"《尚書》各本於此句'詰'字從來不作'誥'"者,亦非也。

(13)呂覆禩盟(呂刑)

宋本"禩"作"詛"。

① 皮錫瑞《今文尚書考證》,北京:中華書局,1989年,第437頁。

② 王先謙《尚書孔傳參正》下冊,北京:中華書局,2011年,第925頁。

③ 顧頡剛、劉起釪《尚書校釋譯論》第4冊,北京:中華書局,2005年,第1913頁。

④ 顧炎武《九經誤字》,王先謙編《清經解續編》第1冊,上海:上海書店出版社,1988年,第5頁。

⑤ 彭元瑞《石經考文提要》,《叢書集成續編》第17冊,上海:上海書店出版社,1994年,第472頁。

⑥ 屈萬里《漢石經尚書殘字集證》卷一,臺北:歷史語言研究所,1999年,第21B頁。

《原本玉篇殘卷·言部》：“詛，或爲禣字，在示部。”①《宋本玉篇·示部》：“禣，亦作詛。”②《漢書·五行志上》：“明年，屈氂復坐祝禣要斬，妻梟首也。”師古注：“禣，古詛字也。”③玄應《一切經音義》卷14《四分律》第26卷“祝禣”條云：“古文禣，今作詛。”④包山簡、上博簡“詛”亦寫作“禣”⑤。岩崎本作“禣”，爲古字。

（14）今爾罔不繇尉日勤（吕刑）

宋本“慰”作“尉”。

《說文·心部》：“慰，安也。一曰恚怒也。”《火部》：“尉，从上案下也。从𡰪又持火，以尉申繒也。”⑥“尉”字隸變作“尉”。徐灝云：“置火於銅斗，從上按下以申繒謂之尉，所以使其平也。故尉有平義。……引申爲凡安尉之偁，別作‘慰’。从又持火會意，从𡰪者，楚金曰：‘夷，安平也。’是也。”⑦黄侃《說文段注小箋》云：“當以恚怒爲本義，訓安本借爲尉。”⑧張舜徽云：“此篆説解，似當以恚怒爲本義。其訓安者，當以‘尉’爲本字。《漢書》多用本字，《車千秋傳》顔注云：‘尉安之字，本無心。’是也。《詩·凱風》‘莫慰母心’，用借字耳。愠與慰雙聲義同，故《車舝》‘以慰我心’，《韓詩》通作‘愠’也。今專用慰爲安尉字而恚怒義廢矣。”⑨據徐、黄、張三氏之説，則釋怨之字爲“慰”，釋安之字爲“尉”也。僞孔釋此句云：“今汝無不用安自居，日當勤之。”釋爲“安”也，當用“尉”字。岩崎本作“尉”，正與僞孔之釋義合。

---

① 顧野王《原本玉篇殘卷》，北京：中華書局，1985年，第15頁。

② 顧野王撰、孫强重修《宋本玉篇》，北京：中國書店，1983年，第13頁。

③ 班固《漢書》第5册，北京：中華書局，1962年，第1335頁。

④ 玄應《一切經音義》，《高麗大藏經》第58册，北京：線裝書局，2004年，第129頁。

⑤ 劉信芳《楚簡帛通假彙釋》，北京：高等教育出版社，2011年，第197頁。

⑥ 許慎《說文解字》，北京：中華書局，1963年，第219、208頁。

⑦ 徐灝《說文解字注箋》，《續修四庫全書》第226册，上海：上海古籍出版社，1995年，第317頁。

⑧ 黄焯編《說文箋識四種》，上海：上海古籍出版社，1983年，第190頁。

⑨ 張舜徽《說文解字約注》中册第20卷，鄭州：中州書畫社，1983年，第39B頁。

　　豫章内史梅賾獻上的據説是孔安國作傳的《古文尚書》，是用一種隸古定字寫成的。這種《尚書》文本，到唐玄宗天寶三載（744）時，詔集賢院士衛包把隸古定字改成今字，並在唐文宗開成年間刻於"開成石經"，行於天下，從此隸古定《尚書》之原貌不可見。但在日本，却有大量的隸古定《尚書》寫本，劉起釪《日本的尚書學與其文獻》辟專章作了詳細的介紹[1]，顧頡剛、顧廷龍的《尚書文字合編》影印了岩崎本、九條本、神田本、島田本、内野本、元亨本、觀智院本、古梓堂本、天理本、足利本、影天正本、八行本等十二種。

　　岩崎本的校勘價值，我已有《由敦煌本與岩崎本互校看日本舊鈔〈尚書〉寫本之價值》一文提交2013年8月在北京召開的"中國敦煌吐魯番學會成立三十周年國際學術研討會"。但日本所存《尚書》隸古定本，與敦煌藏經洞所出《尚書》寫本一樣，均爲已被改動之本，並非隸古定原本。若欲糾補岩崎本在傳抄過程中產生的訛誤衍脱，以校勘學上之對校法即用其他版本文字作爲直接證據，是最爲有效而方便的方法，因而與岩崎本約同時期抄寫的敦煌寫本正可作爲這樣的對校本。

　　（一）敦煌本尚存隸古定《尚書》原貌，而岩崎本已改爲今字。

　　如《盤庚中》："承汝俾汝，惟喜康共。""俾"字岩崎本同，而敦煌寫本 P.3670、P.2643 作"卑"。

　　《説文·十部》："卑，賤也，執事者。"《人部》："俾，益也。"[2]段注："古或假'卑'爲'俾'。"[3]金文無"俾"字，凡俾使之字皆作"卑"[4]。徐中舒云：

　　　　俾金文作卑，其義皆當爲使。其用於嘏辭者如：

---

① 劉起釪《日本的尚書學與其文獻》，北京：商務印書館，1997年，第71—117頁。

② 許慎《説文解字》，北京：中華書局，1963年，第65、165頁。

③ 段玉裁《説文解字注》，上海：上海古籍出版社，1981年，第376頁。

④ 張亞初《殷周金文集成引得》，北京：中華書局，2001年，第1268—1269頁。

卑女魑魑剀剀，穌穌倉倉。——者瀘鐘

卑若鐘鼓，外內剀辟……卑百斯男，而埶斯字。——齊
夷鎛

此卑女卑若，皆命令之辭，自爲祖先或天所命。其在《詩·
天保》云“俾爾單厚”，“俾爾多益”，“俾爾戩穀”，《卷阿》云：“俾
爾彌爾性。”《閟宮》云“俾爾熾而昌，俾爾壽而富”，“俾爾昌而
大，俾爾耆而艾”，亦俾爾連言①。

“俾汝”即金文之卑女、卑若，亦即《詩》“俾爾”也。“汝”字岩崎本
及 P.3670、P.2643 均作“女”。作爲第二人稱代詞的“汝”，金文均寫作
“女”②。

敦煌本作“卑”，尚存古字；岩崎本作“俾”，已改爲今字。後“無
俾易種于茲新邑”句，岩崎本與 P.3670、P.2643 均作“卑”，則未改也。

又如《盤庚下》“綏爰有衆”，“綏”字岩崎本同，而敦煌寫本
P.3670、P.2643 作“婑”。

《玉篇·女部》“婑”字下云：“《尚書》爲古文綏。”③《篆隸萬象名
義》無“婑”字，此當爲宋人所補，是宋人曾見古文《尚書》“綏”寫作
“婑”。《禹貢》“五百里綏服”，P.2533“綏”作“婑”，九條本則作“綏”，是
亦已改爲今字。《盤庚中》“我先后綏乃祖乃父”、《說命下》“其爾克紹
乃辟于先王，永綏民”，岩崎本“綏”皆作“婑”，未改古字也。而《盤庚
上》“紹復先王之大業，底綏四方”句，岩崎本“綏”作“媛”，則爲“婑”
之誤。

（二）岩崎本誤而敦煌本不誤，可據以校正。

① 徐中舒《金文嘏辭釋例》，《歷史語言研究所集刊》第6本第1分，上海：商務印書館，
1936年，第12頁。
② 全廣鎮《兩周金文通假字研究》，臺北：臺灣學生書局，1989年，第96頁。
③ 顧野王撰、孫强重修《宋本玉篇》，北京市中國書店，1983年，第70頁。

如《盤庚中》"暨予一人猷同心"，岩崎本"暨"作"泉"。

案《禹貢》"淮夷蠙珠暨魚"，《史記·夏本紀》作"臮"，司馬貞《索隱》云："臮，古暨字。"①P.2643 作"𦥑"，"臮"之變體也。P.2516 作"泉"，亦"臮"之變體也。岩崎本作"泉"，必爲"𦥑"之誤字。下句"曷不暨朕幼孫有比"，岩崎本作"泉"，與 P.2516 同。

又如《盤庚下》"今我民用蕩析離居"，岩崎本"析"作"所"。

《説文·斤部》："所，二斤也。"②施於此不合。P.2516、P.2643 作"斨"，《集韻·錫韻》："析，古作斨。"③王獻唐云："片訓判木，義與木通，以斤破片，猶其破木。故字之偏旁從木者，亦或從片。今析字從片，爲魯壁古文。"④岩崎本作"所"，應是"斨"之誤。

【作者簡介】　許建平，浙江大學古籍研究所教授。

---

① 司馬遷《史記》（修訂本）第 1 册，北京：中華書局，2013 年，第 73 頁。
② 許慎《説文解字》，北京：中華書局，1963 年，第 300 頁。
③ 丁度等《集韻》上册，上海：上海古籍出版社，1985 年，第 748 頁。
④ 王獻唐《周恖鈢師比考》，《那羅延室稽古文字》，濟南：齊魯書社，1985 年，第 3 頁。

論武英殿本《禮記注疏》的刊刻

李寒光

　　清乾隆初年武英殿刻《十三經注疏》是上承明北監本、汲古閣本,下接阮元南昌府學本的一個重要版本,在《十三經注疏》版刻史上有重要意義。其中,《禮記注疏》是其中非常重要的一種。然而,關於殿本《十三經注疏》的刊刻事宜,留下的資料非常有限,具體到《禮記》一經,更是少之又少。大約殿本《禮記注疏》是先校後刻,書後附有《校刊禮記注疏職名》:"福建巡撫臣周學健、詹事臣陳浩、庶子臣林蒲封、侍讀臣齊召南、觀保、侍講臣德保、編修臣朱佩蓮、檢討臣程恂、臣出科聯、拔貢生臣周廷高、臣龔世楫等奉勅恭校刊。"①説明《禮記注疏》的校刊工作由周學健領銜負責。到乾隆四年十二月,《禮記注疏》就校畢進呈了②。但實際開始刊刻的時間却到了乾隆九

---

　　① 齊召南《禮記注疏考證》,清乾隆間武英殿刻《禮記注疏》附,《跋語》。
　　②《寳綸堂詩鈔》卷三《十二月二十四日進呈校勘六經,退直武英殿,用朱子鈔二南詩韻應杭董浦同年索賦,兼呈同館諸公》小注:"陳侍郎大受、張閣學照、陳詹事浩、周學士學健、吕學士熾、朱庶子良裘、熊侍講暉吉、趙編修青藜、沈編修廷芳、唐檢討進賢、聞編修棠、吴檢討泰、萬檢討松齡、于修撰敏中、王編修會汾、李編修龍官,並會所校六經注疏,則《尚書》、《毛詩》、《儀禮》、《禮記》、《左傳》及《爾雅》也。"齊召南《寳綸堂詩鈔》,清嘉慶二年刻本。按:齊召南詩集不編年,張學謙考證陳大受於乾隆四年十一月被任命爲安徽巡撫,將此詩年份定爲乾隆四年,可信。見《武英殿本〈二十四史〉校刊始末考——兼及〈十三經注疏〉》,《文史》2014年第1輯。

年。齊召南云："在館諸臣遍搜善本,再三讎對,是正文字,凡六年始付開雕。"①可能在進呈之後又經過一番校勘。《禮記注疏》刊刻完成的時間則無考。

至於校勘,由於殿本流傳不廣,清代學者幾乎没有系統校勘過。而從明北監本到清武英殿本,到底發生了什麽變化,殿本之後又有哪些版本繼承了殿本的成果?本文通過校勘,試對殿本與北監本的關係、其傳鈔與翻刻進行討論。

一、殿本《禮記注疏》對明北監本的因革

武英殿校刊《十三經注疏》,所用的底本是明萬曆北京國子監刻本。乾隆三年,國子監上奏,以爲所存北監版"年久模糊"、"質難修補",因此,"應令國子監購覓原本各一部,分派編檢等官校閱,交武英殿繕寫刊刻,進呈御覽。"②説明奏請之初即計畫用早期印本爲底本重刊。但是,後來所用的底本並不是萬曆原刻未經修版的本子。日本學者加藤虎之亮認爲:"乾隆殿本《考證》稱監本"實際上是"康熙二十五年重校修"監本③。加藤氏雖是針對《周禮注疏》而言,但當時整套北監本並不難得,因此我們推斷《禮記注疏》應當也是後世修版印本。通過校勘,我們發現殿本對北監本的因革有以下幾個方面。

1. 以北監本爲底本而精加校勘

屈萬里認爲殿本"雖據明北監本,然卷末附《考證》,句下加圈,

---

① 齊召南《禮記注疏考證》,清乾隆間武英殿刻《禮記注疏》附,《跋語》。

② 轉引自張學謙《武英殿本二十四史校刊始末考——兼及〈十三經注疏〉》。中國第一檔案館編《乾隆帝起居注》,廣西師範大學出版社,2002年,第3冊,第363頁。

③ 加藤虎之亮《周禮經注疏音義校勘記》,日本東京:財團法人無窮會影印手寫本,上冊1957年出版,下冊1958年出版,《引據各本書目·經注疏音義合刻本·重校修監本》,第12頁。

校刻皆精,有青出於藍而勝於藍之譽"①。今以《曲禮》篇爲例,殿本
與北監本互校,我們發現殿本的確校出並改正了北監本的一些刊刻
錯誤。如:

　　卷一"賢者狎而敬之"節疏,北監本"愛而知其惡,憎而知善者",
殿本"僧"改作"憎",與經文相符。北監本"二家彼非也",殿本"彼"
改作"皆"。按:北京文物局藏元刻明修本此頁爲元版,作"彼",閩本
同,北監本沿之。毛本已改爲"皆",阮本亦作"皆"。殿本是。卷二
"從於先生不越路而與人言"節,北監本疏"故公而華子夏之徒答孔
子",殿本"而"改作"西"。阮本作"西",阮校云:"閩、毛本同。監本
'西'誤'而'。"②以上改正誤字例。

　　卷二"爲人子者居不主奧"節,北監本疏"東隅謂之窔",殿本
"東"下增"南"字。阮本無"南"字,摘句有之,校曰:"惠棟校宋本有
'南'字。此本'南'字脱。閩、監、毛本同。"③與殿本意見一致。"帷薄
之外不趨"節,北監本注"武謂每移足各自成跡不相躡",殿本"武"上
增"布"。阮校云:"閩、監、毛本同(上無'布'字)。嘉靖本同。岳本
'武'上有'布'字。毛居正云:'注武字當作布。蓋上句注已云武跡
也,此注釋布字義,不當又云武。'按:此'武'上脱'布'字,當從岳
本。衛氏《集説》亦作'布武'。"④説明阮元與殿本意見一致。顧廣圻
認爲:"此注總解'布武',亦不容單舉'布'字,乃衍'武'耳。不復出
經文,注例前後如此者多矣。岳本於'武'上增'布'字,亦未是。"⑤雖
然顧廣圻認爲此處作"布武"、"布"都不合適,但仍肯定注文所解釋
的對象是"布武"。殿本改"布"爲"布武"於文義更明暢。卷三"卒哭

　　① 屈萬里《屈萬里先生全集·書傭論學集》,臺灣:聯經出版事業公司,1985年排印本,
《十三經注疏板刻述略》,第229頁。
　　② 阮元等《禮記注疏校勘記》,清嘉慶間儀徵阮氏文選樓刻本,卷二。
　　③ 阮元等《禮記注疏校勘記》,清嘉慶間儀徵阮氏文選樓刻本,卷一。
　　④ 阮元等《禮記注疏校勘記》,清嘉慶間儀徵阮氏文選樓刻本,卷二。
　　⑤ 張敦仁《撫本禮記鄭注考異》,清道光間刻《皇清經解》本,卷上。

乃諱"節,北監本疏"逮事王父母者",殿本"王父母"上增"父母則諱"
四字。閩、毛、阮均與監本同,殿本據經文補。以上補脫文例。

　　卷四"天子有后有夫人"節,北監本疏"事無小大記以成法",殿
本"小大"作"大小"。元刻明補本、閩本、毛本、阮本均作"小大",與
北監本同。此孔疏引《毛詩傳》,《毛傳》正作"大小"①,可知殿本據
《毛傳》校勘。今按:八行本亦作"大小",恰與殿本合。此當爲明補
十行本時所誤,閩、監、毛諸本沿之,阮元因據元刻明修翻刻,亦未察
覺。此改正倒文例。

　　當然,殿本也有改錯的地方,一是寫工或刻工之誤,屬校對不
精。二是據文義或爲求通暢而臆改,實則並無版本依據。

　　卷一"道德仁義"節疏,北監本"言人欲行四事,不用理,無由得
成",殿本"四"上增"此"字,"理"改"禮"。元版、閩本、毛本均與北監
本同,阮本同。阮校云:"惠棟校宋本作'禮'。此本'禮'誤'理'。
閩、監、毛本同。"②今按:潘氏舊藏八行本即作"禮",可知殿本改"理"
爲"禮",甚是。但增"此"字,無版本依據。"夫禮者所以定親疏"節,
北監本疏"當於身上取於德行",殿本下"於"改作"其"。八行、元版、
閩本、毛本、阮本均作"於",殿本所改無依據。此二處當爲殿本爲求
文意通暢有意改之。卷二"先生書策琴瑟在前"節,北監本疏"雖不
雷同又不得專輒",殿本"專輒"改作"輒專"。他本均作"專輒"。卷
五"諸侯見天子"節,北監本注"稱國者遠辟天子",殿本"天子"爲大
字,與經文同。顯然殿本注文誤刻作經文。此二處當屬抄寫或刊刻
之誤。

---

　　① 鄭玄注,孔穎達疏《毛詩注疏》,北京:中華書局據清嘉慶二十年南昌府學刻《十三
經注疏》影印本,2009年,卷二,第655頁。
　　② 阮元等《禮記注疏校勘記》,清嘉慶間儀徵阮氏文選樓刻本,卷一。

2. 增刻《注解傳述人》與輯刻《原目》

《周易注疏》校勘官朱良裘認爲："諸經授受源流傳注,或詳或略,今取《釋文》所録,並存之。"①因此,殿本在書前增刻陸德明《經典釋文》中的《注解傳述人》。因《禮記》前刻《三禮注解傳述人》,兼有《周禮》、《儀禮》二經《注解傳述人》,所以《周禮》、《儀禮》之前就不刻了。這在《禮記注疏》版刻史上是首創,一方面有助於讀《禮記》者瞭解唐以前的《禮記》授受源流,另一方面也保持了《經典釋文》原有的完整性。

殿本另一個比較大的變化是書前不僅有全書簡目,還輯刻《原目》一卷。《禮記注疏原目》包括書名、篇第及其《釋文》、疏文。《原目》並不是殿本新加的内容,而是從正文每篇之前移過來的。對此,朱良裘曰:"(《周易注疏》)第一卷凡十卦,獨云'乾傳'者,此古人卷帙之標籤,猶《毛詩》題云'周南關雎訓詁傳第一'、《論語》題云'學而第一'是也。《泰卦》第二以後放此。疏釋家逐字分著其義,具見鄭重傳經之意。但篇第既改,而原目仍雜見於經傳間,殊滋梦眩。故今悉列之卷首云。"②交代了輯刻《原目》的原因。即認爲經書在流傳過程中,由原來的以篇爲單位變成後來的以卷爲單位,或分一篇爲數卷,如《禮記·曲禮》分上下凡五卷,或合數篇爲一卷,《禮記注疏》卷五十包括《經解》、《哀公問》、《仲尼燕居》三篇。這種篇卷不統一的現象使得卷首或不解篇名,或疏篇名於卷之内部,次序雜亂,所以統一移於書前,使讀者一目了然。

另外,殿本還對某些經書的分卷進行調整。如對《尚書注疏》調整,齊召南曰:"監本以《虞書·堯典》爲卷第二,於義難通。孔安國序及孔穎達序雖應在正文前,而編稱卷一,乃稱《堯典》爲卷二,甚非尊

---

① 朱良裘《周易注疏考證》,清乾隆間武英殿刻《周易注疏》附,《周易注解傳述人考證》。

② 朱良裘《周易注疏考證》,清乾隆間武英殿刻《周易注疏》附,《周易經傳原目考證》。

經之義。今刊正。"①體現尊經思想。對刊刻格式的調整也是出於尊經。如陳浩曰："(《尚書注疏》)舊本書序與經文並列提行,亦非所以尊聖經也。今與《詩序》一例,並下聖經一字。"②這兩方面的調整均不涉及《禮記注疏》,不再展開論述。

3. 調整疏文

殿本不僅從整體上調整北監本的結構,而且還對疏文語句的順序和表達進行深加工,這也是殿本《十三經注疏》的一個重要特點。就《禮記注疏》而言,我們以卷一《曲禮上》"賢者狎而敬之"節爲例,分析其特點,得出如下結論:

(1) 疏文分爲兩大部分:經疏、注疏

從八行本開始,對經和注就是交錯疏解的,即疏解一句經文,再疏解經文的注,然後再疏解下一句經及其注,依此類推。就是"總解-經疏-注疏-經疏-注疏-……"的結構模式。但是,殿本認爲經是經,注是注,不應混雜在一起,所以就把所有對經文的疏解放在前面,對注文的疏解放到後面,改成了"總解-經疏-經疏-……-注疏-注疏-……"的形式。我們比較北監本與殿本,如北監本在經"賢者狎而敬之"的疏解之後,緊接注"狎習"至"近習"的疏解,然後再接下句經"畏而愛之"的疏解。而殿本則在"賢者狎而敬之"疏後,接"畏而愛之"的疏,注文"狎習"至"近習"的疏放在本節最後一句經文"直而勿有"的疏文之後。

(2) 删減"正義曰",經疏、注疏分別融合爲一

北監本每一句經或注的疏文就是一個小的單元,經疏由○標記,注疏以陰文"注"字引起,疏文之前也用○隔開。由於每個小單元都具有其獨立性,所以幾乎在每句提示語(經、注摘句)之後,總要

---

① 齊召南等《尚書注疏考證》,清乾隆間武英殿刻《周易注疏》卷一附。
② 齊召南等《尚書注疏考證》,清乾隆間武英殿刻《周易注疏》卷一附。

先説"正義曰",然後是疏文。因爲殿本經疏、注疏分離,所以僅在二者之間用一個陰文"注"字隔開,又通過去掉前後各部分之中的間隔標記和重複的"正義曰",只保留了經疏、注疏的第一個"正義曰",成爲兩個大的單元。如北監本第二句經文疏:"○畏而愛之○正義曰:賢者有其德行……"殿本則直接上文曰:"'畏而愛之'者,賢者有其德行……"下文經疏及注疏皆仿此。

（3）改提示語爲過渡句,或直接删去

北監本作疏解,直引經、注文或節引作"某某"至"某某"。如疏"愛而知其惡憎而知其善"是引經文,"謂己至樂氏"是引注文前後各二字作疏文的提示語。而殿本爲了把各個小單元融合爲一,徑直引全經文,並在句末加一"者"字作結,把提示語改成了過渡句。如"'愛而知其惡憎而知其善'者"。對於注文,則全部删去。如北監本原有的注文提示語"狎習至近習"、"心服至所謂"、"謂己至樂氏"等皆不見於殿本。

其實,無論是經注疏合刻之始的八行本,還是後來的經注疏音義合刻十行本,都不是唐人注疏原貌,與殿本一樣,都是一種整理工作。所不同的是,八行本、十行本去掉經、注（包括十行本的釋文）後,剩下的疏文内容與順序基本上與單疏本一致,而殿本則與單疏本差距較大。日本身延山久遠寺尚存宋刻《禮記正義》單疏本卷六十三至七十,如單疏本卷六十三"子曰大臣不親百姓"節疏[①],經"大夫卿士"疏後接注"主近以見遠言大以見小互言之"疏,八行、十行、閩、監、毛、阮同,殿本直接下段經"子曰"至"由聖"疏,而注疏在後。從這一角度來看,殿本的整理,又不同於八行、十行本的整理。八行、十行只是把疏文分開,而殿本則對疏文本身進行調整。

殿本整理的結果,在内容上把經疏與注疏明確分開,在行文上删去了重複的字詞及符號語言,使疏文在整體上更加緊湊、完整。

---

① 十行本,此節在卷五十五。

但是,也正是由於這種調整,使得疏文便於通讀而難於檢索,讀者若想與經、注文對讀,則須時而看經疏,時而往後翻找注疏,而不是像之前的版本疏文與經、注的順序一致那樣方便。其次,有的注文沒有疏解,而殿本注的疏又沒有提示語,以致如果不對照以前的版本,讀者找不到該句的疏文而有疑惑。如"愛而知其惡憎而知其善"下注"謂凡與人交不可以己心之愛憎誣人之善惡"就沒有疏文。如果閱讀殿本,很容易懷疑殿本在加工過程中有脫文。另外,殿本對於經疏與注疏的區分是否準確,也直接影響這一工作完成的質量。最重要的一點,經過殿本的整理,已經完全不是唐人疏解的面貌,而變成清人加工的產物了。

4. 全書施以句讀

古書斷句不同,會帶來語義上的分歧。所以,古人注重"離經辨志"。《九經三傳沿革例》云:"監、蜀諸本皆無句讀。惟建本始放館閣校書式,從旁加圈點,開卷瞭然,於學者爲便。然亦但句讀經文而已。惟蜀中大字本、興國本並點注文,益爲周盡。"① 説明經書刻版給經文、注文加句讀始於宋代。但疏文卷帙浩繁,自產生以來,歷代單疏本、經注疏合刻本、經注疏音義合刻本,殿本之前從未有加以句讀者。張學謙在《武英殿〈二十四史〉校刊始末考——兼及〈十三經注疏〉》中對殿本經史施加句讀一事有所論述:

"方苞提出的另一個開創性建議是添加句讀:'舊刻經史,俱無句讀,蓋以諸經注疏及《史記》、《前》、《後漢書》辭義古奧,疑似難定故也。因此纂輯引用者,多有破句。臣等伏念,必熟思詳考,務期句讀分明,使學者開卷了然,乃有裨益。'軍機處議覆對此建議也表示贊同:《十三經》經文因有注疏詳明,句讀易曉,晚唐以後史書亦無

---

① 岳浚《相臺書塾刊正九經三傳沿革例》,清乾隆道光間長塘鮑氏刻《知不足齋叢書》本。

難讀者。至注疏及《史記》、《前漢書》、《後漢書》以及《三國志》、《魏》、《晉》等書俱使句讀分明,自屬有益學者。'可見當時計畫《十三經》經文、注疏和晚唐以前所修諸史皆加句讀。"①

對《十三經注疏》全書加以句讀自殿本始,且只有殿本。其後《四庫》抄本去掉句讀,阮元刻本亦無句讀。同治十年廣東書局翻刻殿本並句讀一起翻刻,稍有改動,基本還是殿本面貌。直到上世紀九十年代才出現了新式標點本。莫友芝云:"本朝乾隆初殿板,注疏句下加圈,校刻甚精。"②對殿本這一做法表示讚賞。遺憾的是,長期以來,由於殿本流傳不廣,所加句讀也沒有發揮其應有的作用。直到今天,還有許多人因不知殿本面貌,而對殿本加句讀一事茫然不知。

(1)殿本句讀的由來和特點

殿本的標點分句、讀。句子末一字右下方加圈表示絕句,句中停頓處在字下方加圈,是爲讀。如卷一"曲禮曰毋不敬"節疏:

儼若思者。儼。矜莊貌。若。如也。

疏文中對經、注的摘句涉及兩句以上者,一般不點開,如"賢者狎而敬之"節疏:

愛而知其惡憎而知其善者。

此引經文,經文中"惡"字右下方加圈,而作爲引文時則不斷。但也有例外。如"人生十年曰幼學"節疏:

五十曰艾。服官政者。

此引經文,按殿本體例"艾"下不當斷句。又:

安車坐乘。若今小車者。

此引注文,"乘"字下亦不當斷句。

---

① 見張學謙《武英殿〈二十四史〉校刊始末考》,《文史》2014年第1輯。

② 莫友芝撰,傅增湘訂補,傅熹年整理《藏園訂補郘亭知見傳本書目》,北京:中華書局,2009年,第2頁。

由此可見,殿本施加句讀之初,在具體作法上應該有一些明確的規定,但運作過程及後來的刊刻中並没有嚴格按規定執行,出現了一些與全書不統一的地方。

(2)殿本句讀之誤

殿本的句讀也出現了一些錯誤。今從卷一略舉十例,稍作交代。

a.“曲禮曰毋不敬”節疏:

然五禮皆以拜爲敬禮。則祭極敬。

按:“拜”是行禮的一個動作,不是某種禮,“以拜爲敬禮”,於義不通。吕友仁點作:“然五禮皆以拜爲敬,禮則‘祭極敬’。”①“祭極敬”出《禮記·表記》:“子曰:祭極敬不繼之以樂。”②可知此處乃引用《表記》文。因此,“禮”字屬下讀爲是。

b.“敖不可長”節疏:

六情遍具在心未見爲志。

按:“具”,北監本作“覩”,閩、毛本同。八行本同。“具(或覩)”下當斷句。

c.“賢者狎而敬之”節:

經:直而勿有。

注:直。正也。己若不疑。則當稱師友而正之。謙也。

疏:直而勿有者。此謂彼疑己不疑者。仍須謙退直正也。彼有疑事而來問己。己若不疑而答之。則當稱師友所説以正之。勿爲己有此義也。

按:前面提到,殿本把疏文的經疏與注疏分開,也有區分不准確的地方。在“直而勿有”條中,殿本把上述疏文全歸爲經疏,没有注疏。其實,這段疏文“此謂”至“謙退”乃總括經義,“直正”以下乃疏

---

①鄭玄注,孔穎達正義,吕友仁整理《禮記正義》,上海:上海古籍出版社,2008年,卷一,第7頁。

②鄭玄注,孔穎達疏《禮記注疏》,北京:中華書局據清嘉慶二十年南昌府學刻《十三經注疏》影印本,2009年,卷五十四,第3556頁。

解注文。"正"是解釋"直"的,鄭玄認爲"直"的意思是正人之疑之正,"直正"二字連用,則不明何意。因此,當以"謙退"絕句,"直。正也。"爲下句。

d. "夫禮者所以定親疏"節:

經:行修言道。禮之質也。

注:言道。言合於道。質。猶本也。禮爲之文飾耳。

疏:凡爲禮之法。皆以忠信仁義爲本。禮以文飾行修者。忠信之行修。言道者。合於仁義之道。(節引)

按:經文之意:"行爲有修養,言談符合道理,就體現了禮的本質。"①鄭玄認爲"禮"是文飾,是"行修言道"所體現的本質的文飾,疏若以"禮以文飾行修者"爲句,則不當没有"言道"二字。又,後有解釋"言道"之語,其上當有解"行修"之語。疏文當以"文飾"絕句,下文"行修者。忠信之行修。"正與後文照應。

e. "太上貴德"節疏:

禮尚往來。者。言三王之世。

按:"來"下多一圈,屬疏誤。

f. "人生十年曰幼學"節注:

名曰幼時。始可學也。

按:經文之義,從出生到十歲,這段時間稱爲"幼",而非"幼時",當以"幼"絕句,"時"屬下讀。"時"取當時、這時、那時之義。"時始可學也"是説這時候可以開始學習了。又如《史記·屈原賈生列傳》:"時秦昭王與楚婚。"②《後漢書·張衡列傳》:"時天下承平日久,自王侯以下,莫不逾侈。"③均是此類用法。

g. "人生十年曰幼學"節疏:

---

① 楊天宇《禮記譯注》,上海:上海古籍出版社,2004年,第2頁。

② 司馬遷撰,裴駰集解,司馬貞索隱,張守節正義《史記》,北京:中華書局,1959年,卷八十四,第2484頁。

③ 范曄撰,李賢注《後漢書》,北京:中華書局,1965年,卷五十九,第1897頁。

傳者。上受父祖之事。下傳子孫。子孫之所傳。家事祭事
爲重。

按：呂友仁點校本以"家事"屬上句讀，作："子孫之所傳家事，祭
事爲重。"①較殿本斷句語義更明白。以"家事祭事爲重"爲句，是指
家事和祭事爲重？還是家事中以祭事爲重？語義不明。當以呂氏
標點爲是。

h. "夫爲人子者出必告"節疏：

五年以長則肩隨之者謂並行而差退若未二十童子。則無此禮。

按："五年"至"隨之"是引經文，依殿本句讀體例，"者"字下當加
圈。上述讀法，"若"字當作像解，意爲未滿二十之童子亦當行此肩
隨之禮。實則不然。據後文"童子禮則無也，此謂二十於二十五者"
可知。所以"若未二十童子"當接下句"則無此禮"爲句。"若"字意爲
如果是。故此句正確句讀當爲："五年以長則肩隨之者。謂並行而
差退。若未二十童子則無此禮。"

i. "夫爲人子者出必告"節疏：

若賓主禮席。皆無同坐之法。

按：此處"禮席"二字連用不可解，當以"席"屬下讀。

j. "爲人子者居不主奧"節疏：

常推尊者。於閑樂無事之處。

按：殿本體例，疏文引經、注語句，以"者"字結句。此處誤以句
中原有之"者"字爲結句之字，衍一圈。

通過以上分析，我們認爲殿本句讀存在諸多問題，主要是因爲
全書卷帙浩繁，工程量大，可能由於時間緊迫，致使這一工作完成得
比較粗疏，許多地方出現了明顯的衍、脱現象。另外，也有些地方是
因爲水平所限，對疏文語義理解有誤，或不理解句義，而不得不斷，

---

① 鄭玄注，孔穎達正義，呂友仁整理《禮記正義》，上海：上海古籍出版社，2008年，第
27頁。

出現學術性錯誤。但是,殿本全書加句讀的這一實踐活動畢竟是當時優秀的士子所爲,這爲之後士人讀書提供了極大的便利,也爲我們今天重新標點注疏提供了參考。

二、殿本《禮記注疏》的傳鈔與翻刻

殿本《十三經注疏》作爲官方定本,是要達到"遍布黌宫,嘉惠後學"①的目的。乾隆十六年,"頒賜江浙各書院殿板經史。諭:經、史,學之根柢也。會城書院聚黌庠之秀而砥勵之,尤宜示之正學。朕時巡所至,有若江寧之鍾山書院、蘇州之紫陽書院、杭州之敷文書院,各賜武英殿新刊《十三經》、《二十二史》一部,資髦士稽古之學。"②但是遺憾的是,殿本《十三經注疏》並没有在讀書人之中廣泛流傳開來,也没有出現像《武英殿聚珍版書》、殿本《二十四史》那樣一再被地方翻刻的現象。殿本問世至今,只有《四庫全書》本、《四庫全書薈要》本、同治十年廣東書局翻刻本延其血脈。

　1.《四庫全書》及《薈要》本《禮記注疏》的校勘與傳鈔
文溯閣《十三經注疏》本《禮記注疏》書前提要云:"是書明刻本訛闕甚多,乾隆四年校刊並爲訂正。惟《檀弓》、《曾子問》、《禮運》、《禮器》、《坊記》、《中庸》、《大學》等篇闕文間仍其舊。今以何煌、惠棟等所勘北宋殘本,並南宋纂圖諸本考訂流傳,可資采據,因悉取以補完云。"③
從這段文字中,我們可以得到如下信息:(1)《四庫》本所據底本

_____

① 内府編《高宗純皇帝實録》,北京:中華書局影印本,1986年,第20册,卷九百,乾隆三十七年。
② 内府編《高宗純皇帝實録》,北京:中華書局影印本,1986年,第14册,卷三百八十四,乾隆十六年。
③ 文溯閣《四庫全書》本《禮記注疏》提要。金毓黻等編《文溯閣四庫全書提要》,北京:中華書局,2014年,卷十三,第424頁。

爲乾隆年間刊武英殿本,即《提要》所云"內府藏本"①;(2)《四庫》本據何煜、惠棟等校宋本(或其傳抄本)、纂圖互注本(經注音義本)等版本校勘;(3)《檀弓》等篇中原有闕文據校本補抄。

關於《四庫》本的校勘,我們必須要提到《四庫全書考證》一書。纂修《四庫全書》之時,乾嘉考據學興盛,校勘古書的方法與品質都有了很大的提高,《四庫全書考證》就是四庫館臣校勘的一項重要成果。其中,關於《禮記注疏》的《考證》,在群書校勘中具有典型意義,完全是武英殿本《禮記注疏》的校勘記。這次校勘在校本選擇、校勘方法、校勘結果以及校勘記的撰寫方面,都表現出很高的水平。《四庫全書考證》卷十一、十二爲《禮記注疏》的考證,均爲條列校記②。首標卷次,卷次下或有標注本卷所收篇名者,經文或注或疏或音釋,均爲校正後文字,其下通常曰刊本某訛某,據某改。《四庫全書考證》基本上改必有據。經書的寫刻,改字者多,而出校者甚少。殿本《十三經注疏》附《考證》,對刊刻過程中的部分校改現象作了交代,可以被視爲刊刻《十三經注疏》撰校勘記之始。乾隆二十七年前③,嘉善浦鏜撰《十三經注疏正字》,以監本、毛本互校,參之相關集注,是殿本《考證》後的又一次系統性校勘記,出校亦多有所本,但校記十分簡略,徑云某誤某而不言據某校者甚多。《四庫全書考證》的校勘則多數有依據,並且是版本依據。

張升認爲,"《考證》一書所收是非常有限的,不但對黃簽是如此,而且對一般的校簽更是如此。"④這樣,《四庫》底本的校勘工作量到底有多大,就無法在《四庫考證》中如實得反映出來。以卷十一

---

① 永瑢等《四庫全書總目》,北京:中華書局影印浙本,1965年,卷二十一,第168頁。
② 張升云錄自黃簽批校。張升《〈四庫全書考證〉的成書及主要內容》,《史學史研究》,2011年第1期,第111—118頁。
③《雪橋詩話續集》卷五:"嘉善浦鏜……卒於乾隆壬午。"壬午爲乾隆二十七年。楊鍾義《雪橋詩話續集》,民國《求恕齋叢書》本。
④ 張升《〈四庫全書考證〉的成書及主要內容》,《史學史研究》,2011年第1期,第117頁。

《王制》爲例,《四庫考證》出校二十七處,而文淵閣《四庫全書》本此
卷與殿本文字有異處多達約六十處,這六十處改動,又非在已出校
的二十七處基礎上的簡單相加,而是這二十七處亦沒有全部改動。
對應《四庫考證》的二十七處校記,其中文淵閣本據以改動者,僅十
處,未改動者,則有十七處,尚多出改動者七處。如"次國之上卿"①
節,注"爵異固在上耳"。《四庫考證》:"刊本故訛固。據毛本改。"文
淵閣本仍作"固"。又,"制三公一命卷"節,注下疏"故儀特牲士祭玄
端"。《四庫考證》云:"刊本脱禮字。據毛本增。"文淵閣本仍脱。《四
庫考證》出校的二十七處之外,文淵閣本又有三十餘處改動,這些改
動,大部分是有意校改。如"凡九州島"節,注下疏"去王畿三千五百
里"。文淵閣本改"畿"爲"城"。阮元《校勘記》:"閩監毛本同(作
畿)。惠棟校宋本畿作城。"黄唐本亦作"城",當據宋本校改。但殿
本的改動並不完全正確,如"凡九州島"節,注"三七之間以爲説
也"。文淵閣本改"七"爲"千",而各本均作"七"。可能是鈔書的監
生誤鈔而致。總之,《四庫全書考證》的校勘記沒有被完全吸收在庫
本中,更不能反映館臣校勘的全貌,這也在一定程度上埋没了館臣
校勘的功績。

　　《四庫全書薈要》本情況與文淵閣《四庫》本相近,但《四庫全書
考證》校出的條目,在《薈要》本中改正更多。不復贅述。所要注意
的是,《薈要》本在多數卷末的原殿本《考證》之後,又附有校記,這些
校記與《四庫全書考證》的校記互有出入,當亦從校簽中摘出。我們
在北京大學圖書館發現了《薈要》本校記的初本,可知這些校記不是
由校簽直接抄成的,而是先集中挑選出來,形成一個稿本,再在這個
稿本上進行格式的修改及進一步取捨,最後才抄寫在《薈要》本每卷

---

①《四庫全書考證》引此句,脱"上"字,逕補。

之後。實際與《四庫全書考證》同爲一路①。

2. 同治十年廣東書局本《禮記注疏》的校勘與刊刻

　　廣東書局本由兩廣總督兼署廣東巡撫瑞麟、廣東按察使司按察使鍾謙鈞等主持翻刻，形式與殿本全同，當爲覆刻。在内容上略有改動，可知也做過一番校勘，但所占比重甚小。今就翻本不同於殿本之處，分類略舉數例，以示説明。

　　（1）諱字避至"淳"

　　如《禮記正義序》殿本"社稷寧君臣序"，翻本"寧"避作"寍"。《禮記注疏原目考證》殿本"明堂位第十四疏講學大夫淳于登説云"，翻本"淳"避作"湻"。又避孔子諱《禮記正義序》殿本"狐死不首其丘"，翻本"丘"避作"丠"。

　　（2）改誤字

　　如卷一"賢者狎而敬之"節注，殿本"很，閲也，謂争訟也"，翻本"閲"改"鬩"，是。"人生十年曰幼學"節音義，殿本"官，忘亮反"，翻本"官"改"忘"、"忘"改"亡"。監、毛本同，通志堂本《經典釋文》同。《四庫全書考證》云："刊本'忘'訛'官'、'亡'訛'忘'，據《釋文》改。"②"爲人子者居不主奥"節疏，殿本"東北隅謂之宦"，翻本"宦"改"宧"。阮元校云："惠棟校宋本同（作'宧'）。閩、監、毛本'宧'誤'宦'。"③翻本是。

　　（3）改句讀

　　卷十一"歲二月東巡守"節疏，殿本"東行西行者。弗敢過道。經之則見之。"翻本以"過"絶句，"道"屬下讀。按：此處引《祭義》篇，

　　① 見李寒光《北京大學藏〈禮記按語〉爲〈四庫全書薈要〉校語之稿本考》，《版本目錄學研究》第5輯，第163頁—172頁。
　　② 王太岳、王燕緒等輯，《四庫全書考證》，北京：書目文獻出版社，1991年影印清内府抄本，卷十一，第243頁。
　　③ 阮元等《禮記注疏校勘記》，清嘉慶間儀徵阮氏文選樓刻本，卷一。

經文原無"道"字①，翻本是。卷十二"天子將出征"節疏，殿本"熊氏以此爲釋菜奠幣者。謂釋奠。之禮。"翻本"謂釋奠之禮"爲句，是。

也有改錯的地方。卷十一"制三公一命卷"節疏，殿本"知非雞彝鳥斝黄。必爲虎蜼者。"翻本以"斝"絕句，"黄"屬下讀。按：上文云"有雞彝、鳥彝、斝彝、黄彝、虎彝、蜼彝"句。顯然"黄"指"黄彝"，屬上讀爲是。

（4）誤改誤刻

卷一"夫爲人子者三賜不及車馬"節疏，殿本"何由三賜不及車馬乎"，翻本"由"作"田"，顯然是刊刻所誤。"幼子常視母誑"節音義，殿本"誑本或作訨"，翻本"訨"改"迀"，監、毛本同，阮本同。但通志堂本《經典釋文》作"訨"。黄焯校云："訨，宋本同。孫星衍校改作'迀'。"②可知殿本是據《經典釋文》校勘過而改的，翻本回改爲"迀"，未必正確。

總之，廣東書局翻本相當於殿本的重刻，刻書活動大於校勘活動。但廣東本的出現客觀上却爲殿本的流傳作出了一定貢獻。然而，殿本及其翻本畢竟無法與阮元刻本抗衡，所以屈萬里先生認爲："（殿本）流通未廣。同治十年，廣州曾覆刻之，然傳布亦不多也。"③

通過以上論述，我們基本理清了武英殿本《禮記注疏》的校勘情況及殿本系統的源流問題。《禮記注疏》是殿本《十三經注疏》中比較重要的一種，既有自身的特點，又對研究整套《十三經注疏》有典型

---

① 鄭玄注，孔穎達疏《禮記注疏》，北京：中華書局據清嘉慶二十年南昌府學刻《十三經注疏》影印本，2009年，卷四十八，第3473頁。

② 黄焯《經典釋文彙校》，北京：中華書局，1980年，卷十一，第121頁。

③ 屈萬里《屈萬里先生全集·書傭論學集》，臺灣：聯經出版事業公司，1985年排印本，《十三經注疏板刻述略》，第229頁。

意義。我們可以在此基礎上總結經驗,進一步對殿本《十三經注疏》作深入全面的研究,這對《十三經注疏》的版刻史研究也有重要意義。

【作者簡介】　李寒光,北京大學中國語言文學系古典文獻專業博士研究生。

自述《春秋正義校勘記》之撰作[*]

野間文史撰　水上雅晴譯

前　言

　　就宋代以前的文獻而言,原本現存的極爲罕見,編寫校勘記可算是復原原本的工作。毋庸贅述的是,對校文獻的文本質量(和數量)就是決定校勘記的質量(完成程度)之最關鍵因素。

　　筆者現正在對唐朝欽定的《五經正義》之一《春秋正義》進行翻譯註釋工作。就工作程序而言,在開始這種工作之前,需要作成《春秋正義》校定文,同時需要完成校勘記作爲校定文的依據。在作成校定文和校勘記之時,非參考阮元《宋本十三經注疏併經典釋文校勘記》(以下"阮校")不可。

　　然而,後世對阮校的十三經注疏中的各經評價有異,校勘記的水平並不是僅由分校者決定,而基本上是由對校刊本和鈔本的質量而決定。在阮校刊行之後,很多經傳疏善本出現,所以後人藉此作成各經校勘記,從而補充阮校之不足。就《春秋左傳注疏校勘記》而言,阮校雖然在《引據各本目錄》中列舉了以下版本,但是從現在的

　　* 本譯文係日本學術振興會科學研究費基盤研究(B)"中日校勘學發展和相關的複合性研究"(項目批准號:23320009)的階段性成果之一。

文獻情況來看,不能說是充分的。

　①唐石經春秋三十卷

　②不全宋刻春秋經傳集解三冊

　③不全北宋刻小字本春秋經傳集解二卷

　④淳熙小字本春秋經傳集解三十卷

　⑤南宋相臺岳氏春秋經傳集解三十卷

　⑥宋纂圖本春秋經傳集解三十卷

　⑦足利本春秋經傳集解

　⑧宋本春秋正義三十六卷

　⑨附釋音春秋左傳注疏六十卷

　⑩閩本春秋左傳注疏六十卷

　⑪監本春秋左傳注疏六十卷

　⑫重脩監本春秋左傳注疏六十卷

　⑬毛本春秋左傳注疏六十卷

　　因此,筆者決定除了這13種版本以外,還參照以下4種版本,從而作成《春秋正義校勘記》①。

　⑭景鈔正本春秋正義三十六卷

　⑮慶元刊八行本春秋正義三十六卷

　⑯足利學校遺蹟圖書館藏附釋音春秋左傳注疏六十卷

　⑰春秋左傳要義(宋·魏了翁)三十一卷

---

　　①筆者已經編刊《春秋正義校勘記》三冊:(一)《春秋正義校勘記(卷第一—十)》,《春秋正義の基礎的研究平成9年度—11年度科學研究費補助金·基盤研究(C)(2)研究成果報告書》,2000年;(二)《春秋正義校勘記(卷第十一—十八)》,《廣島大學大學院文學研究科論集》第62卷·特輯號1,2002年;(三)《春秋正義校勘記(卷第十九上—二十四)》,《廣島大學大學院文學研究科論集》第64卷·特輯號1,2004。這些校勘工作做到宣公十八年部分,成公元年以後部分則還沒編寫,加之,上列3冊也需要增補修改。因此現在還在重新編寫《春秋正義校勘記》的過程中。

　　根據管見，⑭是來自南宋刊單疏本的鈔本，保留“經”、“傳”、“注”、“疏”合刻以前的唐代原本之舊貌，極爲貴重。但是到現在爲止，利用這種鈔本的校勘記還没出現。對此本的學術價值已經在拙稿《讀五經正義札記（八）〈影鈔正宗寺本春秋正義〉について》一文中加以探討。

　　⑮恐怕與⑧（即所謂“八行本”）没有差異，加之此本是阮校已經利用過的版本，因此筆者當初認爲不用加以調查。其實，通過調查就發現，⑮中的不少文字與阮校所謂“宋本”不同，關於此點，又在《讀五經正義札記（七）宋慶元刊〈春秋正義〉管見》一文中討論過，將在本文中重新講到。

　　⑯就是南宋刊刻的最早附釋音本（即所謂“十行本”），值得留意的是，此本是明代覆刻⑨之祖本。關於此點，也已經在《讀五經正義札記（九）足利學校遺蹟圖書館藏〈附釋音春秋左傳注疏〉について》一文中加以考察。

　　⑰是南宋魏了翁《九經要義》中之一。簡而言之，《九經要義》是《十三經注疏》的拔粹本（并不僅僅是“摘録”）。其中文本無疑來自當時通行的版本，因此當初預料富有校勘價值，但是南宋刊本《春秋要義》失傳已久，現存的版本是來自《四庫全書》本的鈔本，所以和預料相反，此本在文獻價值上不及⑭、⑮、⑯諸本。關於此點，在拙稿《魏了翁〈春秋要義〉について》中已經加以探討。

　　如上面所説的，筆者正在以阮校爲主，參考四種版本，從而作成《春秋正義校勘記》，在進行《春秋》經傳的校勘工作中，圍繞阮校乃至校勘記的問題有所認識而了解，於是列舉鄙見給讀者諸賢提供參考資料。

一、校勘記的對象爲何

首先應該弄清的是“校勘對象”這個問題。筆者作成的是《春秋正義校勘記》,而阮元作成的則是《春秋左傳注疏校勘記》。兩者之間的明顯區別就在於校勘的對象範圍,阮校以"經"、"傳"、"注"、"疏"全體爲對象,而筆者的校勘記則僅以《春秋正義》即"疏"爲對象,書中偶爾對"經"、"傳"、"注"文字加以校勘,這不過是附隨的,"經"、"傳"、"注"的校勘基本上依據阮校。筆者僅以"疏"爲對象進行校勘,從而卻瞭解一個事情,就是説,現在所傳下來的各種"經"、"傳"、"注"文字未必與"正義"即"疏"所據的"經"、"傳"、"注"文字一致。筆者作成的校勘記就是以復原唐孔穎達《春秋正義》的文本爲目的,實際上是模仿吉川幸次郎以復原孔穎達《尚書正義》爲目的進行的校勘工作①。

通過筆者的校勘工作可以知道,我們不能認爲杜預《經傳集解》所據的"經"、"傳"文與先秦以來所傳的"經"、"傳"文没有區別,阮校卻似乎不介意這種事情。下面以(ａ)文公十八年傳和(ｂ)襄公十年傳爲例來説明這個問題。舉例的文字來自阮刻本,〔　〕内的文字均是杜預注文,爲了説明上的方便在分析的文字上附加圈點。

(ａ)毀信廢忠,崇飾惡言,靖譖庸回,服讒蒐慝,以誣盛德。(20-18a)②

　　〔崇聚也。靖安也。庸用也。回邪也。服行也。蒐隱也。慝惡也。盛德賢人也。〕

　　[疏]毀信至盛德○《正義》曰,毀信者謂信不足行,毀壞之也。廢忠者謂忠爲無益,廢棄之也。以惡言爲善,尊崇脩飾之,

────────────

① 吉川幸次郎復原孔穎達《尚書正義》的書爲《尚書正義定本》,京都:東方文化研究所經學文學研究室,1939—1941年。他根據《尚書正義定本》作成的翻譯注文收入《吉川幸次郎全集》第8、9、10卷,東京:岩波書店,1940、1941、1943年。吉川幸次郎《讀尚書注疏記》是對《尚書》經注疏文字所作的校勘記,但闕《立政》以下。此文原來收入《東方學報(京都)》第11册第4分,1941年,後來收入《吉川幸次郎全集》第21卷,1975年。

② 經、注、傳、疏文的典據以略號表示,例如"20-18a"表明阮刻本《左傳》卷20第18葉右。後面的"20-18a-7"則表明阮校的對象文字處在《左傳》卷20第18葉右第7行。

安於讒諂，信用回邪，常行讒疾，陰隱爲惡，以誣罔盛德之賢人
也。天下之民，謂之窮奇，言其行窮困，所好奇異也。

　　○注崇聚至人也○《正義》曰，《釋詁》云，崇，充也，舍人曰
威大充盛。大亦集聚之義，故崇爲聚也。"庸，用"，"靖，安"，
"回，邪"，"慝，惡"，常訓也。服從是奉行之義也。蒐索隱伏，是
蒐得爲隱也。服虔亦以蒐爲隱。隱慝謂陰隱爲惡也。成德謂
成就之德，故爲賢人也。定本成德爲盛德。

對這條傳文的阮校爲如下：

　　以誣盛德（20-18a-7）《正義》引定本"成德"爲"盛德"。服虔
云，"成德"爲"成就之德"，是服虔所見本"盛"作"成"也。陳樹
華云，"成"、"盛"古字通，《公羊》皆以"盛"爲"成"。

關於"以誣盛德"句，阮校一方面認爲《正義》所引"定本"作"盛德"，
而服虔本則作"成德"，另一方面引述陳樹華《春秋經傳集解考正》認
爲"成"、"盛"兩字通用，加之介紹《公羊傳》的用字作爲兩字通用的
例證。從此可知，阮校似乎將"盛德"爲正，果然阮刻本"傳"、"注"、
"疏"均作"盛德"。

　　然而，上引校語含有兩個錯誤，其一是服虔注文的範圍。阮校
以到"定本"二字之前，換言之，以"以蒐爲隱。隱慝謂陰隱爲惡也。
成德謂成就之德，故爲賢人也"一段爲服虔注文。劉文淇《春秋左氏
傳舊注疏證》則以"以蒐爲隱。隱慝謂陰隱爲惡也"一段爲服虔注
文[1]。但是這兩種説法均是不妥當的。從《正義》的文脈來判斷，李
貽德《春秋左傳賈服注輯述》以及重澤俊郎《左傳賈服注攟逸》均以

---

[1] 劉文淇《春秋左氏傳舊注疏證》（稿本，不分卷），《續修四庫全書》第127册，上海：
上海古籍出版社，1995年，第498頁。

"以蒐爲隱"一句爲服虔注文確係妥善①。因此，我們應該理解《正義》將"成德"解釋爲"成就之德"，而《正義》所依據的杜預《經傳集解》本原來作"成德"。至於服虔本的文字，現在不能下論斷。

其二是有關"定本"的問題。阮校認爲《正義》所引"定本"就是先於《五經正義》的顏師古"五經定本"，阮刻本在《五經正義》和"五經定本"應該是同一文本的前提下，有時改變"經"、"傳"、"注"、"疏"的文字來配合"定本"。這種改字並不始於阮刻本，早在宋代五經刊本出現的時候已經如此。但是正如劉文淇《左傳舊疏考正》早已論證而且拙稿《五經正義所引定本考》證實劉文淇說那樣，《正義》所引"定本"絕對不是顏師古"五經定本"。不僅如此，《五經正義》的文字未必與"定本"同，《正義》往往對"定本"的文字提出異議，因此，就這條傳文文字而言，我們不需要從"定本"。

根據筆者的看法，《正義》所據杜預《經傳集解》的"傳"、"注"原來均作"成德"。但是，正如《開成石經》和日本國內傳承的金澤文庫舊藏卷子本《春秋經傳集解》（即《左氏會箋》所據的本子）所示那樣，《左傳》原始傳文應該原作"盛德"。不能忘記的是，《春秋正義校勘記》到底是以復原孔穎達《春秋正義》文本爲目的編寫的，至於"經"、"傳"、"注"文字則追求孔穎達所據的"經"、"傳"、"注"之文本。於是關於這條"傳"、"注"、"疏"文作成校定文和校勘記如下。通過這些校定經傳文字以及校語，可以了解上面所提到"校勘對象"這個問題的涵義。引文中附加"·"的是筆者加以修正的刻本文字，居於阮校後面的用粗體寫的"◎"以下部分是《春秋正義校勘記》的文字。

【傳】毀信廢忠，崇飾惡言，靖譖庸回，服讒蒐慝，以誣成德。(20-18a)

---

① 李貽德《春秋左傳賈服注輯述》卷8，《續修四庫全書》第125冊，第480頁；重澤俊郎《左傳賈服注攟逸·文六》，東方文化學院京都研究所，1936年，第9頁右。

【注】崇聚也。靖安也。庸用也。回邪也。服行也。蒐隱
也。慝惡也。成德賢人也。

[疏]毀信至成德○《正義》曰，"毀信"者謂信不足行，毀壞之
也。"廢忠"者謂忠爲無益，廢棄之也。以"惡言"爲善，尊崇脩飾
之，安於讒諝，信用回邪，常行讒疾，陰隱爲惡，以誣罔成德之賢
人也。"天下之民，謂之窮奇"，言其行窮困，所好奇異也。
（20-18a）

○注崇聚至人也○《正義》曰，《釋詁》云"崇充也"，舍人曰
"崇大充盛"。大亦集聚之義，故"崇"爲"聚"也。"庸用"，"靖
安"，"回邪"，"慝惡"常訓也。服從是奉行之義也。蒐索隱伏，
是"蒐"得爲"隱"也。服虔亦以"蒐"爲"隱"。隱慝謂陰隱爲惡
也。"成德"謂成就之德，故爲"賢人"也。定本"成德"爲"盛
德"。（20-18a、18b）

以誣盛德（20-18a-7）《正義》引定本"成德"爲"盛德"。服虔
云"成德"爲成就之德。是服虔所見本"盛"作"成"也。陳樹華
云"成""盛"古字通。《公羊》皆以"盛"爲"成"。◎阮校以"定本"
之前一段看作服虔說，劉文淇則以"隱慝謂陰隱爲惡也"之前一
段看作服虔說，俱誤。如李貽德和重澤俊郎所說，服虔說僅是
"服虔亦以蒐爲隱"一句。從此可見，《正義》以"成德"解釋爲
"成就之德"，而其所據杜預《經傳集解》本原作"成德"。於是
傳、注、疏文俱改爲"成德"。

（b）秋，七月，楚子囊、鄭子耳伐我西鄙。（31-08b）
〔於魯無所恥，諱而不書，其義未聞。〕

[疏]注於魯至未聞○《正義》曰，服虔云"不書，諱從晉。不
能服鄭，旋復爲楚鄭所伐，恥而諱之也"。杜以從盟主而不能服
叛國，於魯未足爲恥，被伐無所可諱，故云"其義未聞"。

對這條傳文的阮校爲:

> 楚子囊鄭子耳伐我西鄙(31-08b-4)石經、宋本、淳熙本、岳本"伐"作"侵",不誤。

阮校主張"伐"字應該改爲"侵"字,楊伯峻《春秋左傳注》從阮校,説:

> "侵"原作"伐",今從石經、宋本、淳熙本、岳本、金澤文庫本訂正。此楚、鄭之師因伐宋之便而侵魯①。

正如《石經》和金澤文庫舊藏本等一樣,《左傳》原作"侵"字,但是根據《正義》,服虔云"旋復爲楚鄭所伐",《正義》解説云"被伐無所可諱",則服虔本當然作"伐",杜預本也很可能作"伐",而《正義》大概襲用這系列文本。所以我們完全不需要因阮刻本與其祖本⑯足利十行本均作"伐"而改字。阮校以及筆者作成校勘記爲:

> 楚子囊鄭子耳伐我西鄙(31-08b-4)石經、宋本、淳熙本、岳本"伐"作"侵"不誤。◎據疏文,服虔本與正義本均作"伐",則不從宋本與阮校爲是。

必須重新强調的是阮校似乎不太介意"恢復何種原本"這個體例上的問題。阮校是對十三經"經"、"傳"、"注"、"疏"的整體性校勘記,原來難以統一體例。

關於"校勘記的對象爲何"的問題,再舉一例,即文公二年傳以及阮校(便宜分成段落)。

> (c)臧文仲其不仁者三,不知者三。下展禽,廢六關,妾織蒲,三不仁也。(18-14b)

---

① 楊伯峻《春秋左傳注(修訂本)》,北京:中華書局,1990年,第979頁。

〔塞關陽關之屬。凡六關所以禁絕末遊而廢之。〕

廢六關（18-14b-2）顧炎武云，石經“關”誤“闙”。碑文此處關，炎武所據乃謬刻。

案《家語》曰“置六關”，王肅云，“六關，關名。魯本無此關。文仲置之以稅行者，故爲不仁。傳曰廢六關，非也”。

惠棟云，“廢”與“置”，古字通。《公羊傳》，“去其有聲者，廢其無聲者”。鄭氏荅張逸曰“廢，置也”。以“廢”爲“置”，猶以亂爲治，徂爲存，故爲今，曩爲曏，苦爲快，臭爲香，藏爲去。郭璞所謂“詁訓義有反覆旁通，美惡不嫌同名”。杜注云“六關所以禁絕末遊而廢之”，非也。

陳樹華云，《莊子·徐無鬼》“於是乎爲之調琴，廢一於堂，廢一於室”，亦“廢”訓“置”之明證。

阮校首先指出顧炎武《石經考》所據的明人王堯惠所刻石經有謬刻（附帶説，阮校指出顧炎武之誤的地方極爲多），接着又指出，與《左傳》文章幾乎一致的《孔子家語·顏回》作“置六關”，王肅注拒斥《左傳》作“廢六關”爲誤。然後引用惠棟《左傳補注》和陳樹華《春秋經傳集解考正》之説，又指出兩者均認爲《左傳》文本其實不誤，“廢”和“置”古字通用，《左傳》的“廢”是“置”的意思。

筆者案，就上引阮校而言，比較文字異同而決定是非的校語，只有提到顧炎武的開頭一文，連這段文章也不影響傳文正字、誤字的判斷，因爲《孔子家語》並不是《左傳》的異本。除此以外的部分，雖然文字較多，卻可以認爲是越出校勘記之範圍而且涉及訓詁注釋的文章。儘管在進行校勘之時當然也對訓詁加以考慮，但是這些殘餘部分的校語都與《左傳》文字之異同沒有關係。總之，由於《正義》對“廢六關”一句的文字異同沒有講到，加之校語實際上是傳文的訓詁注釋，因而筆者在《春秋正義校勘記》中删去這條校語。阮校中一些校語與《正義》所提的議論沒有關係，另一些校語沒有涉及阮刻本中“經”“傳”“注”的文字，這種校語同樣沒有收載於《春秋正義校勘記》。

二、慶元刊八行本與阮校

應該弄清的第二個問題是有關宋慶元刊八行本(阮校稱之爲"宋本")的阮校記載。如上面所説,阮校所利用的⑧以及現存於北京圖書館的⑮屬於同一版本系統,但是筆者通過調查發現,阮校所引"宋本"文字卻往往與⑮不同。對這個問題已經在拙稿《宋慶元刊〈春秋正義〉管見》中加以詳述,關於阮校與⑮呈現異同的原因,引述段玉裁的説法指出慶元刊八行本存在兩種版本,兩者的差異在於遞修程度的區別。拙稿又指出,其實文字的差異在遞修部分中幾乎不能看到,卻多在慶元刊刻部分中看到。阮校編撰過程中對宋本進行的調查可能有一些問題。

附帶説一下,舊稿僅限於疏文,在全六十卷中找到一百十五個文字區別的例子,其後重新進行調查,又找到疏文文字不同的九個例子,至於傳文和注文則分別看出十八個例子和十三個例子。

在此順便介紹襄公二十八年傳的例子。這不是包含於文字不同的例子,但是令人懷疑校勘者實際上調查宋本。

　　(d) 王人來告喪。問崩日,以甲寅告,故書之,以徵過也。(38-32a)

〔徵審也。此緩告,非有事宜,直臣子怠慢,故以此廢例。〕

對杜預注最後部分,阮校加以説明,説:

　　故以此廢例(38-32a-5)纂圖本亦作"以","例"誤"列"。諸本"廢"作"發"。

　　淳熙本亦誤"廢"。○案毛本"以"作"於",義長。

容易可知的是阮校下結論認爲該句應該作"故於此發例",而⑮宋本八行本實作"故於此發例"。如果校勘者實際看到宋本的話,僅舉"宋本"的文字就夠了,不用參照"義長"的"毛本"。阮校爲什麽没有提到"宋本",真難理解。反正,我們在編撰校勘記之時,必須按照基礎學問手續,就是説,儘量親眼調查對校文獻的文本。

三、阮刻本的誤刻

應該弄清的第三個問題是阮刻本本身的"誤刻"問題。關於此點,已經在拙稿《讀五經正義札記(二)》中提到,也在《讀五經正義札記(四)—李學勤主編〈標點本十三經注疏(簡體版)〉管見》一文中,揭載"嘉慶本《春秋左傳注疏》誤刻一覽"。

阮校所不能指出的這種阮刻本本身之誤刻,若不參照他本並從文脈加以分析的話,則難以發現。通過調查的結果,在"誤刻一覽"中不得不補充五十餘條之遺漏,從而痛感校勘記的編撰真是難事。馬光宇先生曾經慨嘆説"校書之難,有如穀中拾稗,即使專心徧求,亦有遺漏之虞。此次校易,每當校訖一篇,再次檢閲,仍有疏略之處。至於漏校之文,訛謬之處,或所難免"[1]。他的慨嘆令人共鳴。

關於"誤刻"補充説明一下,不僅阮刻本中盧宣旬"附校勘記",而且皇清經解本的阮校也含有誤刻,這是應該留意的事情。

四、阮校校定的齟齬

應該弄清的第四個問題是阮校校定所呈現的齟齬。阮校在大多場合僅舉諸本間的異同,對文字的正誤不下判斷,從給讀者提供判斷材料的角度來看,這可謂是謹慎而妥當的態度。阮校又在一些場合下判斷決定文字的是非,這也是校勘記應該作的事,包含"是也"、"非也"、"不誤"、"某作某誤"等判斷詞的校語屬於此類。值得留意的是,對正字、誤字的判定有時呈現齟齬,雖然這種例子不多。

---

① 馬光宇《周易經文注疏考證》,《臺灣省立師範大學國文研究所集刊》第6號,臺灣:臺灣省立師範大學,1962年,第468頁。

在此舉一例,即對宣公二年傳文的校勘。

> (e)趨登曰,臣侍君宴,過三爵,非禮也。遂扶以下。公嗾
> 夫獒焉,明搏而殺之。(21-10b)
>
> 〔獒,猛犬也。〕
>
> ○遂扶至獒焉○《正義》曰,服虔本"扶"作"跣",注云,"趙
> 盾徒跣而下走"。禮,脫屨而升堂,降階乃納屨。堂上無屨,跣
> 則是常,何須云"遂跣而下"。且"遂"者因上生下之言,提彌明
> 言訖而"遂",不得爲趙盾"遂"也。杜本作"扶",言扶盾下階
> 也。服虔云,"嗾啾也。夫,語辭。獒,犬名。公乃啾夫獒,使之
> 噬盾也"。《釋畜》云"狗四尺爲獒",是大犬之名,以其使之噬盾,
> 故云"獒猛犬"也。(21-11a)
>
> ⅰ 公嗾夫獒焉(21-10b-6)《釋文》云,"嗾"服本作"啾"。《正義》
> 曰,服虔云,嗾,啾也。臧琳云,依《正義》,則服本亦作"嗾"。
> 但訓"嗾"爲"啾"耳。"啾"字《說文》、《玉篇》皆無,至《集韻》始
> 收。毛本注疏作"取",不從口,非也。"獒"《史記》作"敖"。
>
> ⅱ 服虔云嗾啾也(21-11a-3)閩本、監本、毛本"啾"作"取"。段玉
> 裁云,"此段宋本誤。《正義》當云,服虔本'嗾'作'取',注云,
> '取,嗾也。公乃嗾夫獒,使之噬盾也'"。
>
> ⅲ 公乃啾夫獒使之噬盾也(21-11a-3)監本、毛本"啾"作"嗾"
> 不誤。

這些三條校語均與傳文"嗾"字(使夠的意思)有關,ⅰ例是對傳
文的校語,而ⅱ例和ⅲ例是對疏文的校語。在ⅰ例中,阮校同意臧
琳在《經義雜記》中提出的看法,即《釋文》認爲服虔本"嗾"作"啾"屬
於錯誤,根據《正義》可以知道服虔本也作"嗾",服虔將之訓爲"啾",
則毛本作"取"也屬於錯誤。但是在ⅱ例中,阮校又引用段玉裁的說
法,他根據《釋文》主張《正義》文字應該改爲"服虔本'嗾'作'取',注
云,'取,嗾也。公乃嗾夫獒,使之噬盾也'",而在ⅲ例中,阮校將偶

與段説一致的監本和毛本的"喉"字判定爲"不誤"。就是説,臧琳和段玉裁對《釋文》所引服本文字的看法互相不同,阮校則在兩處引用臧、段二説,在一處以臧説爲是,而在另一處以段説爲是。這應該説是"校定的齟齬"。根據管見,阮校似乎還是支持段玉裁的。

至於劉文淇《左傳舊注疏證》,首先引用段玉裁説,接著引用臧琳説以及秉持同樣看法的洪亮吉《春秋左傳詁》説,然後斷言"按臧、洪説是也"①。筆者在《春秋正義校勘記》中,一邊引用ⅲ例的校語,一邊根據⑭正宗寺本(以下"正本")、⑮宋本,以及⑯足利十行本均作"啄"字,從而判斷阮刻本的文字不用修改,結果不從阮校。我們不僅對"呈現齟齬"的校語,而且對判斷文字是非的校語,又對不下判斷的校語,應該進行批判分析。

五、浦鏜《十三經注疏正字》

應該弄清的第五個問題是浦鏜《十三經注疏正字》。該書是先於阮校的注疏校勘記,阮校到處引用,往往從之。筆者在舊稿中講到過浦鏜説,在本文中又提到其優點。首先引用在拙稿《邢昺〈爾雅疏〉について》一文中所紹介的吉川幸次郎先生的批評。

他所參考的資料顯然不足,但是在資料不足的情況下,卻有所推導出孔疏的原形,思索之精,值得佩服。只是一些校語過於臆改,這就是缺點。

管見所及,浦氏的校勘方式可以分爲三類:
Ⅰ 調查底本所引文獻的原典。
Ⅱ 引文來自佚書的場合,則應參照他書,特別是《十三經》他經注疏所引文本。

① 劉文淇《左傳舊注疏證》,《續修四庫全書》第127册,第541頁。

Ⅲ 從文脈來判斷。

其中Ⅰ類校語包含問題,即他所引文獻的現行本之文本到底與疏文作者所參照的原典之文本相同與否,現在無以確認。我們應該考慮《正義》所引的文獻到現行本之前蒙受改變的可能性。筆者認爲,Ⅰ類校語在很多場合可以僅供參考之用。Ⅱ類校語也包含問題,我們又應該考慮浦氏所參照《十三經》各經注疏版本的質量,但是與Ⅰ類相比,在此類的校語中可以信服其校定的部分較多。

我們就在Ⅲ類校語中可以看到浦氏的特長,此類相當於吉川先生所謂"思索之精,值得佩服"和"過於臆改"。下面介紹浦氏成功推定正確文字的三個例子,雖然他没有機會參照⑮宋本八行本和⑭正宗寺本等現存最善本。文中的浦説均是阮校所引的,而◎以下的文章則是《春秋正義校勘記》的校語。

（f）[疏]注不稱盗罪商人〇《正義》曰,"弑君稱臣,臣之罪",賤臣弑君,則稱"盗",哀四年"盗殺蔡侯申"是也。"盗"字當臣名之處,以賤不得書名,變文謂之"盗"耳。此弑商人者邴歜閻職,亦應書"盗",不稱"盗弑"者,邴商人今從"弑君稱君"之例也。(20-10a)

邴商人今從弑君稱君之例也(20-10a-10)宋本、毛本"邴"作"罪"。浦鏜云,"今"當"令"字誤。◎正本與宋本"邴"作"罪","今"作"令"爲是。

（g）[疏]二邑在高平南陽至之辭〇《正義》曰,……諸侯之臣,入其私邑而以之出奔者,皆書爲"叛"。衛孫林父、宋華亥、宋公之弟辰、趙鞅、荀寅等,皆書爲"叛"。"叛"者背其本國之大辭也。(34-11b)

趙鞅(34-11b-2)浦鏜《正誤》,"趙"上增"晋"字,是也。◎宋本、正本均有"晋"字。阮校以浦説爲是可謂妥當,而不提宋本則屬缺漏。

（ｈ）[疏]遇困之大過○《正義》曰，坎下兌上爲困，兌爲澤，坎爲水，水在澤下，則澤中無水也。易困象曰"澤無水，困"。澤以鐘水潤生萬物，今澤無水，則萬物困病，故名其卦爲困也。巽下兌上爲大過。象曰"大過，大者過也"。陽大陰小，二陰而夾四陽，大者過也。(36-03a)澤以鐘水(36-03a-1)浦鏜《正誤》云，"鐘"當作"鍾"。◎宋本、正本均作"鍾"。浦説不誤。

以上三例可謂是"思索之精，值得佩服"的浦氏説。與阮校一樣，《春秋正義校勘記》在很多場合從浦鏜説。

六、效浦鏜之顰

本文圍繞阮校的諸問題進行討論到此，由於篇幅的緣故，能夠揭出的例證不多。最後介紹筆者模仿浦鏜作成的四個校勘例子，僅供參考。第一個是屬於Ⅰ類的例子。

（ｉ）注聲諡至繼室○《正義》曰，……然宋之同姓國，依《世本》"子姓，殷、時來、宋、空同、黎、比、髦、自夷、蕭"，但《春秋》不載其國，未知宋之同姓者是何。(02-03b)

自夷(02-03b-4)◎阮刻本"自夷"是"目夷"之誤刻。正本、宋本誤作"自夷"。參考《史記·周本紀》大史公曰，"有殷氏、來氏、宋氏、空桐氏、稚氏、目夷氏"。

諸本均作"自夷"，根據《史記》的記載大概"目夷"爲是。不過浦氏、阮校均未言及。

第二個是屬於Ⅱ類的例子，是校定佚書鄭玄《論語注》文字的。

（ｊ）[疏]注或賤至卑鄭○《正義》曰，鄭玄注《論語》云，"或云言有，人不顯其名而略稱爲或"，是"或"爲賤者也。"繼旐曰斾"，《釋天》文也。郭璞曰，"帛續旐末爲燕尾者"。然則旐謂旐

身,旆謂旐尾,晉令賤人建此羽旄,施其疏旆於下,執之以從其會。(54-13a)

　　或云言有(54-13a-10)◎據《尚書·微子·正義》、《多子·正義》所引鄭玄《論語注》,"云"字當改"之"字。

《正義》所引鄭玄注文大概是對《論語·爲政》"或謂孔子曰,子奚不爲政"的,而何晏《集解》則説"包咸曰,或人以爲居位乃是爲政"。幸好的是,鄭玄注文被引用在《尚書正義·微子》、《多子》兩篇中,前者説"鄭玄《論語注》亦云,或之言有也"(10-15a),後者説"鄭玄《論語注》云,或之言有"(16-08b)。從此可以了解,《正義》所引鄭注"云"字應該改作"之"字。

第三個是對何休《左氏膏肓》的校勘,這也是對佚書文字的,但是與上一個例子不同,佚書文字不見於他書。

　　(k)[疏]注七月至宗廟○《正義》曰,……何休《膏肓》難此云,"春秋書雹,以爲政之所致,非由冰也。若今朝廷藏冰,亦不於深山窮谷,何故或無雹。天下郡縣皆不藏冰,何故或不雹。若言有之於古者,必有驗於今。此其不合於義,失天下相與之意"。(42-25b)

筆者在《春秋正義校勘記》中指出,最後一句"失天下相與之意"就是"失天人相與之意"之誤。因爲在下引何休《公羊傳解詁》中可以看到同樣詞組,雖然不是《左氏膏肓》中的文字。〔　〕内是何休注文。

　　○莊公十一年"秋,宋大水。何以書,記災也。外災不書,此何以書。及我也"。(07-12a)
　　〔時魯亦有水災。書魯則宋災不見,兩舉則煩文不省,故詭例書外以見内也。先是二國比興兵相敗,百姓同怨而俱災,故明天人相與報應之際,甚可畏之。〕

〇僖公三年"六月雨。其言六月雨何。上雨而不甚也"。（10-11a）

〔所以詳録賢君精誠之應也。僖公飭過求己,六月澍雨。宣公復古行中,其年穀大豐。明天人相與報應之際,不可不察其意。〕

〇僖公三十一年"魯郊非禮也"。（12-19a、19b）

〔以魯郊非禮,故卜爾。昔武王既没,成王幼少,周公居攝,行天子事,制禮作樂,致太平,有王功。周公薨,成王以王禮葬之,命魯使郊以彰周公之德。非正故卜,三卜吉則用之,不吉則免牲。謂之郊者,天人相與交接之意也。不言郊天者,謙不敢斥尊。〕

管見所及,"天下相與"一句不見於他書,而"天人相與"一句是有關災異説的常用術語。雖然現存諸本均作"天下",但是筆者斷定作"天人"爲是。

順便説一下,筆者在《春秋正義校勘記》中,對阮元《引據各本目録》中所列⑨以下的諸版本,幾乎没有言及。因爲既然都是以⑯爲祖本,則在校語中引據⑯,這些版本的參考價值就不高了。但是下引例子可能值得關注,就是對定公元年傳《正義》文字的校勘。

（丨）立煬宫。〔54-02a〕

〔煬公伯禽子也。其廟已毁,季氏禱之,而立其宫,書以譏之。〕

[疏]注煬公至譏之〇《正義》曰,《謚法》"好内怠政曰煬"。"煬公,伯禽子",《世本世家》文。諸侯之禮,親廟有四。計煬公玄孫既薨,其廟即已毁矣。季氏禱于煬公,以求昭公不入,公死於外,謂禱有益,而更立其宫賽之,於禮不合,更立惡其改變國典,故書以譏之。《公羊》、《穀梁》皆云,"立者不宜立,立煬宫非禮也"。（54-02a）

對這段疏文的阮校爲：

其廟即已毀矣(54-02a-7)監本、毛本“即”作“既”非。

就文字異同而言，⑭正本、⑮宋本、⑯足利十行本均作“即”字，只有⑪監本和⑬毛本(其實殿本也一樣)改爲“既”字，而阮校斥之爲“非”。但是筆者在《春秋正義校勘記》中認爲，監本、毛本卻是正確的。因爲“其廟既已毀矣”很可能出於《正義》將杜預注“其廟已毀”的“已”字拉長爲“既已”二字連語。同樣事例可以舉出，如：

　　○桓十四年經“乙亥嘗。”
　　杜注“既戒日致齊，廩雖災，苟不害嘉穀，則祭不應廢，故書以示法”。
　　[疏]注先其至示法○《正義》曰，……“壬申”在“乙亥”之前三日，是致齊之初日也。“既已戒日致齊，御廩雖災，苟其不害嘉穀”，有穀可以共祭祀，“則祭不應廢，故書以示法”也。
　　○僖三十三年傳“凡君薨，卒哭而祔，祔而作主，特祀於主。”〔17-19b〕
　　杜注“既葬反虞，則免喪，故曰卒哭。哭止也。以新死者之神祔之於祖。尸柩已遠，孝子思慕。故造木主，立几筵焉，特用喪禮，祭祀於寢，不同之於宗廟”。
　　[疏]注既葬至大夫○《正義》曰，……《檀弓》於卒哭之下云“明日祔於祖父”，《士虞‧記》亦云“卒哭明日以其班祔”，是“以新死之神祔之於祖也”。於此之時，葬已多日，“尸柩既已遠”矣。“孝子思慕”彌篤，彷徨不知所至，“故造木主立几筵”，以依神也。作主致之於寢，“特用喪祭之禮，祭之於寢，不同祭之於宗廟”也。

監本、毛本有意識的改爲“既”字與否不明，就六朝時代的語法而言，隨着複音節語彙的增加，同義重言之用例也增加，對這個問題已在拙稿《五經正義語彙語法箚記(三)》中加以考論。總之,筆者認爲"其廟即已毀矣"句的"已"字大概出於六朝時代語法變化。從第四個例子可以了解,我們應該加以留意⑨以下諸本之間也有文字異同。

這些校勘工作是效浦鏜之顰而做的,正如對浦氏的評價相同,或許蒙受憶改之誹謗,尚祈讀者諸賢不吝指教。

附録:本文所提到的拙稿、拙著一覽

《讀五經正義札記(八)〈影鈔正宗寺本春秋正義〉について》,《東洋古典學研究》第18集,2004年。後來收入野間文史《十三經注疏の研究》,東京:研文出版,2005年。

《讀五經正義札記(七)宋慶元刊〈春秋正義〉管見》,《東洋古典學研究》第15集,2003年。後來收入《十三經注疏の研究》。

《讀五經正義札記(九)足利學校遺蹟圖書館藏〈附釋音春秋左傳注疏〉について》,《東洋古典學研究》第18集,2004年。中文版:《日本足利學校遺蹟圖書館藏〈附釋音春秋左傳注疏〉考》,《隋唐五代經學國際研討會論文集》,臺北:中國文哲研究所,2009年。日文版後來收入《十三經注疏の研究》。

《魏了翁〈春秋要義〉について》,《廣島大學文學部紀要》第53卷特輯号1,1993年。後來收入野間文史《五經正義の研究》,東京:研文出版,1998年。

《五經正義所引定本考》,《日本中國學會報》第37集,1988年。後來收入《五經正義の研究》。

《讀五經正義札記(二)》,《東洋古典學研究》第9集,2000年。後來收入《十三經注疏の研究》。

《讀五經正義札記(四)—李學勤主編<標點本十三經注疏(簡體版)>管見》,《東洋古典學研究》第11集,2001年。後來收入《十三經注疏の研究》。

　　《邢昺〈爾雅疏〉について》,《廣島大學文學部紀要》第 52 卷,1992 年。後來收入《五經正義の研究》。

　　《五經正義語彙語法箚記(三)》,《廣島大學文學部紀要》第 58 卷,1998 年。後來收入《十三經注疏の研究》。

（水上雅晴　翻譯）

　　【作者簡介】　野間文史,日本廣島大學名譽教授,現任日本二松學舍大學教授。

　　【譯者案】　此文是根據野間先生在"經典與校勘"國際學術研討會(2013 年 11 月 18—19 日,日本沖繩縣)上宣讀的日文演講稿而翻譯的。

吳騫《皇氏論語義疏參訂》初探*

影山輝國撰　　水上雅晴譯

《論語義疏》十卷鈔本,日本國内各地藏有36本①。筆者打算利用這些鈔本對《論語義疏》進行校勘,從而作成定本。管見所及,吳騫《皇氏論語義疏參訂》是在進行校勘工作之時應當參照的書。

首先關注此書的學者爲日人藤塚鄰,他在《論語總説》中説:

> 《皇氏論語義疏參訂》秘藏於民國的一、二位學者,以爲稀覯珍本。我在昭和八年(筆者案,1933年)再游北京之時,借到倫君哲如藏本,請善書者精心抄寫於白綿紙上,細心裝幀而家藏之。其後,京都帝國大學教授倉石博士借孫君人和藏本謄寫數十部,招募同好印行分發。本書的參訂極之精細,可以充分窺知吳騫之勤苦,可謂《義疏》研究書之最②。

此書收録於《續修四庫全書》第153册③,高橋均以藤塚本爲底

---

* 本譯文係日本學術振興會科學研究費基盤研究(Ｂ)"中日校勘學發展和相關的複合性研究"(項目批准號:23320009)的階段性成果之一。

① 拙稿《まだ見ぬ鈔本〈論語義疏〉(一)》,《實踐國文學》第78號,東京:實踐國文學會,2010年。
② 藤塚鄰《論語總説》,東京:弘文堂,1949年,第190頁(原文日文)。
③ 《續修四庫全書》編纂委員會編《續修四庫全書》,上海:上海古籍出版社,2002年。

本,與倉石本進行對校,從而編成校勘記,將之附在書尾。他根據自己的校勘工作,下判斷説:

> 《皇氏論語義疏參訂》所據《論語義疏》爲根本本①。

他的説法不對,吳騫不是根據根本遜志校訂本《論語義疏》,而是根據王亶望刊本來編寫《參訂》的。

王本含有誤刻根本本的文字,如:

篇　名	章　名	根　本　本	王　本　誤　刻
八佾篇	三家者章	記者之言	祭者之言
公冶長篇	臧文仲章	不得畜蔡也	丕得畜蔡也
述而篇	子之所慎章	時人慢神	時人漫神
述而篇	陳司敗章	云孔子退者	云孔子對者
憲問篇	桓公殺公子糾章	莊公八年九年傳	莊公八年九月傳
憲問篇	子擊磬於衛章	此硜硜益也	此硜之益也
衛靈公篇	子貢問為仁章	故先為設譬也	故先為説譬也
季氏篇	陳亢問章	孔子見伯魚從庭過	孔子見伯魚從過庭
陽貨篇	宰我問章	啟憤於夫子	咎憤於夫子

對這種王本誤刻的文字,《參訂》加以校語,説:

> 祭者之言　胡景栻曰:"祭"疑作"記"。　　　（第567頁）
> 丕得畜蔡也　盧文弨曰:"丕"當作"不"。騫按云云。
> 　　　　　　　　　　　　　　　　　　　　（第621頁）
> 時人漫神　盧文弨曰:"漫"當作"慢"。　　　（第669頁）

---

① 高橋均《論語義疏の研究》,東京:創文社,2013年,第461頁。

云孔子對者　　"對"當作"退"。　　　　　　　　（第683頁）

莊公八年九月傳　盧文弨曰："月"當作"年"。（第849頁）

此硜之益也　盧文弨曰："之"當作"至"。　　（第868頁）

故先爲説譬也　　"説"《正義》作"設"。　　　（第881頁）

孔子見伯魚從過庭　"過庭"疑作"庭過"。　　（第913頁）

咎憤於夫子　　"咎"《正義》作"啟"。　　　　（第935頁）

上列邢昺《論語正義》中的文字與根本本相同，但是校語僅僅提到《論語正義》，從此也可以知道，吳騫、胡景杙，以及盧文弨等所參照的版本均是王宣望刊本，他們没有機會參照根本本。從傅增湘《藏園群書經眼録》的記載可以確認吳騫還是依據王本的，傅氏寫著：

論語集解義疏十卷　魏何晏集解　梁皇侃疏

清王宣望刊本。吳騫以朱筆校。又緑筆校，墨筆校，不著姓名。此初印本，題"臨汾王宣望重刊"，後乃改剜鮑廷博之名耳①。

本文以續修四庫全書本爲底本，專門關注吳騫對《論語義疏》正文附加的校語進行梳理。對《論語》經、注文的校語，以及《參訂》框外所有校記，則後日均將對此加以全面梳理。有字句校勘之處的總數以及各家校語的數量可以作成圖表如下②：

《義疏》校勘記載數目表（不包含對經、注的校語以及欄外記事）

	總數	吳騫	朱型家	盧文弨	胡景杙	陳鱣	朱休度
義疏叙	13	13					
集解叙疏	2	2	1				
學　而	46	29	17	3			

①　傅增湘《藏園群書經眼録》第1册，卷二《經部二》，北京：中華書局，1983年，第93頁。

②　例如，"集解序疏"項目的"總數：2；吳騫：2；朱型家：1"表明，只有吳騫校語的地方有一條，兼有吳騫和朱型家校語的地方有一條，有字句校勘之處的總數是兩條。

續表

	總數	吳騫	朱型家	盧文弨	胡景栻	陳鱣	朱休度
為 政	25	15	10	3	1		
八 佾	44	21	20	9	2		
里 仁	18	11	5	4	1		
公冶長	40	29	14	3			
雍 也	46	36	15	2			
述 而	53	37	10	7			
泰 伯	39	24	13	6	2	1	
子 罕	53	39	13	8	3		
鄉 黨	81	69	14	5		3	
為 政	25	15	10	3	1		
先 進	67	60	12				2
顏 淵	40	30	10	2			
子 路	52	33	20	5			1
憲 問	125	84	30	17			1
衛靈公	60	34	19	5	1		
季 氏	50	34	13	7			
陽 貨	99	76	15	8			
微 子	54	46	8	2			
子 張	39	30	7	2			
堯 曰	24	22	5				
計	1070	774	271	98	10	4	4

除此以外，《參訂》還援引祝振（第550頁）、張載華（第550頁）、

鮑廷博（第965頁）三家的言説各一條。

根據表，吳騫加以校語的地方一共有1070處，不過其中91處的校語是針對所謂"標起止"文字進行校勘的。"標起止"不是原鈔本《義疏》原有的，而是根本遜志在改變體例之時自己附加的。因此，嚴格説來，對皇侃《義疏》正文加以校語的地方一共有979處。

除了吳騫以外，收録校語數量最多的就是朱型家，嘉興市圖書館將他列名於"嘉興古代名人"當中，説：

> 朱超之……從弟朱型家，字允達，號懶岩。貢生。曾客居拜經樓，助吳騫校訂古籍，精審不苟，爲吳騫所嘆服。著有《皇氏論語義疏考正》、《耐園詩稿》。[1]

《參訂》在"學而時習"章下引用其説，説"朱型家《論語義疏摘疑》曰"云云。《皇氏論語義疏考正》的内容似乎十分接近《論語義疏摘疑》，詳細的情況現在不明。

吳騫在引述朱型家以外學者的言説之時，偶或僅舉人名，不舉書名。《參訂·序》説：

> 暇日因取以校勘《皇疏》之同異，并平昔肄業所及或聞諸師友談説者，輯而録之，釐爲十卷，曰《皇氏論語義疏參訂》。（第507—508頁）

然則這些言説或許相當於"聞諸師友談説者"。

就上列1070處的校語而言，其可歸納爲以下類型：

1. "A疑作B"、"A當作B"等　　347條

2. "A下疑脱B"、"A下脱B"等　210條

3. "A疑衍"等　　　　　　　　110條

4. "疑有誤"等　　　　　　　　29條

---

[1] http://gxgc.zjlib.cn:8081/pub/jiax_grw/haining/201004/t20100419_426187.html

　　5.“未詳”等　　　　　　　　55條

　　6.“(他書)作 A ”　　　　　　134條

　　7.“ A 與 B 同”等　　　　　　10條

　　8.“ A 疑後人所改”等　　　　　6條

　　9.提起補説、異説　　　　　194條

　　10.其他　　　　　　　　　　10條

　　總數　　　　　　　　　　1105條

之所以總數超過1070是因爲有些經傳文句兼有幾條校語。以下對各類校語的内容依序加以説明。

　　1類即“ A 疑作 B ”與“ A 當作 B ”類型,前者有286條,後者有61條,而下引對疏文的校語可算是前者的例子。

　　　　以一尺耕　　朱型家曰:“耕”疑作“耦”。

　　　　　　　　　　　　　　　　　　　　（學而·道千乘章,第536頁）

　　原典的疏文作“畝廣六尺,長百步,用耜耕之。耜廣五寸,方兩耜爲耦。‘長沮桀溺耦而耕’是也。是耜伐廣一尺也。畝廣六尺,以一尺耕伐地……”,因此朱型家大概認爲“耦”字比“耕”字更好。實際上,現在可以目睹的寶勝院本、蓬左本、天文本等十種日本國内鈔本皆作“耦”。只是武内本作“耕”（卷一第六葉右）①。

　　再舉一例:

　　　　顔愿是也　　盧文弨曰:“愿”疑作“原”。謂顔淵、原思。

　　　　　　　　　　　　　　　　　　　　（學而·貧而無諂章,第545頁）

　　考慮文脈,“顔原”比“顔愿”更好。鈔本多作“顔愿”,而文明本、延德本二本則作“顔原”。武内本也作“顔原”（卷一第十四葉左）。

──────────

　　① “武内本”是指武内義雄《論語義疏·論語義疏校勘記》六册,懷德堂記念會,1924年。

下一條校語可算是屬於後者的例子：

> 乾坤之書　盧文弨曰：“乾坤”當作“坤乾”。騫按：《禮運》亦作“坤乾”，蓋《歸藏》首坤也。惟《家語·問禮篇》作“乾坤”，王肅注：“乾天坤地，得天地陰陽之書也”。
>
> （八佾·夏禮吾能言章，第571頁）

跟盧文弨、吳騫所指出的相同，包含足利本在内的日本國内諸鈔本均作“坤乾”。根本遜志以意改爲“乾坤”，這可以看作爲改惡。盧文弨、吳騫雖然没有機會查閱日本國内鈔本，但是他們成功地校正爲“坤乾”，他們的眼力令人驚嘆。武内本也作“坤乾”（卷二第八葉右）。

再舉一例：

> 不爲滅傷　“滅”當作“减”。
>
> （八佾·關雎章，第580頁）

鈔本疏文均作“哀世失夫婦之道不得此人，不爲感傷其愛也”。蓋根本遜志據宋板《毛詩正義·關雎》序引《論語鄭氏注》“哀世夫婦不得此人，不爲滅傷其愛”而改“感”作“滅”，吳騫或據閩本作“减”歟。“感”與“减”是形似字，唐卜天壽寫本《論語鄭氏注》亦作“减”[①]，則吳騫校訂近是。

> 謂出不過三日　朱型家曰：“出”疑當作“用”。凡自下承上謂之“出”，自上使下謂之“用”。故《周禮》均人職云“豐年則公旬用三日焉”。《禮·王制》云“用民之力，歲不過三日”。無有作“出”者。
>
> （學而·道千乘章，第535—536頁）

---

① 金谷治《唐抄本鄭氏注論語集成》，東京：平凡社，1988年，第32頁。

朱型家認爲"出"是誤字,當作"用"字,而不少鈔本卻作"歲"或者"岀"。"岀"不等於"出",是"歲"的古字,則該句原作"謂歲不過三日",與《禮記·王制》不異。這個例子令人痛感多看鈔本的重要性。根本本根據足利本同樣作"出"字出於不得已,而武內本以作"歲"字的文明本爲底本卻作"出"字(卷一第七葉左)則令人不解。

2類即"A下疑脫B"與"A下脫B"類型,前者有142條,後者有68條,而下引對疏文的校語可算是前者的例子。

> 君不重則無威無威則人不畏之也 朱型家曰:"君"下疑脫
> "子"字。盧文弨曰:二語見《老子》,本作"君"。
>
> (學而·君子不重章,第539頁)

足利本、重文本、應永本、寶德本作"君",除此以外的三十種鈔本均作"君子"。根本本根據足利本作"君",而武內本則以作"君子"的文明本爲底本卻只作"君"(卷一第九葉右),沒有給予說明。

下一條校語可算是屬於後者的例子:

> 云人不敢欺誕者 "誕"下脫"之"字。
>
> (泰伯·曾子有疾章其二,第692頁)

"云人不敢欺誕者"一句是由根本氏附加的標起止,這句標起止表明疏文是以鄭玄注文"人不敢欺誕之者"爲對象的,因而可知有"之"字更好。"標起止"如此含有明顯的脫字之場合,《參訂》校語省略"疑"字而指出之。

3類即"A疑衍"類型舉例一條進行說明:

> 無文繁吾欲說而文之 按此九字疑衍。
>
> (雍也·仲弓問章,第632頁)

在該章中,冉雍問道:"居簡而行簡,無乃大簡乎?",孔子回答說:"雍之言然",而疏文有下引一段文字:

子桑伯子易野,欲同人道於牛馬。故仲尼曰,大簡,無文繁
吾欲説而文之。

吳騫懷疑最後九個字是衍文,果然不少鈔本没有這些九個字。
而足利本則作"子桑伯子易野,欲同人道於牛馬。故仲尼曰,大簡,
無文繁吾欲説而去之。子桑伯子欲同人道於牛馬,故曰大簡",而根
本氏一面根據足利本,一面省略重複部分即"子桑伯子欲同人道於
牛馬,故曰大簡",還將"去"字改爲"文",不如吳騫之明通。文明本
與足利本不異。至於武内義雄知道《參訂》的存在,没有親眼目睹的
機會①,只是武内本缺九個字(卷三第二十葉右),則他可能是參照文
明本以外的鈔本而下判斷的。

4類即"疑有誤"類型舉例一條進行説明:

舉三軍以倒問　"倒"字疑誤。

(述而·子謂顔淵曰章,第668頁)

在該章中,子路問道:"子行三軍則誰與?",孔子回答説:"暴虎
馮河"云云,而疏文中有"舉三軍以倒問"一句。"倒問"二字不成義,
所以吳騫疑有錯誤,但是不能推定出"倒"原作何字。除了足利本以
外,日本國内古鈔本均將"倒"字作"致",文意明白,不用費解。只有
足利本將"致"字誤寫爲"到",根本氏更將"到"字該爲"倒"。王亶望
卻據根本本《義疏》而上梓,令吳騫苦思無解。通過這個例子可以重
新認識多看鈔本的重要性。

5類即"未詳"類型舉例兩條進行説明:

年已四十五六　朱型家曰:按《正義》以爲孔子年四十七
時,未知所據。

---

① 武内義雄《論語義疏校勘記·條例》説:"清儒爲皇疏成專書者,桂子白有《考證》,吳
槎客有《參訂》,惜余未得參稽也。"

（述而·加我數年章，第674頁）

在該章中，孔子説“加我數年，五十以學易，可以無大過矣”，《正義》認爲這句話是孔子在四十七歲之時所説的，而朱型家指出《正義》的説法缺乏證據。

則民從公先豐　句未詳。

（顔淵·哀公問章，第798頁）

在該章中，有若向哀公建議採用“徹”即什一税之制，而哀公反駁説，什二也不夠，怎能實行“徹”之制？有若回答説，“百姓足，君孰與不足？百姓不足，君孰與足？”經文“百姓不足，君孰與足”下的疏文説：“君既重税，一則民從公先豐，二則貧無糧”，而吳騫指出“則民從公先豐”六字的意思不明。只有國會圖書本“民”字作“足”，或許是什一則“足”，什二則“貧”的意思？

6類即“（他書）作A”類型舉例一條進行説明：

夏居河東河東宜松　《正義》作“夏都安邑，宜松”。《周禮·正義》作“夏居平陽，宜松”。

（八佾·哀公問社章，第581頁）

在該章中，“哀公問社於宰我。宰我對曰，夏后氏以松，殷人以柏，周人以栗”注引孔安國曰：“凡建邦立社，各以其土所宜之木”，而疏文進行講解説：“夏居河東，河東宜松”。吳騫則引用他書進行對比。

7類即“A與B同”類型舉例一條進行説明：

怙其中央　盧文弨曰：“怙”與“帖”同。騫按《廣韻》云“怗，安也，服也，靜也”。此蓋安服之義。

（八佾·射不主皮章，第577頁）

此類主要辯論文字的異同和正俗。

8類即"A疑後人所改"類型舉例一條進行説明：

> 昭公稱　朱型家曰：昭公名非孔子得稱。"稱"字疑後人所加。
>
> （述而·陳司敗章，第683頁）

此類指出後人增入的文字。

9類即"提起補説、異説"類型舉例一條進行説明：

> 開口吐舌謂之爲曰　按今許氏《説文》云"詞。從口，乙聲。亦象口氣出也"。無"開口吐舌謂之爲曰"之語。
>
> （學而·學而時習章，第530頁）

"開口吐舌謂之爲曰"是在"子曰"的"曰"字下疏文中所見《説文》異文。

10類即"其他"類型是不能列入1類-9類的，可以舉例下引四條：

> 返反於禮中　"返反"下文作"反返"。
>
> （顔淵·顔淵問仁章，第791頁）
>
> 爲問絶糧"糧"前俱作"粮"。此作"糧"，互異。
>
> （衛靈公·由知德者章，第876頁）
>
> 二曰金三曰象四曰革五曰木　按《巾車》"金"、"象"、"革"、"木"下，俱有"路"字。此與下"衮"、"鷩"等下不連"冕"字，疑皆省文。
>
> （衛靈公·顔淵問爲邦章，第882頁）
>
> 而己治之也　此句似奪"求也爲之"之疏。
>
> （先進·子路曾晳章，第788頁）

第四條"而己治之也"一句處在經文"對曰方六七十"下的疏文內，而吳騫推測此句原來處在經文"求也爲之"下的疏文內。

　　總之,本文關注吳騫等學者對《皇氏論語義疏參訂》疏文的校勘情況,進行了概括性的剖析。以後將對經文、注文的校勘等問題做進一步探討。

【作者簡介】　影山輝國,日本實踐女子大學教授。

【譯者案】　此文是根據影山先生在"經典與校勘"國際學術研討會(2013年11月18—19日,日本沖繩縣)上宣讀的演講文稿而翻譯的。

(水上雅晴翻譯)

隋劉炫《孝經述議》復原研究解題

林秀一著　童嶺譯

緒　言

《孝經》是由戰國時代曾子學派的學者們,托諸孔子、曾子二人的問答,敘述人倫的大本——"孝道"的一部書。然而,經過秦代的焚書,到了漢武帝時,《孝經》產生了兩種異本。一種是漢代通用的隸書本,另一種是先秦的古文本。前者被稱爲《今文孝經》,後者被稱爲《古文孝經》。今文有十八章,古文有二十二章,這其中章數的差別,除了有無《閨門章》之外,内容無太大的差別。《孝經》最古老的註釋書,當推今文的"鄭玄注",古文的"孔安國傳"。此外,有以今文爲主,參考孔安國、鄭玄、韋昭、王肅等諸家注而成的唐玄宗之御注。以上三家,是現存諸注中的代表之作。

然而,"鄭注"果真是鄭玄撰著的嗎?"孔傳"果真是孔安國的原本嗎?這些都是古來就遺存的問題點。關於鄭注、御注,本文恐無暇論及,僅就《孔傳》作一述論。《孔傳》①在梁朝時,與鄭注共立於學官,但於梁末天下大亂之際一度亡佚掉了。到了隋文帝開皇十年

---

①《隋書·經籍志》卷一《孝經》條。

(594)，秘書監王劭在京師重新發現了《孔傳》，送到了河間的劉炫處。劉炫因此作序，記其得失之始末，并爲之作義疏，在民間講學。這件事漸漸被朝廷知曉，後遂將之著録於學令之中，與鄭注共立於國學。但事實上，當時的學者一片譁然，對劉炫之書進行非難，所謂："儒者喧喧，皆云炫自作之，非孔舊本。"爾後，《孔傳》真僞問題就成爲了《孝經》傳承史上的一大疑案，歷代爲此争論不休。今天的學界，持"劉炫僞作説"者成爲了主流。遺憾的是，評判此説是否恰當的決定性資料，尚没有出現。這就意味著，如果劉炫疏釋《孔傳》、爲《孔傳》之義作疏的《孝經述議》五卷全部傳存至今的話，那麽，這就提供了《孔傳》解釋學上一個有力的證據。它可以爲究明《孔傳》解釋的疑義，甚至解決《孔傳》真僞的懸案，提供一個最有力的線索。然而遺憾的是，此書無論是在彼邦（中國）還是我國（日本）都已亡佚，窺其全貌已無可能。但幸運的是，最近在我國發現了一部中國久已不存的《述議》殘卷原本，雖然並非全本，但就我國殘存的資料進行輯佚，大概可以進行一些復原工作吧。

一、日本《孝經述議》傳來考

隋劉炫從王劭手中得到了《孔傳》，敷衍其旨趣撰成《孝經述議》五卷，這一事件之始末，詳見《隋書·經籍志》和《隋書·劉炫傳》的記録。到了唐玄宗開元十年（722）御注《孝經》之後，《孔傳》與鄭注皆不行於世[1]，遂亡於五代之亂。考《宋史·藝文志》之後的典籍均未言及《孝經述議》，恐怕它與《孔傳》、鄭注遭遇亡佚之厄的時間相差無幾吧。就中國而言，宋代邢昺的《孝經正義》的引用中保留了一些殘文，那只不過是一些吉光片羽而已。

反觀我國《孝經》的傳來始末，雖然不能斷定是哪一朝，但據《大

---

[1] 宋陳振孫《直齋書録解題》卷三"孝經類"條。

寶令》①可知，大學、國學裡面的學生，必須兼習《孝經》和《論語》，并規定《孝經》要同時使用孔安國和鄭玄二種註解。只不過鄭注意外地不流行，《孔傳》一家獨盛。而作爲參考書，《孝經述議》被廣爲使用。貞觀二年（860）的詔勅明確説道："厥其學徒相沿，盛行於世者，安國之注、劉炫之義也。"②但是因爲歷代傳承的《孔傳》、鄭注，關於其作者的疑義甚多，所以唐鈔勅定新御注《孝經》爲正課之後，日本也有所改正。然而值得注意的是，詔勅文的末尾有附言云："但去聖久遠，學不厭博，若猶敦孔注，有心講誦，兼聽試用，莫令失望。"也就是説，雖然採用了御注，但仍然聽任《孔傳》的"試用"，這可以證明當時《孔傳》是多麼地深入、支配學者之心。在正式改正用御注之後，我國朝廷的各種公式的御儀式中③，都專行御注，結果鄭注逐漸衰微，最終歸於亡佚。

　　然而《孔傳》的内容，因爲與我國國民精神具有融合點，因此依然在朝廷和民間被廣泛誦讀。《孔傳》對於當時的國民生活，是怎樣地深入浸潤的呢？從《孝經》的經文到《孔序》、《孔傳》的佳句在國民之間被親切傳頌就可見一斑了④。進而敷衍《孔傳》的《孝經述議》，也被廣爲傳頌。據藤原佐世的《日本國見在書目録》⑤、藤原賴長的《所見書目》⑥、著者不明的《通憲入道藏書目録》⑦等，都著録有《孝經

---

　　① 文武天皇大寶二年（702）制定。
　　② 清和天皇貞觀二年十月十六日的詔勅。
　　③ 御讀書始、御湯殿始、釋奠的論議等等。
　　④ 一條天皇寬弘四年（1007），源爲憲爲藤原道長的長子藤原賴通撰寫了《世俗諺文》三卷。該書是就當時世俗的話頭寫成諺語進行編纂，目的是讓人知道其出典及其本義。《世俗諺文》的中、下兩卷已經亡佚了，僅存上卷。其中就有關於《孝經》的部份，如"有諍臣"（《諫爭章》)、"身體髮膚稟于父母"（《開宗明義章》)、"父子之道天性也"（《父母生續章》)、"父雖不父，子不可以不子"（孔安國《古文孝經序》)、"大取則大得福"（《開宗明義章》孔安國傳)、"在上不驕"（《諸侯章》)等等。
　　⑤ 宇多天皇寬平年間（889—897）奉勅撰。
　　⑥ 臺記康治二年（1143）九月二十九日條。
　　⑦ 該書是否爲藤原通憲自己所編，至今尚有疑問。

述議》五卷。具平親王的《弘決外典抄》①中，也引用了《孝經述議》
六條。

　　朝廷和民間就是這樣依然盛行著《孔傳》和《述議》，特別是明經
道的清原家，以《孔傳》作爲家本。在其家本的校勘、訓讀、講義之
際，《孝經述議》無疑是最有力的參考資料，以下諸例可明之：

　　（甲）清原家的家本素重校勘，這是清原賴業以來的家風②。關
於《孝經》，開始有大江、中原諸家的家本，清原家則取之與當時存在
的古本校勘，訂正其異同。而《孝經述議》就是他手頭有力的校勘資
料。圖書寮（現稱"宮內廳書陵部"，本文取其舊稱）所藏，爲清原良
賢自寫本，在《孝經孔傳》舊鈔本的卷末，留存了清原賴業如下的奧
書③：

　　　　仁平元年十五（"五"原誤作"二"）十六引合《述議》讀上早、
　　但《喪親章》不勘改而已。

　　此外，京都古梓堂文庫（現歸東橫電鐵所有）所藏清原宣賢自筆
的《孝經秘抄》中，針對《感應章》第十七條："故雖天子，必有尊也。
言有父也，必有先也。言有兄，必有長也。"其有云："'必有長'三字，
有本有之，有本無之。《述議》無此三字，故不讀，以爲習也。"④其他與
清原家有關係的《孔傳》舊鈔本，都有"述ナ"、"述無"、"述乍"、"述"
等符號，可見其與《孝經述議》校勘的痕跡大量存在。其間經緯可以
據此進一步明瞭。

　　（乙）接著考察清原家本的訓讀。其家風是：首先依照古注進行
訓讀，在古注難解之際，改爲參考《正義》。關於《孝經》，他也是先依

----

①具平親王在一條天皇的寬弘六年（1009）七月二十九日去世，時年四十六。
②譯註："家風"，日本漢學史術語，若比附中國經學史，略同於"家法"。
③譯註：奧，指書籍的卷末。奧書，日本書誌學用語，書籍最後記載與此書相關信息
的文字。比如，書籍的內容、與他本的區別等等，這些總稱爲奧書。
④譯註：原爲古日語，現改譯爲漢語古文。

據《孔傳》訓讀，在《孔傳》難解之際，改從《孝經述議》作爲訓讀的有力參考。京都大原三千院所藏建治三年(1277)《孔傳》舊鈔本中，保存了清原賴尚本的訓點，在《父母生績章》第十一"子曰：父子之道天性也"句，記有《孔傳》云："愛敬之情，出於中心。"其"出"①字下註記"述"字。又《五刑章》第十四"此大亂之道也"，記有《孔傳》云："君臣上下，皆發焉。"其"發"②字右傍註記"述オコナフ"③。

　　（丙）接著考察清原家本的講義。如前所述，它的家風是首先依據古注進行解釋，古注難以解釋之際，則改從《正義》。然而到了中興清原家的祖先清原宣賢之時，開始對家風進行改革，比以往更加重視《正義》，傾向於從《正義》中窺探古注。就《孝經》而言，也可看出如上的家風之變革。但是不論怎樣變革，清原家一代一代在解釋《孔傳》之際，都把《孝經述議》作爲强有力的根據。元中二年(1385)十一月，足利義滿召集了菅原秀長、藤原俊任、清原良賢，在他們討論《孝經》作者的時候，清原良賢以《孝經述議》爲依據，力持作者爲孔子④。此外，和清原家有關的《孔傳》舊鈔本中，也註記了大量的《孝經述議》。特別是清原宣賢自筆的《孝經秘抄》、清原枝賢自筆的《孝經抄》，他們的講義已經成了專門依據《孝經述議》來敷衍《孔傳》了。其間之瓜葛，至此進一步明瞭。

　　清原家自清原賴業以來，就以《孔傳》爲家本，以《孝經述議》爲最有力的資料，並旁及參照大江、中原等諸家之家點、家説，致力於家本的校勘、訓讀和講義。以此爲秘點、秘説，傳承給子孫後代。然而，到了德川時代，學問的主流改成了京都的博士家，尤其轉移到了以林家爲中心的江戶民間諸儒。因此，素來被清原家所敬重的《孝

---

　　①《孝經述議》作："此愛子敬父之情，出於人之中心。"
　　②《孝經述議》作："鄭玄《詩箋》、《論語注》皆云，發行也。君臣上下皆發焉，言共行之也。"
　　③譯註："述オコナフ"，漢字爲"述行"。
　　④事見野史《國史實錄》。

經述議》,不知何時也被人忘卻了。甚至到了無人知道其存在的地步。僅僅在宋儒邢昺《孝經正義》引用的殘文中,知其一端而已。這不得不説是《孝經》研究史上的一大遺憾。

不過幸運的是,令人期待已久的《孝經述議》原本,終於經由武內義雄博士之手,在清原家的後嗣——舟橋清賢氏的秘庫中重新被發現!至此,一直以來困惑學者的《孝經述議》之內容、形式等問題,得以重被探知。這在《孝經》研究史上,真是值得驚歎的一大快事!不過可惜的是,新發現的《孝經述議》只有卷一和卷四兩卷而已,並非完本。關於已經亡佚的卷二、卷三、卷五這三卷,可以根據我國現存的《孔傳》舊鈔本進行復原。第一,以東京静嘉堂文庫所藏《孔傳》舊鈔本爲始,在現存《孔傳》舊鈔本中,有大量引用《孝經述議》的地方,就我所見者,多達數十種。第二,京都古梓堂文庫所藏清原宣賢自筆的《孝經抄》,以及同屬講義類型的《孝經秘抄》,再加上東京東洋文庫所藏清原枝賢的講義《孝經抄》,這三種文獻,都是以《孝經述議》爲基本資料來解釋《孔傳》的。

因此,可以引用如前所述之諸書,進行《孝經述議》的輯佚工作。即已亡佚的部份,不僅僅是恢復其原貌,也可以據此究明《孔傳》解釋上的疑義。甚至歷代的懸案:《孔傳》之真偽問題,也由此窺得一線光明。

二、《孝經述議》原本解題

在東京舟橋清賢氏所藏,隋劉炫《孝經述議》卷一和卷四這兩卷中,我們首先從卷一入手進行解說。

《孝經述議》卷一共有二十頁紙,每半葉十三行,每行字數不定。卷首有《孝經述議序》,論及《孔傳》之發現經過以及《孝經述議》的撰述過程。接著,劉炫以“論義”的形式述及爲何獨用《孔傳》,然後首題“孝經述議卷第一序題　　河間劉炫撰”,此十餘字均在一行。再接著,刊載了《孔傳》本孔安國的《古文孝經序》,逐次引用之際,還以"議曰云云"的形式進行疏釋。最後一行的尾題是"孝經述議卷第一"。恐怕以序疏作爲内容的卷一,體例上是效法六朝時代通行的以序疏爲一卷的形式①。現在試著用邢昺的《孝經正義》所引用的《孝經述議》,與這裏的《孝經述議》卷一進行比較,可以發現兩者的内容大抵是一致的,因此可以確定東京舟橋清賢氏所藏本爲隋劉炫之《孝經述議》無疑。然而,兩者字句的異同非常多,作爲邢昺《孝經正義》淵源的唐代元行沖之《孝經疏》,其在引用《孝經述議》時,有没有可能就已經進行了字句的删改呢? 我推定其可能性很大。

接著來考察書寫的字體,大體可以確認爲楷書,但也混入了行書。從第一葉正面的第一行到第六葉正面第十行;第十七葉正面的第一行到卷末尾題一行,這兩處都是相同的筆法。但是從第六葉正面的第十一行到第十六葉背面的第十三行,卻是另外的筆跡(然而,《孝經述議》原鈔本的第十二葉到第十七葉,以及第十三葉到第十八葉裝幀順序有誤,因此本書第二部份《孝經述議》原本影印時②,恢復了原先的順序。因此本解説稿也遵照相應的順序進行了改動)。又如:盖(蓋)、霊(靈)、庄(莊)、閇(閉)、顧(顧)、敎(殺)、恠(怪)等等,這樣的六朝以來之俗寫字,隨處可見。就此可知,這一殘卷保存了很多唐代以前舊籍的原貌。此外,這一卷除了墨蹟之外,還有筆跡很稀的朱色返點、送假名。只有最初的部份施加了硃色的"句讀點",而"ヲコト點"全然看不見。至於説殘卷中的"力"、"不"等符號,可見與其他文本進行校勘的痕跡,但這是書寫之際的新校勘符號呢? 還是移録先人的校勘符號呢? 尚不能明判。欄外的書跡也有不少,但在製本時都被消除了,因此釋讀十分困難。

最後就本卷的傳承來看,表紙的右下角有"青松"③二字,推測爲

① 比如説《隋書·經籍志》卷一《詩》條有"《毛詩序義疏》一卷劉瓛等撰殘缺"。
② 譯註:指《孝經述議復原に關する研究》一書的第二部《孝經述議復原》的影印件。
③ 這一點承蒙舟橋清賢氏教示。

清原國賢的雅號。扉裡有"明應六年六月日藏人宣賢贈之",推測爲清原宣賢的贈語。因此,本卷是明應六年(1497),當時擔任藏人之職的清原宣賢(時22歲),將它送給了某人。然而,這一殘卷是不是清原宣賢的自筆本,尚不明瞭。而接受贈與的人是誰,也尚不明瞭。表紙上可見清原宣賢的曾孫——清原國賢的雅號,而最後又由清原家的後胤舟橋家發現,以上是此殘卷重現之經緯。但可以確定的是,接受贈與者,一定是與清原家有關係的人。

下面再試著考察《孝經述議》的卷四。

第四卷共有四十四葉紙(正文四十一葉)。每半葉十行,每行約十七字。卷頭首題"孝經述議卷第四盡十六章河間劉炫撰",可見卷四的相關信息及撰者名;次行寫章名"聖治章";又次行寫"曾子曰至本也百卌字",可見經文的開頭以及字數信息①;然後就是開始試著通釋經文的全體;再接著是"傳性生至莫大焉"句,然後同樣是解釋傳文;再接著是"議曰物生而各有其性故性爲生也云云"句,如此依次照著傳文的順序進行疏釋。

蓋殘卷終止于《廣至德章》第十六的經傳,卷末尾題一行爲"孝經述議卷第四"。從中可知《孝經述議》殘卷第四,是從《聖治章》第十,一直疏釋到《廣至德章》第十六的經傳。現在我們利用邢昺的《孝經正義》引用文與《孝經述議》殘卷進行比較時,也可以發現其內容是大致相同的。因此,卷第四也是隋劉炫之作無疑。只是與卷第一存在同樣的問題,那就是字句異同極多,可以判斷出邢昺《孝經正義》在引用之際,進行了相當大膽的刪改。

接著再看書寫字體的問題。卷四全卷基本上是楷書,雖然與卷一一樣,也使用了六朝以來的俗字,但沒有卷一那麼明顯。本卷有硃色以及淡墨色的送假名、返點;硃色的ヲコト點、句讀點;硃色及

---

① 校記:按今本《聖治章》"本也"下有"父子之道"至"其儀不忒"。《述議》據古文《孝經》,其《聖治章》分爲三章,"父子之道"至"其儀不忒"爲《父母生績》、《孝優劣》二章。

淡墨色的音合、訓合。比如"令"（命イ）、"母"（イ无）①、"主"（王本
乍）、"敬"（本无）、"文"（天或乍）、"世"（或无）、"赦"（敢或本乍）、
"名"（一或本ナ），這些與他本校勘的符號也能見到，不過欄外沒有
書跡。

　　卷四與卷一的書寫字體不同，從這一點出發，可能與卷一是不
同的筆跡。卷四的表紙上也有"青松"二字，正是清原國賢的雅號。
其題籤下部可見"國賢"的方朱印，因此與卷一一樣，經過了清原宣
賢、清原業賢、清原枝賢，傳到了清原國賢的手中。故而推斷卷四也
是清原家的秘傳之物，禁藏深閣，人們無法詳知其傳承之細脈。一
直到了清原家第39代嫡孫舟橋清賢氏，《孝經述議》的卷一與卷四才
被發現。被稱爲天壤間孤本的《孝經述議》，於昭和十七年（1942）六
月二十六日被文部省指定爲國寶，可謂是學界值得慶賀的一件
大事。

三、《孝經述議》復原資料的解說

　　在隋代劉炫《孝經述議》五卷之中，成功發現了卷一和卷四，然
而遺憾的是，卷二、卷三、卷五這三卷亦已亡佚，存否不明。就現存
的相關《孝經》文獻舊鈔本來看，大量引用過《孝經述議》。我專心輯
佚了這一類的資料，如果能夠整理既出的卷四，那麼整體復原《孝經
述議》就看到了曙光。現就主要的復原資料略作解說如次。

甲、《孝經正義》

　　唐代元行沖奉勅撰寫了《孝經疏》三卷，宋代的邢昺將其校定之

---

　　① 譯註：爲保存原貌，保留原鈔本"无"字，不改爲"無"，他同。

後,寫出了《孝經正義》三卷①。其中,標有"劉炫以爲"、"劉炫駁云"、"劉炫引"、"劉炫曰"、"劉炫云"、"劉炫言"等引用《孝經述議》原文十八條;標有"按劉炫述義其略曰"的引用文一條(這條是引用《孝經述議》的大略)。合計十九條。其他如"劉炫遂以古孝經庶人章分爲二,曾子敢問章分爲三,又多閨門一章,凡二十二章。"(《正義·序》)可謂是識得《孝經述議》分章大要的一條。現試就《孝經正義》所引《孝經述議》文辭,與新發現的《孝經述議》卷一、卷四相比較,可見《孝經正義》删改之跡甚多。例如:

《正義》所引《述議》

劉炫云,德者得於理也,義者宜於事也。得理在於身,宜事見於外。[謂理得事宜,行道守正,故能爲人所尊也。](《聖治章》第九"德義可尊"條《正義》)

《述議》原文

議曰,德者得於理,義者宜其事。[捴六德之目,爲言行之符。]得理在於身,宜事見於外。[故云立德行義,不違道正,故可尊,謂行之於身,可使人所尊望也。](《孝優劣章》第十二同條《述議》)

以上即爲一例。更有如《廣至德章》第十三:"教以臣,所以敬天下之爲人君者也"條的《正義》有云:"劉炫以爲將教爲臣之道,固須天子身行者。"但是,在《孝經述議》的原文中卻全然不見該句話。如果《孝經正義》真的是忠實地引用《孝經述議》的話,那麼,這一現象是不應該有的。因此,怎樣解釋這一現象呢?現在我們發現了《孝經述議》的殘卷,是確立其真實性的重大文本。所以當下我們解決

---

①《宋會要》有云:"至道二年,判監李至請命李沆、杜鎬等纂《孝經正義》,從之。咸平三年三月,命祭酒邢昺代領其事,杜鎬、舒雅、李維、孫奭、李慕清、王煥、崔偓佺、劉士元預其事,取元行沖《疏》,約而修之,四年九月以獻,賜宴國子監,進秩有差。十月命杭州刻板。"

此疑問的一大關鍵，就是《孝經述議》卷一卷首所載劉炫的《孝經述議序》：

> 《孔傳》之訛舛者，更無孔本，莫與比校，作《孝經稽疑》。鄭氏之蕪穢者，實非鄭注，發其虛誕，作《孝經去惑》。

可知在劉炫《孝經述議》之外，還有《孝經稽疑》與《孝經去惑》兩部著作。《日本國見在書目録》裡面有"《孝經去惑》一卷"的著録，藤原賴長的《臺記》亦有著録。因此，我推測《孝經正義》的引用文，是否把這兩部佚書與《孝經述議》混爲一談了。根據《孝經述議序》提及的《孝經稽疑》與《孝經去惑》，可以從中得到這一推測的提示——雖然説這一推測的確定性不是很大。故而也可以認爲，《孝經正義》的引用文有過删改，而且混入了《孝經述議》以外的文字内容。

清朝王謨《漢魏遺書鈔》、馬國翰《玉函山房輯佚書》這兩種書，其輯佚《孝經述議》的唯一資料就是《孝經正義》，可以説這是非常不充備的。何況在王、馬二氏的輯本中，還羼入了不是《孝經述議》的文字。總之，輯佚上的謬誤之處甚多，以此直接作爲《孝經述議》的復原資料，十分危險。然而，我國殘存的資料涉獵極廣，可以補充王、馬二氏輯本的不備之處。

乙、《孝經孔傳》舊鈔本

我國現存的《孝經孔傳》舊鈔本中，特別值得作爲《孝經述議》的復原資料者，爲東京靜嘉堂文庫所藏本。該本共有五十六葉紙，每半葉六行，每行十二字，注文爲雙行十二字，卷頭有："古文孝經序　　孔安國"八個字；《孔序》一直到第八葉的第一行；第九葉第一行表題："古文孝經　　孔氏　　傳"，經文和傳文一直到第五十四葉的第五行；第六行尾題："古文孝經　　經一千八百五十字　　注八千七百六十字"。《孔序》、經、傳都用朱筆施有ヲコト點、句讀點，用墨筆施有返點、送假名，欄外及字傍也有很多的重要筆記。襯頁裡面記有：

　　　　古文孝經一册
　　　　　相國寺橫川景三禪師
　　　　奧書
　　　　　　墨齋禪師
　　　　　各二筆也

　　可知本書是由相國寺的住持橫川景三鈔録而成①,而奧書則經由大德寺的住持墨齋之手而成②。因爲橫川景三和墨齋都是在明應年間(1492—1500)圓寂的,所以本書最遲應該就在明應年間寫成。不過,墨齋的奧書並没有流傳下來。

　　接着談談該《孝經孔傳》舊鈔本作爲《孝經述議》復原資料值得注目之處,即是它引用了大量的《孝經述議》文字,而且其引用的態度極其忠實。然而,此書的引用文與清原家《孝經述議》,是兩種不同的寫本。因此,在校訂清原家《孝經述議》的謬誤時,該書的價值十分引人注意。從而該書在復原《孝經述議》時,也是最重要的文獻之一。但需要説明的是,該書在引用《孝經述議》之外,同時也引用了大量的其他典籍,所以必須要嚴格區分它們。據考察,該書的238條引用文中,與《孝經述議》有關者約157條。分爲:

　　1.標有"述議曰"、"述議云"、"述曰"、"述云"、"議曰"等符號的98條。

　　2.未標明"述議"但實際引用《述議》的58條。

　　3.雖然不是《述議》之物,但與《述議》形態有關的1條。

　　如上所舉的157條,可作爲《孝經述議》復原的根本資料,即便如此,利用目前發現的《孝經述議》殘卷卷一與卷四所含的72條,實際使用者不過85條而已。

────────────

① 橫川名景三,號補庵,又號小補。明應二年(1493)十一月七日圓寂,年六十五。
② 墨齋名紹等,字没倫,是一休和尚的高足。明應五年(1496)五月十六日圓寂。

　　此外,在我國現存的其他《孝經孔傳》舊鈔本中,多多少少可以作爲《孝經述議》復原資料來使用的,還有如下九本:

　　仁治二年(1241)鈔本(國寶)　京都內藤乾吉氏所藏

　　建治二年(1277)鈔本(國寶)　京都大原三千院所藏

　　弘安二年(1279)鈔本　文政六年舊福山藩主阿部正精模刻、原本弘化三年燒毀

　　永仁五年(1297)鈔本　宮內府圖書寮所藏

　　元亨元年(1321)鈔本　同上

　　元德二年(1330)鈔本　同上

　　鎌倉時代鈔本　高野山寶壽院所藏

　　正平十三年(1358)鈔本　京都上賀茂神社所藏

　　永享八年(1436)鈔本　宮內府圖書寮所藏

以上九本所引用的《孝經述議》可作如下的分類:

　　1. 據《孝經述議》進行校勘的38條。例如,弘安本、永仁本、元亨本、正平本的《孔序》"門徒三千"的"千"字下,註記有"人述ナ"。

　　2. 據《孝經述議》進行訓點的5條。例如,建治本《諫爭章》第二十"臣不可以不爭於君"句的《孔傳》"是謂人主毆國而捐也。"其中"毆"字左傍,註記有"カリテ述"。

　　3. 參考《孝經述議》之説加以引用的36條。例如,弘安本、正平本《五刑章第十四》"此大亂之道也"句的《孔傳》"能從法者臣民也。"下一行的左傍,註記有云:"述云,臣字似誤,但不知所以改之。"

　　4. 沒有明説《孝經述議》但實際引用的19條。例如,建治本《孔序》"群儒從隸字寫之"的"隸"字左傍,註記有云:"秦下社令程邈始作隸字"。今考新發現《孝經述議》殘卷卷一,的確有如上的句子。

　　5. 可以辨識出《孝經述議》分卷痕跡的5條。例如,永仁本、元亨本、正平本《古文孝經序》上欄註記"述一";仁治本、永仁本、元亨本、元德本、寶壽院本、正平本《開宗明義章第一》上欄註記"述二";仁治

本、永仁本、元亨本、元德本《卿大夫章第四》上欄註記"述三";仁治
本、建治本、永仁本、元亨本、元德本、正平本《聖治章第十》上欄註記
"述四";建治本、元亨本、元德本、正平本《應感章第十七》上欄註記
"述五"。

此外,如果廣泛涉獵我國殘存的其他《孔傳》舊鈔本,多少還會
發現其他相關的資料。然而,這一類資料因爲層層轉寫之故,引用
文重複之處很多。除了寶壽院本之外,只不過留下了《孝經述議》的
些許零細片段而已。以這樣的片段來達到復原《孝經述議》的目的,
無疑比較困難。

丙、《孝經抄》

京都古梓堂文庫藏有《孝經抄》一卷一冊、《孝經秘抄》一卷一
冊。我們首先考察《孝經抄》。已經故去的足利衍述氏,在其所著
《鐮倉室町時代之儒教》[①]中言及此書,只不過記述得有些簡單。我
們先敘述其體裁:紙三十三葉,每半葉十八行,每行字數約三十字,
表紙書"孝經抄"三字,奧書附箋有云:"此孝經抄一卷者我先環翠軒
御真跡   也給事中師賢謹誌"。其中,"環翠軒"是清原宣賢的號,
可知該書是清原宣賢的真筆。只不過尚沒有其鈔錄年代的確切記
載資料。

下面考察其鈔錄方法。首先附有   符號的是錄章名;次行下一
字開始錄解釋章意;再次行揭出存在問題的經文的一部分;再其下
引條線錄經文之解釋;次行下一字以附有 傳 的標記,逐次揭出有問
題的各傳文;於其下引條線錄其傳文之解釋。我們吟味其解釋所使
用的資料,可知是以《孝經述議》爲根本資料,以當時極其稀見的《孝
經正義》爲參考資料,全書悉用漢文體,并施加朱筆句讀點與墨筆返

---

① 參考該書的第474頁、第505—509頁。譯註:足利衍述著,《鐮倉室町時代之儒教
(附:皇朝傳本經籍奧書集)》,東京:日本古典全集刊行會,1932年。

點。但是《孔序》及《喪親章第二十二》完全没有鈔録。

今舉《父母生績章第十一》首部一例,揭次如下:

> 上章,既言感荷生育敬養父母,故此章,復述父母之恩、尊嚴之義。
>
> 子曰父子——父子相於之道,乃是天生自然之恒性也。
>
> 傳:言父——教者,誨所未知。箴者,匡其已失。
>
> 君臣——其以尊嚴臨子,親愛事父母,又是君臣之大義也。
>
> 傳:親愛——由父以親愛加己,々亦親愛於父,交相親愛,故言相也。
>
> 尊嚴有唯子當尊父,父不尊子,故直言尊嚴之。天性君義,母與父同,但既以父子相對,於父不得容母,非謂母非天性也。《易》曰:"家人有嚴君焉,父母之謂也。"

我們把它與《孝經述議》原本卷四首部進行比較如下:

> ○父母生績章
>
> ○子曰父子[至重焉卅字議曰]上章既言感荷生育敬養父母,故此章復述父子之恩、尊嚴之義[言]父子相於之道,乃是天生自然之恒性也。其以尊嚴臨子,親愛事父母,又是君臣[上下]之大義也。(九十五字省略)○傳言父[至篤之][議曰此經父子連文,明是相於之道,故言父慈而教,子愛而箴也。]教者誨所未知,箴者匡其已失。[箴教,詭其情欲(六十九字省略)非由篤之使然也○傳親愛[至之事也][議曰經意言,父子之道是天性也(四十五字省略)言相加者,雖孝不待慈,々實生孝。]由父以親愛加己,々亦親愛於父,交相親愛,故言相也。尊嚴有唯子當尊父,々不尊子,故直言尊嚴之[而不言相也(二十二字省略),故云此又可以爲兼之事也。其]天性君義,母與父同,但既以父子相對,於父不得容母,非謂母非天性也。《易》曰:"家人有嚴君焉,父母之謂

也。"[是父之與母，俱有君義(二十四字省略)，其意與孔同也。]

　　從中可知，清原宣賢《孝經抄》取捨、鈔錄《孝經述議》的痕跡非常明顯。

　　被《孝經抄》鈔錄的資料，約有六百四十條。其中，標記爲"正義曰"的邢昺《孝經正義》，約引用到了十一條；標記爲"論語正義曰"的邢昺《論語正義》，約引用到了一條，兩者合計十二條。除此之外的六百二十八條中，相對於《孝經述議》卷四《聖治章第十》到《廣至德章第十六》的七章，共約鈔錄了一百八十七條；與現今發現的《孝經述議》殘卷原本相比，完全符合《孝經述議》的原文。因此，據此法可以斷定爲《孝經述議》的，有一百八十七條，從餘下的總數六百二十八條中減掉它，那麼還餘下的四百四十一條，也大致可以推定爲鈔錄自《孝經述議》。故而《孝經抄》一書在《孝經述議》復原研究上，是最重要的資料。

丁、《孝經秘抄》

　　同樣是京都古梓堂文庫所藏的《孝經秘抄》一卷一册，紙數共九十九葉，每半葉八行，每行經文大字十六字，注文爲雙行小注、字數不定。題簽爲："孝經秘抄全　　不出"。卷頭題有："古文孝經序　　環翠軒宗尤私抄之"。卷末題有："古文孝經抄畢　　清三位入道宗尤花押"。雖然抄述的年代不明，但通過"公卿補任"可知是鈔錄於享禄二年(1529)二月十一日清原宣賢去髮入寺，法號"宗尤"，到天文十九年(1550)七月十二日他七十六歲去世之間。扉裏題有："孝經末書"、"述議五卷劉炫撰"，此下列舉了與《孝經》有關的書目十二種。然而並不能說當時的書物悉數現存至今，只是列舉了參考之書目而已。奧附所題"孝經論議"，是附記了上文提及清原宣賢的《論議》。

　　下面敘述其注釋的方法。首先記章名；然後解釋章意；再接着用"●"標記各經文；然後又附有ヲコト點、返點、送假名、清點、濁點等等；此後是解釋它的經文，下一字標記[注]來摘記一部分有問題的傳文，再其下引條線解釋其傳文。

在前解釋《孔序》、經、傳之際，專以《孝經述議》爲典據，極少參考到《孝經正義》（一共五條而已）。雖然有日語假名交文記下的四百八十七條，但漢文體的引用部分也頗多，大約有五百零六條。現舉先前引用過的《父母生績章第十一》首部的一例，揭次如下：

父母生績章第十一

上章所云，報父母養育之恩，需敬養父母。此章則又述父母之恩，尊嚴之義。

●子曰父子之道天性也天性。

父子之道，天性自然之性也。因懷思父母，爲子之思乃自然之性也①。

[注]言父教者，誨所未知；箴者，匡其已失云々。雖慈猶教，雖愛猶箴，此則天情相愛，而欲其爲善也。愛敬，愛子敬父之情出於人之中心，乃其天情自厚，非由篤之使然也。

接着我們從《孝經述議》復原的立場，檢討該書的價值。首先在漢文體的五百零六條中，從《孝經述議》卷一的《孔序》開始鈔録的五十五條，以及卷四《聖治章第十》至《廣至德章第十六》七章鈔録的一百三十五條。合計共一百九十條，如果將該書的這些條目與當前發現的《孝經述議》原本進行比較，可以發現兩者悉數一致。因此，從五百零六條中，扣除斷定爲《孝經述議》的一百九十條，還餘三百十六條，也可以推定爲鈔自《孝經述議》。與先前《孝經抄》的引用文一樣，《孝經秘抄》也是《孝經述議》復原的最重要資料之一。

---

① 譯註：以上均原爲日語假名交文，不屬於林秀一所提的"漢文體"引用文，現以文言體譯出。

　　其次在日語假名交文記下的四百八十七條中①,例如"此序爲劉
炫分爲十段"②(《孔序》"孝經者何也"條)。由這類可以窺得《孝經述
議》大要的七條開始,餘下的四百八十條均以《述議》爲典據,以日語
解釋之。又例如《孝優劣章第十二》"子曰,不愛其親,而愛他人者"
條下有云:

　　　　爲人君者,應自愛敬親,以施化於下;若人君自不愛親,何
　　以令他人愛親? 此爲亂德也③。

《孝經述議》卷四《孝優劣章》同條云:

　　　　言爲人君者當愛敬其親以施化於下,若人君不自愛其己之
　　親而敬(愛)他人者,謂之爲悖亂之德也。不自敬己之親而敬他
　　人之(者),謂之爲悖亂之禮也。

　　由此可爲《孝經秘抄》日語解釋鈔録《孝經述議》之一證。從這
類古日語解釋的材料中可以發現,雖然復原漢文文體有一定的可
能,但其絕大部分都不可以作爲《孝經述議》復原的直接材料來使
用。然而它們在窺探《孝經述議》學説方面,可爲是有極大的參考
價值。

　　就《孝經抄》與《孝經秘抄》的關係而言,在注釋内容方面,有如
下特征:

　　1.兩書爲同一人之著作。

　　2.兩書均以《孔傳》本爲據。

　　3.兩書均以《孝經述議》爲根本資料。

---

　　① 在這四百八十七條中,與《孝經述議》卷一有關的爲六十九條,與卷四有關的爲七
十二條,合計一百四十一條。除此之外,還餘三百四十六條。也是《孝經述議》復原的參
考資料。

　　② 譯註:原爲日語假名交文。

　　③ 譯註:原爲日語假名交文。

可以説在注釋内容上幾乎完全一致，下面再看記載的形式：

1. 兩書均先揭出章名，解釋章旨。

2. 此後兩書均是摘出經文然後解釋之。

3. 再接著兩書均是摘出傳文然後解釋之。

又可以説在記載形式上也是完全一致。但不同的是，《孝經抄》全是漢文體，而《孝經秘抄》則由假名交文書下。從兩部書相比較的結果一致來看，兩書應該是姐妹篇的關係。

就抄述的前後關係而言，《孝經抄》引用的原文，佔《孝經秘抄》假名交文書下部分的二百五十九條之多。由此可知，《孝經抄》可能成立於《孝經秘抄》之前。可以窺見的是，兩書的作者清原宣賢，主要從《孝經述議》，其次從《孝經正義》中，鈔録了經、傳的解釋文字，首先作成了《孝經抄》一卷，然後根據其他的經、傳增删，它就成了《孝經》講義的定本。此外，作爲家訓、家説秘傳於後世子孫，他又取捨增删了資料，改用易於判讀文章的日語假名，作成了《孝經秘抄》一卷。

這一層始末關係，通過精查兩書的引用資料，可以進一步得到明瞭。兩書引用到的同一資料，多達五百五十八條（只是有二百五十九條在《孝經秘抄》中是用日語假名交文記下的）；《孝經抄》有、但被《孝經秘抄》删除的約八十二條；《孝經抄》無、但《孝經秘抄》新引用的約一百二十三條（在此之外，如《孝經秘抄》中的《孔序》、《喪親章》等有八十四條引用，但在《孝經抄》中全然不見，這類數字從略），合計實有七百六十三條。而這些條目又幾乎均與《孝經述議》有關連，此點上文亦已闡明。從而可知，這兩部書在《孝經述議》的復原上，是多麼宝貴的資料！

戊、《孝經抄》

東京東洋文庫所藏的《孝經抄》一卷一册，紙數八十七葉，每半葉十行，每行字數不定（三十字左右）。題簽：“孝經抄　　全”，卷頭有：“古文孝經序”，卷末書有：“古文孝經卷終”。雖然抄述的年代不

明,但奧書有如下記録:

> 爲清家累代蘊奥抄余老師曲肱齋就雪庵道白公不別時
> 所儒學而自淺到深而四書六籍等秘點密抄習寫矣吾子　　依
> 性緩怠倦孝悌故温古致新住思孝道志請師戒外見
> 不恥惡書邑令間自握管城子令寫之諳(甞)文禄二載彌生
> 望日　　　三十郎盛政花押

從中可知,該書是文禄二年(1593)三月,由一位叫做三十郎盛政的
人,爲了勸誡兒子性緩、怠於孝悌,而請於其師曲肱齋雪庵道白公①
——清原枝賢家歷代傳授的清原家秘抄,得到其師的允許,書寫了
一份副本。

接著考察其注釋方法,首先是記章名;然後敘述章旨,引斜線摘
記經文的一部分;其下再引條線作出解釋;然後再標記 注 或 傳 來摘
記傳文的一部分;其下再引條線來解釋傳文。在解釋《孔序》、經、傳
之際,以《孝經述議》爲典據,偶爾參考《孝經正義》,全書以日語假名
交文書下。

有時使用"述"或"述云"等符號,也有時不用,直接將《孝經述
議》的漢文體進行引用,這類的條目共有一百一十條。今舉一例,依
舊用上文提到過的《父母生績章第十一》首部的一例:

> 父母生績章第十一正義云、此章者,説父母生養之恩既大且
> 重矣。
> 　賴父母生養育成之功而得以成人,云感激父母之功,績者,
> 　功也。
> 　子曰父子之間之事,天生自然之恒也,不待教而自成。原其
> 　所據之處,乃以其所處之道教之。人無有無父母者,知父

---

① 作爲公卿補任,清原枝賢於天正九年(1581)四月十一日出家,法名道白。

子之道即知君臣之道。因父子之間尊嚴親愛,即君臣之大義也。|傳|教誨所未知,箴匡其己失,此即吾心所持出之物,中心篤愛父母,可謂之孝道也云。|次傳|親愛相加,子愛父,父愛子,故曰相①。

如果將此與先前的清原宣賢《孝經秘抄》相比較,就可以發現雖然它們的注釋方式一致,但這裡的《孝經抄》要比《孝經秘抄》簡略,引用《孝經述議》之處也比較少。就引用《述議》文而言,此《孝經抄》與清原宣賢的《孝經秘抄》並不一致,而與清原宣賢的《孝經抄》一致②。就清原宣賢《孝經抄》引用時所缺的《孔序》和《喪親章》來考察③,《孔序》雖然可以依據此後《孝經直解》引用的《孝經述議》,但《喪親章》一條所據爲何則尚不明瞭。

清原枝賢效法其祖父清原宣賢《孝經秘抄》的注釋方法,同時以清原宣賢《孝經抄》及著者不明的《孝經直解》所引用的《孝經述議》爲資料,作成了一部《孝經》的講義定本,此後又由其弟子曲肱齋借鈔一過,爲之轉寫。這就是本書的成書大略。如果站在《孝經述議》復原的立場來檢討該書的資料性價值,它所引用的《孝經述議》文字,不出前述清原宣賢《孝經抄》、《孝經直解》的範圍,且分量也不多,因此與清原宣賢兩部《孝經秘抄》和《孝經抄》相比,重要性顯然不足。只是有一個方面很引人注目:那就是該書中屢見引用文"述云"、"述",可以推定爲清原宣賢《孝經抄》中引用到的《孝經述議》之一部分。最後值得一提的是,通常認爲清原家《孝經》學風是專據古注進行講義,但該書《廣要道章第十五》傳文解釋"主(朱氏)一無歝"句,卻多少也可以看出朱子學的影響在。

----

① 譯註:以上均原爲日語假名交文,現意譯爲古漢語。
② 譯註:即上文"丙、《孝經抄》"所提及的京都古梓堂文庫所藏《孝經抄》一卷一册。
③ 譯註:非本段所敘之《孝經抄》,亦指上文"丙、《孝經抄》"。

四、《孝經述議》的復原方法

隋劉炫《孝經述議》五卷之中，卷一和卷四被成功發現。就亡佚掉的卷二、卷三和卷五這三卷而言，在前文也已經解説了諸種整理資料，總之，復原《孝經述議》大致還是有可能的。現在具體談一談復原的方法。我首先就新發現的《孝經述議》原本卷四進行了仔細的調查，然後熟悉劉炫《孝經述議》的撰述體例，再根據上舉《孝經述議》的根本資料《孝經抄》、《孝經秘抄》等，進一步調查撰者清原宣賢是如何使用、如何安排《孝經述議》，最後效法新發現的原本殘卷卷四，對其舊態努力進行還原。

基於上述基本方針，結合調查所得《孝經述議》撰述之體例，略述具體之復原方法如次：

《述議》撰述之體例①

一、《孝經述議》雖然首先揭出章名，但不知何故欠缺章次。例如，《廣要道章》下面就缺"第十五"三個字。

二、次改行，揭出經文之首尾，其下並舉經文之字數。例如，《廣要道章》有"子曰教民至要道八十一字"。

三、次改行，或不改，標記"議曰"，其下略記章旨。例如，《廣要道章》記有："議曰，上章既言不孝之罪，在於極刑，聖人教之爲孝使之免罪，故此章説爲教之法，終首章要道之言也。"

四、次不改行，章旨之下，直書經文全體之解釋。例如，《廣要道章》經文"子曰，教民親愛，莫善於孝云云"下有解釋曰："言爲人君者，欲教民使情相親愛，莫善於先教之以孝也云云"。在研究這一部

---

① 譯註：此處《〈述議〉撰述之體例》與下文《〈述議〉復原之具體方法》，在日文原書中原分上下兩欄，今改爲橫排，以前後方式排列。《〈述議〉撰述之體例》之"一"、"二"、"三"、"四"、"五"、"六"，分別對應《〈述議〉復原之具體方法》之"一"、"二"、"三"、"四"、"五"、"六"。

分時可以獲知：在經文解釋之際，全然不引用他説——換言之，也就是在傳文解釋之際，《述議》引用了包含了他説的文字。

五、次不改行，在經文解釋之後，留下約一字之空白，標記"傳"字，此下便揭出傳文之首尾。例如，《述議》揭出了《廣要道章》"子曰教民親愛"條傳文的首尾，即"傳孝者至以孝也。"

六、次不改行，在傳文首尾下空白一字，標記"議曰"，開始解釋傳文。例如，《廣要道章》"子曰教民親愛"條傳文"孝者愛其親，以及人之親云云"句的解釋，有云："議曰，教民親愛者，謂教訓下民，使情相親愛(以下五十六字省略)，孝者愛其親，以及人之親，恕己及人，無所不愛，故孝行著，而愛人之心，在於身焉云云。"對這一部分加以研究，又可得出如下結論：

1. 傳文的《述議》遵從傳文的順序進行解釋。

2. 不僅僅是傳文的解釋，就是經文的解釋，也有混行的情況。

3. 幾乎不存在傳文下全然没有《述議》的情況。

《述議》復原的具體方法

一、由《孝經抄》、《孝經秘抄》開始，在我國現存的《孔傳》舊鈔本中，全部於章名下附記了章次。只是我們在復原《孝經述議》時刪除了這一部分。此外，在章名復原時，使用了我國現存《孔傳》舊鈔本中最古的文本：京都內藤乾吉氏所藏仁治二年清原教隆校點本。

二、《孝經抄》在解釋之際，先揭出經文之一段，而《孝經秘抄》則是先全部把經文揭出。顯然，後者與《孝經述議》的撰述體例是不同的，因此我們新修補了經文的首尾。修補時則使用了上舉的仁治本。再看經文的字數，不論是《孝經抄》還是《孝經秘抄》都没有揭出。因此，我們在仁治本章名之下修補上了經文的字數。

今試就《孝經述議》卷四《聖治章》以下七章的經文字數，與仁治本作一比較,除了《紀孝行章》①之外,兩書字數全部一致。因此,《孝經述議》原本殘卷與仁治本,在經文字數上可謂大抵一致。此外,我還調查了除《聖治章》以下七章之外的十五章之經文字數,與仁治本相比,章名之下的經文字數與實際字數存在不一致的情況,如《開宗明義》、《孝平》、《孝治》、《廣揚名》、《諫爭》五章②。最不可思議的是,我國現存《孔傳》舊鈔本的章名下之字數,統統與仁治本一致——也就是統統與實際字數不一致。清原家在家本校勘和講義之際,以《孝經述議》爲典據,從這一角度考察,頗讓人懷疑清原教隆校定的仁治本上的經文字數,是不是遵照《孝經述議》的經文字數?儘管仁治本章名下的經文字數與實際字數不一致,但目前只能使用這一最古的文本仁治本。

三、這一部分大體可據《孝經抄》進行復原。其中《孝經抄》沒有引用到的《士章》、《孝治章》據靜嘉堂本,《喪親章》則據《孝經秘抄》分別復原。從而這一部分大體復原成功。

四、這一部分可以據《孝經抄》經文下條線所引漢文體引用文,雖然它可以直接作爲《孝經述議》復原資料來使用,但是如《開宗明義章》下則缺少漢文體引用文,又如《喪親章》則全然不見引用。與此相對,《孝經秘抄》的經文下面則改行,用日語假名交文書寫《孝經述議》的概略,因此這也可以作爲窺探《孝經述議》經文通解的參考資料。這些忠實原文的日語假名交文使復原得以可能。對《孝經抄》沒有引用到的部分也能略補一二。此外據靜嘉堂本,多少也能補出《孝經抄》未引用的部分。然而這一部分復原工作最辛苦之處,在於無論是《孝經抄》還是《孝經秘抄》,它們在經文通解之後,屢屢引用到的長段的《孝經述議》。在這一部分中,有時是指出經文或傳

---

①《孝經述議》原本作九十一字,仁治本作九十四字。

② 章名下經文的字數分別是:一百廿四字、廿四字、一百四十二字、四十三字、一百卌九字。實際字數竟然分別是:一百廿五字、廿五字、一百四十四字、四十四字、一百卌八字。

文的矛盾之處,明確其解釋的可能性;或者是解釋古來懸案的言語;或者究明禮作爲古代制度等等的重要問題。因而,對於這類長段涉及《孝經述議》部分的判斷,需要在比較研究經、傳與《述議》關係的基礎上謹慎處理。在判斷困難時,原則上則以該段的最後部分爲傳文的《述議》。此外,判定長段《述議》時,比較忠實地引用《述議》的靜嘉堂本,則發揮了很大的作用。

五、就這一部分而言,《孝經抄》標記爲 傳 ,《孝經秘抄》則標記爲 注 。揭出各傳文中種種之問題。如果與《孝經述議》撰述體例有異,則不揭出傳文的首尾。在復原時,與《孝經述議》原本一致者則修補進去。修補之際使用仁治本,仁治本有誤時則在校勘記中註記出其大旨。

六、在這部分中,《孝經抄》標記爲 傳 ,然後揭出一部段傳文,在下面引條線,轉引《述議》的漢文體論述。因此,這些文字都可以直接作爲《孝經述議》復原資料來使用。與此相對,在這一部分中,《孝經秘抄》則標記爲 注 ,然後揭出一段傳文,在下面引條線,用日語假名交文轉引《述議》的論述。這些文字雖然不可以直接作爲《孝經述議》復原資料來使用,但假名交文大多就是來自漢文體,因此也能夠作爲《孝經述議》復原資料來使用。總之,對於這一部分而言,《孝經抄》和《孝經秘抄》都遵從了傳文的順序進行引用,所以復原時也就不怕會出現排列順序之誤。兩書的引用方法都比較簡單,有時就是直接抄《述議》,因此很難判定這是哪一段傳文的《述議》。針對這一問題,我補記出一段傳文,并以“( )”符號標明其前後關係。

這一部分復原工作最艱難之處,也在於無論是《孝經抄》還是《孝經秘抄》,它們在傳文通解之後,屢屢引用到的長段的《孝經述議》。這部分與(四)在經文通解之後,屢見引用的《孝經述議》一樣,都是《孝經述議》最重要的組成部分,因此在復原時也採取與(四)相同的謹慎態度。在位置判斷困難之際,原則上也是將傳文的《述議》

放在最後。

　　基於上述的具體方法,合理排列清原宣賢《孝經抄》、《孝經秘抄》引用到的《孝經述議》的位置。這樣一來,《孝經述議》復原的基礎工作大致可以完成。作爲補充前兩書缺佚之處的重要資料——静嘉堂文庫所藏《孝經孔傳》舊鈔本,也應該作一説明。静嘉堂本所引用到的《孝經述議》,是出自與清原家完全不同的緇流之手,作爲解釋《孔傳》的參考而引用了劉炫之説。因此,《孝經抄》與《孝經秘抄》沒有引用到的地方,静嘉堂本多有引用。這一點在《孝經述議》的復原工作上,可謂是宝貴的資料。不僅如此,静嘉堂本引用《孝經述議》的態度非常忠實於原文,在前舉判定《孝經抄》、《孝經秘抄》傳文《述議》位置的難點上,静嘉堂本頗爲有用。進一步看,静嘉堂本因與《孝經抄》、《孝經秘抄》是不同的鈔本,在窺探其引用《述議》的形跡上,可以校勘《孝經抄》、《孝經秘抄》引用文的謬誤。

　　綜上所述,《孝經述議》復原的第一資料爲《孝經抄》,第二資料爲《孝經秘抄》,第三資料爲静嘉堂本《孝經孔傳》。實際上可以作爲《孝經述議》復原根據的,還應有第四類資料:

　　（1）京都内藤乾吉氏所藏《孔傳》舊鈔本

　　（2）宋邢昺校訂的《孝經正義》

　　（3）京都古梓堂文庫所藏《孝經直解》

　　（4）東京東洋文庫所藏清原枝賢《孝經抄》

　　上舉數種第四類資料中,（1）裡面的《孔傳》舊鈔本所引用的《孝經述議》,與高野山寶壽院所藏鐮倉時代鈔本、宮内府圖書寮所藏永享八年鈔本相比,新資料並不多見。（2）中的《孝經正義》所引用的《孝經述議》雖有不少的數量,但與傳到我國的《孝經述議》相比,字句差異相當之多,可以想象邢昺在引用之際進行了大膽的删改,復原時必須特別注意。（3）的《孝經直解》在保存《孔序》這一點上非常有名,但其注文割裂了劉炫的《孝經述議》,排列在《孔序》之下。雖然一直作爲《孝經述議》的復原資料得到了關注,但參考最近發現的

《孝經述議》原本殘卷卷一對《孔序》的疏釋,才知道《孝經直解》的復原價值並沒有歷來認爲的那麼大,僅僅可以作爲卷一的校勘資料而已。(4)中的《孝經抄》所引用的《孝經述議》,不出清原宣賢《孝經抄》、《孝經秘抄》以及《孝經直解》的範圍,幾乎没有作爲復原資料的價值。

總之,就復原工作而言,上述第四類資料與第一、第二、第三資料相比,分量明顯要輕很多,很難説是非常重要的憑據。

迄今爲止,復原得到的全部文字,從《孝經述議》原本殘卷卷四《聖治章》以下七章引用到第一、第二、第三、第四類資料,進一步去推定《孝經述議》殘缺部分的卷二、卷三、卷五等共約五分之三以上。從中可窺得隋劉炫《孝經述議》的全貌,差强可謂是一較爲滿意的結果。

五、《孝經述議》發現、復原之影響

甲、義疏學上的劉炫以及其著《孝經述議》之位置

隋代劉炫《孝經述議》五卷的發現與復原,在今後的《孝經》研究史——準確地説應該是經學研究史上,具有怎樣的意義呢? 如果觸及這一問題,那首先需要記述後漢至隋唐間經學變遷的概要,以及規定劉炫在經學史上的位置。考察中國經學史,一般認爲成立於春秋至秦代之間。到了後漢魏晉之際,解釋各經的注,以及傳也都成立。這些注或傳,對於解釋古代的語言,或詳細解釋禮——古代制度,是非常有益的 ①。但是,後漢魏晉的注或傳都是簡單數語,僅僅靠此難以把握經文的意思。離開經文成立時代越遠,這一難解的傾向愈加明顯,以至於不能判斷經文作者的精神大義。

---

① 關於這一點,詳參吉川幸次郎所譯《尚書正義》第一册《譯者序》。

　　魏晉以來,又受到極爲隆盛的佛教影響,佛經解釋之際的討論形式也被儒家經典解釋吸納。作爲注或傳解釋的媒介,展開了接近經文原義的、形式活潑的討論。六朝至隋唐之間,對經注和經傳進行繁瑣注釋的學問勃興起來。這樣對注的注,稱爲"義"或"疏",這種學問被稱爲"義疏學"。六朝以後的經學,籠罩在經注與經傳之下,分析其意義,進而研究之、批判之、討論之,再進而相互影響,相互淘汰、洗練、堆積……這種解釋方法不僅僅是六朝至隋唐經典解釋的一種特質而已,更是中國人複雜多樣思考方式的一種重要形式。可謂是中國精神史上非常貴重的思想遺產。

　　這種意義下的義疏學,是怎樣流行起來的呢?《隋書·經籍志》、《舊唐書·經籍志》和《新唐書·藝文志》各經部的著錄中,有"義"也有"疏",或者也有稱爲"正義"者。其數量非常龐大,一目了然。調查《隋書·經籍志》所著錄的《孝經》類"義"、"疏",在"宋大明中東宮講孝經義疏一卷"以下,約有十七家五十二卷之多。從中可見義疏學流行之一端。對於這些義疏學進行探索的頂點,無疑就是唐孔穎達之《五經正義》。這一《五經正義》今已收載於《十三經註疏》中,可謂是經學研究者的必讀注釋書。其中《五經正義》是唐太宗敕命而成,眾所周知,當時經説已愈演愈繁瑣,《五經正義》正是爲了整理、統制它們,並給學者們一個可以依據的定本。唐太宗的這一意圖,雖然在修書本身這件事上可謂是成功的,但其統制經説以壓抑言論自由,並企圖規定人們思考的方向,結果使得經學陷於停滯狀態,思想枯竭。今天我們除了《十三經註疏》外,六朝人那種極其珍貴的思考產物——"義"與"疏",幾乎百不存一,歸於湮滅。以上,是六朝至隋唐間經學發展的大略。

　　上述義疏學之中,《孝經述議》五卷的撰者劉炫,到底處於什麼位置上呢? 解決這一疑問的前提,是要了解劉炫是怎樣一位人士。綜合今本《隋書·劉炫傳》、《劉焯傳》以及《北史·劉炫傳》,可知劉炫字光伯,河間景城(河北省滄縣)人。據《隋書·儒林傳》"大抵南人簡

約,得其英華;北學深蕪,窮其枝葉"推斷劉炫之學屬於"北學"系統,
善於分析是其學得意之處。劉炫少以聰敏著稱,與信都的劉焯結爲
好友,他們兩位還向精於《詩》的信都劉軌思、精於《左傳》的廣平郭
懋常、精於《禮》的阜城熊安生問過學。全都學成歸來。後聽聞武强
交津橋的劉智海家富有藏書,便去訪書問學。劉炫與劉焯在期間閉
户讀書,十年不出。從這些例子可知,劉炫的勤奮是如何的令人讚
歎!據説劉炫眸子精明,視日而不眩;强記默識,難有與之相儔者。左
畫方,右畫圓,口誦,目數,耳聽,五事同舉,無有遺失。後舉秀才。
曾經做過吏部尚書的韋世惠問劉炫所能何事,劉炫自爲狀曰:"《周
禮》、《禮記》、《毛詩》、《尚書》、《公羊》、《左傳》、《孝經》、《論語》,孔、
鄭、王、何、服、杜等注,凡十三家,雖義有精粗,並堪講授;《周易》、
《儀禮》、《穀梁》用功差少;史子文集,嘉言故事,咸誦於心;天文、律
曆,窮核微妙。至於公私文翰,未嘗假手。"雖然這一段記述多少有
些誇張,但劉炫的博學多識是絕對無疑的。《劉焯傳》又云劉炫:"聰
明博學,名亞於焯,故時人稱二劉焉。"

　　然而,劉炫在吏部並没有得到試用。《北史》記載到:

　　　　吏部竟不詳試。然在朝知名之士十餘人,保明炫所陳不
　　謬,於是除殿内將軍。時牛弘奏購求天下遺逸之書,炫遂僞造
　　書百餘卷,題爲《連山易》、《魯史記》等,録上送官,取賞而去。
　　後有人訟之,經赦免死,坐除名。歸於家,以教授爲務。

　　可見劉炫誤於才氣與名利,形成了一種"僞造癖好"。此後又有
"《孝經孔傳》僞造説"興起。洛陽的石經曾經運到京師長安,文字磨
滅無人能識。劉炫奉勅與劉焯等考定文字,他們兩人的議論,深深
挫敗了其他儒生,史云諸儒"咸懷妒恨",可見他們引起了當時學者
非常大的反感。此後屢屢獲罪,總之仕途很不順。窮厄之際,幾乎
到了凍餒的悲慘境況。卒時年六十八。關於其著述,有:

《論語述議》十卷、《春秋攻昧》十卷、《五經正名》十二卷、《孝經述議》五卷、《春秋述議》四十卷、《尚書述議》二十卷、《毛詩述議》四十卷,《注詩序》一卷、《算術》一卷、《春秋左傳杜預序集解》一卷、《毛詩譜》三卷①、《孝經稽疑》(一卷)、《孝經去惑》(一卷)②。

這些書都一度行於世。從中可見劉炫的博覽强記,作爲一個無與倫比的天才可謂專心於著述。他撰述了《尚書》、《毛詩》、《左傳》、《論語》、《孝經》等經學述議。雖然作爲學者極其優秀,但在仕途上卻由於這些癖好險些釀成大禍。劉炫作爲"北人"卻於《尚書》捨棄鄭康成,而依南人系統的孔安國說;於《左傳》也捨棄服虔而採納南人所據的孔安國說。抛開其個人的經學好尚不談,這可以證明隋代的經學已經向南北折衷的趨勢發展了。

因此,劉炫在義疏學上的地位,也應當置於六朝至唐代的過渡期上考慮,他是義疏學的集大成者,也給予後世的義疏學以極大的影響。例如唐孔穎達奉勑所撰的《左傳正義》,就依據劉炫的《左傳述議》。考《左傳正義·序》可知,孔穎達是這樣談到劉炫的:"然比諸義疏,猶有可觀。今奉勑删定,據以爲本。"孔穎達的其他四部《正義》:《周易》、《尚書》、《毛詩》、《禮記》,也都是本於劉焯與劉炫的《述議》,這都已經被歷代的經學研究者指出了。不難想象,唐代以後的"正義"撰述,其他如《論語》、《孝經》,也一定直接或間接地受劉炫《述議》的影響。

但是,劉炫這些對後世影響極大的《述議》,以及他的好友劉焯之《述議》,都已經亡佚了。今天無法看到它們的全貌,可謂是義疏

---

①《春秋左傳杜預序集解》一卷和《毛詩譜》三卷見於《隋書·經籍志》的經部。

②《孝經稽疑》(一卷)和《孝經去惑》(一卷)見於劉炫的《孝經述議·序》。《孝經稽疑》的卷數根據陳振孫《直齋書錄解題》補充,《孝經去惑》的卷數則根據《日本國見在書目》補充。

學研究上的一大損失。不過,現今《孝經述議》的發現與復原,可以窺得義疏學爛熟期,堪稱博學聰明、并世無雙的一代巨匠劉炫的《孝經述議》的全貌。進而判明劉炫撰述其他經、傳《述議》的體裁與内容。從考察義疏學發展與影響這一點考慮,無疑提供了非常貴重的資料。

被推定保存了六朝義疏原始形態的殘卷,還有奈良興福寺所藏《講周易疏論家義記》、早稻田大學圖書館所藏陳代鄭灼所撰《禮記子本疏義》一卷、巴黎國民圖書館所藏敦煌出土本《孝經鄭注疏》殘一卷,它們與後來被認爲與義疏學發展有重大關係的梁代皇侃《論語義疏》十卷相比,不僅僅可以究明其與六朝義疏學之瓜葛,也能夠究明它們與唐孔穎達等撰《五經正義》,甚至是《十三經註疏》的影響關係。

就《孝經》研究的分野而言,現今發現和復原的《孝經述議》,與今文經鄭注一樣,從魏晉以來《孝經》傳入日本之後,作爲古文的唯一注釋書得到了相當的重視。《孝經述議》是敷衍《孔傳》旨趣的唯一義疏,它究明了《孔傳》之疑義。如果要正確理解《孔傳》,那麼,勢必不得不以《孝經述議》爲典據去探求。考察《孔傳》及其《孝經述議》,對照最近在敦煌發現的鄭注本以及撰者不明的《孝經疏》,加之唐玄宗御注以及宋邢昺校定的《孝經正義》(邢昺的《正義》據唐代元行沖的疏),可以看出如下的年代配置順序:六朝人所撰鄭註及疏、隋劉炫《孝經述議》、宋邢昺校御注《孝經正義》。作爲窺探以《孝經》爲中心的六朝至隋唐義疏學發展史之經緯,《孝經述議》可謂是必須整備的資料。

以上是劉炫以及其著述《孝經述議》在六朝隋唐義疏學研究史上的地位。

乙、《孝經述議》在《孔傳》解釋上之影響

現今發現、復原的《孝經述議》,對於《孔傳》解釋有怎樣的影響

呢? 姑且據一二實例以作説明。

例如《聖治章第十》"是故親生毓之,以養父母曰嚴"句,我國仁治二年清原教隆校點本以降,現存的《孔傳》舊鈔本均訓讀作:

　　イニ　ウンテヤシナフ　　テ　ナフヲ　ヲ　ケント
　　是故親生毓之,　　　以　養　父　母　曰　　嚴。

將"曰"字訓讀爲"イフ",屬於今文系統的鄭注本、御注本,其"曰"字均作"日",即爲"以養父母日嚴"。然而,我國太宰純在享保十七年(1732)校勘《孔傳》本時,據今文本系統,將舊本的"曰"字也悉數改爲"日"。這一太宰本,後來傳到中國,收録清朝鮑廷博《知不足齋叢書》第一集中,引起了清朝學者們的震驚。此後,中國的學者們皆誤以爲《孔傳》本原來就是作"日"字,不僅如此,我國的學者大多也誤信了太宰本。作爲這一《孔傳》解釋上的宿疑之處,我們來檢核一下劉炫的《孝經述議》:

　　　既荷生育之恩,故當盡其愛敬,是以愛養其父母,而致尊嚴焉。尊而養之,故名之曰嚴。經以止言嚴父,説其爲嚴之意,故云曰嚴以結之。

據此可以明確知道,《孔傳》本原來即作"曰嚴"二字。亦可證我國舊有的《孔傳》本不誤,反而是太宰純校勘有誤。

又《應感章第十七》經文"故雖天子,必有尊也。言有父也,必有先也。言有兄,必有長也"的"必有長"三字,仁治本註記爲:"必有先也。言兄必有長也。"或有舊本存此三字,但我國現存的《孔傳》舊鈔本全部無"必有長"這三字。不過,太宰純卻再度將此三字補上,這一點也可以對照劉炫《孝經述議》來考察:

　　　且經旨必有尊也,言有父也。爲其父者,而推父之道以尊人,所尊非親父也。必有先也,言有兄也。爲(其)有兄,而推兄之道以先人，所先非親兄也。

可見《孝經述議》所據的《孔傳》本經文裡面無"必有長"三字。或有舊本及太宰本存此三字，可以判明爲衍文。也可證我國《孔傳》舊鈔本之正確。

又如《紀孝行章第十三》"五者備矣，然後能事其親"的《孔傳》，仁治本作"五者奉生之道二，事死之道三。"我國現存《孔傳》舊鈔本悉數從仁治本，但太宰本把"二"改爲"三"，又把"三"改爲"二"。之所以如此，是因爲上文有"居則致其敬，養則致其樂，疾則致其憂，喪則致其哀，祭則致其嚴。"太宰純把"疾則致其憂"歸爲了"奉生之道"，故有此改動。關於這一古來《孔傳》解釋上的問題，《孝經述議》有如下文字：

> 奉生之道二，居也，養也。事死之道三，疾也，喪也，祭也。王邵以爲疾屬生，不屬死，當云"奉生之道三"。劉焯以爲人神大分，氣絶爲限。以疾爲死，未有是處，古之人安有猶生而死其親哉！謂改之爲允。炫案，《士喪禮》、《喪大記》將述死事，皆以疾爲首。《孔傳》分此五者，合上二下三，疾雖非死，與喪共傳，蓋以將死疾篤，故同之死焉。既以爲疑，且存其舊也。

從中可見，當時的王邵和劉焯都主張改爲"上三下二"，但劉炫持存疑説，暫從《孔傳》的"上二下三"。從仁治本以下，我國的《孔傳》舊鈔本均作"奉生之道二，事死之道三"，與劉炫之説一致，保留了《孔傳》的舊態。只不過從隋代的異議來看，這一點未必是太宰本之誤。

又如《父母生績章第十一》"父母生之，績莫大焉"句，《孔傳》云："績，功也。父母之生子，撫之育之，顧之復之。功苦之功，無大焉者也。"我國舊傳的《孔傳》本缺"母"字。劉炫《孝經述議》有云：

> "績，功"，《釋詁》文。《詩·蓼莪》云："父兮生我，母兮畜我。

　　撫我育我,顧我復我。"《傳》取彼爲説,故言"父之生子",而辭不
及母。其實撫覆育養,顧視反復,乃母之功爲多也。

從經文"父母生之"來看傳文"父母之生子",本可謂是極其自然的事
情,但是劉炫根據《孔傳》本,明確指出了"母"字當無。因此,我國
《孔傳》舊鈔本上的"母"字是不是衍文,則爲一個新問題了。

　　從上舉文獻可以看出,劉炫的《孝經述議》解決了《孔傳》解釋上
的諸多疑義。雖然它的出現,使得《孔傳》研究史上又出現了新的問
題,但本文這一部分只能略舉如上數例而已。

丙、《孝經述議》對於判定《孝經孔傳》作者之影響

　　下面談一談《孝經述議》發現、復原的副産品,即對於學界懸案
之一的《孝經孔傳》作者問題的判定,有再檢討的必要。根據《隋書·
經籍志》所述,《孔傳》在梁代與今文鄭注同時立於學官,可惜在梁末
之亂中亡佚。不過於隋文帝開皇十四年(594),被王劭再次發現。
劉炫序其得失之始末,作義疏講學於民間,後又與鄭注共立於學
官。然而當時的學者們,皆喧喧然以爲《孔傳》是劉炫的僞作,絕不
是孔安國的舊本。直到今天的學界中,劉炫僞作説依然很有力。不
過,這一説法是否真的穩妥呢?

　　現將關於《孔傳》本真僞歷來的研究一分爲二。第一,指出《孔
傳》本卷頭所揭孔安國《古文孝經序》的論旨有矛盾。從這樣有矛盾
的《孔序》,否定了是漢代孔安國所作,進而去否定《孔傳》的真實
性。第二,通過分析《孔傳》,從其文章語氣結構出發,論證它並非是
西漢的文氣。

　　我們首先考察它對孔子的批判。我國朝川鼎《古文孝經私記》
上卷題有"孔安國孝經辨",提出了關於《孔序》的四個疑問。清朝鄭
珍《巢經巢文集》卷一亦收有《辨日本國古文孝經孔氏傳之僞》一文,
其中也提出了類似的《孔序》的四大矛盾之處。

　　今介紹鄭珍的一處疑問。《孔序》中有"昔吾逮從伏生論古文尚書誼"句，《漢書·藝文志》云："孔氏有《古文尚書》，孔安國以今文讀之，因以起其家，《逸書》得十餘篇。"[①]孔安國傳承的《古文尚書》，並不是伏生所傳的二十九篇，孔安國傳的是今文不是古文。但是，"逮從伏生論古文尚書誼"這句話很奇怪，看來是《孔序》的偽作者不辨《今文尚書》的祖師。這就是鄭珍指出的《孔序》偽作的有力證據之一。因此，鄭珍的思考方式從指責《孔序》的論旨矛盾出發，進而否定《孔序》，再接著徹底否定《孔傳》。

　　通過對《孔傳》的分析，然後指出其疑點，最後否定《孔傳》。類似的學者，我國則有藤田一正。藤田一正在帝國圖書館所藏《孝經直解》附《讀古文孝經孔氏傳》中，揭櫫了關於《孔傳》的三點疑問：

　　　　更按其文，其體補綴諸書爲文，語勢卑弱，西漢傳體所無，其可疑一也。其所傳不止訓詁而已，諄諄然言其義理，不堪繁冗，亦西漢傳體所無，其可疑二也。傳中所解，旁及支節，如解仲尼之字，而及命名之誼。（中略）大似後世註疏，亦西漢傳體所無，其可疑三也。

　　正如藤田一正所指出的。現在能看到的《孔傳》是補綴諸書而成，製作的痕跡非常明顯。且語勢卑弱，不像西漢文體那樣勁健。此外，它的注釋態度也非常繁冗，不像西漢諸注那樣簡略，多少都帶有義疏的特征，絕對不會是漢朝的孔安國所作。

　　如果按照隋朝人的說法，那是不是劉炫的偽作呢？如前所述，劉炫的確有偽作古書之癖好，當時學界興起的"劉炫偽作說"也是理所當然的。然而，這一"劉炫偽作說"的背後，是當時學界今古文兩學派的勢力之爭，以及大家對劉炫這樣一個偏狹之人的反感。所以這一"偽作說"含有不少情感因素在內，不能輕易相信。實際上，考察

---

　　① 這是《漢書·藝文志》的説法。然《史記·儒林傳》有誤。

劉炫據《孔傳》爲底本作成的疏釋《孝經述議》五卷，是解決這一宿疑的關鍵。

　　先試從劉炫的《孝經述議》中，檢討一下鄭珍、朝川鼎等指出的《孔序》矛盾之處。關於鄭珍指出的“昔吾逮從伏生論古文尚書誼”，劉炫曾經有討論，云：

　　　於伏生之時，已得《古文尚書》義者。伏生所傳，亦自謂《古文尚書》，非謂伏生見恭王古文也。

伏生所傳是伏生自己的《古文尚書》，並不是説伏生親自見到了魯恭王獻給漢武帝的壁中古文本，這可謂是一種未通大義的辯解之辭。對於其他鄭珍、朝川鼎指出的疑問，劉炫早在承認這些矛盾的同時，同樣反復進行了辛苦的辯解。如果説劉炫即已認出了《孔序》是僞作，而且也意識到其中的矛盾之處，那麼，他放著這些矛盾不管，繼續反復進行苦苦的辯解，是不是愚鈍之舉呢？ 答案顯然不是，因爲如果劉炫僞作了《孔序》，那他爲何不作一篇符合西漢文體的、前後不矛盾序文呢？

　　接著再考察劉炫對於《孔序》的態度。劉炫對於《孔傳》的義疏就是《孝經述議》，在《述議》中卻並沒有完全祖述《孔傳》，而是有好些地方反對《孔傳》的經旨，這些地方據統計有十二處之多。關於這一點，鄭珍原以爲劉炫就是主《孔傳》來反駁鄭注，現在看來劉炫並沒有完全遵照《孔傳》，殊爲可怪。今試舉一例，《紀孝行章第十三》“祭則致其嚴”條的《孔傳》有云：“既葬後，反虞祔練祥之祭，及四時吉祀，盡其齋敬之心，竭其尊肅之敬，所謂致其嚴也。”關於這一則《孔傳》，劉炫云：

　　　炫案，虞祔練祥之祭，主人哭以行禮，未暇展嚴恪之敬。練祥之前，當在致哀之限。唯四時之祭，乃得盡敬心耳。《傳》以并虞祔練祥，與四時之祭同爲致嚴，其言非經旨也。

《孔傳》將"兇祭"的虞祔、練祥，與"吉祭"的四時之祭視爲一樣，均爲
"致嚴"。對此，劉炫明確地反駁了《孔傳》。又如，《三才章第八》"是
以其教弗肅而成"句，《孔傳》云："登山而呼，音達五十里。"關於這一
句的出典考證，劉炫云："蓋有成文，不知所出。"實在也很可疑。如
果劉炫自己僞作了《孔傳》，那麼他爲何還指出那麼多《孔傳》不合經
旨之處呢？而且還不知道引用文的出典，這實在難以想象。將劉炫
那篇華麗的、堂堂正正的《孝經述議序》，與低調、粗雜的《古文孝經
序》相比，或者將論旨整然的《孝經述議》正文與淺陋冗漫的《孔傳》
相比，果真都是出於劉炫一人之手嗎？基於以上論證，我想《孔傳》
應該不是劉炫的僞作。

今本劉炫的《孝經述議序》有云：

> 安國之《傳》，蔑尒無聞，以迄於今。(中略)炫與冀州秀才劉
> 焯，俯挹波瀾，追慕風彩。渴仰盃積，多歷歲年。大隋之十有
> 載，著作郎王劭始得其書，遠遣垂示。似火自上，如石投水。散
> 裹披文，驚心動魄。遂與焯考正訛謬，敷訓門徒，鑿垣墉以開户
> 牖，排榛藪以通軌躅。大河之北，頗已流行。於彼殊方，仍未
> 宣佈。

從中可知劉炫從王劭處得到了《孔傳》，與劉焯共同校訂，以教授門
人，此書在黃河以北非常流行，但尚未流傳到南方。據此，劉炫並不
是《孔傳》的作僞者，而應該視爲《孔傳》的校訂者。

現今劉炫的《孝經述議》五卷得以重現(發現和復原)，作爲其副
産品，就是開始對歷代學界懸案的"《孝經孔傳》劉炫僞作説"産生疑
義。那麼，《孔傳》的僞作者到底是何人呢？從《孔傳》與曹魏王肅
《孝經解》之説大抵一致的四條推論，應該是王肅以後之人，恐怕是
六朝人託孔安國之名而寫的僞作。關於這一問題，請參拙作《孝經

學論考》所載《孝經孔傳の成立に就いて》①，此不贅言。

丁、《孝經述議》對於判定《孝經直解》作者之影響

最後再來考察一下《孝經述議》發現和復原的另一個副產品，即對於古來學界懸案之一的《孝經直解》的作者之判定，提供了決定性的資料。原本《孝經直解》是屬於《孔傳》系統的作品，特色是對於《孔序》有全盤詳細的注文。在《孝經直解》中，最有名的是櫔木縣足利學校遺蹟圖書館所藏本。檢足利本序首，首題“孝經直解卷第一”，欄外註記“直解者魏劉炫爲之也”數字。據這裡的“卷第一”，可以想象其後應該還有卷第二、卷第三。然而足利本只有卷第一，並無此下的卷第二、卷第三。因此《孝經直解》的原本，是否最初就只有一卷呢？

此外，據足利本的註記《孝經直解》是魏（應該是“隋”字之誤）代的劉炫所作。然而，在《隋書》劉炫本傳和《隋書·經籍志》裡面，記載劉炫著有《孝經述議》五卷，全然沒有提及《孝經直解》此書。因此《孝經直解》的作者和卷數都存在疑問。就卷數的問題而言，在上提拙作《孝經學論考》所載《孝經直解を繞る問題》②中，我以最忠實於《直解》本原貌的京都古梓堂文庫所藏本爲資料，認爲《孝經直解》本的最初形態是：以《直解》爲卷第一，以《正義》爲卷第二，以經傳爲卷第三。這從足利本闕失了大半的卷第二殘本可以明了。下面再來看一下該書的作者問題。

現舉出《孔序》的“與五經並行於世”條，《孝經直解》云：“炫以爲《孝經》者，孔身手所作。”歷來的研究，都把《孝經直解》視作隋劉炫的作品。但是，《隋書》劉炫本傳以及同書的《經籍志》，並沒有記載劉炫有此之作。如果劉炫寫了《孝經直解》，那麼爲何沒有著錄呢？

---

① 譯註：林秀一，《孝經學論考》，東京：明治書院，1976，第235—248頁。
② 譯註：林秀一，《孝經學論考》，第296—306頁。

對於這一疑問,朝川鼎進行了精透的考察,使人看到了解決這一宿疑的曙光。朝川鼎在其著《古文孝經私記》①中指出:第一,"直解"與"述議"二詞,在吳音發音時非常酷似;第二,《孝經直解》與邢昺《孝經正義》引用到的《孝經述議》在著書體裁上一致。從這兩點朝川鼎斷定《孝經直解》就是劉炫的著作。雖然根據朝川鼎的考證,可知《直解》與《述議》二者的密切關係,但進一步明確它們關係的資料不足,頗爲遺憾。不過慶幸的是,新近發現的《孝經述議》原本卷一,也有解釋《孔序》的内容。通過活用《孝經述議》原本卷一,可以解決久爲學界懸案的《孝經直解》作者問題。

今試就《孔序》開頭"孝經者何也"句,比較《孝經直解》與新發現的《孝經述議》卷一之解釋。

《孝經直解》

> 孝事親之名。經事親之書、論孝之經。

《孝經述議》原本

> [議曰,孝經二字,此書惣目。將辨其名義,故問而釋之。孝者]事親之名。[經者爲書之號。此是]事親之書,論孝之經云云。

通過對比可以判明,《孝經直解》割裂了《孝經述議》的資料,按照適當的方式編排在《孔序》下面。

再考察《孔序》"夫雲集而龍興,虎嘯而風起"條的《孝經直解》與《孝經述議》原本卷一之内容:

《孝經直解》

> 夫雲集而龍興龍舉而景雲往,《易文言》云:雲從龍也。虎嘯而風起虎

---

① 參考此書卷上的《劉炫古文孝經述議考》條。

嘯而風生,《易文言》云:風從虎。

《孝經述議》原本

[議曰],《易文言》云,雲從龍,風從虎。[東方朔《七諫》亦云],
虎嘯谷風生,龍舉而景雲往,[是自然有相感之事也。雲集龍
興,虎嘯風起。文不類者,俱是相感,故互以見意。]

　　如上例證,《孝經直解》並不是忠實地引用了《孝經述議》,而是
倒置了《孝經述議》的順序,改變了部分字句。由此可知《孔序》的
《直解》文字,悉數據《述議》,並且嚴重割裂了《述議》的順序重新排
列在《孔序》之下,因而《孝經直解》的作者絕對不會是劉炫。那麼是
何人所作呢? 又是何時的作品呢? 解決這些問題的關鍵,是在"正
義卷之二"上。檢核構成"正義卷之二"的《正義》五十四條目,如"語
錄曰"、"述議曰"、"名有五品"、"孔氏傳"、"孔氏之説"等,均是引用
《孝經述議》來解釋經傳。但又如"側室女房云也"、"優掩狂言也",則是
用我國的俗語來解釋它。從而推測《孝經直解》最早可能成書于本
邦人之手,至於其成書時間,從"女房"、"狂言"等詞句俗語推測恐怕
是鐮倉、室町時代。

　　總之,劉炫《孝經述議》五卷的出現,使得我們明瞭古來學界懸
案的《孝經直解》的成書問題,即《直解》卷一是以劉炫《孝經述議》卷
一爲根本資料整合而成。因而,《孝經直解》卷一也就反過來成爲了
《孝經述議》的復原資料。同時,《孝經直解》的作者問題也得以解
決。《孝經直解》除了"正義卷之二"引用到的《孝經述議》五條之外,
其卷一則引用了《孝經述議》多達九十七條。但是在《孝經述議》殘
本卷一被發現的今天,它們作爲復原的直接資料已經失去了價值,
只不過作爲校勘《孝經述議》原本的謬誤,尚有一些間接資料的
價值。

【譯後記】此文譯自林秀一《孝經述議復原に關する研究》（文求堂書店，1953年版）。翻譯緣起，乃承蒙劉玉才教授之美意。在翻譯過程中，京都大學古勝隆一兄、北京大學程蘇東兄惠贈他們關於《孝經述議》的研究論文，使我對於這份中古義疏學殘卷增加了理解。徐興無師在1988年撰寫研究生論文時就利用了林秀一關於《孝經述議》的研究成果，是國內學界很早關注到此殘卷的學者。這次譯文麤成之後，又得徐興無師校正一過，今一併致謝。

童嶺　記于甲午年芒種

【譯者簡介】　童嶺，南京大學文學院副教授、域外漢籍研究所研究員

《十三經注疏校勘記》略説

關口順撰　水上雅晴譯注

【翻譯緣起】阮元《十三經注疏校勘記》在儒家經典校勘史上的標志性意義不言而喻。這篇論文首先概説《十三經注疏》的鈔本和刊本,然後探討《十三經注疏校勘記》的編纂過程、價值以及問題。此文雖然是三十年前發表的,但是到阮元《校勘記》的研究越來越多的現在也不失爲富有參考性的佳作。所以,得到原著者的應允,進行翻譯,又應原著者要求,附加註釋。爲了避免兩種註釋混同,將附載原作末尾的原作者之註釋分割而放在論文内各項文章的後面,而翻譯者所加的註釋用脚註方式表示。譯文内部分補充引用文獻的卷數和篇名,以便確認出處。再者,原著論文稿中的少數誤字加以訂正。

一、嘉慶《重刊宋本十三經注疏》之前注疏刊行的概要——校勘上的主要資料

單疏本

《五經正義》的撰定始於唐貞觀十二年(638),完成於永徽四年

（653）而頒布天下（原註1）。當時，這些《正義》與"二禮"即《儀禮》和《周禮》以及"二傳"即《公羊》和《穀梁》的疏一樣都是通過抄寫方式，換言之以鈔本形式流傳，不僅如此，同時以單疏本即與經注別行的形式流通。

這些單疏鈔本從北宋開始刊行。端拱元年（988）至淳化五年（994）之間，《五經正義》全書刊刻於國子監（原註2）。李唐傳下來的鈔本以刊本的形式問世之前，校定文本（作成定本）是不可缺少的基礎工作。宋儒在校定文本之時似乎任意加以改變，這種改字是不能與出於誤刻的改字相提並論的，吉川幸次郎以《禮記正義》爲例對他們改字的痕跡進行詳細探討（原註3）。

"二傳"和"二禮"的校定，以及《孝經》、《論語》、《爾雅》的修定，也到咸平四年（1001）之前結束，刻版工作也到景德二年（1005）左右之前完成（原註4）。令人感到遺憾的是，這些北宋單疏刊本（監本）似乎已經湮滅。據說，現存宋刊單疏本都是南宋的覆刻本或者翻刻本（原註5）。

就現存單疏本的足本而言，刊本有《周易》（北京圖書館）①，《尚書》（宮內廳書陵部）②，《爾雅》（北京圖書館、静嘉堂文庫）；鈔本有《周易》（刊本的鈔本？），《左傳》、《公羊》（蓬左文庫。刊本的鈔本）。就一部分留存的單疏本而言，刊本有《毛詩》（武田科學振興財團）③，《儀禮》（所在不明），《禮記》（久遠寺），《公羊》（北京圖書館）；鈔本則

---

① 影印本收入《續修四庫全書》第1冊，上海：上海古籍出版社，1995年。單疏刊本《周易正義》的版本與校勘價值，詳論於野間文史《五經正義の研究―その成立と展開》第二篇第一章《廣島大學藏舊鈔本〈周易正義〉について》，東京：研文出版，1998年。

② 影印本有《宋槧尚書正義》全十八冊，大阪：大阪每日新聞社，1928—1929年。《四部叢刊·三編》所收本是據此影印本縮印的。

③ 這部單疏本《毛詩正義》有1936年由日本東方文化學院刊行的影印版，還有2012年由北京人民文學出版社以東方文化學院影印本爲底本刊行的。武田科學振興財団杏雨書屋2011—2013年獨自編刊彩色影印本十八冊。此前的刊行情況，參看李霖、喬秀岩《影印前言》，《南宋刊單疏本〈毛詩正義〉》，北京：人民文學出版社，2012年。

有《周易》(舊鈔),《毛詩》(舊鈔),《儀禮》(舊鈔),《周禮》(刊本的鈔本。零本),《禮記》(舊鈔),《左氏》(舊鈔)以及《穀梁》(北京圖書館)。我們在利用這種鈔本的時候,需要識別是重寫刊本的鈔本還是刊本以前的舊鈔本。

原註 1 鈴木虎雄《五經正義撰定答問》(《桑原博士還曆記念東洋史論叢》,東京:弘文堂書房,1931年)對《五經正義》編纂頒行的過程進行梳理如下:

貞觀四(630)年　顏師古奉太宗詔,開始考定《五經》。(《貞觀政要》卷七)

貞觀七(633)年　頒行新定《五經》〔五經定本〕。(《舊唐書·太宗紀》)

貞觀十二(638)年　孔穎達等奉詔開始撰定《五經》義疏。(《唐會要》卷七十七《論經義》等)

貞觀十六(642)年　從事修疏的人及蘇德融等諸人更加覆審。(各經《正義》序)

貞觀十七(643)年　孔穎達致仕。

貞觀二十二(648)年　孔穎達卒。

永徽二(651)年　重新加以刊正。長孫無忌等奉高宗詔而行之。(《唐會要》卷七十七《論經義》)

永徽四(653)年　二月二十四日,刊正告竣而上進。三月一日,詔頒《五經正義》於天下。(《舊唐書·高宗紀》)

内藤湖南《影印祕府尊藏宋槧單本尚書正義解題》(初刊1929年,《内藤湖南全集》第七卷,東京:筑摩書房,1970年)與福島吉彦《唐五經正義撰定考——毛詩正義研究之一——》(《山口大學文學會誌》第二十四卷,山口:山口大學,1973年)[1]也詳

---

① 漢譯版有福島吉彦撰,喬風(刁小龍和姚去兵的合署筆名)譯《唐〈五經正義〉撰定考》,《中國經學》第8輯,桂林:廣西師範大學出版社,2011年。

論孔穎達的事蹟和《正義》撰定的事情等。

原註2　王應麟《玉海》卷四十三《端拱校五經正義》云：

端拱元年三月，司業孔維等奉敕校勘孔穎達《五經正義》百八十卷，詔國子監鏤板行之。《易》則維等四人校勘，李説等六人詳勘，又再校。十月板成以獻。《書》亦如之，二年十月以獻。《春秋》則維等二人校，王炳等三人詳校，邵世隆再校，淳化元年十月板成。《詩》則李覺等五人再校，畢道昇等五人詳勘，孔維等五人校勘，淳化三年壬辰四月以獻。《禮記》則胡迪等五人校勘，紀自成等七人再校，李至等詳定，淳化五年五月以獻。

根據《玉海》的記載，此後，部分校訂工作仍在繼續，大概在咸平三年（1000）左右完成①。又據《麟臺故事》，景德二年（1005）九月再次修正《尚書正義》的誤字②。

原註3　吉川幸次郎《舊鈔本〈禮記正義〉を校勘して》（初刊1938年，《吉川幸次郎全集》第十卷，東京：筑摩書房，1970年）。

原註4　王應麟《玉海》卷四十一《咸平孝經論語正義》云：

至道二年，判監李至請命李沆、杜鎬等校定《周禮》、《儀禮》、〔《公羊》〕、《穀梁傳》疏，及別纂《孝經》、《論語》、〔《爾雅》〕正義，從之。咸平三年三月癸巳，命祭酒邢昺代領其事，杜鎬、舒雅、李維、孫奭、李慕清、王焕、崔偓佺、劉士玄預其事。凡賈公彦《周禮》、《儀禮》疏各五十卷，《公羊疏》三十卷，楊士勛《穀梁疏》十二卷，皆校舊本而成之。《孝經》取元行沖《疏》，《論語》取梁皇侃《疏》，《爾雅》取孫炎、高璉《疏》，約而修之，又二十三卷。四年九月丁亥以獻，賜宴國子監，進秩有差。十月九日命

---

① 參考原註4。

② 程俱《麟臺故事》卷二《修纂》云："至景德二年九月，又命侍講學士邢昺兩制詳定《尚書》、《論語》、《孝經》、《爾雅》錯誤文字，以杜鎬、孫奭被詔詳校疏其謬誤故也。"

杭州刻板。(〔　〕內的文字以王國維説補之①。)

同卷四十二《咸平校定七經疏義》云:

景德二年……六月庚寅,國子監上新刻《公、穀傳》、《周禮》、《儀禮》正義印板。

這些國子監板的行款,每半葉十五行,字數因經而異,每行二十二字至三十字左右。附帶説,宋人僞託孫奭之名而作《孟子疏》又在此後。至於北宋、南宋的監本,詳論於王國維《五代兩宋監本考》、《兩浙古刊本考》。

原註5　長澤規矩也《現存宋刊單疏本刊行年代考》,1937年(《長澤規矩也著作集》第一卷,東京:汲古書院,1982年)。其後的調查結果,參看阿部隆一《日本國見在宋元版本志經部》,第18—19頁(《斯道文庫論集》第18輯,1982年3月)②。

至南宋初,爲了補充爲金人掠去的監本書版之缺,令臨安府與其他州郡雕造印板,將之納入國子監爲監版(王國維《五代兩宋監本考》、《兩浙古刊本考》、《宋刊本爾雅疏跋》③)。

八行本注疏

經注疏的合刻發軔於越刊八行本(原註6)。乾道(1165—1173)、淳熙(1174—1189)之間,《周易》、《周禮》、《尚書》刻板於兩浙東路茶鹽司(紹興府)(原註7)。在三書之中,《周禮》的刊行似乎早於其他兩書。隨後在紹熙二年(1191)《毛詩》和《禮記》入梓(原註8),到慶元六年(1200)《左氏》也鏤版刊行。除此以外,《論語》和《孟子》也以八行本出版,兩書的刊行大概在慶元之後。八行本以每半

---

①引文中所補充的“公羊”二字和“爾雅”二字,見於王國維《五代兩宋監本考》卷中所引《玉海》(第七葉右)。

②此文後來收入阿部隆一《阿部隆一遺稿集》第一卷,東京:汲古書院,1993年,第262—263頁。

③《宋刊本爾雅疏跋》收入《觀堂集林》卷二十一。

葉八行而得名。據王國維的說法，每半葉八行的行款襲用五代以後國子監版經注本，分卷則從單疏本（原註9）。在經注疏合刻之際，當時流通的監版經注本與單疏本合併，這是不能忽視的事實。因爲疏文中提到的經注文字（編寫疏文者所親眼看的經注本文字）有時與解釋對象的經注文字（在合刻時所採用之通行本的經注文字）呈現差異。吉川幸次郎提醒學人留意監本經注的文本在刻版時蒙受校改，從而不僅與孔穎達等所依據的經注文本有別，而且與開成石經文本亦有産生區別（原註10）。

關於八行本的種類，長澤規矩也認爲《儀禮》、《公羊》、《穀梁》、《爾雅》四經沒有刊行（原註11）。就八行本的完本而言，《周易》收藏於足利學校遺蹟圖書館和北京圖書館①；《尚書》收藏於足利學校遺蹟圖書館和北京圖書館（含補配）②；《禮記》收藏於足利學校遺蹟圖書館（有補寫）和北京圖書館③；《左氏》收藏於北京圖書館④；《周禮》收藏於北京圖書館與臺灣故宮博物院（北平圖書館舊藏本）；《孟子》收藏於臺灣故宮博物院（北平圖書館舊藏本）。至於殘本，《論語》收藏於臺灣故宮博物院（北平圖書館舊藏本）；《毛詩》寫本收藏於臺灣故宮博物院（觀海堂舊藏本）（原註12）。

---

① 足利學校遺蹟圖書館所藏本有影印本，即足利學校遺蹟圖書館後援會編《周易註疏》全二冊，副題：影南宋初年刊本周易註疏，東京：汲古書院，1973年。北圖本的影印本收入《續修四庫全書》第一冊。

② 國家圖書館本的影印本收入《續修四庫全書》第四十一冊（内扉頁註記說：“卷七、卷八、卷十九、卷二十，配日本影印宋鈔本”）。山口謠司和桑瀬明子對足利本和北圖本《尚書》文本加以詳細調查，下結論認爲，北圖本的文本比足利本更接近原刻初印本，見山口、桑瀬《越刊八行本尚書正義の遞修について》，《大東文化大學漢學會誌》第38號，東京：大東文化大學漢學會，1999年，野間文史贊同他們的見解，見《尚書正義版本小考——八行本〈尚書正義〉と九行本〈尚書注疏〉——》，《東洋古典學研究》第23集，廣島：東洋古典學研究會，2007年，第115頁。

③ 阿部隆一關於足利學校所藏《禮記正義》說：“卷三三—四〇室町期補寫”。阿部隆一《日本國見在宋元版本志經部》，《阿部隆一遺稿集》第1卷，第305頁。

④ 國家圖書館本的影印本收入《續修四庫全書》第117、118冊。

原註6　"越刊八行本"又稱"浙東轉運司本"、"茶鹽司本"或"宋越州本"。根據加藤虎之亮的説法,經注疏的合刻始於金天德三年(1151)監版《周禮注疏》,經注疏音義合刻則祖此書①。

原註7　長澤規矩也和加藤虎之亮持同樣看法,見長澤規矩也《越刊八行本注疏考》(《長澤規矩也著作集》第一卷,第27頁);加藤虎之亮《周禮經注疏音義挍勘記·引據各本書目解説》②。

原註8　根據《禮記正義》所録三山黄唐《跋》,可以知道刊行時間。這條跋語收入《長澤規矩也著作集》第三卷《十三經注疏影譜》。附帶説,《七經孟子考文補遺·左傳考文》在引用此跋之時,將"紹熙"二字誤刻爲"紹興",因此令當時學者之間,圍繞經注疏合刻的時期(北宋或者南宋)導致混亂。(參照汪紹楹《阮氏重刻宋本十三經注疏考》③,第28—30頁)

原註9　王國維《宋越州本禮記正義跋》(《觀堂集林》卷二十一)。

原註10　吉川幸次郎《東方文化研究所經學文學研究室毛詩正義校定資料解説》,初出1943年(《吉川幸次郎全集》第十卷,第455頁)。

孔穎達等所依據的經注(正義本)以及賈公彦等所依據的經注,到底是何種版本成爲應該解決的問題。

原註11　同原注7。至於《孝經》的刊刻,長澤保留判斷④。

原註12　北京圖書館編《北京圖書館古籍善本書目·經部》

---

① 加藤虎之亮《周禮經注疏音義挍勘記》卷頭《引據各本書目解説·七 經注疏合刻本》"附釋音周禮注疏",第八葉左,東京:無窮會,1957年。

② 加藤虎之亮《周禮經注疏音義挍勘記》卷頭《引據各本書目解説·七 經注疏合刻本》"浙東轉運司本",第七葉左—第八葉右。

③ 參考原註15。

④ 長澤規矩也《越刊八行本注疏考》,第31頁。

（北京：書目文獻出版社，1987年）。阿部隆一《中國訪書志》（東京：汲古書院，1983年）。

十行本注疏

此係由福建省建安書肆刊行的坊刻本，加藤虎之亮考據認爲其刊行時間在從紹熙三年（1192）到嘉定末年（1224）的範圍之内（原註13）。關於所刻印的經書種類，長澤規矩也推定《儀禮》和《爾雅》没有刊行，但他自己承認這種説法缺少明證。他又推定，因爲足利學校所藏《毛詩》和《左氏》等有"劉氏文府"、"叔剛"、"桂軒"、"弌經堂"、"建安劉叔剛父鋟梓"、"敬齋"、"高山流水"等木記，所以宋十行本是由一經堂劉叔剛刊行的（原註14）。相反，汪紹楹引用顧廣圻説，强調宋十行本並不是由一家書肆彙刻的（原註15）。

在宋元之間，這種版本不僅施以補修又進行覆刻。到明代正德年間（1506—1521），此系列版本在南京國子監集中補修（版心刻有正德年字）而彙集刊行，所謂正德十行本注疏（又稱南雍本、南監本）是也。正德本被認爲是來自元代覆刻版（原註16）。就新修正德十行本注疏而言，《孝經》則是新刻的，《爾雅》則取元刻九行本，《儀禮》則是由元刊單經本與《儀禮圖》、《儀禮旁通圖》組合構成的，從此可知注疏尚未齊全，仍然是不完整的一套《十三經注疏》（原註17）。正德十行本的印版大概到明末還留存（原註18），從宋刻十行本起算，十行本可謂擁有悠久歷史。

就十行本的初期印本（宋刻）而言，《毛詩》（初印）與《左傳》（有補刻）收藏於足利學校遺蹟圖書館①，《左傳》瞿氏舊藏本收藏於北京圖書館。完整的正德本注疏，則静嘉堂文庫收藏一套（原註19）。

十行本以半葉十行而得名，附刻《經典釋文》的經注疏音義合刻

---

① 足利學校遺蹟圖書館所藏十行本《毛詩》有影印本，即足利學校遺蹟圖書館後援會編《毛詩註疏》全四册，東京：汲古書院，1973—1974年。

本(附釋音本)以此爲濫觴。附釋音本從此廣爲流傳，至明代之後，十行本成爲閩本的底本，監本、毛本等也取範於此。阮元重刻的版本也是十行本，而十行本的分卷方式早已與單疏本及八行本完全不同了(原註20)[①]。

原註13　加藤虎之亮《周禮經注疏音義校勘記·引據各本書目解説》[②]。

原註14　長澤規矩也《注疏本考》，1937年初刊(《長澤規矩也著作集》第一卷)[③]。

原註15　汪紹楹《阮氏重刻宋本十三經注疏考》[④](《文史》第3輯，北京：中華書局，1963年)。

原註16　長澤規矩也在《正德十行本注疏非宋本考》一文中(《長澤規矩也著作集》第一卷)，以版心刻工名爲根據來論證正德十行本不是以宋刊原版爲底本的，而是對元代覆刻十行本加以修補的(爲了弄清正德十行正德本以外十行本各本宋刻、元刻之別，今後需要分別加以調查)。阿部隆一在《日本國見在宋元版本志經部》一文中，對元代的十行本覆刻之情況進行考察(第104—106頁)[⑤]。摘要而言，刊行年份爲從大德到至元(1297—1340)之間，大概是泰定(1324—1327)前後；(除《儀

---

① 對宋代的經書刊本以及刊刻情況之最近全面性研究，可參看張麗娟《宋代經書注疏刊刻研究》，北京：北京大學出版社，2013年。

② 加藤虎之亮《周禮經注疏音義校勘記》卷頭《引據各本書目解説·八 經注疏音義合刻本》"附釋音合刻本"，第八葉左—第九葉右。

③ 長澤規矩也《注疏本考》收録《十三經注疏版本略説》、《現存宋刊單疏本刊行年代考》、《越刊八行本注疏考》以下幾篇論文，詳細討論注疏刊行的情況，而原註14所提到的見解，見《正德十行本注疏非宋本考》，第32—39頁。附帶說及，《十三經注疏版本略説》、《越刊八行本注疏考》、《正德十行本注疏非宋本考》、《和刻本十三經注疏について》有蕭志強的漢譯文，《現存宋刊單疏本刊行年代考》有鍋島亞朱華的漢譯，均收入《中國文哲研究通訊》第10卷第4期，臺北：文哲研究所，2000年。

④ 見第七節《十行本注疏宋刻元刻本辨》。

⑤ 阿部隆一《阿部隆一遺稿集》第1卷，第348—350頁。

禮》、《孝經》、《爾雅》三經的）十經都是宋刻閩版（建安本）的覆刻；刻工之所在，一半是浙江，一半是福建；但是，刊地爲福州或者杭州，刊者爲私人或者官府，這些問題缺少明證，因而不能下斷言（只是從行文來看，阿部似乎想定爲杭州西湖書院之刊行）。

原註17　長澤規矩也《注疏本考》。

再據阿部隆一，這本《爾雅》也不是元版的修版，而是明版（明代前期覆刻的元刊九行本）的補修本（《日本國見在宋元版本志經部》，第121頁）①。

原註18　瞿鏞《鐵琴銅劍樓藏書目錄》卷五第十六葉。

原註19　各本經書十行本之所在，參照《日本國見在宋元版本志經部》。

原註20　當時這個十行本以何種版本的經注、音義、疏來編組而成是令人感興趣的問題，但是難以解決。就《周禮注疏》而言，加藤虎之亮根據行款來推定，其出於余仁仲本和茶鹽司八行本的合刻。附帶説，前者爲經注音義合刻本，後者爲經注疏合刻本。

明刊本十三經注疏

閩本又稱李元陽本、嘉靖本。在閩中（福建）由御史李元陽與提學僉事江以達（後印本删去江以達的名字）校刊。版式：半葉九行；經，大字單行；注，中字單行；釋文、疏，小字雙行。據説，此本是嘉靖十一二年至十五六年之間（1532—1537）以正德本爲主，另參考其他諸本加以補正而刊行的（原註21）。閩本就是《十三經注疏》第一次全部彙刻的合刻本。

監本又稱萬曆本。萬曆十四年至二十一年（1586—1593）在北

①　阿部隆一《阿部隆一遺稿集》第1卷，第365頁。

京國子監刊行(重校監本)。版式:半葉九行;注,小字空左偏右;釋文、疏,小字雙行。據説,此本被認爲是以閩本爲主,另參酌八行本和十行本來補訂的善本。只是,國内傳入的版本很少,現存的版本大多是明末重修的重修監本(與重校監本的差異難以辨別。重修監本的標誌在於將卷首所録重校者的銜名改爲雙行小字,從而産生的空白部分以重修者的銜名填入,不僅如此,將"重校"的"校"字改爲"較"①)。重修本雖然誤字甚多,但是不少學人將之放在對校資料之列。這種重修本,到康熙年間之後,外題改爲"重校修監本"而刊行,内容則與重修監本相同。

毛本又稱汲古閣本、崇禎本。崇禎元年(1628)至十二年(1639)在常熟(江蘇省)汲古閣以監本(重校監本?)爲底本刊行。汲古閣主人毛晉是藏書家,他與其子毛扆一起盡力出版各種書籍。版式:半葉九行;注,中字單行;釋文、疏,小字雙行。誤字越到後印越增加,而初印本有佳處,其中可看出與宋元善本進行對校的痕跡(原註22)。到清代覆刻本刊行。

嘉慶《重刊宋本十三經注疏》

清代乾隆年間雕版的《十三經注疏》有殿版,殿版因乾隆四年(1739)在紫禁城内武英殿刊刻而得名。此本是加以校點的,便於讀解,但是編纂官以文意通順爲先,有時臆改文字,所以作爲校勘資料難以依據(原註23)。

就現在的文獻情況而言,影印本最多而且最易獲取的《十三經注疏》是由阮元主持的《重刊宋本十三經注疏》。阮元在任職江西巡撫的嘉慶二十年(1815)在江西省南昌府學開雕,實際從事編撰工作的主要人員就是府下武寧縣的貢生盧宣旬。除了《儀禮》和《爾雅》二經注疏以外,這套注疏以所謂"宋版十行本"當作底本。根據阮元

---

① "校"改刻作"較",蓋出於避明熹宗諱由校的措施。

"刻書始末"（揭載於《重刻宋板注疏總目録》①），他以自己所藏的十一經以及胡稷從吳中（吳縣）新購的十一經之兩套爲主，擇善而從，作爲底本。

不過阮氏舊藏本多有明代補修的文字，大概來自正德本（原註24）。瞿鏞在《鐵琴銅劍樓藏書目録》（不是瞿氏自己編成的目録②，以下略稱《瞿目》）內，對《周易》、《尚書》、《左氏》、《公羊》四經，將自己所藏十行本與阮氏藏本（即據《校勘記》推斷的本子）進行比較。其概要可以用圖表顯示如下：

	瞿氏藏本	阮氏藏本
周易③	正德修版本，修版較少。載《略例》一卷。	修版很多。
尚書④	未言有修版	有修版。內容與瞿氏本略同。
左氏⑤	元代印本（没有明代補修的文字。內容多與八行本一致）。另一本是正德修版本。	正德本中後印而且文字差異不少的本子。修版很多。
公羊⑥	明代修版本，修版很少。	誤字很多。重刊本與瞿氏本略同

---

① 收載於阮元《宋本十三經注疏附挍勘記》卷首。

②《瞿目》編纂的情形，見藍文欽《鐵琴銅劍樓藏書研究》第5章第1節《編印原委》，臺北：漢美圖書有限公司，1991年。

③ 瞿鏞《鐵琴銅劍樓藏書目録》卷一《周易兼義九卷略例一卷音義一卷（宋刊本）》，第五葉左－第二十一葉右，《續修四庫全書》第926册，第45—53頁。

④ 瞿鏞《鐵琴銅劍樓藏書目録》卷二《尚書註疏二十卷（宋刊本）》，第二葉左—第三葉右，同上第70頁。

⑤ 瞿鏞《鐵琴銅劍樓藏書目録》卷五《附釋音春秋左傳註疏六十卷（宋刊本）》，第四葉右—第十五葉左，同上第102—107頁；卷五《附釋音春秋左傳註疏三十卷（宋刊本）》，第十五葉左—第十六葉左，同上第107—108頁。

⑥ 瞿鏞《鐵琴銅劍樓藏書目録》卷五《春秋公羊經傳解詁十二卷（宋刊本）》，第十六葉左—第二十七葉左，同上第108—113頁；卷五《監本附釋音春秋公羊註疏二十八卷（宋刊本）》，第十七葉左—第四十葉左，同上第113—120頁。

　　《周易》、《左氏》、《公羊》的文字差異,附載於《瞿目》,從這些校勘記可以看出,雖然同屬十行本,阮氏藏本的質量可謂遜色於瞿氏藏本。

　　通過此等比較得知,阮氏藏本與他刊行的重刊本之間呈現文字差異,這一部分出於他參考胡稷所藏十一經對重刊本的文字加以補訂(原註25),一部分出於他又參考《校勘記》來改正而補填文字於重刊本(原註26)。如此看來,"刻書始末"中所謂"凡有明知宋板之誤字,亦不使輕改",這種方針沒有貫徹始終,校訂工作也不足以爲周至。

　　《儀禮》和《爾雅》的底本是以阮氏所藏單疏二本爲主,又用黃丕烈所藏單疏二本對此加以校正的(見"刻書始末")。參考重刊本附載校勘記所載《引據各本目録》的解說,重刊本《儀禮》、《爾雅》二經注疏的文本是由下列本子所組合而構成的(原註27)。

	經注	疏
儀禮	石經與宋嚴州單注本	宋單疏本(不附《釋文》)
爾雅	明吳元恭仿宋刻爾雅經注三卷	宋槧爾雅疏十卷(間有明代補刻者)

　　十行本《十三經注疏》重刊的情形是如此,各卷末附載的校勘記,將在後面進行説明。很遺憾地是,除了《校勘記》中所提到的誤字以外,還觀察到重刊時産生的誤刻字。只看《校勘記》,這種誤字不能識別出,所以應該參照他本而修正(原註28)。這種誤刻文字,一部分在道光六年(1826)由於南昌府學教授朱華臨的盡力工作而修正(《重校宋本十三經注疏跋》[①])。重校本有很多覆刻本。

　　原註21　根據汪紹楹《阮氏重刻宋本十三經注疏考》,53

---

　　① 此文收載於阮元校刻本《十三經注疏》卷首,北京:中華書局,1980年,第4頁等。

頁，《爾雅》用元刊九行本，《儀禮》出於陳鳳梧本(據顧千里説)，
而《尚書》、《毛詩》、《禮記》、《論語》、《孟子》，蓋出於十行本，他
經亦出於十行本而不可考。

原註22　原三七《汲古閣刻板考稿》(《東方學報·東京》，第
6册，東京：東方文化學院東京研究所，1936年)。

毛本卷頭所列的九篇序文，參照户川芳郎《毛本〈十三經注
疏〉の九篇序——〈名古屋市蓬左文庫漢籍分類目録〉を手にし
て》)(《ＵＰ》通卷第三十七號，東京：東京大學出版會，1975年)。

原註23　殿版有同治十年(1871)廣東書局重刊本。

原註24　洪頤煊《讀書叢録》卷二十四開頭有"周易注疏"、
"毛詩注疏"、"周禮注疏"、"禮記注疏"、"左傳注疏"、"公羊注
疏"、"穀梁注疏"、"孝經注疏"諸條，而"孝經注疏"下云：

以上八種，皆南宋閩中所刊，即世所稱十行本也，間有明正
德、嘉靖補刻葉。唯《孝經》殘缺最多，原葉幾無一二存矣。阮
尚書南昌學官刊本，即從此本翻雕。

原註25　胡稷購入的十一經對阮元重刊本有如何影響，還
不清楚。除此以外，關於重刊工作，還有很多事情仍不明白。
就刊行的時間而言，汪紹楹甚至將之放在定説之後一年，認爲
是從嘉慶二十一年仲春到二十二年仲秋的十九個月間之内刊
行的①。

原註26　《鐵琴銅劍樓藏書目録》卷五第四、五葉云：

南昌府學重刊本，雖據阮校多所改正，惜其不知十行原本
與宋本(原註者按，指八行本)本自相同，其未經改正者，猶不
少。……至於補脱，阮校並據宋本，而重刊本翻從閩、監、毛三
本。即阮氏所明斥其誤者，亦有不顧，遂與所附校勘記，多不
相應。

---

① 汪紹楹《阮氏重刻宋本十三經注疏考》第二節《重刻十三經注疏之準備工作》。

附帶說,重刊本間有校刊者無所依據而改字的地方(同書卷二第二葉)①。

原註27　汪紹楹《阮氏重刻宋本十三經注疏考》,第33頁。又同文第34頁所引王國維《跋爾雅疏》云:

阮氏重刊本《爾雅注疏》,其疏文全據此本。然因與經注合刻,故於單疏中複舉經注之文,多所刊落。又往往改疏字以就經注本,故與所撰《校勘記》多不合,而校記亦多漏略,阮本之新生訛奪,抑又倍之。

原註28　阮元重刊本中有不少誤刻之處,時人早已認識到。《雷塘庵主弟子記》卷五“(嘉慶二十一年)秋刻宋本《十三經注疏》成”下阮福註語云:

按此書尚未刻校完竣。大人即奉命,移撫河南。校書之人,不能如大人在江西時細心,其中錯字甚多,有監本毛本不錯,而今反錯者。要在善讀書人參觀而得益矣。校勘記去取,亦不盡善,故大人不以此刻本爲善也。

(《揅經室三集》卷二《江西校刻宋本十三經注疏書後》的按語則云:“……故家大人頗不以此刻本爲善也”。)

不過重刻本是嘉慶二十一年八月刊行的,阮元實際赴任河南就是同年七月二十四日,他爲父親的辯解恐怕難以成立。

---

①　瞿鏞《鐵琴銅劍樓藏書目錄》卷二《附釋音尚書註疏二十卷(宋刊本)》下云:“此本與阮氏《校勘記》所引悉同。惟《尚書序》‘悉以至能者’疏:‘伏生之本,亦壁内古文而合者者。’,江西重刊本‘者者’作‘之者’,而盧氏補《校勘記》仍出‘者者’,是阮本亦不作‘之者’,蓋校刊者所改也。汲古毛氏本則作‘者也’。考家藏金刻本‘者’字不重,則下‘者’字當是衍文,改爲‘之者’與‘者也’,並屬無據。”第二葉左—第三葉右。《續修四庫全書》本,第70頁。

二、阮元《十三經注疏校勘記》的編纂①

《七經孟子考文補遺》

先於阮氏《校勘記》而且對此《校勘記》編纂事業的推動予以很大的刺激和方便之日人著作是山井鼎著,物觀補遺《七經孟子考文補遺》(原註29)。此書就是山井以足利學校舊藏宋本五經注疏和古鈔本爲主要資料,歷時三年時間完成的《校勘記》,收録《周易》、《尚書》、《毛詩》、《春秋左傳》、《禮記》等五經,以及《論語》、《孝經》和《孟子》。此書在享保十一年(1726)脱稿而奉獻給主君西條侯,副本一部轉奉獻至幕府,直到享保十三年孟秋,物觀接到幕府的命令擔任編寫補遺。物觀的補遺工作,在享保十五年十二月結束,又在翌享保十六年(1731)六月,與山井《考文》合併,題名《七經孟子考文補遺》板行。如衆所周知,此書後來舶載到清國,收入《四庫全書》之中。阮元在嘉慶二年(1797)又翻刻了《七經孟子考文竝補遺》二百卷。

山井主要依據資料是由上杉憲實(1411—1466)、憲忠(1433—1454)父子向足利學校奉獻的《五經正義》(原註30):

周易注疏十三卷(八行本)

尚書正義二十卷(八行本)

附釋音毛詩註疏二十卷首一卷(十行本)

附釋音春秋左傳註疏六十卷(十行本)

禮記正義七十卷(八行本)

這些均是宋板注疏本(有補修的本子也在此列)。

再對經注而言,山井將足利學校所藏古本(古鈔本)和足利本

---

① 野間文史詳細梳理日本國内對阮元《十三經注疏校勘記》的以往研究,見野間文史撰、童嶺譯《近代以來日本的十三經注疏校勘記研究》,《中國經學》第11輯,桂林:廣西師範大學出版社,2013年。

(活字板)(原註31)作爲對校資料:

古本

周易　三部		論語　二部
尚書　一部		皇疏　一部
毛诗　二部		古文孝經　一部
禮記　一部		孟子　一部

足利本

禮記　一部(足利學校藏)　周易 ⎫
左傳　一部　　　　　　　論語 ⎬(三部書是由友人提供的)
　　　　　　　　　　　　孟子 ⎭

　　除了諸本以外,他還參考正德本(山井分辨出宋版十行本和正德十行本)、嘉靖本、萬曆本、崇禎本的明刊注疏本以及宋人經解書等,以崇禎本(毛本)爲底本編成《校勘記》。

　　原註29　山井鼎的事蹟以及《考文》帶給清代學者的衝擊,詳述於狩野直喜《山井鼎と七經孟子考文補遺》,1926年初刊(《支那學文藪》,東京:みすず書房,1973年)。

　　山井鼎,一名重鼎,通稱善六,字君彝,號崑崙。學於荻生徂徠之門,後來成爲西條藩儒官。享保十三年(1728)正月二十八日没,享年三十九歲(據狩野直喜的考證。一般看法認爲,他享年四十八歲)。

　　物觀,本姓荻生氏。荻生觀,通稱惣七郎,字叔達,號玄覽道人、北溪。徂徠之弟,任幕府儒官。寶曆四年(1754)没,享年八十二歲。

　　原註30　山井鼎認識到孔穎達等《五經正義》原來與經注別行,他在《毛詩考文》卷一中慨嘆説,經注疏合刻之後,單疏本掃地,合刻的宋版正義本喪失本來面目(儘管如此,他没有利用

單疏本作爲對勘材料)①。

中國到十八世紀末,盧文弨(一七九五年没)等開始理解經本、經注本、單疏本原來各自别行,根據這種知識而考察經傳文字(汪紹楹《阮氏重刻宋本十三經注疏考》第一節《清人重刊十三經注疏緣起》),這大概出於《七經孟子考文補遺》的影響(其前偶爾有將單疏本爲校勘材料的學人如錢孫保、何煌等,但是没有成爲學術界的潮流)。這種觀點經由段玉裁、錢大昕、顧廣圻,到阮氏《十三經注疏校勘記》扎根,學術界重視單疏本,對經本、經注本的校勘價值加以反思了。日本學者對待阮氏《校勘記》的著作可舉海保元備《周易校勘記舉正》,他在一八五〇年利用舊於宋刊本的舊鈔單疏本(實爲刊本的鈔本?)撰寫此書(後述)。

原註31　《考文·凡例》説明,“足利本”是足利學校曾經刊行(這不是事實)②的活字板本,來自國內傳承的古鈔本。《凡例》又説明,足利本《左傳》是宋版經傳集解本(這也不是事實,此本係日本南北朝時代的舊刊本——嘉定九年興國軍學刊本之覆刻,或者同本紹興舊刊本之覆刻。見《日本國見在宋元版本志經部》,第84頁)③,爲了避免與宋刊《五經正義》混同,暫稱“足利本”。《凡例》還提到古本,認爲是吾國古博士家所傳,而徂徠《敍》説:“唐以前,王、段、吉備氏所齎來”,物觀《敍》説:“吾邦古博士家所藏”,均持同樣説法。

---

① “周南關雎故訓傳第一”下“謹按”。
② 阿部隆一指出,山井視古活字本爲足利學校所刊,當屬失考,見《日本國見在宋元版本志經部》,第82頁、《阿部隆一遺稿集》第1卷,第326頁。慶長四年至十一年(1599—1606),足利學校第九世庠主元佶(三要)等接到德川家康的命令用木活字印刷《周易》、《孔子家語》、《貞觀政要》等古籍。正如這些古籍總稱爲“伏見版”,這項出版工程不是在關東足利學校內而是在京都伏見內進行的。“伏見版”的刊刻情況,詳論於川瀬一馬《古活字版の研究》第二編第四章第三節二《伏見版の刊行》,東京:安田文庫,1937年。
③ 阿部隆一《阿部隆一遺稿集》第1卷,第328頁。

浦鏜《十三經注疏正字》

《四庫全書總目》著録此書,説:"《十三經注疏正字》八十一卷,國朝沈廷芳撰"(原註32)。《正字》是先於阮氏《校勘記》以十三經注疏全部爲對象進行校勘的,阮氏《校勘記》在編纂過程中參照此書而利用其成果。書中用以調查文字異同的資料只有監本、重修監本、閩本、毛本等明版注疏(原註33)(《四庫全書總目》所引《正字·例言》①),對校文獻的質量可謂遜色於《七經孟子考文》。不過,參考他書下的推斷不爲無見(原註34)。

關於此書的作者,或曰浦鏜,或曰沈廷芳,尚無定論,成書的事情詳於加藤虎之亮的考證(原註35)。加藤説:

> 案《嘉善縣志》,浦鏜廩貢生,弱冠從事《十三經正字》一書,廣購古善本,校正疑訛,得八十一卷。壬午(1762)入都,將應京兆試,以暴疾亡(卷二十四,節録)。而《國朝耆獻類徵》(卷百七十七)所引國子館本傳、《鶴徵後録》及《四庫總目》竝以《正字》爲沈廷芳撰,不署浦鏜名,爲可怪。汪中撰《沈廷芳行狀》云:其《十三經注疏正字》八十卷,則嘉善浦鏜同校(《碑傳集》卷八十四引)。盧文弨云:仁和沈萩園廷芳、嘉善浦聲之鏜作《十三經正字》(《群書拾補·經·周易注疏》)。《簡明目録標注》云:"盧云:嘉善浦鏜原編,仁和沈椒園先生覆加審定。其子南雷禮部世煒,上之四庫館"(卷第三)。據此始得知其眞相。而鏜死在乾隆二十七年(1762),是年廷芳辭官歸鄉,三十七年殁。然則仁和、嘉善雖相距不甚遠,二人生時恐不相見。得無非鏜死後,廷芳就其原編,加審定者乎?

原註32　影印本收入《四庫全書珍本初集》。

---

①《正字》卷頭《十三經注疏正字例言》也説:以監本、重修監本、陸氏閩本、毛氏汲古閣本參互考正。

原註33　加藤虎之亮《周禮經注疏音義挍勘記·引據各本書目解説》①。加藤指出，實際上不少地方依據殿本進行校勘。加藤又指出，《十三經正字》又據疏中所引文章的原典以及《禮書》和《經傳通解》等參考文獻從而修訂文字，這可算是一個特色。

原註34　吉川幸次郎在《東方文化研究所經學文學研究室毛詩正義校定資料解説》一文中，對此書加以評論，説："有所推導出孔疏的原形，思索之精，值得佩服。只是一些校語過於臆改，這就是缺點。"（第461－462頁）

附帶説，阮元評論該書的短處，説："又以近時文體，讀唐代義疏，往往疑所不當疑"（《校勘記·凡例》）。

原註35　同原註33②。

阮氏編纂《校勘記》的情況

阮元《十三經注疏校勘記》的編纂，一方面是出於同時代校勘學興隆的學術潮流，自不待言，另一方面又可能是出於個人動機。阮元在年輕的時候，早在登科之前，已經做成以毛本爲底本的十三經注疏校本，此事由阮亨《瀛舟筆談》卷七、張鑒編述《雷塘庵主弟子記》卷二（第三十一葉）以及阮元自己撰寫的各經《校勘記》序文等記載可以了解（原註36），經書校勘可謂是阮元的素志。其後，乾隆五十六年（1791）奉敕命任爲石經校勘官，擔任《儀禮》的分校。或許從事這個工作的經驗令阮元重新認識經書校勘的緊要性。接著，在嘉慶二年（1797），《七經孟子考文竝補遺》二百卷在儀徵阮氏小琅嬛僊館開雕。

---

① 加藤虎之亮《周禮經注疏音義挍勘記》卷首《引據各本書目解説·八 諸家校勘本》"十三經注疏正字例言"第十四葉左。

② 加藤虎之亮《周禮經注疏音義挍勘記》卷首《引據各本書目解説·八 諸家校勘本》"十三經注疏正字例言"，第四葉左—第五葉右。

　　經過這些事情才開始《校勘記》的編纂。就編纂方式而言，阮元
《校勘記》與《山左金石志》、《經籍籑詁》和《疇人傳》等書一樣，自定
具體編纂方針之後，要求友人弟子分擔實際工作，草稿寫好，他就對
此加以校閱。實際上，阮氏本人到底參與這項工程到如何程度呢？
關於這個問題，汪紹楹提出段玉裁主持《校勘記》編纂事業之説，舉
出幾個旁證①，不過他所舉的旁證缺少説服力，"段氏主持説"難以成
立（原註37）。

　　調查《校勘記》的内容，就可以了解分任者（分校者）的見識和手
法之間呈現差異，然則《校勘記》的校語很可能直接來自各位分校者
的原稿。分校者的名單如下：

　　周易　元和生員　李　鋭　　（原註38）

　　尚書　德清貢生　徐養原　　（原註39）

　　毛詩　元和生員　顧廣圻　　（原註40）

　　周禮　武進監生　臧　庸　　（原註41）

　　儀禮　德清貢生　徐養原

　　禮記　臨海生員　洪震煊　　（原註42）

　　左傳　錢塘監生　嚴　杰　　（原註43）

　　公羊　武進監生　臧　庸

　　穀梁　元和生員　李　鋭

　　論語　仁和生員　孫同元　　（原註44）

　　孝經　錢塘監生　嚴　杰

　　爾雅　武進監生　臧　庸

　　孟子　元和生員　李　鋭

　　阮元與浙江的因緣溯自乾隆六十年（1795），當年他是三十二
歲，作爲浙江學政赴任。他着手《校勘記》的編訂則在就任浙江巡撫
的時候即嘉慶六年（1801）初。根據《臧在東先生年譜》和《顧千里先

---

　　① 汪紹楹《阮氏重刻宋本十三經注疏考》第二節《重刻十三經注疏之準備工作》。

生年譜》的記載,他們在杭州紫陽書院開始校勘工作,接著,作業組遷移至西湖畔孤山南麓新建的詁經精舍(原註45)。除了臧庸和顧廣圻以外,徐養原和李銳的傳記中,又可以看到兩名在詁經精舍分擔注疏的校勘(原註46)。孫星衍《詁經精舍題名碑記》(《平津館文稿》卷下)則在"詁經精舍講學之士九十二人"之中列出孫同元、嚴杰、徐養原、洪震煊等名字。從此可以推測,孫同元、嚴杰、洪震煊也同一時期在詁經精舍從事校勘工作。這些記載適合段玉裁在《十三經注疏校勘記序》中所說那樣的"……集諸名士,授簡詁經精舍,令詳其異同……"的情況。

　　臧庸在嘉慶七年(1802)九月完成分擔的工作。就顧廣圻而言,除了偶爾返回吳縣以外,一直到嘉慶八年左右居寓杭州,大概最晚到嘉慶八年内完成自己分擔的工作。從兩人工作的情況可以推測出其他諸士從事校勘工作的時間(原註47)。由分校者做成的原稿經阮氏校閱之後,嘉慶十一年(1806)十月在阮氏文選樓刊行《宋本十三經注疏併經典釋文校勘記》二百四十五卷。據說,京都大學人文科學研究所所藏的一套《校勘記》屬於最初印本(原註48)。

　　原註36　阮亨,字仲嘉,號梅叔。阮元伯父之養子,刊行《文選樓叢書》。

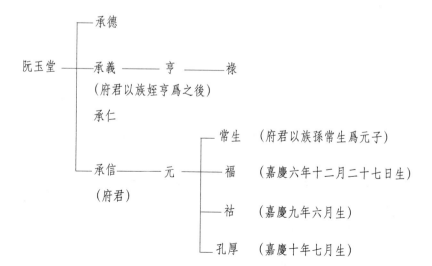

　　原註37　汪紹楹《阮氏重刻宋本十三經注疏考》。他在這篇論文中説，“主其事者段茂堂。……段氏主其事無疑。……立十三經局，延段茂堂總其成”（第27—28頁），提出“段氏主持説”。

　　段玉裁與《校勘記》編纂有關不能否定，管見所及，汪紹楹所援引的諸文①，段氏爲《左傳校勘記》撰寫的序文（《經韵樓集》卷四《春秋左傳校勘記目録序》）②，以及他爲《校勘記》全書寫了序文的事實，都可算是證據。就《毛詩校勘記》而言，汪氏甚至斷言“經段氏重定，則無可疑，則此併合七卷，當由段氏”（第32頁），但是他對《十三經注疏校勘記》全書的參與程度現在不能確定③。

　　原註38　李鋭　乾隆三十三年（1768）—嘉慶二十二年（1817）。江蘇元和人，字尚之，一字四香。《碑傳集》卷一百三十五《經學下之下·李君鋭傳（阮元）》，《清史稿》卷五百零七《疇人二》，《國朝耆獻類徵》卷四百二十一《經學九》。

　　原註39　徐養原　乾隆二十三年（1758）—道光五年（1825）。浙江德清人，字新田（心田），一字飴庵。《續碑傳集》卷

---

　　① 段玉裁《與劉端臨第二十九書》、《與王懷祖第一書》、《跋黄蕘圃蜀石經毛詩殘本》、《與孫淵如書》；黄丕烈《宋嚴州本儀禮經注精校重雕緣起》。《與劉端臨第二十九書》和《與王懷祖第一書》均收入《經韻樓集補編·下》，《跋黄蕘圃蜀石經毛詩殘本》和《與孫淵如書》分别收入《經韻樓集》卷一和卷五。至於《宋嚴州本儀禮經注精校重雕緣起》則收入鄭玄注、黄丕烈校《儀禮》卷末。

　　② 按，其文辭與阮元《春秋左傳注疏校勘記序》基本上一致，具體情況，參看汪紹楹《阮氏重刻宋本十三經注疏考》，第59—60頁。

　　③ 陳鴻森是首先關注《校勘記》校語内“○”即圈識的，他指出：“以余所考，今《校勘記》校文下，間有加‘○’，别加按語者（或出段名或否），即段氏審閲時所加筆也。”（陳鴻森《〈段玉裁年譜〉訂補》嘉慶九年條，《歷史語言研究所集刊》第六十本第三分，臺北：歷史語言研究所，1989年，第631—632頁）陳氏的説法没有提示證據，隨後一些研究者對這個問題進行探討，證實他的見解。現在一般看法認爲，段玉裁的直接參與限於圈識後的校語，其他部分的校語均是由各經分校者寫的。關於此點，請參看本書所載水上雅晴《顧廣圻與〈十三經注疏校勘記〉——以〈毛詩釋文校勘記〉爲考察中心》，特别是“前言”以及腳註。

七十二《儒學二·徐新田墓志銘(錢儀吉)、徐餳庵先生傳(張履)》。

原註 40　顧廣圻　乾隆三十一年(1766)—道光十五年(1835)〔趙詒琛與神田喜一郎之說。根據李兆洛所撰的墓誌銘,乾隆三十五年—道光十九年〕。江蘇元和人,字千里,號澗薲。《續碑傳集》卷七十七《文學二·澗薲顧君墓志銘(李兆洛)》,《清史稿》卷四百八十一《儒林二》,趙詒琛《顧千里先生年譜》一卷(《復盧叢書》),神田喜一郎《顧千里先生年譜》(《支那學》第一卷十一號、十二號,京都:弘文堂書房,1921年)[①]。

原註 41　臧庸　乾隆三十二年(1767)—嘉慶十六年(1811)。江蘇武進人,初名鏞堂,字在東,又東序。後改名庸,字用中,一字西成。拜經是室名。臧琳的玄孫。阮元《臧拜經別傳》(《揅經室二集》卷六),吉川幸次郎《臧在東先生年譜》(《吉川幸次郎全集》第十六卷,1970年)。

原註 42　洪震煊　乾隆三十五(1770)—嘉慶二十年(1815)。浙江臨海人,字百里,號樾堂。洪頤煊弟。《清史稿》卷四百八十六《文苑三》,《國朝耆獻類徵》卷四百二十一《經學九》,《清史列傳》卷六十九《儒林傳下二》。

原註 43　嚴杰　乾隆二十八年(1763)—道光二十三年(1843)。浙江錢塘人,字厚民。《皇清經解》的編者。《清史列傳》卷六十九《儒林傳下二》。

原註 44　孫同元　浙江仁和人,字與人(雨人)。孫志祖之養子(其兄景曾之子)。

原註 45　吉川幸次郎《臧在東先生年譜》:

嘉慶六年:阮氏校勘《十三經》,招先生與其事〔《送姚文溪大令還濟南序》〕。且補訂《饕誥》〔《阮氏別傳》〕。正月,先生往

---

① 此文後來收入神田喜一郎《神田喜一郎全集》第1冊,京都:同朋舍,1986年。

杭州就其聘〔《亡弟和貴割肱記》〕，校經於紫陽書院〔《趙氏坦哭臧在東先生文》〕。……十二月朔，阮氏過詁經精舍，訪顧氏廣圻及先生作詩〔阮氏《揅經室四集》。案時顧氏與先生不平……〕。

七年：校經杭州〔《霜哺遺音書後》〕。……九月，《十三經》分校者先竣，因請阮氏歸〔《送姚文溪大令還濟南序》〕。

楊文蓀《思適齋集序》：嘉慶辛酉（六年1801），儀徵相國撫浙，延元和顧君澗薲及武進臧君拜經、錢塘何君夢華同輯《十三經校勘記》，寓武林之紫陽別墅。

阮亨《瀛舟筆談》卷七：

紫陽書院在吳山之麓，地最清曠，城市中有山林之意。兄（阮元）即其地上，構校書亭，招臧在東鏞堂、顧千里廣圻，校定《十三經》。……。

按，吳山由紫陽山等小山組成，處在西湖東南，杭州市街南方。

張鑒《雷塘庵主弟子記》卷二：

嘉慶六年一月……立詁經精舍。……先是，先生督學時，曾集諸生，輯《經籍籑詁》一書。至此，遂以其地立精舍，選兩浙諸生學古者，讀書其中，題曰詁經精舍。

阮元《山東糧道淵如孫君傳》（《揅經室二集》卷三）：

（嘉慶）六年四月，元撫浙，建詁經精舍於西湖之濱，選督學時所知文行兼長之士，讀書其中，與君及王少司寇昶迭主講命題課業。

原註46　錢儀吉《徐新田墓志銘》（《續碑傳集》卷七十二）：

儀徵阮公徵高材生數十人，詁經於杭州。君與其弟養灝與焉。……其後校勘諸經注疏，以《尚書》、《儀禮》二者屬君。《儀禮》錯簡脫文尤眾，君所校遠出永嘉、濟陽兩張氏上。

張履《徐餢庵先生傳》(《續碑傳集》卷七十二)：

儀徵阮公元撫浙，築舍西湖上，選高才生數十人，詁經其中。先生與其弟養灝與焉。……又集儒書，校勘諸經注疏，先生任《尚書》、《儀禮》。

阮元《李尚之傳》(《揅經室二集》卷四，《碑傳集》卷一百三十五)：元昔在浙，延君至西湖，校《禮記正義》。

按，"校《禮記正義》"大概是阮元記憶之誤。

原註47　段玉裁在《春秋左傳校勘記目録序》末尾簽上"嘉慶八年冬至日"的日期(《經韻樓集》卷四)。《左傳校勘記》開頭載有的序文不過是對段序加以若干修正而且簽上"臣阮元恭記"的。參照《阮氏重刻宋本十三經注疏考》，第59—60頁。

原註48　張鑒《雷塘庵主弟子記》卷二：

嘉慶十一年十月，纂刊《十三經校勘記》二百四十三卷成。先是，先生弱冠時，以汲古閣本《十三經注疏》多譌謬，曾以《釋文》、《唐石經》等書，手自校改。督學以後，始以宋十行本爲主，參以《開成石經》及元明舊刻、葉林宗影宋鈔本陸氏《釋文》等書，屬友人門弟子分編，而自下鉛黄，定其同異。得《易》十卷，《書》二十二卷，《詩》十卷，《禮記》七十一卷，《儀禮》十八卷，《周禮》十四卷，《左傳》四十二卷，《公羊》十二卷，《穀梁》十三卷，《爾雅》五卷，《論語》十一卷，《孝經》四卷，《孟子》十五卷，至是梓板始成。先生嘗曰："此我大清朝之《經典釋文》也。"(引文中卷數的記載可能有誤)

人文科學研究所藏文選樓刊本是《進表》(嘉慶二十一年)和《序》(嘉慶十三年)均無而且印刷鮮明的初期印本。據《京都大學人文科學研究所漢籍目録》，書中的圖記與識語來自王念

孫①。此書正是《十三經注疏校勘記識語序》（劉秉璋1877年筆）
中所提到的，劉氏説："聞高郵王石臞觀察曾手斠是書，題識迨
徧。惟所記多證經文，未及注疏，今此本不知已歸誰氏"。這本
初印本中看到"臣元"，"臣阮元恭記"，"臣阮元恭撰"，"臣某（李
鋭等分校者名）校字"等類似呈文的文字（段玉裁的序文也同
此），從此可以推測這套《校勘記》是從起首在供皇帝閲覽的意
圖之下編刊的。

文選樓刊《校勘記》及其重刻

《十三經注疏校勘記》的編纂方針與内容概略，從《凡例》可以了
解。根據《宋本十三經注疏併經典釋文校勘記凡例》，《周易》、《尚
書》、《毛詩》、《周禮》、《禮記》、《春秋左氏傳》、《公羊傳》、《穀梁傳》、
《論語》、《孟子》均以"宋版十行本爲據"（以十行本爲底本進行校勘
的意思，"爲據"與"爲主"同義），《孝經》則以翻宋本（正德六年刊本）
爲據。至於《儀禮》和《爾雅》以北宋刊單疏本爲據。就對勘版本而
言，《禮記》用八行本的校本（惠棟校本），《周易》用單疏本的校本（參
照原註57），《左氏傳》用八行本。要之，《校勘記》是以十行本爲主，
與其他宋版諸本以及明刊注疏本（閩、監、毛）進行對校的，又以《經
典釋文》、唐宋石經，以及各種經注本作爲經注文字的校勘材料，除
此之外，《十三經注疏正字》、《七經孟子考文補遺》，以及各種經解著
作處在參考文獻之列。

---

① 根據翻譯者的調查，京都大學圖書館所藏初刻本《毛詩注疏校勘記》卷六左的右側
附以籤條，看到用墨筆寫的草書文字，云："念孫案，楊雄《大僕箴》之'詩好牡馬，牧於坰'，
則子雲所見本正作'牡馬'，又在陸機之前矣。"這條按語是對《魯頌·駉》經文"駉駉牡馬"
一句。《毛詩》分校者顧廣圻所提到的臧琳《經義雜記》卷十八《駉駉牡馬》指出，雖然《定
本》作"牧馬"，但是《釋文》出"牡馬"，其下説："陸機《草木疏》云'隲馬也'"，然則"三國時
本"已經作"牡馬"。王念孫的按語又指出，早於陸機（三國吴人，字元恪）的後漢揚雄所見
經文已作"牡馬"。又據翻譯者的調查，王念孫（或者別人）在初刻本上貼的籤條現有二十
多片，大半集中於《公羊注疏校勘記》，提到余仁仲本的文字。籤條的數量不多（書中偶爾
觀察到籤條剝落的痕跡），不能説是"題識迨徧"的。

　　調查各經《校勘記》的校語,就可以看出《凡例》所說的内容未必正確反映實情。《尚書》實際上是以毛本爲據,列舉毛本和他本之間的行款、文字之異同。《論語》是以十行本爲校勘材料,但是不能説是以十行本"爲據"的(底本不明)。《儀禮》也不是以單疏本爲據,而是以毛本爲據,從而列舉毛本和他本之間的文字差異。《孝經》不以宋本爲據是《凡例》中所説的。如此看來,《宋本十三經注疏併經典釋文校勘記》可謂是名不副實的,一者因爲所謂"宋本"實際上是元刊修版,再者因爲《校勘記》並不都是以"宋本"爲校勘底本。上列《尚書》和《儀禮》是由徐養原分擔,他對二經以毛本爲據,這個事情表明各經《校勘記》的成就在於分校者的見識和學力。管見所及,由顧廣圻、嚴杰、洪震煊分擔部分的成就似乎比較好。臧庸的校語則多用前人校本,不見於《引據各本目録》的文本突然出現於校語中令人感到困惑。

　　文選樓刊本初刻之後,附載有嘉慶戊辰十三年(1808)日期的段玉裁之《序》而冠於全書之首,隨後又附載有嘉慶二十一年(1816)十二月日期的《進表》,特爲敬裝十部將之進獻嘉慶帝。例如,東京大學文學部、東洋文化研究所,以及靜嘉堂文庫所藏各本均是附載《序》和《進表》的,這些版本中的校語基本上與初印本一致,與初印本不同之處幾乎僅在於卷首附加上列二文,以及《總目》末葉刻入的校字者名字從嚴杰改爲阮亨。上列版本顯然屬於後印本,大概是在嘉慶二十一年以後印行的(原註49)。其後,文選樓本《校勘記》在光緒二十四年(1898)至二十五年(1899)之間在蘇州江蘇書局重刊(原註50)。

　　到此之前,《皇清經解》在道光九年(1829)刊行之際(原註51),《校勘記》也編入在内(原註52)。這本《校勘記》缺少《進表》和《序》而有《凡例》,校語本文大概以後印本爲底本(參見原註49),管見所及,在收入《皇清經解》之時内容没有改動。至於《周易校勘記》和《論語校勘記》有"和刻本",大概是在天保十年(1839)至弘化二年

(1845)之間的某個時間在福井藩雕版印行的(原註53)。兩本刻入
句讀,《周易校勘記》具有《進表》、《序》、《凡例》以及《總目》。隨後,
版木歸某家書肆所有,因而《周易校勘記》還有弘化二年的印本,而
《論語校勘記》則還有弘化二年和明治二年(1869)的兩種印本。

　　原註49　就《校勘記》的文本而言,之所以認爲初印本和後
印本"基本上"屬同版是因爲有些部分後來受到修正。現在不
暇進行全面探討,僅舉一事爲例。《公羊傳校勘記序》"間以緯説
釋傳疏,不詳其所據,《漢志》有《公羊外傳》五十篇,徵引或出此
也"二十八字,初印本作"多以讖緯釋傳,惟黜周王魯,傳無明
文,晉王接以爲乖碝大體,非過毀也"。就後印本而言,《進表》
的形式稍微不同的静嘉堂文庫所藏本是後出的。内閣文庫所
藏二本均缺《進表》,也是後出的。

　　原註50　在此轉記《校勘記總目》附載的刊語作爲參考:
江蘇書局開雕《十三經注疏》,附阮氏足本《校勘記》,未成,奉憲
停止。已刻經文二十分之一,而《校勘記》則不止十之九焉。幸
其將竣事,稟準補刊,又援古者義疏不坿經注之例,爲單行本,
以資學者。時光緒二十有五年七月。

　　原註51　阮元調任兩廣總督之時,在廣州學海堂編刊,因
此又名《學海堂經解》。編輯工作從道光五年(1825)八月開始,
到道光九年(1829)二月刻成,實際主持編輯工作的就是嚴杰。
此書將顧炎武以下清代經學的成果,按照年代順序和人物來編
排。一千四百卷。版心刻入"庚申補刊"的版頁就是咸豐十一
年(1861)補刻的部分(庚申即咸豐十年)。在那時,從卷一千四
百零一到卷一千四百零八的八卷續刊,直到同治八年(1868)再
次續刊從一千四百零九到一千四百十二的四卷。學海堂是由
阮元建造的以研究學問爲主的書院,位於廣州番禺縣北粤秀山
中腹,修建工作從道光四年(1824)九月開始,到十二月結束。

原註52　《校勘記》收入於卷八百零七至卷一千零五十七。卷八百零七末葉附刻的嚴杰識語有道光六年(1826)的日期,或許至此雕版。

原註53　和刻本有《周易注疏校勘記》九卷,《周易略例校勘記》一卷,《周易釋文校勘記》一卷,《論語注疏校勘記》十卷附《論語釋文校勘記》。參考長澤規矩也《和刻本十三經注疏に就いて》(《長澤規矩也著作集》第一卷);同《和刻本漢籍分類目録》(東京:汲古書院,1976年)。

對阮氏《校勘記》的批評及補正

阮氏《校勘記》有時受到不滿和批判,一般説來,這些不滿和批判針對出於校者之粗心及短見的錯誤。概而言之,《校勘記》内看到的錯誤可以歸納爲兩個要點:一則如何採集資料,二則根據資料如何裁斷。阮氏《校勘記》在資料搜集上——尤其是從現在的看法來看——含有不少問題,是加藤虎之亮所强調的(原註54)。他針對《周禮校勘記》加以批判説,無論單經本、經注本還是注疏本,搜羅都不夠全面,而且阮氏所利用的閩、監、毛本不是精刻的善本①。加藤的校勘態度可以概括爲其所謂"人則厭其繁蕪,余則寧流于煩,無失于簡是期"②的文獻實證主義,則他的批評可謂理所當然。《周禮經注疏音義挍勘記》就是根據這種看法來編述的。

不僅重視資料搜集,而且爲了追求正字,敢於改字,説"某字當作某字",進行這種"校定"的就是吉川幸次郎。吉川站在這種立場認爲浦鏜的校勘有可取之處(參照原註34),又對阮元提出批評,認爲大多校語只列出諸本之異同而已(原註55)。極端地説,有這種校勘觀念的人重視論斷勝於搜羅,而對他們來説,爲了做出論斷,需要

---

①加藤虎之亮《周禮經注疏音義挍勘記》卷頭《周禮經注疏音義挍勘記序説·五論十三經注疏挍勘記》。

②加藤虎之亮《周禮經注疏音義挍勘記》卷頭《周禮經注疏音義挍勘記凡例》。

明確設定校定的目標。吉川幸次郎的場合,則以復原《尚書正義定本》和《毛詩正義定本》等孔穎達《正義》(即唐代的原形)爲目標(原註56)。

　　補正阮氏《校勘記》的著作,早在其刊行不久之後就已出現,下面略加説明。

《十三經注疏校勘記識語》四卷　汪文臺撰

　　根據道光辛卯(1831)的自跋,此書成於一八三〇年至一八三一年之間。對《十三經》全體加以校勘,增補校語。可惜他所利用的《校勘記》是《重刊十三經注疏》附載的盧宣旬摘録本(書中的一些指摘是僅查原典就可簡單解決的)。光緒三年(1877)刊本。

《毛詩注疏校勘記校字補》一卷　茆泮林撰

《周禮注疏校勘記校字補》一卷　茆泮林撰

　　均是道光二十四年(1844)前後之作,收入《鶴壽堂叢書》。

《鐵琴銅劍樓藏書目録》二十四卷

　　瞿氏以所藏十行本爲主,與阮校所據本和重刊本進行對校,將自己寫的校勘記附載書中。光緒三、四年(1877、1878)前後之家刻本。

　　擴大材料搜集範圍而且利用舊鈔單疏本進行補正的書有:

《周易校勘記舉正》鈔本不分卷　海保元備撰

　　有一八五〇年的自跋。阮氏《周易校勘記》以單疏本的校本進行校勘(原註57),而此書則以舊鈔單疏本對校。只是海保説:"其(是指舊鈔本)傳録果出自唐時古本,與鈔自北宋刊本,皆未可知也"(《跋》)①,並不斷言是唐鈔本。

---

　　① 海保漁村《周易校勘記舉正·跋》,關儀一郎編《日本儒林叢書》第十四卷,東京:鳳出版,1971年,第27頁。海保漁村的校勘工作以及特色,參見野間文史《五經正義の研究——その成立と展開》,第228—230頁;吳偉明《從海保漁村的〈周易校勘記舉正〉看德川校勘記的特色》,北京大學國際漢學家研修基地編《中國漢學研究通訊》第8期,北京:北京大學出版社,2014年。

《周易校勘記補遺(一)》　長澤規矩也撰

　　昭和十年(1935)之作。未完。利用舊鈔殘本補正阮氏《校勘記》，長澤認爲這本舊鈔殘本來自唐鈔傳寫。收入《長澤規矩也著作集》第一卷。

　　盧宣旬摘録本，即阮氏《重刊宋本十三經注疏》附載的校勘記，雖然與以上諸書相比，書籍性質有所不同，或許可算是補正書之一，因爲盧氏主要利用毛本，往往加以補校。校語中冠有"補"字的部分是也。

　　　原註54　加藤虎之亮《周禮經注疏音義挍勘記》卷頭《周禮經注疏音義挍勘記序説·五論十三經注疏挍勘記》。

　　　原註55　吉川幸次郎《東方文化研究所經學文學研究室毛詩正義校定資料解説》。令人感興趣的是，被吉川批評的阮元也指責山井鼎説："山井鼎等，惟能詳紀同異，未敢決擇是非，皆爲才力所限。"(《刻七經孟子考文並補遺序》)

　　　原註56　就此例而言，經注的校訂以復原在《正義》撰定之時所依據的經注(正義本)爲目的而進行。換言之，不是分別追求經和注各自原貌，而是追求唐代存在的一部經注本的原貌。

　　　原註57　《引據各本目録》稱之爲"宋本"(錢校本)，但是根據汪紹楹的看法，《目録》内"單疏本"下所列的"宋本"(錢校本)與"注疏本"下所列的"影宋鈔本"(錢本)實爲一本(《阮氏重刻宋本十三經注疏考》，第31頁)。兩本都是通過校本間接利用的，所以難以得出明確結論，至少可以説李鋭在此處的版本解説有問題。實際而言，調查《周易校勘記》可以看出，單疏本的優點似乎沒有反映於《校勘記》(狩谷掖齋《周易校勘記舉正序》)。

三、嘉慶《重刊宋本十三經注疏附校勘記》
（盧宣旬摘録本）的特色

阮元《校勘記》主要有文選樓刊本與阮元校刻《十三經注疏》附載的盧宣旬摘録本之兩種,研究者未必意識到兩者之間的區別。一些研究者儘管注意到區別,但是很多場合以爲兩者處於足本和節本的關係。前者的看法不值一顧,後者的看法則雖不中亦不遠矣。於是對"摘録"一詞的含義——盧本校勘記的特質——進行詳細探討。

一言蔽之,"摘録"一詞表明,修整文選樓原刊本《校勘記》的内容以資閱讀《重刊宋本十三經注疏》文本。盧宣旬摘録本作爲宋本注疏的附録刊行,則這種處理可謂是得當的,"摘録"一詞背後有這種含意。

盧宣旬的修整方式可以分爲三類,以下按序加以説明。

1. 在審定《重刊宋本十三經注疏》文本上不用的校語一律刪去。例如,文選樓刊本載有如下校語:

> 陽三陰四　閩、毛本同。監本"三"字中畫不全。浦鏜云"三"誤"二"非。(《周易校勘記》卷一)

而摘録本則將這種校語棄而不載。

就《經典釋文》的校語而言,除了《周易》以外,皆棄而不載(原註58)。但是,偶爾引述一些校語,如:

> 寅餞納日　按"餞納"《群經音辨》作"淺内"。詳見《釋文校勘記》。(《尚書校勘記》卷一)

而摘録本則補充《釋文》的内容,如:

> 寅餞納日　按"餞納"《群經音辨》作"淺内"。○補.《釋文校勘記》,段玉裁云:"餞"本是"淺"字。

2. 就《尚書》和《儀禮》而言,將《校勘記》所標出的字句(毛本的文字)改爲重刊宋本(十行本)的,校語隨之改變以適合十行本。再就《論語》而言,改以十行本爲據的形式,校語隨之改變。至於根據"原校勘記"來修改重刊本經注疏的文字之時,如果需要改變"附校勘記"(摘録本)的標出字,則改變之,校語也隨之部分改寫。

舉例説明,文選樓刊本載有如下校語:

古之王者(毛本) "王",十行本誤作"正"。(《尚書校勘記》卷一)

而盧氏摘録本則作:

古之正者(十行本) 案"正"當作"王"。

校語内容改變以十行本爲主如此。又,文選樓刊本載有如下校語:

夫不深正其元 鄂本、元本、閩本同作"夫",誤也。監、毛本"夫"作"天",是也。《釋文》作"夫不,音扶"。○按此陸德明一時誤會,未審其文理也。(《公羊傳校勘記》卷一)

而盧氏摘録本則改變標出字,校語隨之變爲:

天不深正其元 鄂本、元本、閩本"天"作"夫",誤也。監、毛本"夫"作"天",是也。《釋文》……。

3. 有時訂正原刊本《校勘記》之誤,又部分補充校勘之不足(不少場合,作爲參考材料利用毛本),往往補充校語,附加自己的評語。在一般的場合,這種校語冠以"補"字(有時冠以"案"字)。文選樓刊本載有如下校語:

> 矣上下兩體　閩、監、毛本同。錢本無"矣"字。宋本作
> "是"。(《周易校勘記》卷一)

而盧氏摘録本則補充校語:

> 矣上下兩體　閩、監、毛本同。錢本無"矣"字。宋本作
> "是"。○補。案"是"字是也。

又,文選樓刊本載有如下校語:

> 即鹿无虞　石經、岳本、閩、監、毛本同。《釋文》:"'鹿',王
> 肅作'麓'。"(《周易校勘記》卷一)

這是對屯卦六三爻辭的校語,這個"原校勘記"的記載包含錯
誤,或許是與《象傳》中的文句混同,《校勘記》所據十行本無疑原作
"即鹿無虞"。而盧氏訂正如下:

> 即鹿無虞　補。石經、岳本、閩、監、毛本"無"作"无"。案
> "无"字是也。《釋文》:"'鹿',王肅作'麓'。"

再者,"原校勘記"應該有而缺少的校語,盧氏摘録本補充如下
(重刊本同樣補充"可"字):

> 何長也　補。各本作"何可長也"。此十行本原脱"可"
> 字。案《正義》曰:"何可長者",又曰:"何可久長也"。是何下當
> 有"可"字。今補。(《周易校勘記》卷一)

盧宣旬擁有一定的校勘見解,他根據自己的見解盡力進行校勘
如此,但是人們對他校勘的評價未必很高。因爲在翻刻工作之時產
生誤刻,加之,在改變毛本的標出字適合十行本之時發生遺漏,他寫
的校語中偶爾呈現這種問題。舉例説明,文選樓刊本載有如下
校語:

傳子孫孫　諸本俱作"傳之子孫"。(《尚書校勘記》卷一)

而盧氏摘録本則同樣作(重刊本作"傳之子孫"):

傳子孫孫　諸本俱作"傳之子孫"。(重刊本作"傳之子孫")

當時一些人對其校勘工作内容也加以批評。對上面所提到的第一類修整,阮元以及周圍的人似乎就抱有"校勘記去取亦不盡善"的不滿(參照原註28)。又對上面所提到的第三類修整,嚴杰加以批評,《皇清經解》中看到有插入的一文,説:

時引毛本,以訂十行本之訛字,不知所據者乃續修之册,更可詫異。將宫保師《校勘記》原文,顛倒其是非,加"補校"等字。因編《經解》,附正於此。(卷八百零七第十五葉)[1]

嚴氏的批評,或許出於兩人之間的不和。無論如何,《皇清經解》所收《校勘記》一面故意忽視盧宣旬的校勘工作,一面翻刻原刊文選樓刊本,這是不能否定的事實。

原註58　盧氏摘録本保存《周易釋文校勘記》而省略《周易略例校勘記》。

——本論文原載《埼玉大學紀要·教養學部》第十九卷(埼玉:埼玉大學教養學部,1983年)。

【作者簡介】　關口順,日本埼玉大學名譽教授。

---

[1] 該文見《周易注疏校勘記》卷一末尾。

顧廣圻與《十三經注疏校勘記》

——以《毛詩釋文校勘記》爲考察中心

水上雅晴

一、前 言

阮元(1764—1849)《十三經注疏》之編刊可算是經學史上的一件大事。他編校《重刊宋本十三經注疏》的同時，又編纂了《校勘記》，正如李學勤先生説，"阮本的優長尤在於所附的《校勘記》，對《注疏》的使用增加了很多便利"①，阮元《校勘記》爲考辨經注疏文字提供了豐富材料，不失爲中國校勘學史上的傑作。爲了完成這項大型學術工程，他延請幾位幕友分校各經，還邀聘段玉裁(1735—1815)擔任總纂。根據先行研究可知，《校勘記》的工作内容大致可用"圈識(〇)"分爲兩層：首先，分校者編寫自己負責的經傳的校語，這是阮校的基礎部分，處在圈識之前；接著，其他學人根據分校者的校語加以修正、補充、評論，這是阮校的附加部分，處在圈識之後。阮元對《校勘記》編纂的參與極爲有限，一些研究者認爲圈識後的校

---

① 李學勤，《序》，收入十三經注疏整理委員會整理《十三經注疏·周易正義》，北京：北京大學出版社，2000年，第3頁。

語基本上是由主校者段玉裁撰寫的①。

　　以往研究表明,阮校的編纂過程比較複雜,圈識後的校語並不都是由段玉裁一個人編寫的。除了阮元和段玉裁以外還有幾位學者參與校勘工作②。就《周易注疏校勘記》的校勘而言,劉玉才先生對中國國家圖書館所藏《周易注疏校勘記》稿本和《周易注疏校勘記》謄清稿本進行調查,根據他的研究則纂刊過程可以推測爲:一,分任者李銳(1768—1817)完成初稿並作自我修訂;二,嚴杰(1763—1843)校補調整;三,阮元批校;四,謄清成稿;五,孫同元(生卒年未詳)復核,並有少量增補;六,嚴杰校定(或許與段玉裁同校);七,刊刻成書③。

　　概括地說來,除了劉先生的研究以外,前人研究主要關注《校勘記》文本中圈識前後校語的内容並對雙方的關係進行探討,從而試圖

------

　　① 管見所及,陳鴻森先生首先注意到圈識,認爲校語具有複層結構,指出圈識之後的校語是"段氏審閱時所加之筆也",不過沒有提出具體證據。見陳鴻森《〈段玉裁年譜〉訂補》嘉慶九年條,《歷史語言研究所集刊》第60本第3分,臺北:歷史語言研究所,1989年,第631—632頁。其後本人對此問題加以探討,對《校勘記》的編纂過程有所闡明。見水上雅晴《段玉裁と十三經注疏校勘記》,《中國哲學》第31號,札幌:北海道中國哲學會,2003年(中文版:《〈十三經注疏校勘記〉的編纂與段玉裁的參與》,《中國經學》第6輯,桂林:廣西師範大學出版社,2010年);《阮元と〈十三經注疏校勘記〉—〈儀禮〉の校勘を中心に—》,《中國哲學》第32號,2004年等。

　　② 唐光榮《〈十三經注疏校勘記〉圈("○")後案語作者問題考論》,西南師範大學碩士學位論文,2001年;《〈十三經注疏校勘記〉中的兩類校勘記》,《古籍整理研究學刊》第3期,長春:東北師範大學文學院,2004年;《阮元、段玉裁與〈十三經注疏校勘記〉》,《達縣師範高等專科學校學報(社會科學版)》第14卷第3期,2004年。李慧玲《阮刻〈毛詩注疏(附校勘記)〉研究》,華東師範大學博士論文,2008年,特別是第3章第3節《首創初校、覆校、三校制度》,第118-120頁。唐、李兩氏指摘段玉裁以外學者也參與,唐氏沒有指出具體名字,李氏則指出"三校"是"有其實而無其名的",嚴杰或者別人在"三校"階段發揮積極作用,其說法值得參考,仍待補充。

　　③ 劉玉才《從稿本到刊本——以〈周易注疏校勘記〉成書爲例》,《古典籍形制、圖像與文本,中日書籍史比較研究》(會議論文集),東京:國文學研究資料館,2011年,第193頁。這篇論文的存在是通過陳東輝、王坤《〈十三經注疏校勘記〉與〈七經孟子考文補遺〉之關係探微》一文(收入《2012東亞儒學國際學術研討會會議論文集》,2012年9月15—16日,主辦單位:上海師範大學)而知道的。

闡明阮校編刊的過程。不過分校者實際撰寫各經校語的證據微乎其微，有鑑於此，本文以分校《毛詩》的顧廣圻（1766—1835）爲對象，利用以往研究者所忽視的"一手材料"，關注分校者與圈識前的校語之關係，試圖深入了解阮元《十三經注疏校勘記》的編纂過程。之所以關注顧廣圻，是因爲顧氏直接關聯校勘工作的資料比其他分校者留存較多。

二、《毛詩釋文校勘記》的撰寫者

阮元《十三經注疏校勘記》的正式名稱爲《宋本十三經注疏併經典釋文校勘記》，在原刊文選樓本成書的當初，與他所校刊的《十三經注疏》別行。現在流通最爲廣泛的阮元《十三經注疏》附載有盧宣旬摘録的《十三經注疏校勘記》。盧宣旬摘録本《校勘記》的校語與文選樓本存在相當多差異，不僅如此，除了《周易》以外，盧宣旬摘録本將各經《經典釋文》的校語減省太多，根據袁媛女士的統計，在文選樓本《毛詩釋文校勘記》的校文全533條中，只有70條收録於南昌府學本（盧宣旬摘録本）[①]。這種情況導致《經典釋文校勘記》的內容少有引起研究者注意。管見以爲，通過對《經典釋文校勘記》的調查，我們可以更爲接近阮元《校勘記》編纂工作的實態。

《十三經》各經《校勘記》的基礎部分是由七名分校者撰寫的：徐養原（1758—1825）負責《尚書》、《儀禮》；嚴杰負責《左傳》、《孝經》；顧廣圻負責《毛詩》；臧庸（1767—1811）負責《周禮》、《公羊》、《爾

---

① 根據關口順先生的説法，文選樓原刊本各經《校勘記》的底本不一，雖然大部分的經書以宋十行本爲底本，而《尚書》和《儀禮》以毛本爲底本，《論語》的底本不明；至於盧宣旬摘録本《校勘記》則一律以阮元校刊的《十三經注疏》爲底本，簡而言之，後者"修整文選樓原刊本《校勘記》的內容以資閲讀《重刊宋本十三經注疏》文本"。見關口順《十三經注疏校勘記》略説》，本書，第231頁、236頁。袁氏的統計內容，見袁媛《阮元〈十三經注疏校勘記〉文選樓本和南昌府學本比較研究：以〈周易〉、〈毛詩〉、〈爾雅〉爲例》，北京大學碩士論文，2010年，第50頁。袁氏對兩種《校勘記》的差異加以詳細分析，值得參考。

雅》；李鋭負責《周易》、《穀梁》、《孟子》；洪震煊（1770—1815）負責
《禮記》；孫同元負責《論語》①。除了諸經以外，《經典釋文》爲書三十
卷也在校勘對象之列，則若更有專門校勘此書的分校者不足爲奇。

據楊文蓀（1782—1853），除了上列七名分校者之外，還有一名
士人參與《校勘記》編纂工作，他説："嘉慶辛酉（六年，1801），儀徵相
國撫浙，延元和顧君澗蘋及武進臧君拜經、錢唐何君夢華同輯《十三
經校勘記》。"②阮元作爲學政赴任浙江之時，主持《經籍籑詁》編輯工
作，在嘉慶二年（1797）完成。早在那時，何夢華（1766—1829）已與
嚴杰、臧庸、洪震煊、孫同元等一起參加阮元的編書工作。加之，他
後來又作爲幕友幫助阮元撰寫《四庫未收書提要》③。然則，何元錫
繼續參加《校勘記》編纂工作的這種看法，不能簡單斥爲無稽之談。
其實，汪紹楹先生根據楊文蓀的陳述，提到《校勘記》的編纂工作，
説："主其事者段茂堂。分任其事，則何夢華、臧在東、顧千里、徐心
田、洪樹堂、嚴厚民、孫雨人、李尚之諸君"④，列出他的名字。

一些學者關注下引顧廣圻的陳述，認爲何夢華跟《校勘記》的編
纂工作有關。

> 余嘗言，近日此書有三厄。盧抱經重刻本所改多誤，一厄
> 也。段茂堂據葉鈔更校，屬其役於庸妄人，舛駮脱漏，均所不
> 免，二厄也。阮雲臺辦一書曰《考證》，以不識一字之某人臨段

---

① 阮元《十三經注疏校勘記序》，《揅經室集》卷十一，收入阮元撰，鄧經元點校《揅經
室集》，北京：中華書局，1993年；錢泰吉《曝書雜記》卷上，第10條，收入《續修四庫全書》第
926册，上海：上海古籍出版社，1997年，第5頁上一下。

② 楊文蓀《思適齋集序》，顧廣圻著，王欣夫輯《顧千里集》，北京：中華書局，第415
頁。

③ 阮福在《四庫未收書提要·前言》説："家大人在浙時，曾購得四庫未收古書，進呈内
府。每進一書，必仿《四庫提要》之式，奏進《提要》一篇。凡所考論，皆從採訪之處先查此
書原委，繼而又屬鮑廷博、何元錫諸君子參互審訂，家大人親加改定纂寫，而後奏之。"見
阮元《揅經室外集》卷一，鄧經元點校《揅經室集》，第1183頁。

④ 汪紹楹《阮氏重刻宋本十三經注疏考》，《文史》第3輯，北京：中華書局，1963年，第
27頁。

　　本爲據,踳駁錯誤,不計其數,三厄也①。

文中的《考證》係《十三經注疏考證》的略稱,《十三經注疏考證》即阮元《校勘記》的初名。根據顧氏的説法,"不識一字之某人"臨録段玉裁所參照葉林宗本,阮元將之作爲主要資料進行校勘。葉林宗本是過録錢謙益(1582—1664)絳雲樓所藏宋本而作成的,絳雲樓後來失火燒掉,錢氏所有藏書都燒燬了,因此徐乾學(1631—1694)所刊通志堂本和盧文弨(1717—1795)所刊抱經堂本均以葉林宗本作爲底本。除了徐、盧二氏以外,段玉裁、孫星衍(1753—1818)、黃丕烈(1763—1825)、臧庸、顧廣圻等不少清儒同樣用葉林宗本,或者參照宋刻經傳注疏,對通志堂本進行詳細校勘②。顧氏在上引文章後段接著説:"壬戌(嘉慶六年,1801)八月,西湖孤山寓中,續校此《毛詩》三卷,用何夢華臨段本"③,則我們可以知道"一字不識之某人"是指何元錫④。於是何夢華被認爲是負責《經典釋文校勘記》的分校者⑤。這種看法似乎有道理,只是難以接納,因爲顧廣圻只説《經典釋文校勘記》是以何元錫所臨録的段玉裁《釋文》校本爲底本作成的,而不説"不識一字之某人"負責校勘工作。

　　如此看來,合理的看法是,《經典釋文校勘記》還是由各經分校者撰寫的,就是説,《經典釋文校勘記》不是由一名分校者單獨撰寫的,而是由分校者共同撰寫的。我們從阮元對各經《校勘記》寫的序文可以了解這個情況,在此介紹兩個例子。

---

　　① 顧廣圻《經典釋文三十卷(校本)》,《顧千里集》,第267頁。
　　② 黃焯《經典釋文彙校·前言》,北京:中華書局,1980年,第3—4頁;萬獻初《〈經典釋文〉研究總論》,《古籍整理研究學刊》2005年1期,第21頁。
　　③ 顧廣圻《經典釋文三十卷(校本)》,《顧千里集》,第266頁。
　　④ 汪紹楹《阮氏重刻宋本十三經注疏考》,第29頁。
　　⑤ 例如,陳鴻森先生説:"《釋文校勘記》則屬之錢塘何夢華。"見陳鴻森《劉盼遂氏〈段玉裁年譜〉補正》嘉慶九年條,《大陸雜誌》第70卷第5期,1985年,第209頁。汪紹楹似乎持有同樣看法,不過他在文中並未明言。

　　臣(阮元)於《尚書注疏》舊有校本,茲以各本授德清貢生徐養原校之,并及《釋文》。(《尚書》)

　　錢塘監生嚴杰熟於經疏,因授以舊日手校本,又慶元間所刻之本,并陳樹華《考證》及唐石經以下各本,及《釋文》各本,精詳捃摭,共爲《校勘記》四十二卷。(《左傳》)①

不僅如此,文選樓本各卷末尾刊載擔任校勘工作的人員名字,例如《周易注疏校勘記》十卷和《周易釋文校勘記》一卷的末尾均有"臣李銳挍字"五字②;《尚書注疏校勘記》二十卷和《尚書釋文校勘記》二卷的末尾均有"臣徐養言挍字"六字③,與此相同,其他各經注疏的分校者之名字分別與各經《釋文》的分校者一致。就《毛詩注疏校勘記》和《毛詩釋文校勘記》而言,各卷末尾自然有"臣顧廣圻挍字"六字④。如同各經《注疏校勘記》一樣,《釋文校勘記》也具有複層結構,用圈識來區別分校者和主校者等的校語,兩種校語往往對立⑤。從這些事實可以了解,《釋文校勘記》在編輯手法上與《注疏校勘記》一致,我們沒有理由否定各經《注疏校勘記》的基礎部分與《釋文校勘記》是由同一人編纂的。那麽,如果我們能夠證明《釋文校勘記》是由分校者編寫的,同時可以證明阮校的基礎部分也是由各經分校者編寫的。

---

　　① 阮元《十三經注疏校勘記序》,《揅經室一集》卷十一,第255頁,第259—260頁。
　　② 阮元《周易注疏校勘記》卷一、《周易釋文校勘記》,《續修四庫全書》第180冊,第298頁下、第355頁上等。
　　③ 阮元《尚書釋文校勘記》卷一、《尚書釋文校勘記》卷上,《續修四庫全書》第180冊,第365頁上、第474頁上等。
　　④ 阮元《毛詩注疏校勘記》卷一、《毛詩釋文校勘記》卷一,《續修四庫全書》第180冊,第514頁上、《續修四庫全書》第181冊第81頁下等。
　　⑤ 例如,分校者在"有違○違張也"下的校語,説:"通志堂本同。盧本'張'作'很'。案'很'字是也。十行本所附是'很'字。小字本所附作'違復反','反'字非。"其下有圈識,而在圈識下又有另外學者的校語,説:"按'很'當是'恨'之譌。"見阮元《毛詩釋文校勘記》卷一,第76頁上。

以往研究似乎對上引阮元序文等記載置信不疑,以分校者編寫
圈識前的校語爲前提進行討論,這種論證手法顯然缺少一個階段,
即將圈識前分校者的校語與各自著作中的文字互相比較,由此看出
兩者的共通性。劉玉才先生所論到的李鋭《周易注疏校勘記》稿本
現在屬於非公開性的資料,就現在的資料情況而言,對外公開的《經
典釋文》校本可算是填補這個研究縫隙並且保證以往研究結論的可
靠性之最好資料。

三、《經典釋文》校本所録顧廣圻的校語

顧廣圻一生校書謀生,没有留下經學方面的專門著作,引録他
對《經典釋文》附加校語的校本則保存於幾個典藏單位。例如,《北
京圖書館古籍善本書目》著録兩種校本,其中引録了顧廣圻的校語。

> 《經典釋文》三十卷,唐陸德明撰。清康熙納蘭性德刻《通
> 志堂經解》本。劉履芬跋,並録黄丕烈、顧廣圻、段玉裁、顧之
> 逵、江沅、管慶祺、潘錫爵校跋。十册。(書號:4936)
> 《經典釋文》三十卷,唐陸德明撰。佚名録潘錫爵傳録何
> 煌、惠棟、段玉裁、孫星衍、臧庸堂、顧廣圻、黄丕烈等校跋。十
> 二册。十一行十八字。小字雙行二十三字。白口。左右雙
> 邊。(書號:7301)①

根據李慶先生的解説,顧廣圻特別重視《經典釋文》,他對此書
的校勘工作,大致可分爲三個階段。第一階段:從乾隆末年到嘉慶
初年,他在乾隆五十九年(1794)曾借鈕匪石校本過録之,在嘉慶四
年(1799)借袁廷檮五硯樓本過録。另外,過録何小山和臧庸的校本

---

① 北京圖書館編《北京圖書館古籍善本書目·經部·群經總義類》,北京:書目文獻出版社,1987年,第136頁。

均在這個期間。第二階段：在嘉慶七年（1802）到十一年（1806），參與《十三經注疏》的校勘工作，分校《毛詩》，接著，爲張敦仁校勘《儀禮》、《禮記》也在這個期間。第三階段：在校勘他書之時，以自己的校本對校。顧氏的手校本，一直保存於家中，咸豐七、八年（1857—1858）之間，潘錫爵借顧河之即廣圻的孫子所藏原本過録，之後，顧廣圻《釋文》校本的原本不知下落。潘氏過録校本的原本也失傳，所以現在我們通過渡録潘氏過録本可以看到顧廣圻的校語。除了上述的北京圖書館（現國家圖書館）所藏兩本之外，上海圖書館與復旦大學圖書館還收藏有校本，均來自潘氏傳録本①。

這些《釋文》校本寫有很多類同的校語，其中，復旦大學所藏本，特別是其中一本（登記號：374588-600）所録的校語數量較少。諸校本寫有清代諸家的校語，例如，就段玉裁和臧庸的校語而言，簡單的校語則用紅筆在行間寫入，比較長的校語則用紅筆在框外的上下寫入。至於顧氏的校語用墨筆在框外的上下寫入，開頭有"廣圻按"三字。校本中還有不少墨筆校語不含"廣圻按"三字，根據管見，這些校語也基本上是由顧氏寫的。上海圖書館所藏《經典釋文》校本末尾所録潘錫爵跋語説："余又從同里顧河之孝廉叚得伊令祖澗薲先生用朱筆手録藏在東校，復自加墨筆批校本。"②然則現存《釋文》校本大概在表面上沿襲顧廣圻"自加墨筆批校本"。故此，下面我們以沒有顧氏名字的墨筆校語也是顧廣圻所撰爲前提進行討論，如果發生矛盾就放棄這個前提。

校本《毛詩上》"經典釋文卷第五"標題下有墨筆識語，説："壬戌八月，西湖孤山寓中，續校此《毛詩》三卷"云云③，而"續校"一詞大概

① 李慶《顧千里校書考》，《顧千里研究》，上海：上海古籍出版社，1989年，第308—311頁。
② 上海圖書館藏《經典釋文》校本（索取號：820965-72）卷三十《爾雅音義》第30葉，右第11行—左第1行。
③ 同文收録於顧廣圻《經典釋文三十卷（校本）》，《顧千里集》，第266頁。

表示,顧廣圻在乾隆壬戌七年(1802)八月結束了《毛詩注疏校勘記》的編纂工作,其後繼續校勘《毛詩釋文》。校本《毛詩上》開頭"周南"的眉上還有"癸亥(嘉慶八年,1803)正月,宋本補校。千里"的墨筆識語;卷六《毛詩中》"慇謹"二字的眉上有"廣圻按……甲子(嘉慶九年,1804)五月"的墨筆識語(第9葉左);卷七《毛詩下》"憚"字的眉上有"廣圻按……壬戌十一月"的墨筆識語(第12葉左),"有駜"二字的眉上則有"廣圻按……壬戌十二月,定"的墨筆識語(第30葉右)①。根據李慶先生的見解,顧氏在乾隆辛酉六年(1801)被段玉裁推薦,加入阮元在西湖開設的"十三經局",從事《毛詩校勘記》的編纂工作,到壬戌七年冬,"千里殆因與經局中諸人不諧,且又病瘧,于冬返蘇州"②。校勘《毛詩釋文》的大半工作在乾隆壬戌七年秋冬之間進行,到十二月結束,翌年再次用宋本校勘一番,其後隨時加以補校。總之,《毛詩釋文》校本所錄的墨筆校語就是顧氏在李慶先生所謂"第二階段"期間內寫入的。

四、《毛詩釋文校勘記》的底本問題

《毛詩釋文校勘記》中圈識前的校語與《毛詩釋文》校本所錄顧廣圻的校語,這兩者之間有什麼關係呢? 在探討這個問題之前,應該弄清的是底本問題③。後者的底本是清代最爲流行的通志堂本,而前者的底本則否,之所以如此判斷是因爲《毛詩釋文校勘記》收入《宋本十三經注疏併經典釋文校勘記》,清代刊本無由採用爲底本。只是令人難以理解的是,《毛詩注疏校勘記》的底本既然爲宋十行

---

① 本文在引用《經典釋文》校本時基本上利用國家圖書館所藏劉履芬迻録潘氏本(索書號:4936)。

② 李慶《新訂顧千里年譜》,《顧千里研究》,第90頁。

③ 袁媛女士對《毛詩釋文校勘記》的底本問題有所討論,見袁媛,《阮元〈十三經注疏校勘記〉文選樓本和南昌府學本比較研究:以〈周易〉、〈毛詩〉、〈爾雅〉爲例》第3章第2節《〈毛詩注疏校勘記〉部分兩本之異同》。

本①，宋十行本是"附釋音本"即附載《經典釋文》的，然則在編纂《毛詩釋文校勘記》之時，以此爲底本會是很自然的事。不過《毛詩釋文校勘記》開頭第一條"故訓傳第一〇人或作詁"下的校語卻説：

> 通志堂本、盧本"人"作"今"。案"今"字是也。小字本、十行本所附，皆是"今"字。(卷一，74頁下)②

可以看出，分校者不以十行本爲底本，而以十行本爲對校資料，就是説，《毛詩注疏校勘記》和《毛詩釋文校勘記》的底本不同，事實上阮刻本《毛詩注疏》所附《釋文》果然將該句作"今或作詁"③。那麼，《毛詩釋文校勘記》的底本是何本呢？

《毛詩釋文校勘記》中標出的《釋文》文字，往往與通志堂本有差異，而相異的文字大半與十行本所附《釋文》一致，但是並不完全符合，如上面的例子所示，還有少數區別。管見所及，《毛詩釋文校勘記》中標出的《釋文》文字則與《毛詩釋文》校本所揭"宋本"最爲一致。在此舉三個例子加以説明。

事例(a)　《邶風·簡兮》毛傳"一散"下引的《釋文》，通志堂本作"素但反。酒爵也，容五升"(59頁上)④，十行本失載。《毛詩釋文校勘記》則在"容五升"下有"也"字(卷一，76頁下)，而《毛詩釋文》校本在"容五升"眉上有墨筆校語，説："'也'，宋本。"(卷五，第13葉左，第7行)，指出"宋本"寫有"也"字。

---

① 根據汪紹楹、關口順兩位先生的説法，阮元重刻的宋十行本實際上大多是元明刻本或者修本，分別見汪紹楹《阮氏重刻宋本十三經注疏考》第7節《十行本注疏宋刻元刻本辨》、關口順《十三經注疏校勘記略説》，第217頁、221頁。

② 阮元《毛詩釋文校勘記》卷一《毛詩音義上·周南》，收入《續修四庫全書》第181册，第74頁下。括號内的數字表示《續修四庫全書》所收本的卷數和頁碼。下同。

③ 孔穎達《毛詩注疏》卷一，收入阮元校刻《十三經注疏附校勘記》，臺北：藝文印書館，1993年，第11頁上。

④ 括號内的數字表示鄧仕樑校訂，黃坤堯索引《新校索引經典釋文》(臺北：學海出版社，1988年)中的頁碼。下同。

　　事例（b）　《邶風·北風》"既亟只且"下引的《釋文》，通志堂本作
"且，子餘反"（59頁上），十行本失載。《毛詩釋文校勘記》則在"子餘
反"下有"下同"二字（卷一，76頁下），而《毛詩釋文》校本在"且，子餘
反"眉上有墨筆校語，説："'下同'，宋本"（卷五，第14葉左，第1行），
指出"宋本"寫有"下同"二字。

　　事例（c）　《邶風·二子乘舟》毛傳"愬伋"下引的《釋文》，通志堂
本作"愬，蘇路反"（60頁上），十行本同①。而《毛詩釋文校勘記》標出
的《釋文》則作"愬伋○先路反"（卷一，77頁上），《毛詩釋文》校本"愬
伋，先路反"眉上有"'先'，段校"的朱筆校語，右邊更有"宋"的墨筆
校語（卷五，第15葉右，第5行）。校語述表明段玉裁校本作"先"，而
這個"先"字是在宋本中看到的。

　　從這三個例子可以看出《毛詩釋文校勘記》的底本相當於顧廣
圻校語所指的"宋本"，而這種"宋本"就是葉林宗本的臨本，因爲顧
廣圻在校本中説："武進臧庸堂在東用葉林宗景宋本校，元和顧廣圻
臨。"（卷一末識語）②其實，阮元在《宋本十三經注疏併經典釋文校勘
記凡例》第七條中説：

　　　　《經典釋文》，明代無單行之本。崇禎間，震澤葉林宗仿明
　　　閣本影寫一部。國朝徐乾學取以刻入《通志堂經解》，盧文弨又
　　　刻之《抱經堂》，雖皆據原書訂正，亦或是非互易，棄瑜録瑕，今
　　　仍取原書以挍徐、盧兩刻，拾遺訂誤，分配各經③。

　　由此可知，葉林宗本就是通志堂本《經典釋文》以及《釋文校勘
記》的祖本，阮元認爲，就通志堂本而言，徐乾學對底本的文本加以
刪修，從而損害了"宋本"原貌。這種情形或許導致阮元企圖《釋文》

　　　①孔穎達《毛詩注疏》卷二，第106頁下。
　　　②同文收録於顧廣圻《經典釋文三十卷（校本）》，《顧千里集》，第266頁。
　　　③見阮元《宋本十三經注疏併經典釋文校勘記》卷頭，收入《續修四庫全書》第180
册，第287頁下。

的校勘,但是他没有以十行本所附《釋文》作爲《校勘記》的底本之理由還不明白。

雖然我們已經下了結論認爲阮元採用葉臨本爲《毛詩釋文校勘記》的底本,這個結論仍有商榷的餘地。例如,《毛詩釋文校勘記》在《大雅·旱麓》"瑟彼柞棫,民所燎矣"下標出的《釋文》作"所燎〇一云柴"(卷三,91頁上),而校本所録顧氏的校語則説"宋本無'一'"(卷七,第4葉左,第1行眉上)。再者,《毛詩釋文校勘記》在《魏風·園有桃》"園有棘,其實之食"下標出的《釋文》作"俗作'棘',同"(卷一,80頁上),而校本所録顧氏的校語則説"'轐',宋本"(卷五,第29葉左,第10行眉上)。總之,《毛詩釋文校勘記》所標出的文本大體上與《毛詩釋文》校本所引"宋本"一致,但是不能説没有例外。《毛詩釋文校勘記》的底本問題,仍待進一步調查和探討。

五、《毛詩釋文校勘記》和《毛詩釋文》校本所録顧氏校語的比較

《毛詩釋文校勘記》和顧廣圻《毛詩釋文》校本的底本不同,加之,後者的校語遠遠少於前者,從此可知,顧廣圻《毛詩釋文》校本並不是《毛詩釋文校勘記》的直接草稿。不過我們不能説兩者之間没有關係,通過兩種校語的比較可以了解兩者之間確有關係。

事例(d) 《毛詩釋文》校本在《邶風·終風》"嘅嘅其靁"句釋文"嘅嘅,虛鬼反"眉下録有顧廣圻的校語,説:

> 《正誤》云:"疑本作'虛嵬反',傳寫脱'山'字耳。"按此不誤,毛居正説,非也。(卷五,第11葉右,第5行)

《毛詩釋文校勘記》則説:

> 通志堂本、盧本同。案《六經正誤》云:"《卷耳》詩'我馬嘅

隋’,‘厜’音呼回反,與灰同音,此亦當音灰。疑本作‘虛鬼反’,傳寫脫‘山’字耳"云云。其説非也。"厜"本虛鬼反,《卷耳》詩以爲"痿"字之假借,故呼回反,徐呼懷反也。此"厜厜"則用爲疊字,形容之詞,不得以《卷耳》比例之矣。"虛鬼反"不誤也。(卷一,76頁上)

兩種校語雖然字數有很多差距,但是同樣引述毛居正《六經正誤》之後,對此加以批判,議論的手法與方向則可謂相符。

事例(e)《毛詩釋文》校本在《大雅·生民》"不拆不副"句釋文"不副,匹六反"眉上録有顧廣圻的校語,説:

> "六"字是。《集韻·一屋》"蝮"紐下有"副"。壬戌十一月。

(卷七,第7葉左,第11行)

《毛詩釋文校勘記》則説:

> 通志堂本、盧本"六"作"亦"。案"亦"字誤也。《集韻·一屋》"蝮"紐下有"副",即此"芳六反"字也①。小字本所附是"亦"字,非是。(卷三,91頁下-92頁上)

"副"的反切下字"六",因版本而異,通志堂本、盧本則作"亦"。兩種校語均根據《集韻》卷九《入声·屋第一》"蝮"紐下收録有"副"字,斷定"六"字正確,因爲"蝮"的字音爲"芳六反"。校本中的顧氏校語較短,不過如同《毛詩釋文校勘記》一樣引用"《集韻·一屋》‘蝮’紐下有‘副’"一句,結論也互相吻合。

事例(f)《毛詩釋文》校本在《大雅·韓奕》"王錫韓侯……儵革金厄"句釋文"靪,苦泓反,沈又音泓,軾中也。亦作軨、輓,胡肱反,又弦,三同"眉下録有顧廣圻的校語,説:

---

① 按"反"當作"切"。《集韻》的反切表示方式是"○□反"型,不是"○□切"型。

《正誤》云："'又作玹，王同'，欠'作'字。'王同'謂王肅本與此同，作'三同'誤，興國作'王同'。"按"三同"是，毛居正非也。（卷七，第19葉左，第11行）

《毛詩釋文校勘記》則説：

通志堂本同。盧本作"又作'玹'，王同"，云："舊脱'作'字，'王'誤'三'，今從毛居正改。"案《六經正誤》云："'又作玹，王同'，欠'作'字。'王同'謂王肅本與此同，作'三同'誤，興國作'王同'。"其説最誤。此陸説字之或體，與王肅如風馬牛之不相及，何得謬加附會？興國乃誤字耳。上云"亦作軧、軱"，此云"又玹"，合而言之，故曰"三同"。小字本所附亦作"三"，不誤。（卷三，94頁下）

毛居正將《釋文》的"又玹三同"句改作"又作'玹'，王同"，認爲"王同"二字的旨意是王肅本的文字與此相同。兩種校語則均指出"又'玹'，三同"句沒有錯誤，據《校勘記》的見解，這個句子意味着《釋文》中所列"軧、軱、玹"三個字是經文"軱"的或體。顧氏雖然在校本中沒有提出論證，但一定會按照與《校勘記》相同的見解來斷定毛居正説之誤。

事例(g)　《毛詩釋文》校本在《小雅·白華》鄭箋"妖大之人"釋文"古卯反，本又作姣，姣音於驕反"眉下録有墨筆校語，説：

《正誤》云："'姣大，古卯反'，作'妖'誤。下云'本又作妖，妖音於驕反'，今作'本又作姣，一音於驕反'亦誤。"案毛居正非也。"妖，古卯反，本又作姣"者，讀妖爲姣也。"一音於驕反"者，《集韻》卅一"巧"載"姣、佼、妖、姿"四文，是《釋文》讀"妖"爲"姣"之證。（卷六，第36葉左，第10－11行）

《毛詩釋文校勘記》則説：

通志堂本、盧本同。案《六經正誤》云："'姣大,古卯反',作
'妖'誤。下云:'本又作姣,姣音於驕反',今作'本又作姣,一音
於驕反'亦誤。"其説非也。"妖大,古卯反,本又作姣",當連文。
此陸讀"妖"爲"姣",因説"又作"本之竟爲"姣"字也。"一音於驕
反"五字,當別爲句,乃陸又説或如字讀之也。《正義》讀如此,毛
居正不得其句逗,乃輒議改易。《集韻》三十一"巧"載"姣、佼、
妖、妛"四形,其"妖"字即本此。前一讀也,得之矣。考小字本、
十行本所附,皆云"一音於驕反",與毛所載正同,未失陸氏之
舊。不知何故今《釋文》誤"一"字爲"姣"字也。(卷二,89頁下-
90頁上)

兩種校語都引用《六經正誤》之後,對毛居正的説法加以批評,
《校勘記》的校勘者指出,毛氏將"妖大"改作"姣大"是一個錯誤,毛
氏又引用異文"本又作姣,一音於驕反"而斥退之,又是一個錯誤。
毛氏認爲"妖"、"姣"兩字原來没有關係,《釋文》中發生異文的理由
大概在於字形的近似,而根據校勘者的看法,"妖"、"姣"兩字屬於通
假關係,《釋文》中發生異文的理由就是在於字音的一致,《集韻》在
《上聲下·巧第三十一》下列出"姣、佼、妖、妛"四字證明了這個事
情。就"姣"字而言,這個字除了用"古卯反"來表示的字音以外,還
有用"於驕反"來表示的字音,校勘者認爲"一音於驕反"保存了陸氏
之舊。

在此應該指出的是,《毛詩釋文》校本還録有"'一',宋本"的墨
筆校語,指出葉林宗本將"姣"作"一",這是對"姣音於驕反"一句附
加的。《毛詩釋文》校本更録有"按'姣'依毛居正引作'一'是也。注
疏附同"的墨筆校語。兩條墨筆校語大概與上引校語爲不同時期寫
的,但意趣並没有齟齬之處。不僅如此,這兩條校語之間夾有"顧千
里曰:原本不誤,惟'姣音'當從注疏本作'一音'。按顧説是。段校"
的朱筆校語,段玉裁對用墨筆寫的顧廣圻之看法表示同意。下引的

《毛詩釋文》校本識語，一方面表明"宋本"中的文字對顧廣圻有特別意義，另一方面證明不含"廣圻按"的墨筆校語還是由顧氏寫的。

　　　　癸亥春正，重校宋本。宋本《園有桃篇》"'棘'俗作'蕀'同"（當以《集韻》證之）①、《白華篇》"一音於驕反"（可訂《六經正誤》之謬），皆一字千金矣。……澗薲又記。（卷五，第35葉左）②

　　從事例(d)到(g)可以知道，《毛詩釋文》校本所錄顧廣圻的校語與《毛詩釋文校勘記》中的校語有緊密的關係。如上面所説，由於底本不同，加之校本中框外的空間十分有限，雙方的校語内容不能完全一致，所以校語的字數也有很大差別，只是從版本字句的取舍、引述的文獻、行文的論理程序等來看，兩種校語多有重複之處。最合理的結論還是兩種校語均是由同一人即顧廣圻寫的。《毛詩釋文》校本所錄顧廣圻的校語不是《毛詩釋文校勘記》的直接草稿，可能是他在編寫《毛詩釋文校勘記》之時的基礎材料，或者是《毛詩釋文校勘記》編纂過程中所産生的副産物。我們既然以《毛詩注疏校勘記》和《毛詩釋文校勘記》的編纂者是同一人爲前提進行討論，通過本文的探討可以確認《毛詩釋文校勘記》的基礎部分是由顧廣圻編寫的，這就可看作阮元《十三經注疏校勘記併經典釋文校勘記》中圈識前的校語是由分校者作成之直接證據。

六、結　論

　　阮元《十三經注疏併經典釋文校勘記》的編纂是清代幕府代表性的學術事業，清代是幕府制度的極盛時期，學術活動的不少部分

---

　　① 雖然170頁所引校語將"蕀"作"蘽"，顧氏在《毛詩釋文校勘記》内説："蕀即蘽也。"（卷一，第80頁上）
　　② 同文收錄於顧廣圻《經典釋文三十卷》（校本），《顧千里集》，第266頁。

在幕府内進行①。我們對阮校的編纂過程進行考察,可以明確了解清代幕友在幕府學術活動中所起的作用,以及幕主和幕友的關係。通過研究者的探討,阮校的編纂情況漸漸明確起來,不過分校者撰寫校勘記的具體證據可謂缺乏。本文關注《毛詩》分校者顧廣圻的校勘工作,以他對《毛詩釋文》附加的校語爲主要資料,將之與《毛詩釋文校勘記》中的校語互相比較,從而弄清了《毛詩釋文校勘記》的基礎部分是由顧廣圻寫的。我們可以認爲《毛詩釋文》校本所録顧氏的校語就是分校者實際撰寫各經校勘記的重要證據。就參加《校勘記》編纂校勘工作的學人來説,《經典釋文》校本還收録段玉裁和臧庸的校語,不過,他們的校語大多很短,我們可以利用同樣手法對段、臧兩氏的校勘工作進行分析,儘管這種工作也有學術意義,但是與顧廣圻的情況相比,能夠獲得的成果無疑遜色很多。

管見所及,首先對《經典釋文》校本所録顧氏校語加以關注的近代學者就是黄焯先生(1902—1981)。他在畢生大作《經典釋文彙校》中往往引述清代諸家的校語,作爲重要參考資料,進行考辯。根據原刊本卷末附載的《引據各本目録》,他參閱九種清代校本,其中包含本文所引述的國家圖書館所藏本兩種②。黄氏引用不少顧氏校語,其文字與《經典釋文校勘記》往往類似,老實説,正是兩種校語間的類似性引起本文的撰寫動機。不過,黄先生對《毛詩釋文》校本所録顧氏校語和《毛詩釋文校勘記》校語的關係之看法,似乎與本文不同,因而最後對此加以考察,作爲補論。

事例(h)　《毛詩釋文校勘記》在《大雅·桑柔》"菀彼桑柔"句下,説:

---

① 清代幕府的學術作用,參看尚小明《學人游幕與清代學術》,北京:社會科學文獻出版社,1999年。

② 黄焯《經典釋文彙校》,第300—301頁。附帶説,2006年重修排印本《經典釋文彙校》刪去了《引據各本目録》,這種編輯工作令人難以理解。

　　“菀彼”，通志堂本、盧本“菀”作“苑”。案“菀”字是也。與
《正月篇》“菀彼”同。小字本所附是“苑”字。（卷三，93頁下）

黃校則標揭“苑彼”二字，説：

　　顧云：“‘苑’字非。此與《正月篇》‘菀彼’同。”阮云：“小字
本所附是‘苑’字。”（卷七，82頁）①

　　兩種校語内容大致相同，黃先生似乎將《毛詩釋文校勘記》中
“案”以下的校語，分爲兩段，認爲上段來自顧廣圻，下段來自阮元，
其判斷的根據無疑是下引《毛詩釋文》校本所録的顧氏校語。

　　“苑”字非。此與《正月篇》“菀彼”同。（卷七，第15葉，第9
行眉下）

　　事例(i)　《毛詩釋文校勘記》在《鄭風·出其東門》“縞衣綦巾”句
下，説：

　　綦巾○巨基反，綦反也。通志堂本、盧本“綦反也”作“蒼艾
色”。案此誤改也。陸氏本云：“綦巾，巨基反，綦文也。”下三字
是所載箋文。影宋本唯譌“文”字作“反”字耳，乃形相近也。後
之挍者不得其故，遂取傳文“蒼艾色”三字，盡易去之。似是而
實非也。（卷一，79頁上）

黃校則標揭“綦巾”二字，説：

　　顧廣圻云：“此當作‘綦文也’。‘文’誤爲‘反’，形相近耳。”
阮云：“下三字是所載箋文。後之校者不得其故，遂取傳文‘蒼
艾色’三字，盡易去之。似是而實非也。”（卷五，58頁）

---

　　① 括號内的數字表示黃校中的卷數和頁號，下同。

　　兩種校語內容大致相同,黃先生似乎將《毛詩釋文校勘記》中
"案"以下的校語,同樣分爲兩段,認爲"影宋本"以下一句來自顧廣
圻,其他部分來自阮元,其判斷的根據無疑還是下引《毛詩釋文》校
本所錄的顧氏校語。

　　　　此當作'縶文也'。'文'誤爲'反',形相近。千里。(卷五,第
　　26葉右,第11行眉上)

　　從這兩個例子來看,黃先生認爲《毛詩釋文校勘記》中的大多校
語是由阮元撰寫的,顧廣圻寫作的部分不出乎《毛詩釋文》校本所錄
校語的範圍。從另外的角度來說,他似乎認爲《毛詩釋文》校本所錄
顧氏校語是《毛詩釋文校勘記》中顧氏校語的直接來源。爲了判斷
這種說法的是非,下個例子值得參考。

　　事例(j)　《毛詩釋文校勘記》在《小雅·六月》"炰"字下,説:

　　　　炰○徐又甫九反。通志堂本、盧本"久"作"交"。案"交"字
　　誤也。《六經正誤》云:"'交'作'久',誤。建本作'九',尤非。"依
　　此是作"交"者,出於毛居正之説也。其實"久"字不誤。《集韻·
　　四十四》有云:"焦、炰,火熟也。或作炰,亦書作炩。"徐讀自爲焦
　　字,作音,又見《韓奕篇》可互證。彼《正義》論此字詳矣。小字
　　本所附作"久"不誤。(卷二,85頁上)

　　黃校則標揭"炰"一字,説:

　　　　顧云:"《五經文字·缶部》'炰,方九反,見禮經'即此。"阮
　　云:"《六經正誤》曰:'交'作'久',誤。建本作'九',尤非。依此
　　是作'交'者,出於毛居正之説也。其實'久'字不誤。《集韻·四
　　十四》有云:焦、炰,火熟之也。或作炰,亦書作炩。徐讀自爲焦
　　字,作音,又見《韓奕篇》可互證。彼《正義》論此字詳矣。"(卷
　　六,69頁)

顧氏校語用墨筆寫入《毛詩釋文》校本(卷六,第14葉左,第10行眉上),這條校語與黃校中的引文完全一致,卻没有寫入《毛詩釋文校勘記》。如果《毛詩釋文》校本所録顧氏校語是《毛詩釋文校勘記》中顧氏校語的直接來源的話,這種事情不會發生。黃先生認爲《毛詩釋文校勘記》中"《六經正誤》曰"以下的校語都是來自阮元。但是《毛詩釋文》校本眉下還有墨筆校語,説:

> 《正誤》云:"'交'作'久',誤。建本作'九',尤非。"按,毛居正,誤。

這條墨筆校語的内容與《毛詩釋文校勘記》中"《六經正誤》云云"一段很接近,黃先生卻將之認爲是由阮元撰寫的,顯然他對校語的處理含有不妥的地方。如我們已經知道的,《毛詩釋文校勘記》和《毛詩釋文》校本的底本不同,則校語的内容之間不免産生齟齬。如此看來,從現有《毛詩釋文校勘記》中删去《毛詩釋文》所録顧廣圻的校語便都是阮元撰寫的校語這樣簡單的看法令人難以接受,《毛詩釋文校勘記》的大多校語還是由分校者顧廣圻撰寫的。

【附記】本文是根據對中國國家圖書館所藏《經典釋文》校本的調查而撰寫的。初稿在2012年9月21日於國際漢學第十五次學術報告會(北京大學化學北樓1層國際漢學家研修基地學術報告廳)宣讀,得到與會學者的評論與高見。國家圖書館的文獻調查,由於受到國家漢辦、北京大學國際漢學家研修基地的贊助成爲可能。爲了得到兩個單位的扶助,辱承北京大學中國古文獻研究中心劉玉才教授惠予支持和傾心幫助。本人到國家圖書館之前,日本北海道大學研究生吳明熙（現任博士後研究員）已在該館作了準備工作，臨錄顧廣圻的大半校語。至於上海圖書館所藏本（索書號：820965-72）、復旦大學圖書館古籍閱覽室所藏本兩種（登記號：374514-23；374588-600）的調查，承蒙日本福岡教育大學鶴成久章教授的協助。在此向各位學者、各個典藏單位表示誠摯的謝意。

　　【作者簡介】　水上雅晴，日本琉球大學教授，北京大學國際漢學家研修基地短期客座研究員。

阮元《十三經注疏校勘記·毛詩》所稱"正義本"考辨[*]

程蘇東

　　在阮元《十三經註疏校勘記·毛詩》中,"正義本"是一個出現頻次非常高的概念,但與其常用的十行本、相臺本、閩本等概念不同,後者是阮元校勘中確實採用過的校本,至於"正義本",則與其所謂"釋文本"一樣,是通過《毛詩正義》、《經典釋文》的敘述而推知的版本,在阮校看來,"正義本"作爲唐人所用版本,具有極高的版本價值,因此不僅根據《正義》列出其大部份異文,在校訂中也常引此本爲據。然而,我們知道,唐人在編撰《正義》時,乃以劉炫、劉焯之舊疏作爲基礎,而筆者在對《毛詩正義》的研讀中發現,《正義》在處理舊疏與正義的衔接關係時,有頗多疏漏之處,《正義》中有不少對於分章、毛傳、鄭箋的疏解,實即二劉舊疏,而舊疏所據《毛詩》版本,與唐人編撰《正義》時所用版本有所不同,因此,阮校中所稱的"正義本",至少包括了二劉舊疏所據本與唐人正義所據本兩個不同層次,所謂"正義本"之説,其實是非常籠統和模糊的。阮校既未識此中差

　　[*]本文爲北京市優秀博士學位論文指導教師人文社科研究項目"《毛詩·國風》新校注及研究"的階段性成果。可參拙文《〈毛詩正義〉所引〈定本〉考索》,《中國典籍與文化論叢》,2010年第2期。作者單位:美國斯坦福大學東亞語言文化學系

異,難免在校勘中受到誤導。本文即以此爲中心,嘗試通過對《正義》內部結構的梳理,指出阮校據"正義本"校勘所存在的問題。

一、《校勘記》對"正義本"的認識與利用

關於阮校"正義本"的具體所指,見於其"所以風天下"條:

> 考顏師古爲太宗定《五經》,謂之"定本",非孔穎達等作《正義》之本也。俗本,謂當時通行之本,亦非即作《正義》者,兼不專指一本①。

這裏所謂"孔穎達等作《正義》之本",即指唐人編撰《毛詩正義》時所用之《毛詩詁訓傳》,也就是阮校中習稱的"正義本"。據《漢書·藝文志》可知,《毛詩》原本經、傳別行,鄭玄作《毛詩箋》,自又別爲一書。至《隋書·經籍志》著録,舉凡漢河間太守毛萇傳鄭氏箋《毛詩》二十卷、王肅注《毛詩》二十卷、集註《毛詩》二十四卷,皆爲經注合抄本;唐人顏師古奉敕撰《毛詩定本》,亦涵序、經、傳、箋爲一體;敦煌寫卷中雖有白文本16種,但據學者考察,"均是據《毛詩傳箋》本抄録"②;而開成石經中的單經《毛詩》,亦是從《毛詩詁訓傳》中截出③,可知單經本《毛詩》,當亡佚於魏晉六朝,而《毛詩》之經注合抄,已成隋唐以來風氣。至宋人刻書,則皆以經、傳、箋合刻,至晚到南宋,又出現以《毛詩詁訓傳》與《經典釋文》合刻者,此後經注、釋文復與疏文合刻,遂有所謂"註疏合刻本"。從源頭上説,《毛詩》與《毛傳》所據經文,自爲一本,但從《鄭箋》開始,其所録經文就開始出現異文,

---

①《十三經註疏校勘記·毛詩卷一》,《續修四庫全書》,第181冊,上海:上海古籍出版社1995年影印本,第485頁上欄B。

② 許建平《敦煌經籍敘録》,北京:中華書局,2006年,第136頁。

③ 開成石經卷首題名:"毛詩卷第一周南關雎詁訓傳第一毛詩國風鄭氏箋",顯然是據《毛詩詁訓傳》刻録。《景刊開成石經》第1冊,北京:中華書局,1997年,第237頁上欄A。

此後陸德明編《經典釋文》、唐人編《毛詩正義》,所見異本更多,其所據底本也各不相同,故此將諸書彙爲一帙,其經、傳、箋、釋文、正義之用字,自然各有所本,異文紛見,然而自宋人合刻經注與釋文以來,便有爲牽合二書而改字者,至註疏合刻本出,則改字之弊日滋,南宋以來十行本、元刻明修本、閩本、北監本、崇禎本等《毛詩正義》,均難免此弊。對此,阮校有自覺而明確的認識,其"詁訓傳"條言:

> 《正義》原書與經注別行,後來合併,實始於南宋紹興間三山黄唐所編彙,此本又在其後,事載《左傳考文》。其所用經注本,非《正義》之經注也,故經注與《正義》時有相牴牾者①。

"其所用經注本",即註疏合刻本《毛詩正義》所録之《毛詩詁訓傳》,而"《正義》之經注",則是阮校所謂"正義本",二者既然原非一本,故自當存在牴牾之處。可以説,阮元之所以特別强調"正義本",就是要革除宋元以來妄合經文、傳箋、釋文、正義用字之弊,使諸書各得其所。這在《毛詩》的校勘史上,不可不説是一個重要的進步。

既然"正義本"不同於註疏合刻本《毛詩正義》中所録經注,且爲唐代官方認爲:

> 考以《集注》本、定本、俗本、《釋文》本、唐石經本,亦未有全然相合者也,乃彼時行世別有此本耳②。

"正義本"亡佚已久,阮校是如何得出這一結論的呢?這就要説到阮校對於"正義本"研究的又一成果了——他比較系統地提出了反推"正義本"用字的基本方法。

第一,據"正義標起止"知其用字。此例發凡於《雄雉》篇詩序"而作是詩"句下:

---

① 《十三經註疏校勘記·毛詩卷一》,《續修四庫全書》,第181册,第484頁下欄B。
② 《十三經註疏校勘記·毛詩卷一》,《續修四庫全書》,第181册,第484頁下欄B。

按據標起止爲證,乃是正義所據本耳,他本之有不同者,不必皆正義取據也。全書以此例之①。

所謂"標起止",即諸經正義中稱引經注之出文("某某至某某"),此出文雖非全句,但首尾數字則借之得見,故阮校認爲此"標起止"即"正義所據本",也就是所謂的"正義本"。如"我又欲取其九高絜者"條:

案《釋文》云:一本無"絜"字。正義標起止云:"至絜者",是正義本有②。

第二,據《正義》所附校記反推。我們知道,《毛詩正義》除了對經注進行疏解以外,還對當時所見定本、俗本、《集註》本、王肅本等進行了彙校,校勘記即附見於《正義》之中,阮校認爲,正義凡言"定本作某"、"俗本作某"者,則正義本用字必殊,故據其前文,頗可反推正義本。如"所以風天下"條:

故"禮義廢"下云"俗本有作'儀'者"、《野有死麕》序下云"或有俗本以'天下大亂'以下同爲鄭注者,誤"是也,由此推之,則正義本之大槃可見矣③。

正義既稱俗本有作"儀"者,則正義本自當作"義"。或有俗本以"天下大亂"以下爲鄭注,則正義本自不以"天下大亂"以下爲鄭注。此據俗本校記反推正義本之例,至於據定本反推者則更多,茲不復舉。

值得注意的是,在今本《毛詩正義》中,亦有正義所用字與定本所用字相同者,凡此阮校皆以爲係傳刻之誤,如"君子下從征役"條:

---

① 《十三經註疏校勘記·毛詩卷一》,《續修四庫全書》,第181册,第501頁下欄B。
② 《十三經註疏校勘記·毛詩卷一》,《續修四庫全書》,第181册,第491頁下欄A。
③ 《十三經註疏校勘記·毛詩卷一》,《續修四庫全書》,第181册,第485頁上欄B。

案《正義》云："言下從征役者"，又云"定本作下從征役"，如
其所言，不爲有異。當有異也。《釋文》云："政役，音征"，篇内注
同，或定本作"政"字也①。

從正義的内容看來，正義本當作"下從征役"，然而其校記稱定
本亦作"下從征役"，阮校認爲此不合《正義》體例，乃據《釋文》所舉
異文而以定本當作"下從政役"。

第三，根據《正義》行文中對經文、傳箋的徵引及疏解推知正義
本。如《定之方中》篇鄭箋"可謂有德音"句下：

案此定本、《集註》也。正義云："君子出能此上九德者，故
可爲九德，乃可以爲大夫。定本、集註皆云'可謂有德音'，與俗
本不同。"依此則正義本不如此也。但未有明文，今無可考，意
必求之，或當是"可爲九德"②。

根據上舉第二條，阮校認爲既然正義明言定本作"可謂有德
音"，則正義本自當有異文，可是，無論是《釋文》還是其他文獻，都未
見此處録有異文者，故"意必求之"，乃根據正義中"故可爲九德"之
句，推測正義本箋文恐作"可爲九德"。類似的例子在校勘記中還有
不少。

值得注意的是，阮校注重版本依據，故此對於這類推測之文，都
强調"意必求之，或當是"，表示不敢遽定，而在利用這一方法反推
時，阮校還特別指出應在全面掌握《正義》行文體例的基礎上進行反
推，避免臆測。關於正義行文之體例，阮校舉出兩點：

其一，凡經注用古字者，正義皆徑改爲今字。如《大序》"風風
也"句，崔靈恩集註本作"風諷也"，阮校云：

①《十三經註疏校勘記·毛詩卷二》，《續修四庫全書》，第181册，第536頁下欄B。
②《十三經註疏校勘記·毛詩卷一》，《續修四庫全書》，第181册，第510頁下欄A。

　　風、諷古今字。凡經注古字,《正義》每易爲今字而説之,其爲例如此也。今往往有合併時依經注誤改者矣①。

　　阮校認爲,"風"與"諷"爲古今字,故正義本作古字"風",正義文作今字"諷",明人以來刻書有據經注改正義用字者,是未明正義體例所致。這一體例在校勘記中非常多見。

　　其二,正義每依經、傳、箋立言,故言辭多與經注相合,然亦有"自爲文"者,對經注進行重新整合,凡此皆不可臆定爲正義本原文。阮校在《關雎》"若關雎之有別焉"條下發凡:

　　　　考正義凡自爲文,每不必盡與注相應,不當據改也②。

　　至於何謂"自爲文",在《采蘋》"無足曰釜"條下説得更加明確:

　　　　凡正義自爲文,其於注有足成,亦有隱栝,皆取詞旨通暢,不必盡與注相應③。

　　我們不妨舉兩個例子來説明。一個比較簡單,是關於《毛詩正義》中最爲常見的"箋云"二字:

　　　　閩本、明監本、毛本於"箋"字外以黑圍之,小字本、相臺本所無也,考文古本同。案山井鼎云:"'箋云'二字,鄭氏之舊,所以别毛氏傳也,而後世諸本加黑圍者,亦失古意矣。"是也。十行本凡"箋"字及正義中"傳"、"箋"字悉不如此。閩本以下誤耳。考其致誤之由,乃因正義標起止有"傳"字、"箋"字,遂於注首加"傳"字,復割裂注中箋字配之,不知此正義自爲文以作别識耳,非注如此也。明刻單注别本更有并箋下"云"字去之者,

----

①《十三經註疏校勘記·毛詩卷一》,《續修四庫全書》,第181册,第485頁上欄B。
②《十三經註疏校勘記·毛詩卷一》,《續修四庫全書》,第181册,第486頁下欄B。
③《十三經註疏校勘記·毛詩卷一》,《續修四庫全書》,第181册,第494頁上欄A。

尤爲誤甚①。

由於正義標起止中有“傳某某至某某”、“箋某某至某某”之例，故此一些刻本乃以爲此“傳”、“箋”皆正義本經注原貌，故刻書時生搬硬套，或在毛傳前加上“傳”字，或把“箋”字硬加入箋文之中，甚至連鄭箋原有的“箋云”二字都被删爲“箋”字，以與標起止相合。足見不明正義“自爲文”之體例而據以校經，會鬧出怎樣的笑話。

另一個例子相對複雜，是關於正義對毛、鄭無異說的處理方式，見於《伯兮》“焉得諼草”下毛傳“諼草令人忘憂”條：

> 小字本、相臺本同。案此當作“諼草令人善忘”，故箋云“憂以生疾，恐將危身，欲忘之。”傳不言憂，箋以憂申之也。若傳已云“忘憂”，則生疾危身，人所共曉，何煩更箋乎?《釋文》云：“令人，力呈反。善忘，亡向反，又如字。”《爾雅》、《釋文》引《詩》云：“焉得蕿草。毛傳云：蕿草令人善忘”，是《釋文》本不誤也。正義說傳云：“諼訓爲忘，非草名。故傳本其意，言焉得諼草，謂欲得令人善忘憂之草”。此正義本“忘”上有“善”字之證，其仍云“忘憂”者，以鄭說爲毛說。凡正義以爲毛、鄭不異者，其自爲文每如此，非傳有“憂”字也。正義本當亦不誤。《釋文》“諼”下云：“《說文》作蕿，云令人忘憂也。”皆所以著其異耳。不知者反據之，并取正義自爲文者以改此傳，失之甚矣，各本皆誤，當正之②。

阮校認爲正義凡與毛、鄭無異說者，則不分“毛以爲”、“鄭以爲”，而是將兩者通貫爲一體，自爲之文，故此處正義乃將毛傳“諼草令人善忘”與鄭箋“憂以生疾”二句串講，釋爲“欲得令人善忘憂之草”，非謂正義本毛傳即作“諼草令人忘憂”也。他進一步以《釋文》

---

① 《十三經註疏校勘記·毛詩卷一》，《續修四庫全書》，第181册，第486頁下欄B。
② 《十三經註疏校勘記·毛詩卷二》，《續修四庫全書》，第181册，第517頁上欄A。

所見版本爲據,證明正義"善忘憂"之"善"字絕非"自爲文",而是與毛傳相合,故今各本毛傳皆作"令人忘憂",正是不明正義通言傳、箋之體例者妄改傳文所致。

　　總之,通過上述三種方法,阮校本舉出了大量的"正義本"用字,并廣泛地用以校訂異文,成爲阮校最爲倚重的版本之一。而從以上所舉阮校對於"正義本"的認識看來,他對"正義本"與註疏合刻本之間的關係有非常深刻、準確的認識,這使得阮校在處理註疏合刻本內部經注、釋文、正義三者的異文關係時,較此前諸本更爲客觀、審慎。

　　當然,正如阮校所言,由於正義行文自有體例,故依正義反推其所據傳箋,須十分謹慎,阮校之反推亦偶有未安者,如《匏有苦葉》中"離離鳴鴈,旭日始旦"句下鄭箋:"鴈者隨陽而處,似婦人從夫,故昏礼用焉。"阮校云:

　　　　此定本也。正義云:"定本云'鴈隨陽',無'陰'字。"是正義本有"陰"字,作"鴈者陰,隨陽而處。"考箋下云"似婦人從夫",正義云"此皆陰陽並言",謂下句並言"陰隨陽"也,當以正義本爲長①。

　　阮校根據正義之校記,以正義本有"陰"字,此説確然。但其以"陰"字補於"隨陽"二字之前,則似未安。案正義云:

　　　　箋鴈者至用昏　○正義曰:此皆陰陽並言。《禹貢》注云:"陽鳥,鴻鴈之屬,隨陽氣南北。"不言陰者,以其彭蠡之澤近南,恒暖,鴻鴈之屬避寒隨陽而往居之。故經云"陽鳥攸居",注釋其名曰"陽鳥"之意,故不言陰耳。定本云"雁隨陽",無"陰"字②。

---

　①《十三經註疏校勘記·毛詩卷一》,《續修四庫全書》,第181册,第502頁下欄B。
　②《十三經註疏》,北京:中華書局,1980年影印南昌府學本,第303頁下欄。

　　觀正義之意,《禹貢》注言鴻鴈"隨陽氣南北",正義以爲其"不言陰者",是該注所釋經文爲"彭蠡",其地"恒暖",是純陽之所在,故未言及"陰"。然若就"南北"全域而言,則北方春爲少陽,是陽氣出而陰未盡,秋爲少陰,是陰氣出而陽未盡,凡此皆陰、陽相雜之時,而鴻鴈猶處之,是其非必處純陽之地,而是視陰陽之消長而遷徙也,故正義所謂"陰陽並言"者,似暗示其所據本當作"鴈者,隨陰陽而處",非阮校所謂"鴈者陰,隨陽而處"也。阮校之所以將"陰"置於"隨陽"之前,是根據其後箋文"似婦人從夫",明寓"隨陽"之意,故不破"隨陽"二字,但從正義引《禹貢》鄭注可知,鄭玄以鴻鴈爲"陽鳥"明矣,而此處若據阮校,則鴻鴈反爲"陰鳥",與鄭注不合,故阮校之反推實誤。而由鄭箋"似婦人從夫"之言可知,以"婦人從夫"對上文"鴈者隨陽",定本實較正義本爲長。

二、從《毛詩正義》的删定論阮校所謂"正義本"

　　如上文所言,關於"正義本"與釋文本、定本、俗本、石經本、宋刻經注本、註疏合刻本等外部文本之間的關係,阮校所持結論基本可信。但是,就"正義本"自身而言,其"孔穎達等作《正義》之本"的描述是否能夠成立,就頗值得推敲了。

　　我們不妨簡單回顧一下《毛詩正義》的成書過程。孔穎達《毛詩正義序》言:

　　　　其近代爲義疏者,有全緩、何胤、舒瑗、劉軌思、劉醜、劉焯、劉炫等,然焯、炫並聰穎特達,文而又儒,擢秀幹於一時,騁絕轡於千里。固諸儒之所揖讓,日下之無雙。於其所作疏内特爲殊絶。今奉勅删定,故據以爲本。……今則削其所煩,增其所簡,唯意存於曲直,非有心於愛憎①。

<hr>

　　①《十三經注疏》,第261頁。

　　與我們通常以"編撰"稱呼《毛詩正義》的形成過程不同，孔穎達
自稱其成書過程爲"刪定"，筆者認爲，這恐怕不是孔公的自謙之辭，
而是對《正義》與其所據二劉舊疏之關係最爲貼切的表達。下文孔
氏繼續强調，《正義》並非唐人所"作"，他們只是"削"、"增"而已。因
此，僅從孔氏序文來看，阮校所謂"孔穎達等作《正義》"的"作"字，多
少是將《正義》的成書過程看得過於簡單了。

　　而從成書後的《正義》來看，孔穎達所主持的"刪定"工作似乎並
不徹底，我們不妨先看看《羔羊》"羔羊之革，素絲五緎"句下毛傳"革
猶皮也"的一段疏文：

　　　　傳革猶皮　○正義曰：……依《月令》，孟冬始裘，天子祭天
　　則大裘而冕，故《司服》云："王祀昊天上帝，則服大裘而冕，祀五
　　帝亦如之。"鄭注"大裘，黑羔裘"是也。其五冕之裘亦同黑羔
　　裘，知者，《司裘職》云："掌爲大裘，以供王祀天之服。"更不別言
　　袞冕已下之裘，明六冕與爵弁同用黑羔裘。……凡裘，人君則用
　　全，其臣則襃飾爲異。故唐《詩》云："羔裘豹袪"，鄭云"卿大夫
　　之服"是也。若崔靈恩等，以天子、諸侯朝祭之服先著明衣，又
　　加中衣，又加裘，裘外又加裼衣，裼之上方加朝祭之服。其二劉
　　等則以《玉藻》云"君衣狐白裘，錦衣以裼之"，又云"以帛裏布，
　　非礼也"，鄭注云"冕服中衣用素，朝服中衣用布"，若皮弁服之
　　下，即次錦衣爲裼，便是以帛裏布，故知中衣在裼衣之上明矣。
　　又以《司服職》云："王祀昊天上帝，則服大裘而冕。"以下冕不復
　　云"裘"，《司裘職》云："掌爲大裘，以供王祀天之服。"亦不別言袞
　　冕以下之裘，明六冕與爵弁同用大裘之羔裘矣[①]。

　　這段疏文旨在討論詩中所詠著"羔羊之革"的"君子"究竟是何
種身份，故此列舉了天子、諸侯、卿大夫、士在不同場合的冕服仪制，

----

①《十三經注疏》，第289頁中欄。

且每一條都标注出處,表明其言之有據。在論述中,疏文先舉《周禮·司服》之文,説明天子祭昊天上帝及五帝時皆服大裘,繼而又舉《周禮·司裘》之文,證明天子除服大裘冕以外,服袞冕、鷩冕、毳冕、絺冕、玄冕乃至爵弁之時所服之裘,均爲黑羔裘。此後,疏文轉而論諸侯、卿大夫等人的服制。但有趣的是,從後文“又以《司服職》”句開始,疏文復舉《司服職》、《司裘職》之文,論“六冕與爵弁同用大裘之羔裘”,將前文“故《司服》云”數句完全重複了一遍。從上下文意看來,這處重複没有任何意義,並非《正義》有意爲之,結合它承接的上文“其二劉等”云云,考慮到《毛詩正義》的成書過程,我們認爲,此前“故《司服》”云云,正是二劉舊疏的内容,至遲到“凡裘”開始,乃是唐人删定《正義》時所撰之文。大抵唐人本意,當是嫌舊疏過於繁冗,故爲之檃栝,但在删定過程中,忘記删去二劉舊疏的原文,以致留下了這前後兩段完全重複的文字。

作爲一部卷帙浩繁的鉅著,出現這樣的疏漏,原本無可厚非,但令人遺憾的是,在《毛詩正義》中,類似這樣的疏漏並不少見,我們可以將其歸納爲以下四類:

第一,是標起止與正義無法對應。如《伐木》詩序“燕朋友故舊也……則民德歸厚矣”句下正義:

> 伐木六章章六句至厚矣　○正義曰:……燕故舊,即二章、卒章上二句是也。燕朋友,即二章諸父、諸舅,卒章“兄弟無遠”是也[1]。

所謂“燕故舊”,據經文部分之正義可知,當爲“釃酒有藇”、“釃酒有衍”兩句,“燕朋友”,則如正義所言,爲“以速諸父”、“以速諸舅”、“兄弟無遠”三句,但據今本六章章六句的《毛詩》,“釃酒有藇”句在三章,“釃酒有衍”句在五章,“以速諸父”句在三章,“以速諸舅”

---

[1]《十三經註疏》,第410頁下欄。

句在四章、"兄弟無遠"句在五章,皆與正義所言章次不合。但若將《伐木》分為三章、章十二句,則與正義之文若合符節。是知標起止所據本《伐木》為六章章六句,而正義所據本《伐木》實為三章章十二句,兩種版本形態同見於《正義》文本之中,并造成了標起止與疏文之間的矛盾。

第二,正義内部前後矛盾。如《旱麓》"瑟彼玉瓚,黄流在中"句下毛傳"玉瓚,圭瓚也。黄金所以飾流鬯也。九命然後錫以秬鬯、圭瓚",正義云:

> 傳玉瓚至圭瓚　○正義曰:瓚者,器名。以圭爲柄,圭以玉爲之,指其體謂之玉瓚。據成器謂之圭瓚,故云玉瓚,圭瓚也。瓚者,盛鬯酒之器,以黄金爲勺而有鼻口,鬯酒從中流出,故云"黄金所以流鬯",以器是黄金,照酒亦黄,故謂之黄流也。定本及集注皆云"黄金所以飾流鬯也",若有"飾"字,於義易曉,則俗本無"飾"字者誤也[1]。

由正義校記可知,"黄金所以飾流鬯"一句存在異文,定本、集註本有"飾"字,俗本則無,正義校記以有者是而無者誤。然而,從正義本身的疏解來看,其前文"毛以爲"部分釋傳文作"而以黄金爲之勺,令得流而前注",此處進一步描述所謂"黄金之勺",係"以黄金爲勺而有鼻口"者,即將傳文之"黄金"理解爲玉瓚的引流本身,而不僅僅是流鬯的修飾者,由此看來,正義疏解所認同的版本,顯然是"黄金所以流鬯也"而非"黄金所以飾流鬯也"。這是正義校記與疏解自相矛盾之例。

又如,在《大序》的起首部分,正義明言將《大序》疏文"分爲十五節,當節自解次第"[2],但我們通讀全疏,卻發現自"《關雎》后妃之德

---

①《十三經註疏》,第515頁下欄。
②《十三經註疏》,第269頁下欄。

也"至"是以至之義也",疏文實際被分爲二十一節,這是正義自述體例與實際行文不符之例。

第三,正義內部前後重複。前文所舉《羔羊》之例即是,此不贅言。

第四,出文體例前後不一。"標起止"是《五經正義》通用的出文方式,其基本體例爲分別截取出文的首末各兩三字,以"某某至某某"爲文,間有出文自身較短者,則徑引原文,不標起止。但在正義中,卻有一些出文較長而徑引原文、不標起止者,如上文所言《大序》的疏文,有一節出文即作"然則關雎麟趾之化王者之風故系之周公至系之召公"①,《匏有苦葉》"匏有苦葉,濟有深涉"句下毛傳正義出文作"傳由膝以上爲涉,後傳以衣涉水爲厲,謂由帶以上。揭,褰衣"②,《伯兮》"願言思伯,甘心首疾"句下出文仍作"願言思伯,甘心首疾"③,凡此皆異於常例。

由以上四點看來,《毛詩正義》的刪定,確乎有未盡之處。無論是標起止與正義疏文之間的矛盾,還是正義內部的矛盾、重複,以及出文體例的不一致,都顯示出二劉舊疏與唐人新定正義之間的扞格。由於二劉舊疏久佚,其自身體例如何,今已不可確知,但從日藏劉炫《孝經述議》的體例看來,其《毛詩述議》的體例當與《毛詩正義》非常接近:

> 傳積功至由然也議曰:績,功,《釋詁》文。《詩‧蓼莪》云:父兮生我,母兮畜我;撫我育我,顧我復我。傳取彼爲説,故言父之生子而辭不及母,其實撫覆育養、顧視反復,乃母功爲多也。《漢書》稱高祖欲廢大子,叔孫通諫曰:呂后與陛下攻苦食淡,不可背之。功苦,謂墼苦也。言其共匡貧賤,啜苦物,食淡味,母

---

① 《十三經註疏》,第 273 頁上欄。
② 《十三經註疏》,第 302 頁下欄。
③ 《十三經註疏》,第 327 頁中欄。

之養子，既撫育顧復，又食苦吐甘，故云攻苦之功，無有大焉者也。(《孝經述議》卷四)

六朝義疏今見存於世者，僅有《講周易疏論家義記》、《禮記子本義疏》、《孝經述議》、《孝經鄭註疏義》、敦煌佚名《孝經疏》、皇侃《論語義疏》數種，就其出文體例而言，佚名《孝經疏》不及出文，《講周易疏論》、《禮記子本義疏》、《孝經述議》卷一(序文)、《孝經鄭注疏義》均徑引原文，《論語義疏》係經、注、疏合抄，唯劉炫《孝經述議》卷四爲標起止，不僅體例嚴整，無一例外，且注意區分經傳，經文標作"某某至某某"，孔傳則標作"傳某某至某某"，爲六朝義疏所僅見。

而《毛詩正義》的出文體例恰與《孝經述議》卷四完全相同，其經文作"某某至某某"、毛傳作"傳某某至某某"，鄭箋作"箋某某至某某"，考慮到孔穎達删定《正義》正是以二劉舊疏爲基礎的事實，我們有理由相信，《正義》中的標起止，至少有很大一部分正是完全錄自劉炫《毛詩述議》，這也就解釋了上文所言"傳仲戴至任大"例中標起止與正義疏文間的矛盾：其"傳仲戴至任大"之文，很可能出自劉炫《毛詩述議》，其原疏僅到"《釋詁》文也"爲止，故標起止只及"任大"。唐人删定《正義》時發現"任大"之後的"塞實"句有異文，乃將校記附於此條之下，卻未回改標起止，故此出現兩者前後不一的情況。

至於《大序》疏文所言分節與其實際分節之間的矛盾，大抵也是唐人删定未善所致：分"十五節"之文，當錄自二劉舊疏，而今本之分爲二十一節者，則爲唐人新定，爲其出自唐人，故其出文中有以"然則關雎麟趾之化王者之風故系之周公至系之召公"爲出文者，與舊疏標起止的體例不合。

總之，從《毛詩正義》的删定情況來看，《正義》仍然是一部分裂的文本，二劉舊疏與唐人《正義》之間的差異並未得到有機的整合，無怪乎《正義》編成之後,馬嘉運有"繁雜"之譏①。在抄本時代,《毛詩》版本眾多,異文紛見,二劉所據本與唐人所據本未必盡同,因此,那些出自劉炫《述議》的標起止出文,以及根據《正義》中摘引二劉舊疏而反推的經注原文,顯然不能被默認爲"孔穎達等作《正義》之本",這部《毛詩正義》所呈現出的《毛詩故訓傳》版本信息,實際包括了"劉炫《述議》所據本"、"劉焯《義疏》所據本"和"唐人《正義》所據本"三個層次,此三者之間容有異文,而阮校所謂"正義本"的説法,顯然是失之籠統了。

三、阮校對"正義本"之失察所引致的問題

由於阮校對於《毛詩正義》的内部複雜性認識不足,將《正義》視作一個體例嚴整,版本單一的文本系統,因此,在校勘中常常爲了實現所謂"正義本"的内部一致,對標起止、正義中出現的異文、異説進行牽合,由此不免會產生一些誤判,就筆者所見,似有以下三類值得注意:

第一,凡標起止與正義疏文不合者,阮校皆視爲訛誤。如《伐木》詩序"燕朋友故舊也……則民德歸厚矣"句下正義:

> 伐木六章章六句至厚矣　　○正義曰:……燕故舊,即二章、卒章上二句是也。燕朋友,即二章諸父、諸舅,卒章"兄弟無遠"是也②。

今查《毛詩》,"以速诸父"、"以速諸舅"兩句實在三、四章,"兄弟無遠"句在第五章,皆與正義所言不合,故阮校於篇末"《伐木》六章章六句"句下云:

---

① 《舊唐書》卷七三《馬嘉運傳》,北京:中華書局,1975年,第2603頁。
② 《十三經註疏》,第410頁下欄。

　　案序下標起止云"伐木六章章六句"，正義又云"燕故舊，即二章、卒章上二句是也。燕朋友，即二章諸父、諸舅、卒章兄弟無遠是也"。與標起止不合。當是正義本自作"三章章十二句"，經注本作"六章章六句"者，其誤始於唐石經也。合併經注、正義時，又誤改標起止耳①。

　　阮校不僅明確指出標起止與疏文在分章上的"不合"，而且由正義疏文反推出其所據本當作"三章，章十二句"，足見阮校之精善。但其以正義標起止原當作"三章章十二句"，今作"六章章六句"者爲註疏合刻時所改，則是未識所謂"正義本"之内部結構所致。今查日藏南宋刻單疏本《毛詩正義》，其標起止亦作"伐木六章章六句"②，知此爲正義原貌，足證阮校所謂"合併經注、正義時，又誤改標起止"之説不能成立。事實上，自唐石經以下諸本皆分爲六章，則分六章者，恐爲唐人習見之本，唐人删定《正義》所據之本亦莫能外，故其標起止作"伐木六章章六句"；但從疏文可知，疏文所據本《伐木》實分爲三章，章十二句，則此分章法既非唐人所見者，自當出於二劉舊疏，唐人删定《正義》時僅改標起止之文而未改疏文，故致兩者扞格，這又是《正義》編纂時失檢之例，而阮校因持其所謂"正義本"之説，以標起止與疏文自當統一，故有此誤判。

　　又如《北風》"其虚其邪，既亟只且"句下毛傳"虚，虚也"，正義云：

　　　傳虚虚箋邪讀如徐　正義曰：《釋訓》云：其虚其徐，威儀容止也。孫炎曰："虚徐，威儀謙退也。"然則"虚徐"者，謙虚閑徐之義，故箋云"威儀虚徐寬仁者"也。但傳質，詁訓疊經文耳，非

---

①《十三經註疏校勘記·毛詩卷四》，《續修四庫全書》，第181册，第565頁下欄A。
②《南宋刊單疏本毛詩正義》，北京：人民文學出版社，2012年影印本，第154頁上欄A。

訓"虛"爲"徐"①。

疏文以"虛徐"連讀爲一詞,有"謙虛閑徐之義",故認爲毛傳之文"非訓'虛'爲'徐'",只是對經文"其虛其邪"的重複、概括而已。究疏文之義,其所據本毛傳似爲"虛徐也"。參諸《經典釋文》:"虛虛也,一本作虛徐也",故阮校乃援此爲據,認爲正義標起止之作"虛虛"者係後人誤改:

> 是正義本當是"虛徐也",與《釋文》一本同。標起止云"傳虛虛",或合併經注、正義時所改也②。

由於單疏本今僅存後三十三卷,故阮校此説無以參證,但根據對於《正義》內部文本複雜性的認識,筆者認爲,毛傳此處既然存在異文,則二劉舊疏所據本與唐人正義所據本之間便容有不同,標起止作"虛虛也",疏文理解作"虛徐也",或許正反映了二劉舊疏與唐人正義所據的版本之別,《正義》原非有機統一之整體,阮校徑斷標起止爲訛誤,似失於武斷。這類例子在阮校中還有不少,值得我們注意。

第二,凡正義引傳箋前後不一者,阮校皆視之爲訛誤。如《旄丘》"瑣兮尾兮,流離之子"句下毛傳:

> 瑣、尾,少好之貌。流離,鳥也,少好長醜,始而愉樂,終以微弱③。

此處"愉樂",一本作"偷樂",爲便於論述,下文先以"□樂"代之。正義前後有兩處提及對"□樂"的解釋,一處是對於經文的疏解:

---

①《十三經註疏》,第310頁中欄。
②《十三經註疏校勘記·毛詩卷一》,《續修四庫全書》,第181册,第506頁下欄A。
③《十三經註疏》,第306頁上欄。

　　　　瑣兮至充耳　○毛以爲，黎之臣子責衛諸臣，言瑣兮而少，
　　尾兮而好者，乃流離之子也。此流離之子少而美好，長卽醜惡，
　　以興衛之諸臣始而愉樂，終以微弱，言無德自將，不能常爲樂
　　也①。

　　據此處疏文可知，其以"無德自將，不能常爲樂也"釋毛傳之"始
而□樂，終以微弱"，是强調其德行不足，故快樂難以持久，此與流離
少美好而長醜惡之性相類，故此段疏文所據本之傳文當作"愉樂"無
疑。另一處則是對傳文的疏解：

　　　　傳瑣尾至微弱　○正義曰：……傳以上三章皆責衛不納己
　　之辭，故以此章爲黎之臣惡衛之諸臣，言汝等今好而苟且爲樂，
　　不圖納我，爾無德以治國家，終必微弱也。定本"偷樂"作"愉
　　樂"②。

　　據此段疏文而言，以"今好而苟且爲樂"釋毛傳"始而□樂"，其
"苟且"二字顯然不是就"愉樂"而言，再參考其最後校記之語，足證
這段疏文所據本之傳文當作"偷樂"，故舉其以明定本之異文。
　　這兩段疏文前後相接，但其所引之傳文則一作"愉樂"，一作"偷
樂"，阮校注意到這一問題，認爲今本正義"以興衛之諸臣始而愉樂"
句中的"愉"當爲"偷"之訛：

　　　　始而愉樂。小字本、相臺本同。案此定本也。正義云"定
　　本偷樂作愉樂"，上文云"言汝等今好而苟且爲樂"，以"苟且"訓
　　"偷"，其正義本作"偷"也。又上文云"以興衛之諸臣始而偷
　　樂"，今作"愉"者誤③。

---

①《十三經註疏》，第306頁中欄。
②《十三經註疏》，第306頁中欄。
③《十三經註疏校勘記·毛詩卷一》，《續修四庫全書》，第181册，第505頁上欄A~B。

事實上，正義"不能常爲樂"之語已經清楚表明其前文正宜作"始而愉樂"，阮校之説不能成立。從正義前後之異説看來，其末句舉定本以見異文者，當然是唐人重定正義時所加，而爲其所緊承的這段對毛傳的疏解，恐怕也是唐人手筆，其所據本作"愉樂"。至於前舉疏解經文的部分，恐爲二劉舊疏，而其所據本當作"愉樂"，唐人删定正義時，没有注意舊疏中隱藏的版本信息，故致前後所引傳文不同。阮校之誤，正是未明《正義》一疏中實據二本之所致也。

第三，凡正義内部前後矛盾者，阮校皆爲之牽合。如《江漢》"于疆于理，至于南海"句下鄭箋云："于，往也。于，於也。召公於有叛戾之國，則往正其境界，脩其分理，周行四方，至於南海而功大成，事終也。"正義云：

> 箋于往至事終　○正義曰：以召公承王命而往治之，故以"于"爲"往"。凡言"至于"，明有從往之辭。上言經營四方，故知周行四方乃至於南海。九州之外謂之四海，至於南海則盡天子之境，是其功大成。由此成功，故下章而賜之。本或"往"下有"于於"二字，衍也。定本、集注皆有"于於"二字，有者是，非衍也[1]。

鄭箋兩次解釋"于"字，其中"于，往也"乃是解釋"于疆于理"之"于"，故鄭箋有"則往正其境界，脩其分理"之言；"于，於也"，則是解釋"至于南海"之"于"，故鄭箋又有"至於南海而功大成"之語。同字而異義，在鄭箋中體現得十分清楚。然而疏文解釋鄭箋則不同，"以召公承王命而往治之，故以于爲往"，這是對"于，往也"的義疏，其後"凡言'至于'，明有從往之辭"，仍然用"于，往也"來解釋"至于南海"之"于"，足證此疏文所據本鄭箋實無"于，於也"之文，而其後"本或'往'下有'于於'二字，衍也"之句，正是就其所據本而言别本之誤。

---

[1]《十三經註疏》，第573頁下欄。

到此爲止，疏文内部仍保持着版本和觀點的一致性，文氣順暢。然而接下來“定本、集注皆有‘于於’二字，有者是。非衍也”數句則完全否定了“本或‘往’下有‘于於’二字，衍也”的論斷，前後完全矛盾，令人困惑。阮校於此認爲：

　　案浦鐘云：“有者是非衍也”六字疑誤衍，是也，“皆有”當作“皆無”。○按六字係校書者語①。

　　自沈廷芳以來，清儒便以此六字爲衍文，而阮校更進一步將“皆有”改作“皆無”，以保證正義前後文辭的統一。但在筆者看來，此疏文自“于於二字，衍也”之前，皆爲二劉舊疏，其所據本無“于於”；末句引定本、集註本之校記，則爲唐人所增，其所據本未知有無“于於”，然其態度則與舊疏迥異。正義雖然自相矛盾，卻並沒有衍文或訛誤，阮校缺少版本依據，其説迂曲而武斷。

　　總此，我們看到，《毛詩正義》以二劉舊疏爲基礎刪定而成，但二劉與唐人所據之《毛詩故訓傳》實非一本，故其説頗有不同，唐人在整合、刪定過程中，容有未盡之處，故今本《正義》中標起止與正義，以及正義内部皆有牴牾扞格者。阮校對於《正義》成書過程及其内部結構的複雜性估計不足，對其體例的不完備性也缺少認識，遂以“正義本”爲一單一版本，且爲了保證正義内部觀點的一致性，不惜懷疑正義文字之可信度，造成了一些誤校與誤判。

　　事實上，像《毛詩正義》這樣以一部或幾部書爲基礎整合而成的著作，其内部體例、文本的自我矛盾是非常普遍的，筆者在研讀《漢書·五行志》時，也發現這樣的問題，《毛詩正義》和《漢書·五行志》看起來都是已經成形的文本，而且因其官定文本的身份還具有一定的“權威”色彩，但仔細識讀，其内部“異源文本”之間的矛盾、割裂，仍難以磨滅地存在於看似統一的文本之中。至於《洪範五行傳》、《春

①《十三經註疏校勘記·毛詩卷七》，《續修四庫全書》，第182册，第39頁下欄B。

秋繁露》這類成書過程本身就不清楚的文獻,其各篇之間以及篇章内部的矛盾、割裂,就更加突出了。我們在研讀這類文獻時,需要在一定程度上放棄對文本統一性的追求,承認其體例的不完備性,并以此爲前提來嘗試辨識其不同的文本來源,則如此不僅不影響我們對於這類文獻的整體理解,還會進一步豐富我們對於其複雜形成過程的認識,從而對這類文獻形成立體化理解。這是筆者由《毛詩正義》的研究中獲得的粗淺認識,相關詳細的論證,尚待今後進一步的研究,這裏謹提出以供方家批評。

【作者簡介】　程蘇東,北京大學中國語言文學系講師。

《周禮注疏校勘記》平議*

唐田恬

經學是中國古典學術的核心組成部分。《十三經注疏》是我國古代學者閱讀研究的重要文獻,對中國古典學術史乃至整個中國古代歷史都產生了巨大影響。清嘉慶初年,阮元在浙江組織學人編寫《十三經注疏校勘記》,後又在江西重刻《十三經注疏》。阮氏此番整理經書的活動,爲後世做出了良好的典範。《十三經注疏校勘記》是清代經學的集大成之作,其經典地位至今無人能夠完全超越。

其中,《周禮注疏校勘記》由清代學者臧庸擔任分校。臧庸,號拜經,江蘇武進(今屬常州)人,在阮元編修《經籍籑詁》、《十三經注疏校勘記》等學術活動中均發揮重要作用。阮元稱讚其爲學“根據經傳,剖析精微”①。《周禮注疏校勘記》在形式、內容、使用版本及文獻上都具有一定的代表性。本文即對其中的一些具體問題展開討論。

---

* 本文爲國家社科基金重點項目“《十三經注疏校勘記》研究”(項目號:11AZW005)階段成果。

① 《揅經室二集》卷六《臧拜經別傳》,阮元撰,鄧經元點校《揅經室集》,北京:中華書局,1993年5月第1版,第523頁。

《周禮注疏校勘記》共 5821 條校勘記①，包括經書正文及注疏的校勘記 5340 條，其中卷一 571 條（含《周禮注疏序》校勘記 25 條），卷二 608 條，卷三 473 條，卷四 479 條，卷五 541 條，卷六 762 條，卷七 316 條，卷八 309 條，卷九 272 條，卷十 350 條，卷十一 338 條，卷十二 321 條和《釋文》校勘記 481 條。

與《周禮注疏校勘記》相比，《周禮釋文校勘記》在形式和内容上都有特殊之處，如放棄十行本混入經疏之内的《釋文》而改換明葉林宗影寫單行《釋文》作爲底本，481 條校勘記全部爲加"○"按語，加"○"按語疊加出現（一條校記中包含兩條加"○"按語）等，而這些都是《周禮注疏校勘記》的經注疏部分不曾出現的現象。基於上述情況，本文暫不討論《周禮注疏校勘記》中《釋文》校勘記的具體情況。故下文各節中討論的《校勘記》内容、版本、引用文獻等方面的情況，都是針對《周禮注疏校勘記》而言的。

一、《周禮注疏校勘記》的主要内容

《周禮注疏校勘記》對《周禮注疏》的文字進行了十分詳細的校訂，内容十分廣泛。從整體上説，筆者將其分爲版本、文字、句讀、他本異文四個方面。其中，對版刻形式的辨析將結合下一節"《校勘記》使用版本"共同討論，暫不贅述，這裏只略談《校勘記》對文字内容的校勘，對句讀的商榷和對其他版本異文情況的記録三方面内容。

---

① 阮刻《十三經注疏校勘記》的版本主要可以歸結爲文選樓本和江西南昌府學刻本兩大版本系統。其中，南昌府學所刻《十三經注疏》各卷末後附的《校勘記》業經盧宣旬節録，並非全貌。這裏統計的是文選樓本《周禮注疏校勘記》的數目。下文的引用與計量，如無特殊説明，均爲文選樓本的情況。

（一）校正錯訛

《周禮注疏校勘記》對《周禮注疏》的文字進行了十分詳細的校定工作。從内容上說，《周禮注疏校勘記》除了校勘《周禮注疏》的誤字、衍文、脱文、倒字等種種錯誤情況，還標注了各本之間存在的大量異文。對於比較確定的文字錯誤，《周禮注疏校勘記》有些作出判斷，並確定正字；一些僅僅標出錯誤，但是並没有確切得出校正的文字；還有一部分並没有準確結論，只是提出疑問。對於各本中的異文，《校勘記》已經有了比較明晰的區分古今字和正俗字的意識。在處理《周禮注疏》存在的大量異文和錯誤時，校勘記本著反對臆改古書的原則，一般只是謹慎地標識異文出校記，但是也有不少改動原文的情況存在。

《周禮注疏校勘記》的主要内容就是校勘《周禮注疏》的誤字、衍文、脱文、倒字等種種錯誤情況，由於較爲廣泛地參考了當時可見的主要經書版本，吸收了惠校本與浦鏜、盧文弨、孫志祖、段玉裁等人的校勘成果，並輔以一定的他書文獻作爲旁證，《周禮注疏校勘記》的質量還是比較高的。下面以一些文例來進一步説明《周禮注疏校勘記》的校勘内容。

有補全脱文的情況，如：

> 卷三“若州黨賓射之器者”：嘉靖本下有“也”字，此脱。當補。
>
> 卷十一“孔向外侵三寸之二”：按，“三”下當脱“分”。

有提示衍文的情況，如：

> 卷三“元謂前後屯兵也者”：首一字當衍。
>
> 卷十“大斂時特豚三鼎”：宋本無“時”，此衍。

有標明倒文的情況，如：

卷七"以野盧氏無夜行者"：按，"夜"、"行"字當誤倒。

卷十一"謂輻轂上轂至"：按，當作"輻上至轂"，衍一"轂"字。"至"、"轂"誤倒。

有修正誤字的情況，如：

卷五"能御衆衆有朝正人之德"：浦鏜云：衍一"衆"。按，"朝"當爲"幹"字之誤。

卷七"若殽皋河漢要路之所"：此本"殽"誤"殺"。今據閩、毛本訂正。監本誤"漢"。

在校勘底本的同時，《校勘記》還承擔了標注參校諸本訛誤的功能。《周禮注疏校勘記》有大量篇幅是羅列所使用的嘉靖本、閩本、監本，尤其是當時較爲常見的毛本的錯誤。由於《校勘記》先成，而初刊時未同底本合刻，豐富的校定他書訛誤的内容使阮氏《校勘記》在一定程度上可以充當常見的幾種經書的通用校勘記，由此或可見阮元較爲開闊的學術見地和視野。

如：

卷五"但宗廟雖無禮神玉"：監、毛本"玉"誤"王"。

卷十一"餘有三尺一寸"：監本缺"一"字。

卷十一"今亦合二十版"：嘉靖本誤衍作"二十四版"。

卷四"故因民九職以制貢"：毛本"以"字誤倒"九職"上。

對於這些文字訛誤，《校勘記》一般會簡要指明錯誤的形式，用具體的"誤"、"衍"、"脱"、"倒"等標識。有些則會進一步表述爲"改"、"剜改作"等。這部分内容，除了可以幫助我們準確研讀經書外，還有助於我們瞭解《校勘記》所使用版本的基本面貌和各本之間的沿襲情況，因此在版本學上也有一定的價值。

除了標舉錯訛，進行修正以外，《周禮注疏校勘記》的一些條目

還指明了致誤原因,如:

> 卷六"眠葬獻明器之材":閩本同。監、毛本"眠葬"下有"獻器遂哭注云至將葬"十字。○按,此因兩"獻"字相重而誤脫也。以監、毛本爲是。

> 卷八"充籠箙以盛矢":余本、閩、監、毛本同,誤也。宋本、嘉靖本作"充籠箙者以矢"。此本疏中標注同,與賈疏本正合。因疏語有以籠是盛矢器之言,遂誤改此注。《釋文》無"盛"字音也。

實際上,導致古書錯訛的因素是多種多樣的,除了常見的形近致誤、音近致誤等原因之外,還有脫簡、錯簡,句讀錯誤,注疏、《釋文》文字互相改竄等多方面情況。對於一些不常見的錯誤原因,《周禮注疏校勘記》作出了詳細的解釋,這對於我們檢驗校勘結果,歸納古書義例都提供了很大幫助。

但是,《周禮注疏校勘記》中也遺留下一些問題。一些校勘按語僅僅標出錯誤,但是並沒有得出任何意見或者疑問。有些甚至未準確標出錯誤文字,只是含糊其詞,一語帶過而已。

沒有給出校勘結論的,如:

> 卷一"若殷之牧下":案,"下"字誤。

> 卷四"但文今不足故後鄭增其義也":閩、監、毛本"增"改"從"。"文今"疑誤。

沒有標舉錯誤文字的,如:

> 卷一"及小宰還從治":閩、監、毛本同。案,此有誤。

> 卷四"以當地稅民益國之事者":此句當有脫誤。

這種情況多只出現在没有任何標記形式的校勘按語中①,很可能是臧庸的初校意見。然而在覆核和定校的過程中,其他學者也没有給出任何準確或者是可能性的意見。雖然這可能是校勘者出於謹慎考慮而故意遺留的問題,但是筆者認爲,作爲《校勘記》而言,存疑是可以的,但是連何處出現錯誤都不具體指明,似乎是不夠嚴密的。

(二) 保留異文

除了校勘各本的錯誤以外,《周禮注疏校勘記》還標注了各本之間存在的大量異文。這一部分在未加任何標記形式的按語中尤其明顯。筆者傾向認爲這是臧庸的校勘成果。一方面,臧庸基本秉承了阮元不輕易改動經書原貌的慎重態度,對於兩可的異文多採取全面羅列,不下按斷的處理方式;另一方面,由於臧庸僅僅承擔了初步的分校工作,其校勘活動也多停留在相對機械的對校上,因此,這類按語中標注大量異文而不做過多深入的考證的情況要遠遠多於其他標記形式的按語。而在其他標記類型的按語中,有些會對異文進行分析、判斷和選擇,從而使《校勘記》避免陷入繁瑣失校的誤區。

下面舉一些代表性的文例來展示《周禮注疏校勘記》在異文方面的内容,如:

> 卷四"亦可斂之":閩、監、毛本"斂"作"徵"。
> 卷十"則戒官修委積":按,大字本"修"作"脩"。

《周禮注疏校勘記》面對經注疏之間以及各版本之間存在的大

---

① 《十三經注疏校勘記》使用了多種標記來區分不同的校勘意見。以往的學者主要關注符號標記"○",並討論了加圈按語的作者,圈前後按語之間的關係等方面的問題。筆者分析《周禮注疏校勘記》的情況來看,認爲除了符號"○"之外,《校勘記》尚使用了文字標記"案"和"按",並有不加任何標記的校語存在。由於篇幅限制,本文不設獨立章節討論校勘標記的相關内容。

量異文,没有簡單進行按斷,而是充分考慮到古今字和正俗體的情況,一一辨析,保留異說。這一點筆者將在"校勘理念"一節中再進一步論述。《校勘記》有關異文的内容爲文字學研究提供了豐富的材料。同時,我們可以通過分析不同時代的文字特點,從而對版本進行年代上的斷限,因此,異文對判定版本也有參考作用。

(三) 句讀等其他問題

除了對經書内容的校勘訂正,《周禮注疏校勘記》還將研究視野投向了經書的外部形式。板刻特徵,經書文字的搭配方式,句讀等問題,都是《周禮注疏校勘記》的討論對象。

《校勘記》是重視經書的外部形式的。形式不僅是内容的體現,在一定程度上也可以反作用於書籍内容。《周禮注疏校勘記》有很多内容是記録諸校本在版式上的差異,其中有些只是因爲版本不同而產生的,並没有對文本内容產生實質上的錯誤淆亂。如:

> 卷一"臣賈公彦等奉勑撰":姓名下俱空一格。又"勑"字提行。閩、監本同。毛本並爲一行。
> 卷一"附釋音周禮註疏卷第一":閩、監、毛本刪"附釋音"三字。此本列名銜,提行如前。又並署"國子博士兼太子中允贈齊州刺史吳縣開國男臣陸德明釋文"。閩本亦如是,後剜改爲"漢鄭氏註唐賈公彦疏陸德明釋文"。毛本承之,無"陸德明釋文"五字。監本又兼列明國子監奉勑較刊奉旨重修職名。

但是更多的版式變動則影響到經書與注疏的正確識讀與典籍文本内容的理解。《周禮注疏校勘記》對這種版式情況的辨析包含了豐富的内容,其中有區分提行的情況,如:

> 卷一"宰夫之職":閩、監、毛本誤連上文,不跳行。
> 卷四"誦訓":閩、監、毛本誤連上文,不提行。

有討論條目分合與分節差異的情況,如:

卷五"女巫無數":余本、閩、監、毛本同,皆連上文。嘉靖本及惠校本別跳行。下《大史》、《小史》同。《唐石經》此序缺。〇按,經文"其師"以下統屬於"男巫","女巫"則不跳行者是也。此亦《太師》、《樂師》一條之例。

卷十一"攻金之工":《唐石經》自此已下及"築氏爲削"皆跳行。《釋文》諸本此節皆連上《鞘人》爲節。

有辨析職名與正文關係的内容,如:

卷一"宫正":《釋文》此以下鄭摠列六十職序,干注則各於其職之前列之。臧琳《經義雜記》曰:康成於每官前摠列六十職序,當是古本如此。干氏於各職前列之,蓋亦如《詩》三百篇序別爲卷,毛公冠於每篇之前。《書》百篇序馬、鄭、王爲一卷,僞孔移於每篇首。皆變亂舊章,非其本真也。

卷七"家司馬各使其臣以正於公司馬":沈彤《周官禄田考》云:以序官"家司馬各使其臣以正於公司馬"之文移在都司馬本職後,都司馬本職後"家司馬亦如之"之文移在序官都司馬後,是"家司馬亦如之"即謂每家上中下士府史胥徒如都司馬之數矣。蓋此本與《春官》"家宗人"、《秋官》"家士"二目同例,而其簡與職互錯也。

還有其他一些細小的内容,如討論提銜、圈隔、還原割裂的文字等等,如:

卷一"鄭氏註賈公彦疏":此非舊式,依例止當署賈氏名銜。閩、監、毛本又上增"漢"、"唐"字,亦非。

卷一"故云第一也鄭氏者":惠校本"云"作"爲"。閩、監、毛本割"鄭氏者"云云一段附鄭氏注之下。

卷七“闕”：余本、嘉靖本同。此及下皆鄭注也。閩、監、毛本獨此不標“注”字，且移“闕”於“○”下，誤也。下同。

卷八“吳南郡名依地里志南江自吳南”：盧文弨云：“自”當從《漢志》作“在”。案，上“南”當衍。○按，此十三字當作“吳者會稽郡屬縣名依地里志南江在吳南”，下接“震澤在西”，今本譌特甚。

同時，版式特點也有助於版本學上的研究，一些鮮明的形式特徵，可以爲我們今日考訂版本提供重要依據。

在考察明顯的版刻形式之外，《周禮注疏校勘記》還對經注文字混亂互竄的情況進行考辨。由於長時間的流傳訛變和人爲的改易混淆，注疏文字搭配無序，互相竄入，爲正確識讀、理解經籍文本造成了很大障礙。《周禮注疏校勘記》將這一情況視爲一條重要的致誤原因，通過理清經文、注疏、《釋文》的文字關係，對《周禮注疏》進行校勘。如：

卷一“冢宰大宰也”：余本、嘉靖本、毛本同。閩本、監本此下以《釋文》“鄭云宰主也”二十二字誤入注中。

卷十二“齊人謂柯斧柄爲椑”：《漢讀考》作“齊人謂柯爲椑”，云今本衍“斧柄”二字，蓋或箋於旁，因誤入也。

《周禮注疏校勘記》除了勘定訛誤、羅列異文之外，將確定句讀也納入了校勘學的視野。

斷句上的錯誤，會影響經書的閱讀和理解，這樣的錯誤，之前的清儒也曾犯過，如：

卷五“靈威仰之等而説也”：浦鏜云：“而説”字疑衍。○按，“而説”二字直跟上文“皆據”二字，句太長，故鏜惑之耳。

因此，《周禮注疏校勘記》十分重視正確點斷經書，而不以小道

來輕視句讀問題,如:

> 卷十一"合爲二十字":岳本、嘉靖本、閩、監、毛本同,余本"十"作"四",皆誤。賈疏引注作"合爲廿字",當據正。○按,《説文》省"二十"爲"廿",則讀如入。省"三十"爲"卅",則讀如颯,皆不讀爲兩字。此所以秦碑用以成四字句也。此經"二"字句絶,"十"字下屬,不可用"廿"字,而漢以前寫經者誤合之,藉子春之訂正,是漢儒之功大矣。

尤其是有些校勘結果是建立在錯誤的斷句基礎之上的,明晰了正確的句讀情況,也就糾正了錯誤的校勘意見。如:

> 卷五"朝夕酒存省之意也":按,"酒"蓋"湏"之誤。○按,"朝夕酒"句絶。

從表面上看,句讀是屬於經書的閱讀和理解範疇内的重要問題,但實際上,它也是一個校勘上的隱含問題。由於句讀不通而造成的文字訛誤,在《周禮注疏》中是確實存在着的。此外,連斷錯誤也影響到出注和出疏。經書流傳過程中,由於經本文和注疏文字的分合無序、相互混淆而形成的錯誤,在一定程度上,也是句讀錯誤造成的。因此,《周禮注疏校勘記》在校勘實踐中有意識地重視句讀問題,是一種值得借鑒的學術的見解。

(四)音韻學

《周禮注疏校勘記》除了常規的文字校勘内容之外,還涉及音韻學方面的内容。古音學與古籍的校勘與訓釋關係十分密切。清代考據學家十分重視音韻學知識,並將音韻學知識運用到經書的校勘、釋讀實踐中,取得了超越前代的學術成就。《周禮注疏校勘記》也大量運用了音韻學方面的知識,對《周禮注疏》進行考證校勘。

有對古音的分部進行討論的,如:

卷一"里華諫之乃止":閩、監、毛本同。《魯語》作"里革"。○按,里革卽史克。克、革古音同部,"華"字非也。

卷九"從石折聲":《漢讀考》云:"折"當作"析"。析聲、適聲同在古音十六部,折聲在十五部。"萮"爲"摘"之古字。則知必析聲也。《釋文》:萮,他歷反。李又思亦反,此從析。又云:徐丈列反,沈勅徹反,此從折。説文曰:萮,上摘山巖空青珊瑚隋之,從石,折聲。周禮有"萮蔟氏"。許以"摘"訓"哲",取其同音。篆文必作"哲",析聲。今本作"萮",折聲,亦謬。

有辨析四聲,從而進行校勘的,如:

卷一"辨辨然不疑惑也":疏云:"辨然,於事分明,無有疑惑之事。"惠棟云:"辨然不","不"讀爲"否"。《漢官儀解》"博士"云"士者,辨於然否"是也。疏讀非。案,《釋文》亦無音。○按,古人"不"字多讀平聲者,今人但於詩句用之。

卷三"謂將帥在軍枯槁之賜牛":閩本同。監、毛本"枯槁"誤"牡犒",下"槁"字同。○"謂槁而槁"之一上一去,猶"勞而勞"之一平一去也。

有根據反切音來對文字正誤進行判斷的,如:

卷五"謂刺繒爲繡次":毛本"繒"誤"繪"。○按,"刺"當作"剌",七迹反。凡注疏中刺繡字同此。

卷十一"故書涗作湄":《釋文》:湄,劉音眉,一音奴短反。《漢讀考》云:湄,當作"渜"。《士喪禮》"渜濯棄於坎"。古文"渜"作"漊",漊、涗同字,猶祿、税同字。○按,《釋文》當云"一作渜,音奴短反",今本奪"作渜"二字。"湄"無反奴短之理也。

有根據聲音相近或者一聲之轉來進行校勘的,如:

卷五"云蚌曰合漿":閩本同。監、毛本"合"作"含"。此本

下亦作"合"。按,賈疏云"是容酒之類",則當本作"合"。○
按,合、含一語之轉。

卷六"春秋傳所謂賓將趣者":《掌固》注引作"賓將趣
者"。今《左傳》作"賓將摠",《説文》同。《禮説》云:《左傳》"扞
摠",《齊世家》作"爭趣"。按,"趣"、"趣"、"摠"皆聲相近。

有討論俗音和定音問題的,如:

卷十"牲三十有六":《唐石經》"三十"作"卅"。下"米有二
十筥","二十"作"廿",下並同。○按,開成石經之例,書三十
皆作"卅",書二十皆作"廿",而仍讀爲三十、二十。不比古文
"卅"讀穌合切,"廿"讀人執切。

卷十一"謂覆輨也":余本、嘉靖本同。閩、監、毛本"輨"誤
"輨",疏同。毛本下作"輨",不誤。《釋文》"輨"作"輨",云或作
"輨",俱音管。○按,輨從斗,軝聲。音管,俗音烏八切,詳《匡
謬正俗》。今時多用俗音矣。

除了在古音學上作出大量的具體考辨之外,《周禮注疏校勘
記》還注意歸納考察義例。《周禮注疏校勘記序》稱:"有云'讀如'
者,比擬其音也。有云'讀爲'者,就其音以易其字也。"《周禮注疏
校勘記》中有很多條目是辨析"讀如"、"讀爲"兩種用語的,而通過
這些辨析,爲以後歸納古書義例提供了很好的材料。如:

卷二"布讀爲宣布之布":諸本同。《漢制考》作"讀如"。
案,疏云:"此讀如《秋官·布憲》。彼布是宣布之布,此布亦宣
布,故讀從之。"然則賈疏本亦作"讀如"也。漢時"布帛"、"宣
布"蓋兩讀,此擬其音而義即隨之。同一"布"字不必改也。○
按,此當作"讀爲"。凡"讀爲"下用本字者,皆同字同音而義不
同也。

二、《周禮注疏校勘記》的參校諸本

　　校勘是一門綜合性的學問。廣泛而合理地運用各種善本,是校勘學的治學利器。總體説來,《周禮注疏校勘記》的校勘學者較爲重視版本學對校勘的作用,在《校勘記》中主要體現在:其一,較爲全面地運用了常見的主要《周禮注疏》各本。其二,《校勘記》注意考辨版本形式,記録了很多版本的細節信息。其三,注意到經、注、疏、釋文以及其他文獻使用《周禮》底本的區別,因而能夠正確地處理因底本差異産生的異文。

　　但是,比對目前國内主要的圖書館藏與重要的版本目録可以發現,阮元雖然自稱廣搜眾本,卻仍有許多重要版本没有利用或見到,這也是不能回避的事實,我們應該辯證地看待《周禮注疏校勘記》在版本學方面的經驗與不足。

(一)《周禮注疏校勘記》使用版本的特點

　　《十三經注疏校勘記》各經前都羅列了校勘使用的版本,然而有些記録詳細,分類清晰;有些則排列籠統,敘述簡略。與以往的研究不同,除了依據《十三經注疏校勘記》卷前序目的記載以及其他一些可見的文獻資料,項目組將《校勘記》文本中有關各本的具體記載作爲研究的中心材料進行考查,從《校勘記》的文本中整理出全部的參考版本,統計各本的徵引次數,理清各版本的使用情況。

　　就《周禮注疏校勘記》來看,其書前的版本記載是各《校勘記》中比較清晰的一種,分別記録了引據各本和引用諸家。其中參校眾本又根據經注組合特點區分了單經本、經注本和注疏本,並且比較詳細地記録了各版本的分卷,字數等基本情況。除了《周禮注疏校勘記》卷前記載的諸本以外,在《周禮注疏校勘記》的正文中還提到了

幾種其他版本,如南宋岳氏本[①]、蜀刻大字本 等。這裡是對《周禮注疏校勘記》中提及的主要版本做出的簡單統計:

《周禮注疏校勘記》所記版本頻率統計

	卷一	卷二	卷三	卷四	卷五	卷六	卷七	卷八	卷九	卷十	卷十一	卷十二	合計
唐石經	41	36	33	28	26	53	18	30	24	34	45	36	404
宋本	39	89	69	101	7	12	15	13	17	18	11	5	396
宋刻大字本									48	96			144
宋余仁仲本(余本)	59	51	33	62	86	142	48	63			65	50	659
錢鈔本									28	39			67
萬卷堂本	4	1		1									6
岳本	16	19	20	38	33	45	7	13	30	22	17	9	269
嘉靖本	78	106	57	94	99	134	56	68	47	81	83	50	953
閩本	243	216	174	202	260	341	110	153	126	162	135	107	2229
監本	270	255	208	243	288	407	154	187	144	190	173	151	2670
毛本	282	252	235	258	313	399	131	175	140	160	139	121	2605

---

① 阮元在《宋本十三經注疏併經典釋文校勘記凡例》中稱此本爲南宋相臺岳珂所刻。今人研究已證此本並非岳珂主持刊刻,阮説有誤。此本雖爲《周禮注疏校勘記》卷前"引用諸本"所無,但列入《凡例》引用的版本中。

這裡選取引用較多的幾種版本加以介紹。

第一,單經本方面,主要包括唐開成石經和清代彭元瑞的《石經考文提要》。

《唐石經·周禮》十二卷。據《校勘記》卷前的説明,此本各官分上下篇。"醫師"起爲《天官》下,"載師"起爲《地官》下,"大司樂"起爲《春官》下,"司士"起爲《夏官》下,"布憲"起爲《秋官》下,"玉人"起爲《冬官》下。

阮元對《唐石經》的評價並不太高,《儀禮石經校勘記序》中稱:"唐開成石經所校未盡精審,且多朱梁補刻及明人補字之訛。"①《周禮注疏校勘記》中也有很多糾正《唐石經》錯訛的內容,如:

> 卷二"大祭祀后裸獻則贊瑤爵亦如之":《唐石經》"瑤爵"上更有"贊"字,今本脱。案,下云"凡賓客之裸獻瑤爵皆贊"承此經言之,則此經當"灌獻言贊瑤爵言贊"也。○按,"亦如之"者,謂"亦贊"也。正下文所謂"皆贊也"。若"瑤"上復有"贊"字,則不可通。《唐石經》非。
>
> 卷三"地官司徒第二":《唐石經》作"第三",非。

但是此本是十二卷《周禮》較早之本。《周禮注疏校勘記》中還是大量採用了《唐石經》的內容作爲校勘依據。如:

> 卷一"各修乃職":《唐石經》、嘉靖本"修"作"脩"。諸本皆作"修",非,當訂正。○按,經典多用"脩",罕用"修"者。
>
> 卷三"其民晰而瘠":《釋文》:"晰而,音錫,白色也。"《唐石經》亦作"晰",下從白。今諸本作"晰",下從日,訛。

彭元瑞所撰《石經考文提要·周禮》一卷。此書爲乾隆五十九年(1794)編撰。《周禮注疏校勘記》共引用二十六次,完全是轉引《考文

---

① 阮元撰,鄧經元點校《揅經室集》,北京:中華書局,1993年5月第1版,第41頁。

提要》所記的宋版信息,因此將此書列入參校版本而非引用著作之中。轉引《考文提要》中的宋本信息主要包括宋本《九經》,宋纂圖互注本,宋附釋音本,余仁仲本等。如:

> 卷十"與救月之矢射之":閩、監、毛本同,誤也。《唐石經》、大字本、錢鈔本、岳本、嘉靖本"矢"下有"射",當據以補正。《石經考文提要》云:宋本《九經》、宋纂圖互注本、宋附釋音本、余仁仲本皆作"夜射之"。

另外,《考文提要》中還有一些他書文獻材料也被《周禮注疏校勘記》轉引作爲版本依據,如:

> 卷三"各憲之於其所治之國":閩本、毛本同。宋本、岳本、嘉靖本無"之"字,"國"字下屬,與賈合。余本衍"之"字。《唐石經》"於其所"下損闕三字,以字數計之,當有"之"字。監本刊落"之"字,而誤併去"國"字。《石經考文提要》無"之"字,云從宋附釋音本、《周禮句解》。
>
> 卷十"有相翔者誅之":嘉靖本、閩、監、毛本同。《唐石經》、大字本、岳本"者"下有"則",當據以補正。《石經考文提要》引《周禮訂義》有"則"字。

第二,經注本方面,主要包括錢孫保抄配的宋本和嘉靖年間刻印的《周禮注》。

錢孫保所藏宋本《周禮注》十二卷,爲宋槧小字本,附載《音義》。此本雖然時間較古,然多有他本及補抄。《春官》、《夏官》、《冬官》爲余仁仲本,而《天官》、《地官》是另一宋本,《秋官》以俗本抄補,質量最差。臧庸因又以宋蜀刻大字本《秋官》二卷補校。

從《周禮注疏校勘記》的引征情況來看,余本除了第九、十卷之外,在各卷均有較多引用。所缺的兩卷正是《秋官》上下,而此部分《校勘記》中恰有大量錢本和蜀刻大字本的內容,可見實際情況與

《周禮注疏校勘記》的敘述是基本相符的。然而,錢本所包含的余本《周禮注》缺少《天》、《地》二官,因此《周禮注疏校勘記》中第一至四卷有關余本的情況並非來源於錢本。考察《周禮注疏校勘記》使用的惠校本可以發現,惠校本正是以余仁仲本爲主要參校本,因此,《周禮注疏校勘記》中《天官》、《地官》引用的余本信息很可能是轉引自惠校本,而並非臧庸等人親自目驗。然而,《校勘記》卻沒有標明轉引,並將余本的信息混雜在其他經過目驗直接引用的版本之中作爲校勘的依據,從而給人造成了《校勘記》是直接使用余本的印象。如:

> 卷一"太保朝至于雒":余本"太"作"大"。下同。今《尚書》"雒"改"洛",疏中同。

> 卷三"膳所以間禮賓客":宋本、余本、嘉靖本、毛本同。此本及閩、監本"間"誤"問",疏中同,今訂正。

除了"余本"這一概念,《周禮注疏校勘記》在引用惠校本時,還轉引了"余本"的另一種稱法"萬卷堂本",如:

> 卷二"漿水臆":宋本、嘉靖本"臆"作"醷",下同。惠棟云:萬卷堂本此仍作"臆",下作"醷"。案,葉鈔《釋文》云:"臆,本又作醷。"宋本注載《音義》云:"醷,本又作臆。"《内則》釋文作"醷,本又作臆"。《漢讀考》云:"'醫'是正字,'臆'是假借字。今本《内則》作'醷'者,俗製也。"

嘉靖本《周禮注》十二卷。據阮元等人的記載,此本每頁十六行,每行十七字,分卷及款式悉與唐石經同,不附《音義》。阮氏等認爲此本"勝於宋槧余氏、岳氏等本,當是依北宋所傳古本也。"因此,《周禮注疏校勘記》多有採用嘉靖本作爲依據的內容。如:

> 卷一"庶羞皆有大者此據肉之所擬祭者也又引有司曰主人

亦一魚加臐祭于其上此據主人擬祭者臐與大亦一也":余本、岳本、閩、監、毛本同。宋本"上"下有"者"。案,此皆因疏語誤衍也。嘉靖本"庶羞皆有大"下無"者此據肉"十二字,"加臐于其上"下無"此據主人"十三字,當據此刪正。

卷五"亦用士八人":余本、閩、監、毛本同。嘉靖本作"亦用士人",無"八"字。此衍文,當刪正。○按,嘉靖本此條勝於各本。

第三,注疏本方面,包括用作底本的"十行本"以及此後相沿而成的明閩、監、毛三本。《周禮注疏校勘記》同時參考了惠棟校本,筆者將在下一章中結合清人著作另行討論。

《附釋音周禮注疏》四十二卷。此本即《周禮注疏校勘記》之底本①。雖然阮元以其爲諸本最古之册,故選擇此本爲底本,但是此本並非最善之本。内有部分爲後人補刻。補刻質量不高,多有閩、監、毛本所不誤,而補刻反誤者。

關於《校勘記》使用的底本問題,歷來是學人關注的重點。

首先,阮氏自稱有十一經都使用了宋十行本的説法,一直受到後世學者的質疑。有學人根據存世的十三經的版本狀況推斷並得出結論:"對阮元《重刻宋本十三經注疏》所依據的底本,既不要信其全爲宋刊,也不要信其'皆系元世建刻坊本',而是有宋刻原刊,亦有元刻明修之本。"②

其次,後來學者亦認爲此本是否如阮元所斷言的那樣富有價值其實有待商榷,如汪紹楹即認爲"十行本既系坊刻,且非注疏萃刻祖本。阮氏于《重刊宋本注疏序》,謂十行本爲諸本最古之册者,誤

① 阮元在《重刻宋板十三經注疏·題記》曾總述其重刻所用版本曰:"元家所藏十行宋本,有十一經,惟無《儀禮》、《爾雅》……"亦可知《周禮注疏校勘記》所用底本當是此十行宋刻本。

② 李致忠《十三經注疏版本略考》,《文獻》,2008年10月第4期,第29頁。

也。"①

　　其實,阮元使用的所謂"十行本"的斷代與價值,分校學者已經
持有保留態度。閱讀《校勘記》書前描述諸本信息的文字内容可知,
雖然各經的版本記載有詳有略,但是基本遵照時間順序進行排列。
而其中《穀梁注疏校勘記》將十行本排於元本注疏本之後。《周易注
疏校勘記》在十行本前還列有影宋鈔本、宋本兩種注疏本。這兩種
經書的分校學者都是李鋭,筆者推斷,其對於十行本的時間判斷,並
不持盡爲宋本,或者"最古之册"的態度。據此也可推知,十行本的
斷代並非如阮元所稱的全爲宋本,尤其是不一定是最早的注疏本。

　　但是,明代幾個重要版本,如閩、監、毛本實據此本而成,故此本
仍有一定價值。《校勘記》中也明文肯定了十行本的特殊價值。如:

　　　　卷六"發凡則是關異代":閩、監、毛本"則"誤"例","關"誤
　　　　"闕"。○按,此等冣見十行本之善。

　　明代的注疏本中,《周禮注疏校勘記》主要選取了閩、監、毛三
本。閩本《周禮注疏》四十二卷,爲明嘉靖中用十行本重刻。監本
《周禮注疏》四十二卷,爲萬曆中用閩本重刻。毛本《周禮注疏》四十
二卷,爲明崇禎年間用監本重刻而成。而在三本之間,閩本質量最
高,監本次之,毛本最差。閩、監二本錯字略少,而脱簡特多。至於
毛本,由於輾轉翻刻,版片漫漶,難以識讀,修補時又多妄改,以致訛
上加訛。然而明監板已毁,汲古閣毛本遂成爲了各書坊最爲通行的
版本。

　　然而,閩、監、毛本並非全無可取之處。實際上,閩、監、毛本的
某些内容可以對底本進行糾正。如:

　　　　卷一"與此經婦人數同":此本"同"誤"曰",據閩、監、毛本

－－－－－－－－－－

　　①汪紹楹《阮氏重刻宋本十三經注疏考》,《文史》第三輯,北京:中華書局,1963年10
月第1版,第39頁。

訂正。

同時，一些《周禮注疏校勘記》在初校時所認爲的閩、監、毛本的錯誤，在後期工作中被認爲是錯誤的判斷，或者是初校者的筆誤。如：

> 卷五"賈服之等諸侯九州之伯"：閩本上"之"字剜擠作"云五"二字，監、毛本承之，誤甚。○按，閩、監、毛本是也。

尤其是根據《周禮注疏校勘記》的情況來看，閩本、監本雖然確有獨到之處，在他本訛誤的情況下，保留下正確的文字内容。如：

> 卷一"以爲迎氣於四郊之外"：此本"外"字實闕，今據閩本補。監、毛本作"等"，非。
>
> 卷六"故鄭後云者掌贊書數"：閩本同。監本作"故從之云者"，"贊"誤"賓"。毛本又改作"故改之云者"。○按，當作"故從之云言掌贊書數"云云，文理乃順。監本"從"字獨是，依其説而後駁之也。惟"者"字乃"言"之誤。

但是，毛本是否如清人及後來的學者所批評的那樣質量低劣，是值得討論的。

首先，將毛本的優劣情況放入整個歷史背景下考察，毛氏刻書是講求校勘的，功力上的不足是受到當時學術發展水平的制約，不該過於苛求古人。有學人在討論汲古閣刻書的價值時曾論述："毛氏刻書多經校勘，撰寫題跋，再付梓人。這在當時應試選本、評本、事文類聚充斥，普遍不講校勘，不講版本的出版界中是難能可貴的，對清代精校精刊又有開風氣的作用。水準不高，功力不深，應該説是時代的局限，不能一概怪罪其本人。"①

---

① 孔毅《關於汲古閣的校勘問題》，《文獻》，1989年第1期，第249頁。

　　更重要的是,根據《周禮注疏校勘記》所引用的毛本情況來看,毛本的質量並非如阮元等人所說的那樣粗劣。統計《周禮注疏校勘記》記載的毛本信息,雖然確實多於閩本、監本,但是大多數錯誤並非毛本獨有的典型性錯誤,而是沿襲他本而來。不僅有閩本、監本的錯誤,甚至早在十行本時就已經出現錯舛。

　　第二,多有他本錯訛而毛本不誤的情況。如:

　　　　卷二"從貝變易":此本及閩、監本"貝"誤"具"。嘉靖本、毛本不誤。今訂正。

　　　　卷十一"及陰陽之面背是也":余本、嘉靖本、毛本同。閩、監本"背"誤"皆",當訂正。疏中惟毛本不誤。

　　第三,有一些錯誤只是語助詞的錯誤,如"曰"和"云"的區別,"也"字的存無等,並沒有影響對文本內容的理解。

　　第四,存在《校勘記》對毛本前後的判斷不一致的情況。這種情況可能是後期覆核的學者使用了與初校者不同的版本,如:

　　　　卷三"以土計貢稅之法":毛本"土"誤"上"。○按,毛本不誤。新印本乃誤。

　　也有可能是初校者的誤記,如:

　　　　卷六"云歲日月辰星宿之位":閩、監、毛本作"星辰",與注乖。○按,毛本"辰星"不誤。

　　當然,毛氏刻書歷經幾代,版本衆多,《周禮注疏校勘記》使用的毛本《周禮》不能代表所有的毛刻《周禮》,更不能代表毛氏所刻的全部《十三經》。這裡筆者只是想爲以往的研究提供一個新的思路,除了根據現有的文獻材料,沿襲舊説以外,我們還應該重視《校勘記》提供的版本信息,也許一些新的發現能夠補充甚至質疑某些固定的似是而非的常識性意見。

(二)《周禮注疏校勘記》在版本學上的可取之處

前文也簡略提到,阮元自述《十三經注疏校勘記》使用版本的可靠性是受到部分學者質疑的。但是,就《周禮注疏校勘記》一經的情況來看,序中羅列的版本信息是基本可信的。首先,《周禮注疏校勘記》著録的版本在《校勘記》正文中都有較爲廣泛的引用;而其中,又以惠校本、閩本、監本和毛本引用的頻率最高。另外,《周禮注疏校勘記》有時對待同一種版本有不同的稱謂。如錢孫保所藏宋本《周禮注》,卷一至卷八、卷十一至卷十二稱爲"余仁仲本"("余本"),卷九至卷十稱爲"錢鈔本",而錢氏所藏《周禮注》的《秋官》部分的確是以俗本抄配,《校勘記》的敘述與經書文本的實際情況是相吻合的。

《周禮注疏校勘記》使用的版本較爲豐富,然而並非没有選擇性的博采衆本。實際上,對唐石經、嘉靖本所傳續的北宋本、錢藏宋余仁仲本以及明閩、監、毛本的選擇存在着經書系統流變的考慮。比較科學地選取版本,保證了《校勘記》的質量。而另一方面,《校勘記》中一些版本信息也有助於我們今日版本學的研究。《周禮注疏校勘記》中所記諸本在今日存在兩種情況:完整或部分保存,如閩、監、毛本、大字本等。已經亡佚,如惠校本等。《周禮注疏校勘記》中豐富的版本信息對於後一種情況尤其具有較高的研究價值。如《周禮注疏校勘記》中記敘惠校本情況的條目多達619條。此本爲惠士奇、惠棟父子據宋本所校,書于毛本,是清前期學者進行的重要的校勘實踐,然而今日該本已不可見。而通過《周禮注疏校勘記》,我們或可恢復惠校本的部分面貌,從而爲《周禮》版本研究提供新的材料。

《周禮注疏校勘記》的一個主要内容就是考辨《周禮注疏》的版本形式,並且保留了各參校本的大量版本信息。前文已經討論,《周禮注疏校勘記》已經認識到經書的外在形式如提行、大小題的排列等並不僅僅是爲了閲讀的實用和美觀,而且能夠對經書内容産生影響,因此較爲注重考辨經書的版刻形式。此外,《周禮注疏校勘記》

還記錄了大量的版本信息,如唐石經的磨改情況,各參校刻本的剜擠、剜改情況與同一系統下較晚版本對前本的繼承情況和所據宋本的補刻頁情況。這些對我們了解《周禮注疏》的源流承襲,鑒定版本,以及校勘文字都有重要作用。

這其中,有唐石經的磨改情況,如:

> 卷六"凡以神仕者":余本、嘉靖本、閩、監、毛本同。《唐石經》"仕"作"士"。然"士"字獨小,蓋本作"仕",後磨改作"士"。序官經、注、疏作"士"。沈彤《周官禄田考》云當作"士",賈疏於他職皆引作"神仕"。《釋文》仍題家宗人,不標此五字。孫志祖云:案,《旄人》云"凡四方之舞仕者屬焉",則當作"仕"。序官作"士"者誤也。

> 卷八"諸侯之繅斿九就":諸本同。《唐石經》原刻作"諸侯之繅九就",後刮磨重刻,"繅"下增"斿"。按,賈疏引經云"諸公之繅九就",無"斿"字,與石經原刻合。此猶上言"王繅十有二就","繅"下不當有"斿"字。

有記載底本以及參校各刻本的缺壞、剜改和補缺情況,如:

> 卷一"故男子婦人同在此官也":毛本同。閩本作"同在此也"。監本"官也"二字剜改。原刻當與閩本同。

> 卷三"又千人輓柩以持六綍":毛本"千"作"二",壞字。

尤其是保留了大量版本之間沿襲關係的信息,如:

> 卷一"山澤民人入山澤取材亦有稅物":閩本同。監本"材"下剜擠"物"字,毛本遂排入。

> 卷一"云友謂同井相合耦耡作者鄭意經意非謂同師曰友":此本"經"誤"非",今據閩本訂正。監本以"非意"二字不可通,遂剜空二字。毛本依監本所刪排勻,字數不可考矣。

由於阮刻《周禮注疏》所採用的底本中屢有較多後時補刻頁,因此大大影響了底本的質量,這一點不僅在書前的版本簡述中有所反映,也體現在《校勘記》的具體條目中。《校勘記》除了校勘文字内容以外,還考察了底本補刻部分多不可據的情況,如:

> 卷一"案冪人云疏布冪八尊":此本"冪"誤"幕"。今據閩、監、毛本訂正。此頁係明正德間補刊,故錯誤特多。

> 卷三"九曰閒民無常職轉移執事":毛本誤"職事",據監本訂正。自"八曰斂材"起至下節疏"舉其賢者能者以飲酒之禮賓客"止,此本及閩本缺一頁,今據監、毛本補校。

三、《周禮注疏校勘記》引用文獻的情況

《周禮注疏校勘記》廣泛徵引大量文獻和時人經説,引用的書籍涵蓋經史子集四部。如此豐富的文獻徵引,保證了《校勘記》的準確可靠。但是,《校勘記》也存在着輕信他書而回改本經的現象。同時,由於受到地域和時間的限制,對於當時重要的清人著作未能全面參考,取其精華。因此也有很多遺憾之處。

《校勘記》引用文獻的來源是比較複雜的。我們在討論時需要格外注意。一方面,理清《校勘記》引用文獻的層次,有助於我們確定《校勘記》的結論與錯誤是原生性的還是再生性的。另一方面,根據引用文獻材料的特點與頻率,我們可以推斷學者們不同的學術側重。

(一)《校勘記》引用的前代文獻

《周禮注疏校勘記》引用的前代書籍涵蓋經史子集四部,根據筆者的統計,《周禮注疏校勘記》引用諸書有:

經書文獻涵蓋十三經及其注疏和考證著作。

　　小學類文獻有《説文解字》、《廣雅》、《玉篇》、《廣韻》、《集韻》、《六經正誤》、《五經文字》、《隸續》、《字林》、《類篇》等。

　　史部文獻有《國語》、《史記》、《漢書》、《後漢書》、《漢制考》、《通典》、《文獻通考》、《唐六典》等。

　　子部文獻有《管子》、《墨子》、《荀子》、《莊子》、《鬼谷篇》、《吕氏春秋》、《素問》、《説苑》、《列女傳》、《淮南子》、《白虎通》、《顔氏家訓》、《西京雜記》、《困學紀聞》等。

　　集部文獻有《楚辭章句》、《昭明文選》等。

　　類書文獻有《初學記》、《太平御覽》、《玉海》等。

　　這些被使用的他書文獻材料,有着超越《校勘記》研究範圍外的價值。《校勘記》的這部分内容是我們對其使用的文獻進行再校勘時的重要旁證。更爲重要的是,這部分内容是我們研究學術史以及學者治學特點的重要參考材料,有助於我們超越籠統模糊的常識知識,得到比較準確的深入認識。如《周禮注疏校勘記》中對宋代學者王應麟著作《漢制考》、《困學紀聞》等的大量應用,或可説明清人對待宋人學術一分爲二的客觀態度。又如盧文弨校勘意見與《通考》、《通典》與類書的密切關係,段玉裁、臧庸對待《説文》的不同使用方法等,對我們進一步把握清儒的學術趣味,都有參考價值。

　　筆者這裡簡單歸納了《周禮注疏校勘記》引用前代文獻的幾個特點。

　　第一,《周禮注疏校勘記》引用的文獻以小學類著作爲最多,尤其是《説文》的使用頻率,是全部前代文獻中最高的,並且涵蓋在各種校語標記之下,説明各道工序的校勘學者都對《説文》一書給予了充分重視。《校勘記》重視字書、韻書的意見,根據某字在小學文獻中的存無與音讀進行推理判斷,但同時兼顧時代特點,並非完全盲從武斷。如:

　　　　卷五"聲如腐脆之脺":余本、閩、監、毛本同,誤也。岳本作

"腐肬之胈",嘉靖本作"腐脆之胈",當訂正。此上作"脆",下作"胈",誤,疏中同。《釋文》:腐肬之"胈",舊作"胈",誤。今注本或有作"腜"字者。《經義雜記》曰:注疏本作"腐脆之胈",正從舊本作"胈"。其上一字作"脆",乃依陸本竄改耳。古人多以聲借通用,不得以字書未收而疑爲誤也。

第二,《周禮注疏校勘記》在引用的同時,還對前代文獻進行了校勘和辨析,不僅標舉文獻中的錯誤,還分析致誤原因,如:

> 卷二"洗湎千日":《魏都賦》作"流湎",此誤。閩、監、毛本改"沈湎",非。惠挍本亦作"沈"。○按,作"沈"是也。今《文選》作"流",誤字也。"沈湎"者,貌其大醉。作"流"則無義矣。《初學記》引《韓詩》曰:齊顏色,均衆寡曰"沈"。閉門不出客曰"湎"。今本《初學記》奪"客"字。李善於此注引《韓詩章句》曰:均衆謂之"流",閉門不出客謂之"湎"。譌舛不可讀,當以《初學記》正之。《初學記》少"客"字,當以《毛詩音義》補之。

尤其是《周禮注疏校勘記》還注意考察其他文獻的版本。如:

> 卷八"其澤藪曰弦蒲":《漢讀考》云:《説文》宋本、李燾本、汲古閣未改本皆作"弦圃"。

第三,阮元對宋人經説的態度是一分爲二的。

一方面,阮元十分重視宋人的經説,將許多宋人的經學著作視爲重要的參考文獻。阮元曾作《儀禮石經校勘記》,曾徵引宋人朱熹《儀禮經傳通解》、李如圭《儀禮集釋》、張淳《儀禮識誤》、楊復《儀禮圖》、元人敖繼公《儀禮集説》等文獻。這部分文獻基本涵蓋了宋元時期經解的主要文獻。阮元在編修《十三經注疏校勘記》時,秉承昔日的治學理念。又再次將這批文獻作爲重要的參考文獻。而從《周禮注疏校勘記》來看,宋代學者王應麟的著作深受《校勘記》學人的重視。對王應麟的大部分著作《周禮注疏校勘記》都有徵引,而且引用次數較多,超過其他宋人文獻。

但是,《周禮注疏校勘記》並非盲從宋人,對於《六經正誤》、《儀禮經傳通解》、《書集傳》中的錯誤,《校勘記》都詳加辨析。如:

> 卷五"吉凶賓軍嘉":諸本同。惠挍本作"軍賓",云余本仍作"賓軍"。按,惠棟當據宋本作"軍賓",《小宗伯》注"吉凶軍賓嘉"亦本作"賓軍嘉"。○按,依"大宗伯職"經文次第先"賓"後"軍",則作"賓軍"是也。自蔡沈《書注》曰"五禮吉凶軍賓嘉也",初學幼而熟誦,乃不省《周禮》本文矣。
>
> 卷六"作匯讒":《唐石經》諸本同。岳本"讒"改"譖",非。按,用毛居正之謬説也。

(三)清人經説的引用情況

《周禮注疏校勘記》還借鑒了清代許多著名學者的經説及其相關著述。如惠士奇、惠棟父子的《禮説》、《九經古義》,戴震的《考工記圖記》,臧琳的《經義雜記》、段玉裁的《周禮漢讀考》以及孫志祖、盧文弨、程瑤田、沈彤、方苞等人的説法。其中尤以段玉裁、惠氏父子、盧文弨、浦鏜的學術成果引用得最爲廣泛。爲了更加直觀地説明《周禮注疏校勘記》對清代學人研究成果的利用情況,筆者在這裡對主要引用的諸家做了數據統計。

清儒成果使用數據統計表

	卷一	卷二	卷三	卷四	卷五	卷六	卷七	卷八	卷九	卷十	卷十一	卷十二	合計
惠士奇	2	2			1	1		1			1	1	9
《禮説》	5	3	1	3	3	3	2	1	1	2		2	26
惠棟	4	4	2		3		1						13

续表:

	卷一	卷二	卷三	卷四	卷五	卷六	卷七	卷八	卷九	卷十	卷十一	卷十二	合計
《九經古義》	1	1	5	2	1	1		1	1	1	3	2	19
惠校本	69	109	85	64	90	43	26	17	22	43	33	25	626
浦鏜	71	95	44	32	51	82	30	31	12	34	31	31	544
段玉裁	1	3	2	3	2	8	3	2	1	1	5	1	32
《漢讀考》	12	18	5	8	13	40	7	19	14	11	26	32	205
盧文弨	8	12	7	1	5	9	2	6	2	5	5	11	73
臧琳	2	2	1	12	2	4	1				1	5	30
彭元瑞	3	1	1	1		5	1	5		4	2	2	25
孫志祖	3				2	8	1			3			17
戴震								1			7	2	10
沈彤	1					1	1		1	1			5
程瑤田								1			2	1	4
臧禮堂					1	1	1						3
錢大昕								1					1
方苞		1											1
閻若璩								1					1
盛百二								1					1

　　這裏重點分述《周禮注疏校勘記》對惠士奇、惠棟父子、盧文弨、浦鏜、段玉裁等主要清代學者校經意見的吸收情況。

　　第一,惠氏士奇、惠棟父子。

　　惠校本是阮氏《校勘記》重要的參校版本。《周禮注疏校勘記》卷一"周禮正義序"條轉引盧文弨記述稱:"東吳惠半農名士奇,暨子定宇名棟,以宋本校正,以余氏萬卷堂本校經、注、音義,今均稱惠校本云。"

實際上,阮元對於惠士奇、惠棟之學服膺已早。如《惠半農先生禮說序》稱:"我朝惠半農先生,家傳漢學,所著《禮說》十四卷,實足補賈氏之所未及。此書雖經鏤板,而行事甚少。余于丁未年(乾隆五十二年,1787年)在京師廠肆購得一帙,反復讀之,服其精博無比。"①又稱:"余昔有志于撰《周禮義疏》,以補賈所未及。今宦轍鮮暇,惜難卒業。如有好學深思之士,據賈氏爲本,去其謬誤及僞緯書,擇唐宋人說《禮》之可從者,加以惠氏此說,兼引近時惠定宇、江慎修、程易田、金輔之、段若膺、任子田諸君子之說,勿拘疏不破注之例,博考而詳辨之,則此書之成,似可勝於賈氏,是所望于起而任之者。"②

前文也已提到,惠校本作爲《校勘記》的重要參考校本之一,在《周禮注疏校勘記》中共徵引六百餘次。今日惠校原本已不可見,僅僅可以從國內圖書館所藏的各種過錄本中管窺一鱗半爪。而通過《周禮注疏校勘記》的記載,我們可以進一步還原惠氏校本的本來面貌。

《校勘記》雖然重視惠校意見,但是並非全盤照收惠校本意見,對惠棟的錯誤能夠直言不諱。如:

> 卷三"諸男食者四之一":惠校本"諸男"上增"諸子"二字,云"余本無"。案,賈疏本亦無"諸子"二字,故云"直舉男地而言"。惠以意增,非。
>
> 卷四"軌廣八尺":惠校本作"九尺"。〇按,惠棟誤也。軌

① 阮元撰,鄧經元點校《揅經室集》,北京:中華書局,1993年5月第1版,第239頁。
② 阮元撰,鄧經元點校《揅經室集》,北京:中華書局,1993年5月第1版,第239頁。

無容九尺者。

第二,盧文弨。

清人蕭穆據方東樹所述,認爲阮元所作《校勘記》,實際就是以盧文弨手校《十三經注疏》爲藍本而成。並稱"道光四年,吾鄉方植之先生客於廣東督署,曾以阮刻《十三經注疏校勘記》借抱經先生原本詳校一過。上下四旁,朱墨交錯。惜彼時行笥無注疏,全部傳録句讀耳。"①

汪紹楹認爲:"清阮氏重刊宋本《十三經注疏》,雖云肇工于嘉慶二十年乙亥(西元一八一五),刊成於二十一年丙子(西元一八一五),實乃淵源于盧抱經文弨。文弨雖未創議重刊,而風氣之開,固自伊始。"②並認爲"阮氏之立'詁經精舍',輯《校勘記》,得謂非文弨啟之哉。"

而後更有學者着力强調盧文弨之於《十三經注疏校勘記》的特殊意義:"盧文弨對阮元《校勘記》的影響是巨大的、多方面的,不是僅僅徵引其若干條校勘記而已。……盧文弨在《十三經注疏》的校勘理論上、校勘體例上、校勘成果上都對阮校產生了影響,這種影響是'引用諸家'中的任何一家所無法比擬的。換句話説,盧文弨是一位先行者,他爲阮元的《十三經注疏校勘記》從校勘理論上、校勘實踐上都作好了充分的準備。"③

毫無疑問,盧文弨乃清代學術史上重要的校勘學家,對清代學風有重要的引導作用。《清史稿》卷四百八十一《盧文弨傳》記:"文弨歷主江、浙各書院講席,以經術導士,江、浙士子多信從之,學術爲之

① 蕭穆《敬孚類稿》卷八"書記"《記方植之先生臨盧抱經手校十三經注疏》,清光緒三十三年刻本。
② 汪紹楹《阮氏重刻宋本十三經注疏考》,第25頁。
③ 李慧玲《阮刻〈毛詩注疏〉(附校勘記)研究》,指導教師:朱傑人,華東師範大學博士論文,2008年,第188頁。

一變。"

　　盧氏終身筆耕不輟,校勘範圍遍及經史子集四部。盧氏在多篇
文獻中都提到了自己想要校讎群經的願望,如《十三經注疏正字
跋》:"余有志欲校諸經,已數十年。"①從留存的清人文獻來看,盧文
弨確有多種經書校勘著作傳世。現在一些圖書館藏的經書文獻上,
也留有盧文弨的批校痕跡。

　　同時,阮元對盧文弨的學術服膺甚早。"元束髮授經之年,即知
先生之學。……既而筮仕在都,友朋郵寄,得遞見《經典釋文》、《群
書拾補》諸刻,用力之勤,益深嘆服。"②乾隆六十年(1795年)十一月,
阮元抵浙江學政任,即訪盧文弨,得知其去世,遺憾至深。吳騫《抱
經堂集序》稱:"儀征阮侍郎來視浙學,雅慕先生名,甫下車即訪之,
則先生已謝世,爲悼悵者久之。"③

　　雖然阮元在《十三經注疏校勘記》的凡例、序、記等文章中,並未
談及盧文弨;但是,盧氏的某些學術理念確實對阮元產生了影響。
如嘉慶元年(1796年),阮元所作《抱經堂校刻書總敘經典釋文》中
稱:"元恐其所校書久而就損,謹以其書之所以益人之故,詳爲敘述,
俾學者知先生之書非向來叢刻者之比,且願慕先生之爲者,有以法
其意而繼其事。"④

　　深入閱讀《十三經注疏校勘記》不難發現,《校勘記》重視版本,
擇善從之,同時注意區分經、注、疏、釋文的文字差異的校勘理念,用
首字空格的方法區分經注疏,並將《釋文》單獨校勘的體例,以及某
些具體的校勘內容上確實應受到盧文弨的影響,但是以《校勘記》全
爲依據盧校而作,則未免失之武斷。

---

　　① 盧文弨《抱經堂文集》卷八,叢書集成初編本,北京:商務印書館,第108頁。
　　② 阮元《抱經堂校刻書總敘·經典釋文》,《抱經堂叢書》本卷首。
　　③《愚谷文存續編》卷一,《續修四庫全書》據上海辭書出版社圖書館藏清嘉慶十九
年刻本影印,第1454冊,上海:上海古籍出版社,第328頁。
　　④《抱經堂叢書》本卷首。

　　首先,盧文弨並非是最初的校勘群經的宣導者。經書重刊風潮固然是在盧文弨之後大興的,但是卻並非發軔于盧文弨。在盧文弨之前,浦鏜(見盧氏《十三經正字序》)等人已經開始了校理群經的實踐。在盧文弨之後,段玉裁、孫星衍等人倡議刊刻一種或數種經書的呼聲也並未斷絕。因此,阮元發起編纂《十三經注疏校勘記》的工作,不能看成完全受盧文弨一人影響。同時,盧文弨宣導的校刊經書的活動,與《十三經注疏校勘記》的專門的校勘工作也是有差別的。雖然校勘確實是重刊的重要工作環節,但是二者還是不宜混爲一談。尤其是從《摺子》來看,《十三經注疏校勘記》最初的功能是"自唐以後單疏分合之不同,明閩附音之有別,皆使異同畢録,得失兼明。"①這與盧文弨的理念不盡相同。

　　其次,阮元《十三經注疏校勘記》吸取了大量清人與前人的校勘成果,並非盧氏一家。如阮氏《校勘記》得益于張爾岐校經成果。《書張蒿庵〈自敘墓誌〉後》稱:"蒿庵沈潛注經,尤精於《儀禮》,以唐石經校明監本,得其脫文三節。元奉敕校勘石經,自任《儀禮》,取蒿庵説載入考文内。作者,詔書論及此,實臣爾歧功也。"②

　　復次,從版本依存程度來看,《十三經注疏校勘記》與惠校本的關聯更大,而盧校似乎與惠校的聯繫也十分密切。很可能惠校與盧校是在同一底本上進行的。

　　再次,《十三經注疏校勘記》大量使用了與盧文弨的校勘方法不同的活校法、理校法。反對輕據他書改動本書,與盧氏大量使用《通典》、類書回校本經的原則相反。

　　另外,《十三經注疏校勘記》使用了大量盧氏不常用的古音學、文字學(古今字、正俗字、經注字)等方面的知識。如:

　　①《恭進十三經注疏校勘記摺子》,阮元撰,鄧經元點校《揅經室集》,北京:中華書局,1993年5月第1版,第590頁。
　　②《蒿庵集》光緒本《附録》。

卷五"凡國大貞卜大遷之等"：盧文弨云《通考》引作"大封"，此作"遷"，誤。〇按，今不誤，《通考》誤也，"大卜"本職可證。況下文云"不言大遷者，文略也"。注不妨略，疏何妨補其略。

因此，筆者認爲，盧文弨只是《周禮注疏校勘記》所參考的眾多清代學人中的重要一家，但並非最重要的一家。

第三，段玉裁。

作爲清代著名學者，段玉裁得到阮元延請參與《校勘記》的編纂，實際上，在此之前，段玉裁已經開始了經書校勘活動。如：

段玉裁《與劉端臨第六書》稱："……亦復校正《儀禮》，頗有創見……今年校得《儀禮》、《周禮》、《公羊》、《穀梁》二傳，亦何義門、惠松崖舊本，將來攜以呈政。"[①]（乾隆五十八年九月書）

段玉裁《與劉端臨第七書》稱："蘇州古書駱驛而出，近有得《儀禮》單行疏者，……得宋板《左傳釋文》、《禮記釋文》者，……可校正張刻……《周禮漢讀考》已繕成書，目下《儀禮》已動手，多發前人所未發，將來治《禮經》不可少此。"[②]（乾隆五十九年）

而阮元本人對段玉裁的經學研究著作評價極高，如嘉慶元年（1796年）阮元爲段玉裁《周禮漢讀考》作序稱："稽古之學，必確得古人之義例，執其正，窮其變，而後其說之也不誣。……金壇段若膺先生生於其間，研摩經籍，甄綜百氏，……其書有功於天下後世者，可得而言也。"[③]因此，阮元編修《十三經注疏校勘記》，段玉裁對部分校勘意見的形成起到了較大的影響。

---

①《經韻樓文集補編》卷下，段玉裁著，趙航、薛正興整理《經韻樓集》（附《補編》、兩《考》），南京：鳳凰出版社，2010年12月第1版，第34頁。

②《經韻樓文集補編》卷下，段玉裁著，趙航、薛正興整理《經韻樓集》（附《補編》、兩《考》），南京：鳳凰出版社，2010年12月第1版，第34頁。

③《漢讀考周禮六卷序》，阮元撰，鄧經元點校《揅經室集》，北京：中華書局，1993年5月第1版，第241頁。

由《周禮注疏校勘記》來看，首先，《校勘記》使用了段玉裁在嘉慶六年以前幾乎全部主要的學術著作，尤其是利用了多篇以單篇形式流傳的文獻。如：

卷五"故云某父且字也"：閩、監本"且"改"某"，毛本改"其"，誤甚。○按，"且"者，薦也。凡表德必以一字爲伯仲之薦，去"伯仲"而單舉下一字云某甫謂之且字，見於《周禮》、《禮記》、《公羊傳》注者。段玉裁類列之，作《且字考》。

此外，翻檢段玉裁別集，其中《伊雒字古不作洛考》，《夫妻胖合也》中的結論都在《周禮注疏校勘記》中有所體現。還有很多校勘意見甚至不是單獨成篇的文獻，而僅僅散見在段氏與其他學者論學的書信之中，如《與劉端臨第二十書》討論的《左傳》"向爲人"等問題。

其次，一些校勘記中出現了類似"詳見《漢讀考》"的字樣，可見校勘者對《周禮漢讀考》是十分熟悉的。如：

卷六"其字當爲萃"：諸本同。按，"其"蓋"萃"之訛。《集韻·十八隊》：倅，副也。或作"萃"，亦省作"卒"。《類篇·衣部》：卒，取内切，副也。當本《釋文》。《釋文》當云"卒，七内反，副也。又作'萃'。"今本蓋出後人刪改。此經五"萃"字當本作"卒"，淺人援注改之。○按，《漢讀考》詳之。

卷十二"宏讀爲紘綖之紘"：此"讀爲"疑當作"讀如"。然《禮記·月令注》亦云"閎讀爲紘"，詳《漢讀考》。

另外，校勘記文中還引用了戴震的一些觀點，如：

卷十一"今大小穿金厚一寸"：戴震云："今"當作"令"，賈疏已誤。

卷十二"里讀爲已聲之誤也"：戴震《考工記圖》"里"作如字讀。

　　以段玉裁與戴震的密切關係來看，段玉裁曾經整理過戴震的著作，《校勘記》中戴震的觀點很有可能是段玉裁轉引的。

　　再次，段玉裁的校勘理念在《周禮注疏校勘記》中得到了很好的體現。《周禮注疏校勘記》講求"經用古字，注用今字"，反對"以經改注，以注改經"，而這正是段玉裁在他的學術著作中反復强調的。如：

> 卷三"故書既爲暨"：《漢讀考》作"故書暨爲既"，下作"杜子春讀'既'爲'暨'"。經"既比"作"暨比"。今本係以注改經，又以經改注，誤甚。○按，注以"及"訓"暨"，則段玉裁是。"既"不訓"及"。

　　但是，我們不能因此説段玉裁就是《十三經注疏校勘記》的唯一總校，也不能説他是最終校語的書寫者。實際上，在《周禮注疏校勘記》的○後按語中，有對段玉裁的校勘意見，以及段氏著作如《周禮漢讀考》中的結論進行判定、解釋甚至是反駁的情況。如：

> 卷八"謂聒馬耳"：《漢讀考》云："聒"當爲"栝"。"栝"、"㨷"皆當從木。自陸德明時已誤爲"聒"。聒之適以驚之，云毋令，非理也。疏云"後鄭增成其義"，蓋賈本不誤。"案，此因注云"栝馬耳"，遂改"栝"從耳旁也。今《釋文》"聒馬"與"栝㨷"異文，當亦後人誤改。○按，玉裁非也。聒之所以習之，令其不驚。凡豢禽獸自有此法。

> 卷十一"師都之所建"：《漢讀考》"師"作"帥"。○按，《説文》引《周禮》"率都建旗"，故段玉裁知此"師"必"帥"之譌也。

　　由上述文例不難看出，段玉裁的校勘意見也只是討論的對象而並非最終的結論。因此，筆者認爲，段玉裁的意見在很大程度上影響了《周禮注疏校勘記》，而且可能是部分加"○"校記的作者；但是並不是唯一的總校者。

第四，浦鏜。

《周禮注疏校勘記》大量引用了浦鏜《十三經正字》的意見，但是大多持批判態度。由於浦鏜多依據宋人經解回改本經，因此導致浦書質量較差。《校勘記》對浦說進行了大量的糾謬工作。如：

> 卷一"縮浚也"：諸本同。《釋文》：浚也，苟順反，劉思順反。浦鏜改"浚"爲"滲"，云"滲誤浚"，謬甚。浦鏜之書，多不可據者。

> 卷四"玉節之制如王爲之以命數爲小大"：此本"王"誤"土"。嘉靖本誤"玉"。今據諸本訂正。《通典》七十五引作"以命數爲大小"。浦鏜改作"以玉爲之"，云據《儀禮經傳通解》校。案，賈疏云："以邦國與王同稱玉節，亦皆以玉爲之。以其諸侯國内亦有徵守好難起軍旅之等，故知與王同。"然則注正作"如王"。浦鏜輕據他書竄改，誤甚。

《周禮注疏校勘記》中對清儒成果的引用情況，可以爲我們了解學者的治學特點提供一個新的進入角度。同時，校勘學者對待清儒研究成果的取捨，也反映了當時的學術風氣。我們今日推崇的鴻儒在當時有可能並未産生十分巨大的影響；而一些我們今日已經埋没于學術史中心圈之外的學者在當時可能具有更大的影響力。這些都有助於我們對今日已經構建好的學術史進行再考察和再檢驗。

四、《周禮注疏校勘記》的學術理念

阮元並未撰寫一篇單獨的文獻集中明確地論述《周禮注疏校勘記》的校勘理念，然而根據《校勘記》的具體内容，或可以管窺阮元等人的校勘原則和方法。筆者這裏依據《周禮注疏校勘記》的一些特點，試圖歸納《十三經注疏校勘記》的校勘理念。

（一）區分古今字、正俗字

阮元在主持編寫《十三經注疏校勘記》時，盡可能多的搜集了當時常見的具有代表性的版本，因此，《校勘記》在異文材料十分充分的基礎上，成功運用了對校法，成爲了這種校勘方法的實踐典範。尤其是《校勘記》不僅針對所選底本進行了較爲細緻的校勘，而且廣校衆本，兼以標識他本之誤。這一點，可以參看前文討論《周禮注疏校勘記》内容中的異文部分。至於阮元出於何種考慮，將大量其他版本的異文甚至是謬誤寫入《校勘記》中，目前筆者尚未發現有明確論述的文獻材料。但是，依據阮元在自述編撰《校勘記》的緣起可見，各本訛舛迭出，學界久無佳本恐怕是最主要的原因。而《校勘記》最初是不依附經注單獨刊刻的。由此可見，或許阮氏通過編修一種將目前常見版本的訛謬與異文大致囊括的校勘記，以期爲能夠看到宋本和未使用宋本的學者都提供方便。而《周禮注疏校勘記》在羅列異文及文字錯誤的同時，已經有意識地區分古今字、正俗字，辨析通假字。

辨析古今字時，能夠區分古字與今字的差異，如：

> 卷一"皆以緩急爲次弟"：閩、監、毛本"弟"改"第"，非。古次第字止作"弟"。

> 卷一"典常也經也灋也"：閩本同。余本、嘉靖本、監、毛本"灋"皆作"法"。案，經用古字作"灋"，注用今字作"法"。此仍作"灋"，非。疏及下悉准此。或"法"、"灋"錯見，不具著。

有具體討論古文、籀文、小篆的源流關係的情況，如：

> 卷二"喪大記云君設大槃"：浦鏜云："《記》'槃'作'盤'。"案，閩本此下三"槃"字皆先作"盤"，後改"槃"。此本下句"士併瓦盤""盤"字從皿，此改之未盡者。監、毛本則盡作"槃"矣。〇按，槃從木，小篆也；盤從皿，籀文也，本是一字。

卷五"雞人"：葉鈔《釋文》作"鷄人"。○按，從隹者小篆，從鳥者籀文。

有具體討論不同時代用字特點的，如：

卷四"云其券之象書兩劄刻其側者"：毛本同。閩、監本"札"改"劄"。○按，此可證宋人用"劄"爲"札"。

卷七"考謂考校其功"：余本、嘉靖本同。閩、監、毛本上"考"作"攷"，非。○按，上文曰"校次之"，此曰"考校其功"，"校"字皆從木，漢人蓋無從手之"攷"。

同時，《校勘記》對待古今字的態度是辯證的，認爲後出版本自有其刊刻時代的文字特點的，不必盲從古字，如：

卷一"不貢苞茅"：嘉靖本"苞"作"包"。此本疏引《左傳》亦作"包"。閩、監、毛本改"苞"。案，苞苴、苞裹字多從艸，而《左傳》及《説文》"茜"下引《春秋傳》皆作"包茅"，蓋從省。○按，版本多依舊不同，作"包"未爲非也。

卷十"以鑒取明水於月"：《説文》金部云："鑑，大盆也，一曰鑑諸可以取明水於月，從金，監聲。"按，依許書"鑒"當作"鑑"。《天官》"淩人春始治鑒"，今作"鑑"。○按，《説文》篆體，今本不必皆古本也。不當云許必作"鑑"。

除了區分古今字，《校勘記》還有大量區分正俗字的内容，而《説文解字》等一些字書，就是判斷字體正俗的重要依據。如：

卷十一"爲遂"：諸本同。《唐石經》"遂"字偏旁"辶"缺。盧文弨曰：《通考》"遂"作"隧"，與上合。戴震亦云"遂"當作"隧"。○按，"遂"是古字。《説文》無"隧"字，"隧"乃後世俗字耳。

同時，《校勘記》對待正俗字的態度也是辯證的，不會僅僅依憑

《説文》等字書的收字情況而輕言字體正俗,如:

> 卷四"邦國朞":《唐石經》諸本同。《釋文》:國基如字,本或作"朞",同。案,《儀禮·士虞禮》注云古文"朞"皆作"基"。《周禮》古文與《儀禮》正同,此當從陸本。〇按,近人以朞年字別於期會,直是俗字,然自《廣韻》已如此分別矣。凡經典如此分別者,非也。

> 卷九"胥讀如宿偦之偦":毛本下"偦"誤"胥"。《漢讀考》作"讀爲",云今本作"如"誤。〇按,《説文》無"偦",此漢字之不見於《説文》者。凡《説文》所無,不得盡謂之俗字。

《校勘記》還注意辨析假借字的,如:

> 卷三"故書廛爲壇":《九經古義》云:《管子·五輔篇》曰"辟田疇,利壇宅",《荀卿子》云"定廛宅",是古"廛"字皆作"壇"也。〇按,此等鄭君謂之古文假借字。

> 卷八"椹字或作鞎":閩、監本同。余本、嘉靖本、毛本云"或爲鞎",宋本云"或作鞁",誤。〇按,以古文假借論之,未見"鞁"誤也。"鞎"字不見於《説文》及古書,恐是"鞁"之誤字,但其誤久矣。

對於一些難以決斷的用字,《校勘記》也是採取反復推理的謹慎態度,並不簡單判斷成通假來敷衍了事,如:

> 卷三"元巳年老旄":閩本同。監、毛本"旄"改"耄"。〇按,"耄"是也。唐人作疏不當用古文假借字。

> 卷五"兆五帝於四郊":《説文》"土部"云:"垗,畔也,爲四時界祭其中。周禮曰,'垗五帝於四郊。'從土,兆聲。"按,許君蓋讀"兆"爲"垗"。《説文》:"兆,分也。"《周禮》故書用假借字,故作"兆"。《漢讀考》云:"於,當作于。"〇按,許所據《周禮》實作

"姚",非改字。今亦未辨"兆"爲故書與今書。凡若此類不可肊決。

(二) 區別經注疏的用字

在明確字有古今正俗之分的基礎上,校勘者進一步認識到,由於經書、傳注及正義的成書與刊刻時間都不同,十分容易形成文字的差異。這些差異有着複雜的生成過程,不應該被簡單歸結爲正誤問題。因此,校勘者較爲注意區分經、注、疏的文字區別,反對依注改經,在校勘過程中强行尋求一致,湮没異文。如:

卷二"以待會計而考之":唐石經、諸本同。宋本"考"作"考",非。案,經作"考",用古字。注作"考",用今字。

卷五"視視其實":余本、嘉靖本同。閩、監、毛本上"視"作"眎"。○按,注易經古字爲今字,則弟一字已改。淺人乃以經改注。

(三) 還原隱藏版本

除了注意辨析經、注、疏因爲古今差異和正俗體差異而形成的文字區別以外,《周禮注疏校勘記》還意識到隱藏版本的存在。即鄭注、賈疏以及其他一些引用材料所依據的版本實際上已經存在文字差異,校勘學者試圖還原注疏、《釋文》背後的版本原貌,"以賈還賈,以陸還陸"。如:

卷一"舉焦其脊":閩、監、毛本"焦"改"燋",非。案,今《内則》作"燋"。《釋文》舉"焦"字,又作"燋"。陸、賈所據本正合"焦"字。下已從"火",更加"火"旁,俗作也。○按,《説文》有"燋"字。

卷十一"凡金多錫則忍白且明也":賈疏本、嘉靖本"忍"作

"刃"。《釋文》:"則忍,音刃。"按,忍,古堅韌字,言金中多錫則刃堅忍而色明白。作"刃"蓋非。○按,此蓋陸本作"忍",孔本作"刃",不同也。忍、刃皆有堅意,此作忍爲長。

(四) 反對全據他書輕改本經

《周禮注疏校勘記》除了廣泛運用對校方法以外,還大量運用了他校的方法,徵引大量文獻材料作爲旁證,從而使校勘論證更加充分,結果更加準確。更加可貴的是,校勘者注意到這些文獻只能作爲補充材料,而不能片面依靠他書材料輕易改經,因此反對全據他書以改本書。如:

> 卷一"舊章不可忘":諸本同。案,《左傳》哀三年"忘"作"亡"。惠校本作"亡"。○按,棟依《左傳》改字未妥。
>
> 卷六"持弓助時養":浦鏜云"羽"誤"弓",從《白虎通》校。○按,此等未可肊定爲誤。

(五) 慎改本書

對於改動經書文本,阮元採取了比較謹慎的態度。其在《江西校刻宋本十三經注疏書後》稱:"刻書者最患以臆見改古書。今重刻宋板,凡有明知宋板之誤字,亦不使輕改,但加圈於誤字之旁,而別據《校勘記》擇其說,附載於每卷之末,俾後之學者不疑于古籍之不可據,慎之至也。"這雖距離《校勘記》形成已有一段時間,但亦反映最初出《校勘記》編修時的審慎態度。

《周禮注疏校勘記》對於校勘出的種種錯誤,一般只是列出校記,而在出文中並不改動出文原來的文字面貌。

同時,對於前人一些沒有根據的經文改動,《校勘記》採取了批判性的態度,如:

卷十"立當前疾"：《唐石經》諸本同。《説文》："軹，車軾前也。從車，凡聲。周禮曰'立當前軹。'"《漢讀考》云："前軹者，前乎軹也，亦以在軹衡之中爲節。蓋故書作'矦'。杜、衛、賈容有不得，其説易爲'軹'者，而許從之。"《禮説》云："'矦伯立當前矦'，俗本誤爲'前疾'。《論語·鄉黨》邢昺疏引《周禮》作'前矦'，云'矦伯立當前矦胡下'。《詩·蓼蕭》孔疏引'大行人'亦作'前矦'。蓋《説文》'疾'作'疢'，古文'矦'作'厌'，相似易亂，故訛。"○按，此二疏'厌'字近日刻本乃改爲"疾"，自謂依《周禮》也。凡古書之不容輕改如此。

《周禮注疏校勘記》對待經書的審慎態度，還表現在對校勘結論的敘述上。對於一些比較疑難的問題，《校勘記》雖然提出了結論，但是並沒有形成確論，只是存疑，如：

卷八"相上作乘馬"：余本、嘉靖本、毛本作"相士"。葉鈔《釋文》同。宋本、監本作"相土"。此作"上"，蓋"土"之訛。閩本此字實缺。○按，"士"、"土"孰是，今不能定。

卷十一"以其圍之防捎其藪"：《釋文》、《唐石經》"捎"字皆從手，諸本同。匠人爲溝洫"梢溝三十里"，賈引此作"梢其藪"，字從木，當據正。唐宋人作書，木旁往往變從手。○按，從扌、從木二字《説文》皆有之，難以猝定。

用"疑"來敘述校勘意見，出現在各種標記下的校勘按語之中，可見負責不同校勘工作的學者在面對費解問題時，並沒有强求確定。校勘用語的謹慎和準確，是《校勘記》質量的重要保證。

然而《周禮注疏校勘記》在出文中還是有一些直接改動原文的地方。同時，不能否認，校勘學者在實際的校勘中仍然存在過於自信，輕易排斥他説的研究心態，就《周禮注疏校勘記》的具體內容而言，"淺人"、"妄改"之語比比皆是。尤其是對待浦鏜的校勘意見，○

後按語多以帶有強烈主觀色彩的語言進行貶斥，而這些在規範嚴謹的校勘記當中是不應出現的現象。如：

　　卷二“夫妻片合”：浦鏜云：“片”當作“胖”，語本《喪服傳》。○按，《喪服傳》本作“片合”。今本作“胖”，乃俗人以“片”、“半”二字合而爲之。此疏云“夫妻片合”，正可據以攷正。

　　卷五“以昏冠之禮”：余本、嘉靖本同。《唐石經》、閩、監、毛本“昏”作“昬”。疏同。○按，“昏”字依《説文》從“氐”省爲正。其云“一曰民聲者”，淺人所增竄也。

五、結　語

《周禮注疏校勘記》作爲《十三經注疏校勘記》中的一種，其在内容、版本、引書、理念等方面的特點，既具有一定的普遍性，同時，又有一定的特殊性。爲更加全面地把握《校勘記》的特點，我們還需要進一步細緻梳理《校勘記》的内容，結合前人學研成果，運用科學方法開展研究。

我們應當認識到，阮氏《十三經注疏校勘記》是清代學術史上第一次較爲全面的對經書進行校勘整理的學術活動。此本一出，堪稱空前，對清代學術史乃至整個經學史做出了巨大貢獻。阮氏《校勘記》發凡起例，確立了經書校勘的典範，在其影響下，後學孫詒讓等人又進行了《校勘記》的再校勘。

然而，阮元的《十三經注疏校勘記》並非全無問題，首先，阮元雖然號稱廣搜衆本，然而仍然有遺漏的重要版本未能全部參考。其次，雖然《十三經注疏校勘記》成於衆人之手，從初校到勘定經歷了幾次審核；但是仍然不能避免百密一疏，掛萬漏一。校勘者自恃學問精深，有時未免全憑己意，對於不同於自己的意見不能正確客觀地加以分析。再次，部分經書底本選擇不當，加之經義艱深，錯訛輾轉累積,情況十分複雜;千慮一失,在所難免。因此,我們必須全面看待阮氏《十三經注疏校勘記》取得的成就和存在的問題。

《十三經注疏校勘記》是一部非常重要的經學研究文獻,其價值遠遠超過簡單的校勘內容,而富含文字、版本、學術史等多方面的研究意義。此外,準確歸納《校勘記》的特點,正確認識其得失,可以爲我們構建新的善本和經書的再校勘提供參考標準。同時,對《校勘記》的整理還可以延伸到重新再次校勘,補充漏校等許多方面。筆者在本文對其作以蜻蜓點水的研究嘗試,希望能夠拋磚引玉,引起方家同好對此書的關注,也會在今後的學研生活中對遺留下來的問題不斷探索和思考。

參考文獻:

《周禮注疏校勘記》,《續修四庫全書》影印文選樓本,181冊,上海:上海古籍出版社,1995年。

(清)阮元撰《揅經室集》,鄧經元點校,北京:中華書局,1993年5月第1版。

(清)盧文弨《抱經堂文集》,叢書集成初編本,上海:商務印書館。

(清)段玉裁著《經韻樓集》(附《補編》、兩《考》),趙航、薛正興整理,南京:鳳凰出版社,2010年12月第1版。

(清)吳騫《愚谷文存續編》,《續修四庫全書》據上海辭書出版社圖書館藏清嘉慶十九年刻本影印,1454冊,上海:上海古籍出版社,1995年。

(清)蕭穆《敬孚類稿》,清光緒三十三年刻本。

汪紹楹《阮氏重刻宋本十三經注疏考》,《文史》第三輯,北京:中華書局,1963年10月第1版。

孔毅《關於汲古閣的校勘問題》,《文獻》1989年第1期。

李致忠《十三經注疏版本略考》,《文獻》2008年10月第4期。

李慧玲《阮刻〈毛詩注疏〉（附校勘記）研究》,指導教師:朱傑人,華東

　　師範大學博士論文,2008年。

　　【作者簡介】　唐田恬,北京大學中國語言文學系古典文獻專業博士研
究生。

南昌府學本《儀禮注疏》所附校勘記辨正*

張　文

　　清嘉慶十一年(1806)，阮元主持纂成《十三經注疏校勘記》，並由文選樓刊行。此書廣備衆本，詳列異同，充分吸收前人成果，對經注疏及釋文進行全面校勘，集群經校勘之大成。阮元對此書極爲推重，嘗曰："此我大清朝之《經典釋文》也。"[1]後人謂："但得阮氏《校勘記》全文，不論何本注疏，皆可據之校讀矣。"[2]其學術價值即此可見。嘉慶二十年(1815)仲春，阮元在江西巡撫任上主持重刊《宋本十三經注疏》，次年八月由南昌府學刊成。此刻凡經注疏文有關校勘處皆加圈於旁，由盧宣旬摘録《校勘記》附於卷後，學者依圈尋檢，堪稱一書在手，衆本皆備，甚爲便利，故自問世以來風行天下，迄今行用不衰。盧宣旬摘録《校勘記》之時，對於原文有所改動，條目有增有删，校語有改有補，由此形成《十三經注疏校勘記》的兩個系統：以文選樓本爲代表的單行本和以南昌府學本爲代表的附録本。

　　* 本文爲國家社科基金重點項目"《十三經注疏校勘記》研究"(項目號：11AZW005)階段成果。
　　① 張鑑《雷塘庵主弟子記》卷二嘉慶十一年，《阮元年譜》，北京：中華書局，1995年，第65頁。
　　② 莫友芝撰，傅增湘訂補《藏園訂補邵亭知見傳本書目》，北京：中華書局，2009年，第2頁。

在這兩個系統之間,《尚書》、《儀禮》、《論語》的情況較爲特殊,因爲涉及校勘底本的變化,盧氏摘録此三經校勘記之時,不是單純地擇取附録,而是對校勘記的出文和校語進行改寫,由此產生了不同於他經的問題,出現了很多疏失和訛誤,其中尤以《儀禮》爲嚴重。由於《儀禮》文辭古奧難讀,歷來傳授研習者較少,故其版刻文字頗多舛誤,校勘問題亦最爲複雜。阮氏早年曾奉旨充石經校勘官,曾撰有《儀禮石經校勘記》,後撫浙中時建詁經精舍,召集學者遍校《十三經注疏》,由德清貢生徐養原分任《儀禮》,徐氏先詳列各本異同,阮氏又復定其是非。阮元《儀禮注疏校勘記序》自言:"鄭注疊古今文最爲詳覈,語助多寡,靡不悉紀。今校是經,寧詳毋略,用鄭氏家法也。"①因此種種緣由,在《十三經注疏校勘記》中以《儀禮》最爲詳贍,而盧氏摘録時出現的問題也就最多,下面就此作以專門論述。

一、論校勘底本之轉換

凡撰作校勘記必先涉及底本問題,《儀禮注疏校勘記》所用底本爲何? 換言之,對於經、注、疏之文字,它是依據何種版本來標注出文並撰寫校語的呢? 在《儀禮注疏校勘記》卷首所列引據各本目録中,有唐石經、宋嚴州單注本(即嚴州本)、翻刻宋單注本(即徐本)、明鍾人傑單注本、明永懷堂單注本、宋單疏本、李元陽注疏本(即閩本)、國子監注疏本(即監本)、汲古閣注疏本(即毛本)、國朝重修國子監注疏本、《經典釋文》、《儀禮識誤》、《儀禮集釋》、《儀禮經傳通解》、抄本《儀禮要義》、《儀禮圖》、《儀禮集説》、浦鏜《十三經正字》內《儀禮》二卷、《儀禮詳校》、《九經誤字》、《儀禮誤字》、《石經考文提要》二十二種(校勘記中還引據陳鳳梧注疏本,不知爲何沒有列入此

---

① 《儀禮注疏校勘記》卷首,《十三經注疏校勘記》,清嘉慶十一年文選樓刊本。

目録,可能屬於遺漏),而在"汲古閣注疏本"之下,有小字注云:"今校正義,以此本爲據。記中凡云某誤作某,而不言何本者,是此本獨誤者也。"其所謂"以此本爲據",應當是指以毛本作爲校勘之底本。從校勘記的實際内容來看,也正是以毛本爲依據來標注出文並撰寫校語的。而阮元《儀禮注疏校勘記序》云:"大約經注則以唐石經及宋嚴州單注本爲主,疏則以宋單行本爲主,參以《釋文》、《識誤》諸書,於以正明刻之訛。"結合校記的具體内容來看,這裏只是表明對於異文是非判斷取捨的大致傾向,並非是以唐石經、宋嚴州單注本和宋單疏本作爲底本。在一些校記中,也可以看到相類似的表述①。這就涉及到一個問題,既然唐石經、嚴州本(或徐本)、單疏本的文字優於毛本,爲何不以其作爲底本而選擇毛本呢? 這是因爲要對經注疏文進行全面校勘,而唐石經僅有經文,嚴州本(或徐本)僅有經注,單疏本僅有疏文,在内容上皆不完備,因此不便於以此三者作爲底本。而毛本經注疏俱全且附有釋文,是當時最爲通行的版本,且與陳本、閩本、監本一脈相承,其文字舛訛具有代表性,正合乎阮氏"以正明刻之訛"的目的,因此以毛本作爲校勘底本無疑是最佳選擇。

　　《儀禮注疏校勘記》原以毛本作爲底本,而在盧宣旬摘録附於南昌府學本之時,必然要以南昌府學本作爲底本,這就涉及到校勘底本轉換的問題,在此需要略述《儀禮注疏》的版本源流。經書注疏的合刻大概始於南宋,然《儀禮》的合刻遠在於後,遲至明正德年間,南監十三經中尚無《儀禮注疏》,而以宋楊復《儀禮圖》代之。明嘉靖初,陳鳳梧在山東刊《儀禮》,合疏於經注,是爲《儀禮》注疏合刻之始。後陳氏以其版歸南監,嘉靖年間李元陽在閩刊《十三經注疏》,

---

① 如《士冠》經"有司如主人服,即位于西方",校勘記云:"'于',徐本作'於'。按:《士昏禮》'至於某之室',《大射儀》'士御於大夫',鄭注皆云'今文於爲于',則'於''于'二字宜有辨,但俗本溷寫已久,不可勝校。石經作'于'者多,作'於'者少。大抵經文則依石經,注依徐本,疏依單疏本可也。"

《儀禮》即據此本。萬曆時北京國子監據閩本翻刻,崇禎間毛氏汲古閣又據北監本翻刻。此數刻皆校勘不精,未爲善本,清代學者對其多有批評。清嘉慶十一年,張敦仁得顧千里之助,乃重編校刊《儀禮注疏》,其經注取正於宋嚴州本,疏則採用宋單疏本,單疏所闕之六卷(卷32至卷37),則依魏了翁《儀禮要義》校補。其卷第不同於明代諸刻以疏散附經注之十七卷,而用單疏本之卷第分爲五十卷,並仿宋刻十行本之版式。《儀禮》刻本以嚴州本和單疏本最古,亦最爲精善,張敦仁刊本將此二者兩相萃合,又得顧千里精加讎校,成爲當時最佳合刻之本。其後阮元在江西主持重刊《十三經注疏》,此刻號稱"重刊宋本",其中十一經乃據阮氏家藏宋十行本,至於所闕《儀禮》、《爾雅》二經,則云"借校蘇州黃氏丕烈所藏單疏二經重刻之"。根據汪紹楹先生、喬秀岩老師的考證,可知南昌府學本《儀禮注疏》其實乃據張敦仁刊本覆刻①。張敦仁《重刻儀禮注疏序》云:"嚴州本之經,較諸唐石刻或有一二不合,今猶仍之者,著異本之所自出也。注與疏兩宋本,非必全無小小轉寫之訛,不欲用意見更易者,所以留其真,慎之至也。"②而阮元《重刊宋本十三經注疏書後》亦云:"刻書者最患以臆見改古書,今重刻宋板,凡有明知宋板之誤字,亦不使輕改,但加圈于誤字之旁,而別據校勘記擇其説附載於每卷之末,俾後之學者不疑于古籍之不可據,慎之至也。"③是知二者意在存宋本之真,對於嚴州本、單疏本皆一仍其舊,即便有錯訛之處,亦不輕易更改。因此就理想形態而言,南昌府學本《儀禮注疏》的經注文字應該和嚴州本相合,疏文應該和單疏本相合。盧宣旬既以南昌府學本爲底本摘録校勘記,那經注應該是以嚴州本爲底本,疏文應該是以單

---

① 參見:汪紹楹《阮氏重刻宋本十三經注疏考》,《文史》第1輯,北京:中華書局,1963年,第25—60頁;喬秀岩《<儀禮>單疏版本説》,《文史》2000年第1輯,第39—56頁。

② 按:此文實爲顧千里代撰,見王欣夫輯《顧千里集》卷八,北京:中華書局,2007年,第130頁。

③ 見《重刊宋本十三經注疏》卷首,清嘉慶二十年南昌府學刊本。

疏本爲底本。由於阮元自序僅言據單疏本重刻而未言經注文字據何本，所以盧宣旬對於疏文校勘底本轉換爲單疏本有明確意識，而對經注文字校勘底本的轉換則不甚明瞭。盧氏在卷首引據各本目録中"汲古閣注疏本"之下，删去了原來的"今校正義，以此本爲據"等小字注文。對於校勘記的出文和校語，也據南昌府學本作以相應更改。

二、論盧氏摘録之疏失

盧氏摘録校勘記出現較多疏失，主要在於忽略原校所隱含之版本信息，遺漏原校已有之是非判斷，混淆原校的一些版本概念，出文和校語亦間有文字舛誤。因這些疏失具有類似性，本文主要列舉《士冠》篇内的一些例證進行分析説明。下文論述先標明校勘記所在位置，然後標注出文并引校記内容，再説明南昌府學本的出文和校語。凡引《儀禮注疏校勘記》原文則稱"校勘記"，凡引南昌府學本所附校勘記則稱"校語"，筆者意見則標"今案"，以示區別。

（一）忽略原校版本信息

卷首標題"儀禮注疏序"，毛本如此，校勘記云："單疏本題曰：'儀禮疏序。'"南昌府學本出文"儀禮疏序"，校語云："毛本'疏'上有'注'字。"[1]今案，校勘記以毛本爲底本，陳本、閩本、監本與毛本一脈相承，文字大同小異，凡相同之處不需説明，惟相異之處則特别表出，此爲《儀禮注疏校勘記》之通例。因此校勘記中包含隱性版本信息與顯性版本信息：此處陳本、閩本、監本與底本同，雖不言而自明，此爲隱性版本信息；單疏與底本不同，故需特别表明，此爲顯性版

---

① 按：本文凡引阮元《儀禮注疏校勘記》，皆據清嘉慶十一年文選樓刊本；凡引南昌府學本所附校勘記（盧宣旬摘録之校勘記），皆據清嘉慶二十年南昌府學刊本。不再一一出注。

本信息。盧氏摘録時底本轉換爲單疏本,校語惟言毛本作"儀禮注疏序",意似陳本、閩本、監本皆與毛本不同,忽略原有版本信息,甚失原校之意。

卷首題銜"唐朝散大夫行太學博士宏文館學士臣賈公彥撰",毛本如此,校勘記云:"'撰'上,單疏、陳本俱有'等'字。"南昌府學本出文"唐朝散大夫行太學博士宏文館學士臣賈公彥等撰",校語云:"陳本同,毛本無'等'字。"今案,據原校所隱含版本信息,可知閩本、監本皆與毛本同,惟單疏、陳本不同。若據盧氏校語,則僅知陳本、毛本版本異同,而閩本、監本版本信息不明。

《儀禮疏序》"隋曰碩儒",毛本如此,校勘記云:"'曰',單疏本作'日'。"南昌府學本出文"隋日碩儒",校語云:"'日',毛本作'曰'。"今案,陳本、閩本、監本皆與毛本相同,惟單疏本不同,盧氏校語惟言毛本作"曰",意似陳本、閩本、監本作"日",忽略原有版本信息,失卻阮校原意。

《士冠》疏文"鄭云四民世事",毛本如此,校勘記云:"'民',單疏、《要義》俱作'人'。"南昌府學本出文"鄭云四人世事",校語云:"《要義》同,毛本'人'作'民'。"今案,陳本、閩本、監本皆與毛本同,盧氏忽略原校所隱含之版本信息。

《士冠》經"筮于廟門",疏文"既云不腆先君之祧",毛本如此,校勘記云:"'既',單疏、《要義》俱作'即'。"南昌府學本出文"即云不腆先君之祧",校語云:"《要義》同。毛本'即'作'既'。"今案,陳本、閩本、監本皆與毛本同,盧氏忽略原校所隱含之版本信息。

《士冠》經"筮于廟門",疏文"是知著自有神",毛本如此,校勘記云:"'是知',單疏本作'若'。"南昌府學本出文"若著自有神",校語云:"'若'字,毛本作'是知'。"今案,陳本、閩本、監本皆與毛本同,盧氏忽略原校所隱含之版本信息。

《士冠》經"主人玄冠朝服",疏文"天子用玄冕諸侯同皮弁",毛本如此,校勘記云:"單疏本兩句俱作'用',閩本兩句俱作'同'。陳本上句作‘同’，下句作‘用’。”南昌府學本出文“天子用玄冕諸侯用皮弁”，校語云：“閩本兩句俱作‘同’。陳本上句作‘同’，下句作‘用’。”今案，監本與毛本同，皆上句作“用”，下句作“同”。盧氏不但忽略原校所隱含監本版本信息，而且遺漏毛本版本信息。

《士冠》經“筮與席所卦者”，疏文“故易六畫而成卦”，毛本如此，校勘記云：“單疏本無‘而’字。”南昌府學本出文“故易六畫成卦”，校語云：“毛本‘畫’下有‘而’字。”今案，陳本、閩本、監本皆與毛本同，盧氏僅言毛本有“而”字，意似他本皆無，忽略原校版本信息，給人造成很大誤解。

《士冠》經“筮人許諾”，疏文“於主人受命訖”，毛本如此，校勘記云：“‘於’，陳、閩俱作‘以’。”南昌府學本出文“於主人受命訖”，校語云：“毛本同。陳、閩‘於’俱作‘以’。”今案，單疏、監本與毛本同，皆作“於”。盧氏摘録此條校記，其實僅言“陳、閩‘於’俱作‘以’”即可，則監本、毛本作作“於”不言自明，然又贅出“毛本同”之文，則監本到底如何？ 與毛本同，還是與陳本、閩本同？ 竟不可知。

《士冠》經“爵弁服”，疏文“是況有不同之事”，毛本如此，校勘記云：“‘況’，《要義》作‘注’。”南昌府學本出文“是況有不同之事”，校語云：“毛本同。《要義》‘況’作‘注’。”今案，單疏、陳本、閩本、監本與毛本同，皆作“況”。盧氏摘録此條，其實僅言“《要義》‘況’作‘注’”即可，則陳本、閩本、監本、毛本作“況”不言自明，然又贅出“毛本同”之文，則陳本、閩本、監本到底如何，竟不可知。

《士冠》經文“將冠者采衣紒”，注文“童子之飾也”，毛本如此，校勘記云：“‘飾’，徐本、《集釋》、楊氏、敖氏俱作‘節’。”南昌府學本出文“童子之節也”，校語云：“‘節’，毛本作‘飾’，徐本、《集釋》、楊氏、敖氏俱作‘節’。”今案，陳本、閩本、監本與毛本同，皆作“飾”，盧氏摘録僅言毛本作“飾”，忽略原校所隱含版本信息。

《士冠》經“遂以摯見于鄉大夫鄉先生”，疏文“經云卿大夫不言士”，毛本如此，校勘記云：“‘卿’，單疏、陳本、《通解》俱作‘鄉’，《要義》亦誤作‘卿’。”南昌府學本出文“經云鄉大夫不言士”，校語云：
“陳本、《通解》同。《要義》亦誤作‘卿’。”今案，閩本、監本與毛本同，
皆誤作“卿”，故校勘記言“《要義》亦誤作‘卿’”。盧氏忽略原校所隱
含版本信息，僅云“《要義》亦誤作‘卿’”，然則“亦”者亦何本？邏輯
層次不可通矣。

《士冠》經“洗有篚”，疏文“云西南順北爲上也者”，毛本如此，校
勘記云：“單疏本無‘西’字。”南昌府學本出文“云南順北爲上也者”，
校語云：“毛本‘南’上有‘西’字。”今案，陳本、閩本、監本皆與毛本
同，‘南’上俱有‘西’字。盧氏僅言毛本有“西”字，意似毛本之外諸
本皆無，甚失原校之意。

《士冠》經“冠者升筵坐”，疏文“出房立待賓客命”，毛本如此，校
勘記云：“‘客’，單疏本作‘容’。”南昌府學本出文“出房立待賓容
命”，校語云：“毛本‘容’作‘客’。”今案，陳本、閩本、監本與毛本同，
俱作“客”。盧氏僅言毛本作“客”，意似毛本之外諸本皆作“容”，不
合原校之意。

《士冠》記“公侯之有冠禮也”，注文“篡弒所由生”，毛本如此，校
勘記云：“‘弒’，《釋文》作‘殺’，云：‘本又作弒，亦作試。’徐、陳、《通
解》亦俱作‘殺’，下同。”南昌府學本出文“篡殺所由生”，校語云：
“‘殺’，《釋文》作‘殺’，云：‘本又作弒，亦作試。’徐、陳、《通解》亦俱
作‘殺’，下同。”今案，此處陳本、閩本、監本與毛本同，皆作“弒”。盧
氏摘錄遺漏毛本版本信息，忽略原校所隱含之版本信息。

（二）遺漏原校是非判斷

《士冠》鄭目錄云“則是仕於諸侯”，毛本如此，校勘記云：“單疏、
《要義》俱無‘仕’字，似誤。”南昌府學本出文“則是於諸侯”，校語云：
“《要義》同，毛本‘是’下有‘仕’字。”今案，無“仕”字文意不通，陳本、
閩本、監本與毛本皆有。盧氏僅言毛本文字異同，非但忽略校勘記
所隱含版本信息，而且遺漏其是非判斷。

　　《士冠》經"主人玄冠朝服"，疏文"此服乃服朝服"，毛本如此，校勘記云："單疏本無'乃服'二字，是也。"南昌府學本出文"此服朝服"，校語云："毛本'朝'上有'乃服'二字。"今案，自陳本以下皆誤衍"乃服"二字，盧氏僅言毛本文字異同，不但忽略原校所隱含版本信息，而且遺漏是非判斷。

　　《士冠》經"有司如主人服即位于西方"，疏文"特牲云有司"，毛本如此，校勘記云："'云'，單疏、《要義》俱作'之'，是也。"南昌府學本出文"特牲之有司"，校語云："《要義》同。毛本'之'作'云'。"今案，據文義當作"之"，自陳本以下皆誤作"云"。盧氏僅言毛本文字異同，不但忽略原校所隱含版本信息，而且遺漏其是非判斷。

　　《士冠》經"布席于門中"，疏文"事相爲"，毛本如此，校勘記云："'爲'，單疏、《要義》俱作'違'，是也。"南昌府學本出文"事相違"，校語云："《要義》同。毛本'違'作'爲'。"今案，據文義作"違"爲是，自陳本以下皆誤作"爲"。盧氏僅言毛本文字異同，不但忽略原校所隱含版本信息，而且遺漏是非判斷。

　　《士冠》經"宰自右稍退"，疏文"故贊命在右"，毛本如此，校勘記云："'命'下，單疏、《要義》、楊氏俱有'皆'字，是也。"南昌府學本出文"故贊命皆在右"，校語云："《要義》、楊氏同。毛本俱無'皆'字。"今案，有"皆"字文義似優，自陳本以下俱脱。盧氏僅言毛本文字異同，不但忽略原校所隱含版本信息，而且遺漏其是非判斷。

　　《士冠》經"宰自右稍退"，疏文"是以士之喪禮"，毛本如此，校勘記云："單疏、《要義》俱無'之'字，是也。"南昌府學本出文"是以士喪禮"，校語云："《要義》同。毛本'士'下有'之'字。"今案，自陳本以下俱衍"之"字，盧氏僅言毛本文字異同，不但忽略原校所隱含版本信息，而且遺漏其是非判斷。

　　《士冠》經"筮人許諾"，疏文"上云所卦者謂木"，毛本如此，校勘記云："單疏本無'木'字，似誤。"南昌府學本出文"上云所卦者謂"，校語云："毛本'謂'下有'木'字。"今案，無"木"字文意不通，單疏本誤脱,陳本以下俱有。盧氏僅言毛本文字異同,不但忽略原校所隱含版本信息,而且遺漏其是非判斷。

《士冠》經"卒筮",疏文"吉尚事提提",毛本如此,校勘記云:"'尚事',單疏、《要義》俱作'事尚',是也。"南昌府學本出文"吉事尚提提",校語云:"《要義》同。毛本'事尚'作'尚事'。"今案,當作"吉事尚提提",自陳本以下皆誤。盧氏僅言毛本文字異同,不但忽略原校所隱含版本信息,而且遺漏其是非判斷。

《士冠》經"前期三日",疏文"故鄭引冠禮爲證也",毛本如此,校勘記云:"'禮',單疏、陳本俱作'義',是也。"南昌府學本出文"故鄭引冠義爲證也",校語云:"毛本'義'作'禮'。"今案,依據上文作"義"爲是,閩本、監本、毛本俱誤作"禮"。盧氏僅言毛本文字異同,不但忽略原校所隱含版本信息,而且遺漏其是非判斷。

《士冠》經"乃宿賓",疏文"戒輕宿重也者",毛本如此,校勘記云:"'宿',單疏、《要義》俱作'肅',是也。"南昌府學本出文"戒輕肅重也者",校語云:"《要義》同。毛本'肅'作'宿'。"今案,此引《祭統》鄭注之文,作"肅"爲是,自陳本以下俱誤作"宿"。盧氏僅言毛本文字異同,不但忽略原校所隱含版本信息,而且遺漏其是非判斷。

《士冠》經"爵弁服",疏文"但古緇紸二字竝色",毛本如此,校勘記云:"'色',單疏、《要義》俱作'行',是也。"南昌府學本出文"但古緇紸二字竝行",校語云:"《要義》同。毛本'行'作'色'。"今案,自陳本以下皆誤作"色",盧氏僅言毛本文字異同,不但忽略原校所隱含版本信息,而且遺漏其是非判斷。

《士冠》經"玄端",疏文"襄十四年",毛本如此,校勘記云:"'襄',單疏、《要義》俱作'哀',是也。"南昌府學本出文"哀十四年",校語云:"《要義》同。毛本'哀'作'襄'。"今案,據文義作"哀"爲是,自陳本以下皆誤作"襄"。盧氏僅言毛本文字異同,不但忽略原校所隱含版本信息,而且遺漏其是非判斷。

《士冠》經"緇布冠",疏文"人髮之長者",毛本如此,校勘記云:

"單疏、《要義》俱無'髮'字,似誤。"南昌府學本出文"人之長者",校語云:"《要義》同。毛本'人'下有'髮'字。"今案,"髮"字當有,否則文義不通,陳本以下皆有。盧氏僅言毛本文字異同,不但忽略原校所隱含版本信息,而且遺漏其是非判斷。

《士冠》經"櫛實于簞",疏文"與簞方圓有異",毛本如此,校勘記云:"'與'上,單疏、聶氏、《要義》俱有'笥'字,是也。"南昌府學本出文"笥與簞方圓有異",校語云:"聶氏、《要義》同。毛本'與'上無'笥'字。"今案,據文義當有"笥"字,自陳本以下皆脱。盧氏僅言明毛本文字異同,不但忽略原校所隱含版本信息,而且遺漏其是非判斷。

《士冠》經"贊者盥于洗西",疏文"故先入房竝立侍事",毛本如此,校勘記云:"'侍',單疏本作'待',是也。"南昌府學本出文"故先入房竝立待事",校語云:"毛本'待'作'侍'。"今案,據文義作"待"爲是,自陳本以下皆誤作"侍"。盧氏僅言毛本文字異同,不但忽略原校所隱含版本信息,而且遺漏其是非判斷。

《士冠》經"贊者盥于洗西",疏文"恐作阼階",毛本如此,校勘記云:"'作',單疏、《通解》俱作'由',是也。"南昌府學本出文"恐由阼階",校語云:"《通解》同。毛本'由'作'作'。"今案,據文義作"由"爲是,自陳本以下皆誤"作"。盧氏僅言毛本文字異同,不但忽略原校所隱含版本信息,而且遺漏其是非判斷。

《士冠》經"賓右手執項",疏文"行翔而後鵷焉者",毛本如此,校勘記云:"'後',單疏、陳、閩俱作'前',是也。"南昌府學本出文"行翔而前鵷焉者",校語云:"陳、閩同。毛本'前'作'後'。"今案,據注文當作"前",監本、毛本皆誤作"後",盧氏不但忽略原校所隱含版本信息,而且遺漏其是非判斷。

《士冠》經"贊者洗于房中",疏文"以庭中有洗",毛本如此,校勘記云:"'庭',單疏本作'房',是也。"南昌府學本出文"以房中有洗",校語云:"毛本'房'作'庭'。"今案,據文義當作"房",自陳本以下皆誤作"庭"。盧氏僅言毛本文字異同,不但忽略原校所隱含版本信息,而且遺漏其是非判斷。

《士冠》經"贊者洗于房中",疏文"公側授醴",毛本如此,校勘記云:"'授',單疏、《要義》俱作'受',是也。"南昌府學本出文"公側受醴",校語云:"《要義》同。毛本'受'作'授'。"今案,據文義當作"受",自陳本以下皆誤作"授"。盧氏僅言毛本文字異同,不但忽略原校所隱含版本信息,而且遺漏其是非判斷。

《士冠》經"始加醮用脯醢",疏文"云始加薦用脯醢者",毛本如此,校勘記云:"'薦',單疏、《要義》俱作'醮',是也。"南昌府學本出文"云始加醮用脯醢者",校語云:"《要義》同。毛本'醮'作'薦'。"今案,據經文當作"醮",自陳本以下皆誤作"薦"。盧氏僅言毛本文字異同,不但忽略原校所隱含版本信息,而且遺漏其是非判斷。

《士冠》經"若殺則特豚",疏文"皆據主人爲食而有也",毛本如此,校勘記云:"'主',單疏、陳本、《要義》俱作'生',是也。"南昌府學本出文"皆據生人爲食而有也",校語云:"陳本、《要義》同。毛本'生'作'主'。"今案,依據文義作"生"爲是,閩本、監本與毛本俱誤作"主"。盧氏僅言毛本,不但忽略原校所隱含版本信息,而且遺漏其是非判斷。

《士冠》經"宜之于假",疏文"夏殷質則稱仲周文則稱叔",毛本如此,校勘記云:"兩'稱'字,單疏、《通解》、《要義》俱作'積',是也。"南昌府學本出文"夏殷質則積仲周文則積叔",校語云:"《通解》、《要義》同。毛本'積'作'稱'。"今案,依據文義作"積"爲是,自陳本以下皆誤作"稱"。盧氏僅言毛本,不但忽略原校所隱含版本信息,而且遺漏其是非判斷。

《士冠》經"宜之于假",疏文"注伯仲至作父",毛本如此,校勘記云:"'伯仲',單疏本作'于猶',是也。"南昌府學本出文"注于猶至作父",校語云:"毛本'于猶'作'伯仲'。"今案,此標注文起訖,當以"于猶"爲是,自陳本以下皆誤作"伯仲"。盧氏僅言毛本文字異同,不但忽略原校所隱含版本信息，而且遺漏其是非判斷。

《士冠》記"始冠緇布之冠也"，疏文"云緌纓飾未之聞"，毛本如此，校勘記云："單疏本無'緌纓飾'三字，誤。"南昌府學本"云未之聞"，校語云："毛本'云'下有'緌纓飾'三字。"今案，此疏文述注，"緌纓飾"三字當有，單疏誤脱，陳本、閩本、監本與毛本皆有。盧氏僅言毛本有此三字，不但忽略原校所隱含版本信息，而且遺漏其是非判斷。

《士昏》經"期初昏"，疏文"取數於月十有五日而盈"，毛本如此，校勘記云："取，單疏、《要義》俱作'重'。《要義》'月'下有'之'字。○按：皆非也。《特牲·記》作'取'，無'之'字，彼疏引注同。"南昌府學本出文作"重數於月十有五日而盈"，校語云："《要義》'重'作'重'，'月'下有'之'字。毛本'重'作'取'。《特牲·記》作'取'，無'之'字。"今案，陳本、閩本、監本皆與毛本同，盧氏忽略原校版本信息。又原校敘述版本文字異同，有明確是非判斷和充分理由依據，盧氏摘録時删去這些文字，致使異文是非模糊不清，甚失原校之意。

（三）混淆原校版本概念

《士冠》經"宰自右少退"，疏文"宰自至贊命"，毛本無此五字，單疏本有，校勘記云："單疏本有此五字，今本俱脱。"南昌府學本出文"宰自至贊命"，校語云："今本俱脱，毛本有此五字。"今案，此五字惟單疏本有，明代諸刻自陳本而下一脈相承，俱無此五字。校勘記云"今本俱脱"，所謂今本者，陳本、閩本、監本和毛本皆在内也[1]。盧氏

---

[1] 案，《儀禮注疏校勘記》中"今本"一詞頻繁出現，校勘記本身對此未有明確界定，結合卷首所列引據各本目録以及校記的實際内容，可知"今本"之内涵指向基本確定，一般是指閩本、監本、毛本。陳本雖不在卷首目録之列，但校記實際對其多有引用，且其與閩、監、毛本一脈相承，文字異同與"今本"相合，故"今本"亦當包含陳本在内。也有例外情況，如《士冠》卷一經"爵弁皮弁緇布冠各一匴"，疏文"云古文匴为籑坫作襜者"，校勘記云："籑，單疏、陳、閩、監本俱作簒，《要義》與今本同。"此處之"今本"，卻不包含陳、閩、監諸本在内，而僅指毛本。但這種情況極少，就普遍的情況而言，"今本"統稱陳本以下的閩、監、毛諸刻。

摘録此條校記，僅言“今本俱脱”可矣，又誤會原校之意，以爲毛本不在“今本”之内，與陳本、閩本、監本不同，特云“毛本有此五字”，誤會原校之意。

　　《士冠》經“爵弁服”，疏文“鄭即因解明緼韍之事”，毛本如此，校勘記云：“‘明’，單疏、陳、閩、《要義》俱作‘名’。‘事’，諸本俱作‘字’，是也。”南昌府學本出文“鄭即因解名緼韍之事”，校語云：“‘名’，陳、閩、《要義》俱作‘名’，毛本作‘明’。‘事’，諸本俱作‘字’。”今案，盧氏摘録此條頗有訛誤。校勘記以毛本爲據，其所言“諸本俱作‘字’”，是説除毛本之外，單疏、陳本、閩本、監本皆作“字”，“諸本”之中不包含毛本。盧氏摘録時校勘底本已經轉換，雖仍沿用“諸本”之文，然其内涵已發生變化。若據其説，則是單疏本作“事”，而包括毛本在内的諸本作“字”。其實摘録此條校記，出文當爲“鄭即因解名緼韍之字”，校語當云：“‘名’，監、毛本俱作‘明’。‘字’，諸本同，毛本誤作‘事’。”如此方合乎原校之意。

　　《士冠》經“皮弁服”，疏文“以白鹿皮冒覆頭鉤頷繞項”，毛本如此，校勘記云：“單疏本無‘以白鹿皮’四字，‘鉤’作‘句’。《通解》與今本同。”南昌府學本出文“冒覆頭句頷繞項”，校語云：“毛本‘冒’上有‘以白鹿皮’四字，‘句’作‘鉤’。《通解》與毛本同。”今案，校勘記所謂今本，包括陳本、閩本、監本、毛本在内。盧氏以爲今本僅指毛本，意似《通解》與陳本、閩本、監本不同，不合原校之意。

　　《士冠》經“緇布冠”，注文“謂此以上凡六物”，毛本如此，校勘記云：“徐本、《通典》、《集釋》俱無‘以’字，與疏合。《通解》、《要義》俱與今本同。”南昌府學本出文“謂此以上凡六物”，校語云：“徐本、《通典》、《集釋》俱無‘以’字，與疏合。《通解》、《要義》俱與毛本同。”今案，校勘記所謂今本，包括陳本、閩本、監本、毛本在内。盧氏以爲今本僅指毛本，意似《通解》、《要義》與毛本同，與陳本、閩本、監本不同，甚失原校之意。

　　《士冠》經“爵弁皮弁緇布冠各一匴”，注文“古文匴爲篹坫爲襜”，毛本如此，校勘記云：“‘篹’，嚴、徐、《集釋》俱作‘纂’，與單疏述注合。上‘爲’字，嚴、徐、《集釋》俱作‘作’。下‘爲’字，嚴本、《集釋》俱作‘作’，徐本作‘爲’。……○按，今本兩句俱是‘爲’字，與《釋文》合。疏則上句是‘爲’，下句是‘作’，與徐本相反。又《釋文》‘襜’，今本亦誤作‘襜’。”南昌府學本出文“古文匰作纂坫作襜”，校勘記按語中兩處“今本”皆改作“毛本”。今案，校勘記中所謂今本，自陳本以下皆是，盧氏摘録改爲毛本，不合原校之意。

《士冠》經“賓如主人服”，疏文“注外門大門外”，校勘記云：“六字今本俱脱，單疏本有。”南昌府學本出文“注外門大門外”，校語云：“六字毛本俱脱。”今案，自陳本以下皆脱此六字，故校勘記云“今本俱脱”，盧氏以爲今本專指毛本，誤甚。且校勘記中凡言“俱”者，必有幾種版本皆如此，非謂單一版本之辭，惜盧氏不明此例。

《士冠》經“請醴賓”，注文“此醴當作禮禮賓者謝其自勤勞也”，校勘記云：“‘禮賓者’以下九字，今本俱脱，徐本、《集釋》、《通解》、敖氏俱有。”南昌府學本出文同，校語更改“今本”爲“毛本”。今案，校勘記云“今本俱脱”者，自陳本以下皆脱也。盧氏以爲今本專指毛本，意似毛本之外諸本皆不脱，誤會原校之意。

《士冠》經“乃醴賓以壹獻之禮”，注文“飲重醴清糟稻醴清糟黍醴清糟粱醴清糟”，校勘記云：“‘稻醴’以下十二字，今本俱脱，徐本、《集釋》、《通解》俱有。”南昌府學本摘録出文同，校語更改“今本”爲“毛本”。今案，自陳本以下皆脱此十二字，故校勘記云“今本俱脱”。盧氏以爲今本專指毛本，意似毛本之外諸本皆不脱，誤會原校之意。

《士冠》經“若殺則特豚”，疏文“二者謂之刌肺”，毛本如此，校勘記云：“‘刌’，諸本俱作‘忖’。下竝同。”南昌府學本出文、校語皆與之同。今案，此處毛本作“刌”，而單疏、陳本、閩本、監本皆作“忖”，故校勘記云“諸本俱作‘忖’”。所謂諸本，不包含毛本在内。盧氏摘録時原本引用此條，若據其説，則是單疏本作“刌”，此外諸本皆作

"忖"。"諸本"之文雖同,然因校勘底本的更換,其實際内涵已發生變化,因而不合原校之意。盧氏摘録出文當作"二者謂之忖肺",校語當云:"'忖',諸本同,毛本作'刋'。下竝同。"

《士冠》經"若庶子",疏文"若庶至醮焉",校勘記云:"此五字今本俱脱,單疏本有。案,此節疏係經注分釋,則疏首宜有此五字,今本偶脱耳。"南昌府學本出文同,校語云:"此五字毛本俱脱。案,此節疏係經注分釋,則疏首宜有此五字,毛本偶脱耳。"今案,此五字惟單疏本有,陳本、閩本、監本、毛本皆脱,故校勘記云"今本俱脱"。盧氏以爲今本專指毛本,意似毛本之外陳本、閩本、監本有此五字,不合原校之意。

《士冠》經"兄弟俱在以成厥德",注文"厥其",校勘記云:"此注今本俱脱,徐本、《集釋》、《通解》並有,《集釋》'其'下有'也'字。"南昌府學本出文"厥其",校語云:"此注毛本俱脱,徐本、《集釋》、《通解》並有,《集釋》'其'下有'也'字。"今案,陳本、閩本、監本與毛本同,此注俱脱,故校勘記云"今本俱脱"。盧氏以爲今本專指毛本,意似毛本之外他本皆不脱,不合原校之意。

《士冠》經"拜受祭之",注文"休美也不忘長有令名",校勘記云:"注首三字,今本俱脱,徐本、《集釋》、《通解》、敖氏並有。"南昌府學本出文同,校語改"今本"爲"毛本"。今案,注文"休美也"三字,自陳本以下皆脱,故校勘記云"今本俱脱"。盧氏以爲今本專指毛本,意似毛本之外他本皆不脱,不合原校之意。

《士冠》經"宜之于假",疏文"若云尼甫嘉甫也",毛本如此,校勘記云:"單疏、《要義》俱作'若云嘉也',《通解》與今本同。"南昌府學本出文"若云嘉也",校語云:"《要義》同。毛本作'若云尼甫嘉也',《通解》與毛本同。"今案,摘録校語中"若云尼甫嘉也","嘉"下當補"甫"字。《通解》、陳本、閩本、監本與毛本同,皆作"若云尼甫嘉甫也",故校勘記云"《通解》與今本同"。盧氏誤以今本專指毛本,意似《通解》與陳本、閩本、監本不同,曲解原校之意。

　　《士冠》記文"委貌〇毋追"，毛本如此，校勘記云："'毋'，唐石經、閩、監、宋本《釋文》俱與此同，今本《釋文》、徐、陳俱作'母'，注及疏放此。"南昌府學本出文同，校語改"今本《釋文》"爲"毛本《釋文》"。今案，校勘記言宋本《釋文》作"毋"，今本《釋文》作"母"，此處"今本"乃相對"宋本"而言，以示區別。盧氏以爲今本即指毛本，殊不知毛本此處並無釋音，誤甚。

　　《士昏》經"母施衿結帨曰"，疏文"宮事謂姑命婦之事"，毛本如此，校勘記云："單疏本作'則姑命婦之事'，《通解》與今本同。〇按，則猶即也，疏中每有此語。前疏云'母戒之，使無違姑命'，此節經云'夙夜無違宮事'，是宮事即姑命婦之事，此賈氏自釋前語也。'宮事'二字已標于上，故不再出，直釋曰'則姑命婦之事'。今本既删標目，又不達'則'字之義，率依《通解》改之，謬矣。"南昌府學本出文"則姑命婦之事"，校語云："毛本作'宮事謂姑命婦之事'，《通解》與今本同。〇按，則猶即也，疏中每有此語。……毛本既删標目，又不達'則'字之義，率依《通解》改之，謬矣。"今案，原校所謂"今本"者，陳本、閩本、監本、毛本皆是也。自陳本以下俱作"宮事謂姑命婦之事"，此依《通解》改也，故原校言"《通解》與今本同"，又言"今本既删標目，又不達'則'字之義，率依《通解》改之"。盧氏摘録不達原校之意，先言"毛本作'宮事謂姑命婦之事'，《通解》與今本同"，意似毛本不在今本之列，而《通解》與今本究竟作何，亦不明確；又改後文"今本"爲"毛本"，意似陳本、閩本、監本皆與《通解》不同，甚失原校之意。

（四）文字敘述出現錯誤

　　《士冠》疏文"大夫冠而不爲殤"，毛本如此，校勘記云："'大'，閩本作'丈'。"盧氏摘録出文亦作"大夫冠而不爲殤"，校語云："'大'，閩本、毛本作'丈'。"今案，陳本、監本、毛本、單疏本作"大"而非"丈"，盧氏誤以毛本作"丈"，與原校顯然矛盾。

《士冠》疏文"若水之注物"，校勘記云："'注'誤作'註'。"盧氏摘録出文亦作"若水之注物"，校語亦云："'注'誤作'註'。"今案，阮元在引據各本目録中毛本之下小字注云："記中凡云某誤作某，而不言何本者，是此本獨誤者也。"是知此處是毛本獨誤作"註"，而他本皆不誤。盧氏既據南昌府學本出校，當云"毛本'注'誤作'註'"，方合原校之意。否則係何本之誤，竟不可知。

《士冠》經"主人玄冠朝服"，疏文"無四入六入之文"，毛本如此，校勘記云："單疏本'四入'下有'與'字，陳本'四入'下衍'五入'二字。閩本'四入六入之文'六字排寫甚稀，可容八字。"盧氏依南昌府學本出文"無四入與六入之文"，校語云："陳本'四入'下衍'五入'二字。閩本'四入六入之文'六字排寫甚稀，可容八字。"今案，陳本、閩本、監本和毛本皆無"與"字，盧氏對此没有言明，不但遺漏原校版本信息，而且造成誤解，以爲諸本皆有"與"字。

《士冠》經"布席于門中"，疏文"則在後皆言之"，毛本如此，校勘記云："'皆'，單疏、《要義》俱作'乃'，是也。"南昌府學本出文"則在後乃言之"，校語云："《要義》同。毛本'皆'作'乃'。"今案，盧氏忽略原校所隱含版本信息，遺漏原校是非判斷，其校語亦有誤，毛本實作"皆"而不作"乃"。

《士冠》經"緇布冠"，疏文"首著卷幘之狀雖不可知"，毛本如此，校勘記云："'之'，《要義》作'其'。'可'，單疏、陳本俱作'智'，《通解》、《要義》俱作'審'。"南昌府學本出文"首著卷幘之狀雖不智"，校語云："陳本同。'之'，《要義》作'其'。'智'，《通解》、《要義》俱作'審'，毛本作'雖不可知'。"今案，閩本、監本與毛本皆作"首著卷幘之狀雖不可知"，單疏、陳本皆作"首著卷幘之狀雖不智知"，《通解》、《要義》皆作"首著卷幘之狀雖不審知"。盧氏摘録此條文義不甚明確，在出文"智"下應當補"知"字，校語中當言閩本、監本、毛本"智"作"可"，方不失原校之意。

《士冠》經"黄耇無疆"，疏文"云耇凍黎者"，毛本如此，校勘記云："'凍黎'，單疏、《通解》俱作'凍黎'，下並同。陳、閩此句作'黎'，下句作'黎'。"南昌府學本出文"云肴凍黎者"，校語云："《通解》同。下並同。陳、閩黎作'黎'，下句作'黎'。"今案，《通解》作"黎"不作"黎"，盧氏摘録出文有誤，"黎"當依單疏作"黎"，否則與原校相矛盾。又此處忽略毛本等版本之信息。

《士冠》經"宜之于假"，疏文"父猶傳也"，毛本如此，校勘記云："'傳'，閩、監俱作'傅'，單疏本亦作'傅'。"南昌府學本出文"父猶傳也"，校語云："閩、監同。毛本'傳'作'傅'。"今案，盧氏摘録出文中"傳"當爲"傅"，閩本、監本作"傅"而非"傳"。

《士昏》經"主人爵弁纁裳"，疏文"此有者亦是攝盛也"，毛本如此，校勘記云："'者'，陳、閩俱作'二'，單疏、《要義》俱無'盛'字。"南昌府學本出文疏"此有者亦是攝也"，校語云："《要義》同。陳、閩'者'俱作'二'，毛本'攝'下有'盛'字。"今案，此處陳本、閩本、監本、毛本皆有"盛"字，盧氏僅言毛本有，意似其他諸本皆無有，敘述版本有誤。

《士昏》經"贊爾黍授肺脊"，疏文"故此昏禮從特牲祭祀"，毛本如此，校勘記云："'祀'下，單疏、《要義》俱有'法'字。"南昌府學本出文"故此昏禮從特牲祭法"，校語云："《要義》同。毛本無'法'字。"今案，單疏、《要義》"故此昏禮從特牲祭祀法"，自陳本以下皆無"法"字，盧氏摘録忽略原校版本信息。又其出文中"祭"下誤脱"祀"字，給人造成誤解，與原校之意不合。

《士喪》經"掩練帛廣終幅"，注文"又還結於項中"，毛本如此，校勘記云："張氏曰：'注曰又還結于項巾。案，監、杭本巾作中，從監、杭本'。"南昌府學本出文"又還結於項巾"，校語云："張氏曰：'注曰又還結于項巾。案，監、杭本、毛本巾作中，從監、杭本'。"今案，此所引張氏，乃張淳《儀禮識誤》之説。盧氏在中間插入"毛本"二字，張氏南宋之人，豈能得見明刻版本？誤甚。

三、論盧氏之貽誤後人

南昌府學本《十三經注疏》流傳極廣，翻檢非常便利，在後世最爲通行，所附校勘記的學術影響也遠蓋過單行本的《十三經注疏校勘記》（文選樓本、清經解本），以致世人往往將其等同於阮元校勘記，而不復知阮校的本來面目。盧宣旬摘録校勘記的種種疏失，也就因此產生嚴重的誤導作用，對理解和引用阮元校勘記帶來消極影響，甚至讓阮元蒙受了一些本不該有的批評。如在阮元《十三經注疏校勘記》成書刊行之後，汪文臺就曾專門辨正其疏失訛誤，撰成《十三經注疏校勘記識語》四卷。然汪氏所據並非阮元校勘記之原本，而爲南昌府學本所附校勘，故其所論有阮氏原本不誤而盧氏摘録有誤者。茲舉數例：

《士昏》經"擯者出請"，疏文"字從醴者"，毛本如此，《校勘記》云："'字'，單疏、《要義》俱作'不'字。'從醴'，單疏本作'從豊'，下文'爲醴之義'作'爲豊之義'，皆是也。"南昌府學本出文作"不從醴者"，校語云："《要義》同。毛本'不'作'字'，'從醴'別作'從豊'，下文'爲醴之義'作'爲豊之義'，皆是也。"汪文臺《識語》云："檢毛本二'醴'字皆不作'豊'。"[1]今案，據《校勘記》原文，是言單疏本二"醴"字皆作"豊"，毛本皆作"醴"也，盧氏摘録時誤以爲毛本二"醴"字作"豊"。汪氏所辨實爲盧氏摘録改寫之誤，而非阮元《校勘記》之誤也。

《鄉射》經"獲者南面坐"，疏文"右祭薦俎"，《校勘記》云："右，誤作'反'。"南昌府學本出文同，校語云："右，當從毛本作'又'。"汪文臺《識語》云："案：《大射儀》作'右'，不當從毛本。"今案，此處徵引《大射》之文，當以作"右"爲是。據《校勘記》原文，可知其已明確指出作"右"爲是，毛本作"反"爲誤。盧氏言毛本作"又"，不知何據，其

---

[1] 汪文臺《十三經注疏校勘記識語》卷二，光緒三年江西書局刊本。

是非判斷亦與原校相反。汪氏所駁實乃盧氏之誤,非阮元《校勘記》之誤也。

《喪服》疏文"人道之至大者也",毛本如此,校勘記云:"大,單疏、陳本、《要義》俱作'文'。　按:單疏是也。"南昌府學本出文"人道之至文者也",校語云:"陳本、《要義》同。毛本'文'作'大'。按:'大'是也。"汪文臺《識語》云:"案,毛本誤。《禮記疏》云:'三年喪禮于人道之中至極文理之盛者。'"今案,《校勘記》原文以作"文"爲是,以作"大"爲非,盧氏是非判斷截然相反。汪氏所駁實乃盧氏之失,非阮元《校勘記》之失也。

又如王輝先生曾撰《阮元〈儀禮注疏校勘記〉補正》,彙集阮元校勘記之疏失和阮刻本《儀禮注疏》之訛誤,爲之補正凡二百餘條,其論説詳實嚴謹,多有精闢之見①。然因受盧宣旬誤導,也有誤會阮校之處。茲舉數例:

《士冠》經"筮人許諾",疏文"則坐文",毛本如此,校勘記云:"'則',陳本、單疏本誤作'作'。"南昌府學本出文"作坐文",校語云:"陳本同。毛本'作'作'則'。"王輝先生《補正》云:"阮校云:'陳本同。毛本作作則'。今按文義,毛本顯是,單疏誤,而阮本未改。"(第1條)今案,原校明確言陳本、單疏本作"作"爲誤,盧氏摘録校記時遺漏原校是非判斷。王先生未檢阮校原本,誤將盧氏摘録校記等同阮校,以爲阮校未作是非判斷,此由盧氏誤導所致。又前已論及,阮刻《儀禮注疏》意在存宋本之真,故於單疏本訛誤不輕易更改,而但加圈於旁,附校記於後,此在其自序中有明言。

《士冠》經"乃醴賓以壹獻之禮",注文"賓醴不用柶者",毛本如此,校勘記云:"'賓醴',徐本、《集釋》、《通解》俱作'禮賓'。按,疏作'醴賓'。"南昌府學本出文、校語皆同。王輝先生《補正》引據阮校並

<hr>

① 王輝《阮元〈儀禮注疏校勘記〉補正》,《中國典籍與文化論叢》第4輯,北京:中華書局,1997年,第365—407頁。

云："今按阮本同徐本,但單疏引經用'禮'不用'醴',阮氏誤校。"(第4條)今案,阮元校勘記以毛本爲底本,其所言"疏作'醴賓'",謂毛本之疏也。盧氏摘録此條雖完整引用校記原文,然因校勘底本發生轉換,"疏"之内涵指向已發生變化。王先生以爲阮校所言"疏"乃指單疏,進而認爲阮氏誤校,其實非是,此亦由盧氏誤導所致也。

又近見杜澤遜老師《"秦火未亡,亡於監刻"辨——對顧炎武批評北監本《〈十三經注疏〉》的兩點意見》一文(《文獻》2013年第1期),主要針對顧炎武《日知録》"監本二十一條"中論北監《十三經注疏》的一段話而發。顧氏云:

> 《十三經》中《儀禮》脱誤尤多。《士昏禮》脱"婿授綏姆辭曰未教不足與爲禮也"一節十四字。(原注:賴有長安石經據以補此一節,而其注、疏遂亡),《鄉射禮》脱"士鹿中翻旌以獲"七字,《士虞禮》脱"哭止告事畢賓出"七字,《特牲饋食禮》脱"舉觶者祭卒觶拜長者答拜"十一字,《少牢饋食禮》脱"以授尸坐取簞興"七字。此則秦火之所未亡,而亡於監刻矣。

杜老師通過細密嚴謹的考辨,指出:"顧炎武批評北監本《儀禮注疏》的五段脱文,其脱漏由來已久,不自北監開始,而至少在北監本刊刻半個世紀以前,陳鳳梧刻本已經脱漏了。至於疏文,似乎從一開始就不存在,因此也就不存在'亡'的問題。顧炎武對北監本《儀禮注疏》的批評,所謂'亡於監刻',並不準確,北監本不應承擔脱文的責任。"又批評阮元説:"阮元南昌刻《十三經注疏》中的《儀禮》,據他自序説,正文和鄭玄注是用唐石經本和宋嚴州本,疏則用單疏本。阮元《校勘記》對單疏本、陳鳳梧本、李元陽本、北監本、汲古閣毛氏本均有校勘。但對顧炎武《日知録》指出的北監本的五段脱文,其校勘記中卻只説'毛本脱',於陳本、李元陽本、北監本不著一字。讀者驟視之,似乎只有毛本脱此五段,其他版本不脱。這種粗疏的行爲,在阮校中還不少。阮本卷端把《四庫全書總目》中《儀禮注疏》的提要刻上了,其中引用了顧炎武批評北監本脱文的話,而在校勘記中卻只説毛本脱,不説監本脱,其自相矛盾、失於照應、難以想像。"又云:"阮元單單針對毛本出校,也影響了我們對毛本的客觀評價。其誤導作用是不可低估的。"①杜老師此文徹底澄清了因顧炎武批評而造成的誤解,改變了長期以來對北監本價值的錯誤認識,可謂發數百年之覆,具有重大學術貢獻。但他對於阮元《校勘記》的指責,卻稍有不妥之處。因爲此五處脱文,在阮元《校勘記》中皆注明"今本脱",其所言今本,陳本、閩本、監本、毛本皆包含在内。盧氏摘録改"今本"爲"毛本",不合阮元原校之意。如果把杜老師批評的對象换成盧氏,那就最合適不過了,通過杜老師所論宏闊學術背景,正可顯現由於盧氏疏失而造成的消極影響和誤導作用。

通過上述分析,可知南昌府學本《儀禮注疏》所附校勘記存在種種疏失,對阮元《儀禮注疏校勘記》多有曲解和違失,初步估計有一半以上的校記存在問題。由於同樣涉及校勘底本的轉换,《尚書注疏》和《論語注疏》所附校勘記也存在類似問題,但情況不如《儀禮注疏》這麽嚴重。客觀而言,盧宣旬摘録改寫之所以出現疏失,亦有種種不得已之情由:因南昌府學重刊《十三經注疏》歷時較短,盧氏倉促辦理此事,工作任務極爲繁重。而《十三經注疏校勘記》雖由阮元主持撰成,其實書成衆手,各經校勘記的體例風格存在較大差異。如就出校情況而言,徐養原所校《尚書》《儀禮》、嚴杰所校《左傳》《孝經》、孫同元所校《論語》,在校記中一般只注明與底本文字相異的版本,對於相同的版本並不特別注明,而李鋭所校《周易》《穀梁》《孟子》、顧廣圻所校《毛詩》、臧庸所校《周禮》《公羊》《爾雅》、洪震煊所

---

① 杜澤遜《"秦火未亡,亡於監刻"辨——對顧炎武批評北監本《〈十三經注疏〉》的兩點意見》,《文獻》,2013年第1期,第11—15頁。

校《禮記》,則對與底本相同的版本亦皆注出。這些校勘體例上存在的差異,加之涉及校勘底本的轉換,无疑增加了盧氏摘錄改寫的难度,間接導致種種疏失的産生。不可否認,南昌府學本所附校勘記也增補了部分條目和校語,一些案斷也有獨到之見,但其内容分量極爲有限。即此可見,如果我們要討論阮元的校勘記,不能完全依據和憑藉南昌府學本所附校勘記。

《十三經注疏校勘記》是一筆豐厚的學術遺産,要全面吸收利用其校勘成果,應當以文選樓本或清經解本等單行本爲主,以南昌府學本所附校勘記爲輔,對二者的區別和聯繫要有正確認識。目前劉玉才老師主持的國家社科基金重大項目"《十三經注疏校勘記》研究"正在實施,前期研究計劃是對《十三經注疏校勘記》進行系統校點整理,具體做法是以文選樓本爲底本,以南昌府學本所附校勘記爲校本,在相關條目之下皆注明南昌府學本增、删、補、改的情況,既忠實反映阮元校勘記的本來面目,又參酌吸收南昌府學本增補的内容,並注明二者的差異。作爲前期基礎性工作,這爲全面研究《十三經注疏校勘記》提供了堅實的文獻基礎,對於今後經學典籍的系統整理和普及傳承皆有重大意義。

猶憶幾年前研讀阮刻《儀禮注疏》,見校勘記引據目録中雖列閩本、監本與毛本,然校記多言毛本文字異同,而較少言及閩本、監本,頗感疑惑不解。今藉參與此項目之契機,以兩本校記逐條對勘,心中宿疑爲之頓釋,此亦讀書爲學之樂也。今掇拾碎言草成此文,謹以一得之見與大家分享,對於了解阮元校勘記或有助益。恆帄瑣屑,不賢識小,覽者幸勿怪焉!本文承蒙杜澤遜老師指導,謹致由衷謝忱。

【作者簡介】　張文,華東師範大學古籍所教師。

阮元《左傳注疏校勘記》成書管窺[*]
——從陳樹華《春秋左傳集解考正》到阮書

袁　媛

　　嘉慶初年阮元任浙江學政、巡撫期間，邀請江浙學者，開局校勘《十三經注疏》，終於嘉慶十一年纂刊完成。是書參校版本衆多、考證精詳，書成至今一直爲學者所重，成爲文史研究者必備之書。然而此書歷經數年，又成於衆手，其成書過程及相關問題雖經前輩學者研究，整體面貌稍廓，但含混之處亦復不少。或謂此書依盧文弨《十三經注疏》校本爲藍本，或謂各經由學者分校、而交予段玉裁總爲審定，這些問題今天尚有争議；此外如各經成書步驟是否存在差别，吸收了哪些前代與當代的研究成果，又有何推進，則尚待深入的研究。成書過程往往與書之特點、價值密切相關，因此是研究阮元《十三經注疏校勘記》不可或缺的角度。

　　筆者在研讀中發現，阮元《左傳注疏校勘記》（以下簡稱《校勘記》）在很大程度上依託清代陳樹華《春秋經傳集解考正》（以下簡稱《考正》）而來，比較二書，或可對《左傳注疏校勘記》成書中的諸多問題有所澄清，帮助認識其學術價值。

---

　　* 本文爲國家社科基金重點項目"《十三經注疏校勘記》研究"（項目號：11AZW005）階段成果。

一、陳樹華《考正》的成書與流傳

陳樹華(1730—1801),字芳林,號冶泉。蘇州人。任官於湖南、江西、山西等地,間有十年,歸里家居,閉户著書。于《左傳》、《國語》二書尤爲用心,撰有《春秋經傳集解考正》、《左氏外傳考正》、《國語補音訂誤》等書①。

《考正》一書,又名《春秋内傳考正》②,其修撰之由,陳氏《校定春秋經傳集解自序》中已有説明:

> 樹華性好《春秋左氏傳》,研精覃思久矣。每見俗本承訛,文義益晦,心病之。因念漢石經遺字僅載於《隸釋》、《東觀餘論》、《廣川書跋》諸書,魏晉石經俱已湮没,蜀宋石經年代較近,海内罕睹拓本,唯開成石經歷千百歲,劫火之餘,雖遭殘闕,歸然獨存,此殆有神靈呵護者。國初顧亭林先生著《金石文字記》,信劉昫《唐書》貶石經語,遂詳校《易》、《書》、《詩》、三《禮》、三《傳》、《論語》、《爾雅》,識其謬戾。孰謂所據摹本廼屚入明嘉靖間西安王堯惠等補刻,正《左傳》誤字計九十餘條,唐刻誤者實止數條。而石經與監本異同處轉致疏漏,甚或以是爲非。朱竹垞先生弗察,全卷盡録《經義考》中,開成石經受汙多矣。竊懼其日就磨泐也。爰取《春秋左氏傳》校讀再三,復假得南宋慶元重雕淳化元年監本《春秋正義》、南宋相臺岳氏《集解》本及架上元明諸刻本,並舊本陸氏《經典釋文》,悉力互勘,准古酌今,期歸至當,兼審定句讀,俾便誦習,字體放石經,通乎俗而不失古意,行款則依岳本,《釋文·左傳音義》六卷附于《經傳集解》三十卷後,庶不紊亂舊次。又慮人之習非勝是也,撰考正□卷,采

---

① 陳樹華生平詳見段玉裁《陳芳林墓志並序》。段玉裁《經韻樓集》卷八,鐘敬華校點,上海:上海古籍出版社,2008年,第207、208頁。

② 筆者按,又有稱此書爲"考證"者,本文依陳樹華《自序》作"考正"。

異同、羅衆説,無關文字者略焉。明代刻本流傳最廣,間亦標舉
其脱誤,使知釐正疑似皆有根據。……乾隆三十有五年庚寅春
三月吴郡陳樹華識於響山書屋①。

觀其詞意,陳氏校勘《春秋經傳集解》應當是先將校語寫於一版
本之上。陳氏校本今已不傳,但有江沅録段玉裁臨録本存世,中有
陳氏跋語二則:

> 杜氏後序並淳化元年勘校官姓名及慶元庚申吴興沈中賓
> 重刻題跋一篇,依宋本抄補於後。戊子三月借得朱君文游(朱
> 奂)滋蘭堂藏本及石經詳細手校,凡宋本有疑誤者悉書於本字
> 之旁,經傳文兼從石經增正一二。七月三十日校畢,冶泉樹
> 華記。

> 南宋翻刻北宋本,無陸氏《音義》,復以《釋文》並借得金梧
> 亭(金鳳翔)、惠松崖(惠棟)從南宋本手校者互勘一過。八月廿
> 五日②。

將之與《自序》對照,陳氏校勘《左傳》始末已經較爲清楚,始於
乾隆三十三年(1768),兩年後在校本基礎上,加以别擇,更加考據而
成《考正》。意圖有三,一是存開成石經之貌,二是辨顧炎武《金石文
字記》之失,三爲參考衆本,"准古酌今",以成精善之本。

三十五年成書之後,此書並未經刊刻,而是以抄本形式流傳。
然而卷數存在歧异,一爲七卷,一爲三十卷。前者見於《東湖叢記》

　　① 陳樹華《春秋經傳集解考正》卷首,《續修四庫全書》影印國家圖書館藏盧文弨校
本,上海:上海古籍出版社,第142册,第1—3頁。
　　② 復旦大學圖書館藏汲古閣本《春秋左傳注疏》,江沅録清陳樹華、段玉裁校,典藏
號:2905。二跋亦見於《愛日精廬藏書志》卷五"春秋左傳正義三十六卷,臨金壇段氏校宋
慶元本"條。張金吾《愛日精廬藏書志》,北京:中華書局,2012年,第61頁。

所引陳氏自序,云"撰《考正》七卷"①,復旦大學圖書館藏有兩種抄本,即分作七卷②。而上文所引盧文弨抄本序文則於卷數處有闕,天頭有盧氏批語云:"卷數陳氏未定,今依《釋文》分三十卷。"除盧文弨抄本外,蘇州圖書館藏清魏氏績語堂抄本亦作三十卷。段玉裁曾獲見一本,似從盧抄本而來,合《春秋外傳考正》而爲五十一卷③。《春秋外傳》即《國語》,自古有二十一卷之數,國家圖書館藏陳樹華《春秋外傳考正》正作二十一卷。④據此,段氏所見《春秋左傳經解考正》當亦爲三十卷。然而盧氏批語或有訛誤,其中依"《釋文》分三十卷"之語實不可解,陸德明《左傳音義》只有六卷,何爲依彼而分三十卷?因此筆者懷疑"釋文"爲"集解"之誤,《春秋經傳集解》爲三十卷,陳氏《考正》以《春秋經傳集解》爲研究對象,盧氏以之分卷符合情理。而由盧氏批語或可推斷,陳書甫成之時尚未分卷,今三十卷本爲盧氏所定,七卷則或爲陳氏後來所定、或爲他人所定。

　　乾嘉時期,盧文弨、金榜、段玉裁、阮元等學者陸續得到此書,而予以推重,段玉裁曾云"元和陳芳林樹華有左癖,既得此善本,乃棄官杜門,遍考他經傳記子史別集與《左氏》經傳及注有異同可參考者,成《春秋內傳考證》一書。往者戴東原師、盧紹弓氏、金輔之氏、王懷祖氏皆服其該洽"⑤,並云自己"讀之駭然以驚,曰:'詳矣!精矣!《內》、《外傳》乃有善本矣'"⑥。

---

　　① 蔣光煦《東湖叢記》卷五,《續修四庫全書》影印光緒九年雲自在龕刻本,第1162冊,第731、732頁。
　　② 是二本爲王欣夫先生舊藏,一爲孫星衍、洪亮吉校抄本,一爲佚名抄本,典藏號分別爲1547、3005。二本卷首自序《自序》云"撰《考正》□卷",於卷數處闕文,可見其底本尚未分卷。
　　③《陳芳林墓志並序》。
　　④ 國家圖書館藏《春秋外傳考正》,盧文弨抄本,典藏號:07397。
　　⑤ 段玉裁《春秋左傳校勘記目錄序》,《經韻樓集》卷四,第65頁。
　　⑥《陳芳林墓志並序》。

二、《校勘記》對《考正》的承襲

正是因爲《考正》的該洽精善，阮元校勘《左傳注疏》便將之視爲重要參考。這一點在《左傳注疏校勘記序》中即已言明：

> 元和陳樹華即以此本（筆者按，南宋慶元年間沈中賓刻注疏本）遍考諸書，凡與《左氏》經傳文有異同可備參考者，撰成《春秋内傳考證》一書，《考證》所載之同異，雖與正義夐然不同，然亦間有可采者。臣更病今日各本之踳駁，思爲釐正。錢塘監生嚴杰熟於經疏，因授以舊日手扱本，又慶元間所刻之本，並陳樹華《考證》及唐石經以下各本及《釋文》各本，精詳捃摭，共爲《校勘記》四十二卷[①]。

翻檢《校勘記》亦能發現不少條目引用《考正》，據筆者統計，共102處。這似乎給人一種印象，這些標明引用者便是《校勘記》參考《考正》之處。但比對二書，卻會發現《校勘記》對《考正》的參考遠不止於此，可以說其經、傳、注部分的校勘在很大的程度上是承襲《考正》而來。二書中重合的條目，便是討論承襲關係的直接材料。這些重合的條目，雖然並不能直接説明二書的關係，但大致反映出《校勘記》參考陳書的規模。試以其中二十卷爲例，稍作分析：

卷次	《校勘記》條目總數	二書重合條目數	《校勘記》新增條目數	《考正》獨有的條目數
卷一	27	19	8	11
卷二	54	32	22	6
卷三	79	49	30	15
卷四	73	46	27	19
卷五	38	31	7	6
卷六	53	39	14	16
卷七	85	58	27	13

---

① 阮元《十三經注疏校勘記·左傳注疏校勘記》卷首，《續修四庫全書》影印清嘉慶十三年文選樓刻本，第182册，第311頁。

续表

卷八	86	55	31	50
卷九	88	46	42	56
卷十	36	18	18	16
卷十一	163	86	77	95
卷十二	148	98	50	89
卷十三	145	73	72	44
卷十四	148	77	71	50
卷十五	147	69	78	60
卷十八	188	89	99	50
卷二十	123	52	71	62
卷二十二	218	134	84	64
卷二十七	228	113	115	59
卷三十六	255	124	131	98
合計	2382	1308	1074	879

從這二十卷的數據來看，與《考正》重合的條目約占《校勘記》的百分之五十五，換言之，《校勘記》中超過一半的條目存在參考《考正》的可能。與此同時，還可以看到《考正》中四成的條目未被《校勘記》吸收，《校勘記》另外又新增了百分之四十五的條目，這些數據揭示出阮校成書過程中對陳書的審視和新的推進，下文將詳細討論，茲不贅述。

條目的重合仍是一個籠統而表面的現象，《校勘記》對《考正》的承襲更落實在內容、邏輯、結論的一致上，比如在卷十三、卷二十二、卷三十六重合的73、131、124條中，徵引文獻一致或結論一致的條目分別多達64、123和117條。這種高度一致正説明二書之間的密切關係。

具體來看，《校勘記》的承襲表現在他書文獻引用、他人校勘成果引用、揭示顧炎武校勘唐石經之失以及其他具體考辨四方面：

（一）他書文獻引用

校勘材料通常可分爲三類，版本、本書上下文及通例、他書文獻。其中，他書文獻雖然屬於校勘中的外證、旁證，卻常常能提供一書的早期面貌，頗具價值，對於那些成書於雕版印刷流行之前的典籍尤其如此。因此清代學者校勘儒家典籍大多重視這類材料，注重從周秦漢魏南北朝的他書文獻中鈎稽引文，作爲校勘的重要依據。陳樹華《考正》同樣如此。據筆者統計，此書引據他書文獻55種，遍佈四部①，其中最常用者爲《公羊傳》、《穀梁傳》、《史記》、《漢書》、《水經注》、《文選》諸書。《校勘記》經傳注部分，便極大吸收了陳氏的鈎稽成果。如卷三"蘋蘩薀藻之菜"條："《詩·采蘩》正義引作'薀藻'，《文選·蜀都賦》注引同。宋張有《復古編》以'薀'爲'蕰'之俗體。"其所引《毛詩正義》、《文選注》、《復古編》均從《考正》而來。《考正》云："左太沖《蜀都賦》'雜以薀藻'注引傳文亦作'薀'，《詩正義》引傳文同。案，宋張有《復古編》云'蕰從艸，温聲，俗作薀，非'。"（卷一）在該例中，可以看到《校勘記》十分明顯的承襲痕跡。

實際上，《考正》所引他書文獻構成《校勘記》經傳注部分他書材料最主要的來源；在此之外，《校勘記》新增者很少，這可從兩方面予以説明：其一，以一卷爲單位考察《考正》承襲與新增的文獻數量；其二，以某幾種書爲例，統計承襲與新增的比例。於前者，試以卷八、

---

① 經部典籍有《尚書注疏》、《毛詩注疏》、《韓詩外傳》、《周禮注疏》、《儀禮注疏》、《禮記注疏》、《大戴禮記》、《公羊注疏》、《穀梁注疏》、《六經正誤》、《九經三傳沿革例》、《匡謬正俗》、《群經音辨》、《論語》、《孟子》、《爾雅》、《廣雅》、《經典釋文》（指他經《音義》）、《説文解字》、《玉篇》、《干禄字書》、《五經文字》、《九經字樣》、《佩觿》、《復古編》、《廣韻》、《集韻》等，史部有《史記》及三家注、《漢書》並顏師古注、《三國志》、《後漢書》並劉昭及司馬彪注、《汲郡古文》、《國語》並韋昭注、《國語補音》、《戰國策》、《水經注》、《元和郡縣志》等，子部有《孔子家語》、《荀子》、《説苑》、《新序》、《潛夫論》、《管子》、《韓非子》、《吕氏春秋》並高誘注、《淮南子》、《劉子》、《白虎通義》、《論衡》、《風俗通義》、《莊子》、《世説新語》、《初學記》、《太平御覽》等，集部有《文選》。另有金石材料如《漢樊敏碑》、《孫叔敖碑》、《劉寬碑》、《孔廟碑》、《後魏孝文皇帝弔殷比干墓碑》、《褚淵碑》等。

卷十六、卷二十七爲例。這三卷中《校勘記》引用他書文獻次數(不含標明自他人成果引用者)分別爲31次、31次和32次,其中與《考正》一致者爲25處、26處和27處,新增者只有二成左右。於後者,以《文選》及李善注和《水經注》二書爲例。對校勘《左傳》而言,這是兩種十分重要的文獻。據筆者統計,《校勘記》中徵引二書(不含標明自他人成果引用者)分別爲73次和22次,其中與《考正》相同者爲65次、22次。可以看到,所引《水經注》應該均從《考正》而來,而《文選》亦有近九成承襲自《考正》。數據的顯著對比,清晰揭示出《校勘記》的修撰十分倚重於《考正》提供的他書材料。

在承襲過程中,還存在《校勘記》不慎致誤的情況。如卷十一"爾貢包茅不入"條引《詩·伐木》正義、《漢書·公孫瓚傳》注、《藉田賦》李善注、《册魏公九錫文》李善注、《六代論》、《淮南子》高誘注、《史記·樂書》爲證,其中《藉田賦》、《淮南子》高誘注、《史記·樂書》三種不見於《考正》,前二者爲新增無疑,但《淮南子》高誘注卻有問題。《校勘記》云"《文選·六代論》作'包茅不貢',《淮南子》高誘注同,'茅'作'茆'",但考《淮南子》注並無此文。此説當從《考正》"爾共包茅不入王祭不共無以縮酒"條而來,陳氏云"高誘《吕覽》注引《傳》,'包茅'作'苞茆'、'共'作'供'",與《吕氏春秋·音初》高誘注相合。《校勘記》誤讀《考正》,將"共""供"之辨與"不貢"相混,並訛《吕覽》爲《淮南子》,確爲不慎。

又如卷十一"季姬及鄫子遇於防"條云"《釋文》云'鄫,本或作繒'。案,《公羊》、《穀梁》作'繒'",《考正》卷五亦有此條,云"鄫,《穀梁》作'繒',下同,後同。《釋文》曰'本或作繒'",兩相對照亦可見《校勘記》承襲之跡,並會發現它還增加了《公羊》文本爲證。《公羊》此事載於僖公十四年,南昌府學本《公羊注疏》作"鄫",阮元《公羊注疏校勘記》並未出校,可知諸本無異文,《校勘記》所引有誤。考其致誤之由,當是宥於《考正》慣例。《考正》視《公羊》、《穀梁》爲重要參考,多有徵引,且常常二書並舉,如同卷"虞師晉師滅下陽"條云"《公》《穀》

皆作‘夏陽’”，“齊人執陳轅濤塗”條云“轅，《公》《穀》皆作‘袁’”，“公及至首止”條云“《公》、《穀》皆作‘首戴’，下同”。因此《校勘記》參考轉錄時未作仔細審核，而依《考正》慣例添《公羊》爲證。

　　以上二例，都只有與《考正》對照，才能明白其致誤緣由，亦可作爲承襲《考正》的證據。

（二）他人校勘成果引用

　　吸收他人校勘成果是完善校勘的重要方式。阮元《十三經注疏校勘記》具有集大成的特點，其重點之一就在於積極吸收前代與當代的相關成果。如曾有學者統計《周禮注疏校勘記》引用清儒成果達1630處，所涉學者包括惠士奇、惠棟、浦鏜、段玉裁、孫志祖、盧文弨、臧琳、程瑶田、戴震、錢大昕等十六人①。數量不可謂不多，從中可以知道阮元對他人成果的重視。《左傳注疏校勘記》的情況同樣如此，在本文關注的經傳注部分，所引前代成果包括宋洪邁《容齋隨筆》、王應麟《困學紀聞》、毛居正《六經正誤》、明陸粲《左傳附注》、傅遜《左傳注解辨誤》等數種，清儒成果包括顧炎武、朱鶴齡、何焯、惠士奇、惠棟、沈彤、程瑶田、閻若璩、盧文弨、齊召南、趙一清、臧琳、彭元瑞、浦鏜、錢大昕、段玉裁、臧禮堂、王念孫、梁玉繩、王引之等二十餘家，徵引十分豐富。但與《考正》對照，卻會發現其中不少成果見於《考正》，應是從《考正》轉引，而非修撰者自行翻檢所得。主要包括以下幾種：

1.陸粲《左傳附注》

　　《校勘記》卷十八“夫狡焉思啟封疆”條云：“陸粲《附注》云‘狡焉當屬下爲句’，李善潘嶽《關中詩》注引《傳》‘封’上有‘其’字。”此條

---

　　① 唐田恬《由〈周禮注疏校勘記〉看阮元〈十三經注疏校勘記〉的成就與價值》，《藝衡》第7輯，北京：中國文聯出版社，2012年9月，第54頁。

見於《考正》卷十二“夫狁焉句思啟封疆”，云“陸氏《附注》云：‘狁焉當屬下爲句’。李善潘嶽《關中詩》注引《傳》作‘思啟其封疆’”。

二者十分雷同，但並不能確定《附注》内容是否包括李善注。因此翻檢《左傳附注》，發現此條出於卷二“夫狁焉狁猾之人”下注文，云“傳文云‘夫狁焉思啟封疆以利社稷者’，‘狁焉’當屬下爲句”[①]。可見《校勘記》從《考正》而來，不僅引用陸氏《附注》内容，還轉引了《文選》李善注。

2. 顧炎武《左傳杜解補注》

《校勘記》卷十九“卜立冢宰”條云：“宋本、足利本‘冢’作‘家’是也。顧炎武云‘此施氏之家臣也。如《論語》仲弓爲季氏宰之宰，解冢宰非’，炎武未見舊本故也。纂圖本‘卜’誤‘下’誤。”《考正》卷十三“卜立家宰”條云：“‘家’字從淳化本校定，足利本未誤，諸本俱誤作‘冢’字，唯何校葛本勘正。《顧氏》云‘施氏之家臣也，如《論語》仲弓爲季氏宰之宰，解冢宰非’。案，顧氏未見舊本，致杜氏蒙譏於此，可見前輩讀書之詳審，而讎校之功有益古人非淺鮮矣。”《校勘記》承襲之跡明顯，其所引顧説當從《考正》而來。又考，所引顧説出自《左傳杜解補注》一書[②]，《校勘記》中出自此書的還有卷二十八“駓”條、卷二十九“刑之頗類”、卷三十二“孟丙爲孟大夫”三條，也都見於《考正》。

此外，《校勘記》所引顧氏書不止此一種，其他還有《金石文字記》、《九經誤字》和《日知録》，其中前兩種基本也都見於陳氏《考正》，下文將詳論；《日知録》則屬於《校勘記》較《考正》新增的内容。

---

① 陸粲《左傳附注》，文淵閣《四庫全書》本。
② 顧炎武《左傳杜解補注》，《清經解》本。

3. 何焯校本

《校勘記》引用何焯成果共四條,分别爲卷三"則公不射"、卷十六"諸侯之師戍鄭鄭子家卒"、卷十九"有靺韋之跗注"、卷三十"皆未死而賜謚及墓田傳終而言之"。其所引何氏校語皆見於《考正》,校記中也透露出從《考正》轉引的痕跡。

如"諸侯之師戍鄭鄭子家卒"條,《校勘記》云:"毛本空上七字,纂圖本同。何焯云:宋本無'諸侯之師戍鄭'句。今宋本皆有,何焯所據似纂圖本也。"《考正》卷十亦有此條,云:"毛本空此六字,並誤缺下'鄭子家卒''鄭'字。案,義門何氏云:宋本無'諸侯之師戍鄭'句。愚謂若果有戍鄭之舉,則次年楚子何由入鄭邪? 其爲衍文可見。第石經、淳化本、岳本已下皆有此句,何氏所據宋刻不知何本,今姑存之。"《校勘記》不僅承襲陳書,還對陳書的所論予以回應,推斷何焯所據版本。

至於何氏成果的來源,《校勘記》並未多作説明,僅於卷一"則公不射"條初次引用時注明"何焯校本"。《考正》則注明爲"義門何氏焯重校永懷堂葛氏蕭刻本"①。

4. 沈彤校語

《校勘記》經傳注部分引用沈彤校語共八次,但均未標明出處。據筆者考證,其中五條出自《春秋左傳小疏》,其餘三條則無法考知。但這八條都見於《考正》。

如《校勘記》卷二十三"授手于我"條校記云"案,《家語》作'授首于我',惠棟云'手,古首字',《儀禮·大射儀》、《士喪禮》並以'手'爲古文'首'字。沈彤云'手當爲首,聲同而誤',非也",《考正》卷十七此條云:"沈先生彤云'手當作首,聲同而誤,或以爲手古首字,恐非',惠氏云'手古首字。《士喪禮》云:載魚左首進鬐,注云:古文首爲

①《春秋經傳集解考正》卷一。

手。成二年《經》：曹公子首，《公羊》作手，是字通之證'。案，《家語》作'授首於我'。樹華案，《儀禮·大射儀》'後首内弦挎越'，鄭注云'古文後首爲後手'，又《士喪禮》注云'古文首爲手'，亦一證也。"《校勘記》所引沈彤説出處不詳，但可以看到整條校記是從《考正》中脱胎而來，沈彤説也應是從《考正》轉引。

5. 惠士奇、惠棟之説

惠氏父子校勘成果是清代《左傳》校勘史上十分重要的一頁，《校勘記》對之十分看重，徵引相當頻繁，達93次之多。這些内容基本都見於《考正》，只有兩處例外。這兩處例外爲卷二"三月公及邾儀父盟于蔑"："……元和惠棟《春秋左傳補注》云'蔑本姑蔑，定十二年《傳》'費人北國人追之，敗諸姑蔑'是也。隱公名息姑，而當時史官爲之諱。"卷四"歃如忘"："……惠棟云'服虔曰，如而也，臨歃而忘其盟載之詞。古如、而字多通用'。"雖然這兩處説明《校勘記》或曾自行翻檢《左傳補注》，但另外91處的重合卻仍透露出二書之間的密切關係。

其中某些重合只能用《校勘記》自《考正》轉引才能解釋，卷十二"險而易行"條便是一個典型的案例。爲討論方便，臚列相關文獻如下：

> 險而易行：注云"險當爲儉字之誤也"，惠士奇云：險，《史記》作"儉"，古文也。古文《易》云"動乎儉中"，又云"儉德辟難"，皆讀爲險。"險而易行"，即《易》之"易以知險"。杜云"當爲儉誤"，是也。惠棟云：漢《劉脩碑》云"動乎儉中"，今《易》作"險"。案，《文選》張載《魏都賦注》引《傳》作"儉"，是也。《釋文》："依注，音儉。"(《校勘記》卷二十五)

> 大而婉險而易行：賈逵曰"其志大直而有曲體，歸中和之德，難成而易行"。按，《史記》"險"作"儉"，古文也。漢《劉脩

碑》云“動乎僉中”,今《易》作“險”。(《左傳補注》卷四)①

可以清楚看到,《左傳補注》較《校勘記》所引簡略不少,無“古文《易》”一段;考今存《左傳補注》諸本,如《四庫全書》本、《墨海金壺》本、《清經解》均無異文,似乎也並非阮元所見本與今本有異所致。那麼《校勘記》從何而來呢? 對照《考正》就會發現源頭。

> 險而易行:杜注云“險當爲僉字之誤也”……惠氏士奇云:險,《史記》作“僉”,古文也。古文《易》云“動乎僉中”,又云“僉德辟難”,皆讀爲險。“險而易行”即《易》之“易以知險也”,杜氏讀爲僉,直是不識字。惠氏棟云:漢《劉修碑》云“動乎僉中”,今《易》作“險”。樹華案,張載《魏都賦》注引《傳》亦作“僉”,惠説是也。釋文曰“依注,音僉”亦失之,當讀如字,《群經音辨》亦承《釋文》之誤。(《考正》卷十九)

《校勘記》與此條基本一致,不僅同引惠士奇、惠棟之説,還承襲陳氏所引《魏都賦》李善注與《經典釋文》,其自《考正》轉引當爲確鑿之論。但其中略有吊詭之處:其一,二者所引惠士奇對杜注的看法大有不同,《校勘記》中惠士奇以之爲是,《考正》所引則斥之爲大謬。細審惠士奇行文,實以“僉”、“險”爲古今字之異,而非字之訛誤,又論其意,以“險”意爲勝。按照這一邏輯,《考正》所引更符合惠士奇之意。而《校勘記》所引則與其整條校記的傾向相一致,即以“僉”字爲是。《校勘記》的處理,或爲竄改惠士奇之文。其二,既然惠士奇之説並不見於今所存《左傳補注》諸本,那麼《考正》所引從何而來呢? 筆者推斷或許引自惠棟校本。《考正》卷首《論例》中陳氏指出他曾見到“紅豆齋惠氏棟手校本”②,書中亦多次以此本校勘,如卷二“嘉耦曰妃怨耦曰仇古之命也自古有此言”、卷六“高平昌邑縣西有

---

① 惠棟《左傳補注》,《墨海金壺》本。
② 《春秋經傳集解考正》卷首《論例》,第142册,第15頁。

茅鄉”、“石甲父”、卷十三“待于鄆”和卷二十九“夏許男成卒”,上文惠士奇校語或許也出自於此①。

從“險而易行”一例中已可窺見《校勘記》自《考正》轉引惠説的事實,而且這並非孤例,類似的情況還見於《校勘記》卷四“隰郕”、卷六“書曰寔來”、卷六“粢盛豐備”、卷九“而葬於経皇”、卷十二“公子遂如楚乞師”、卷二十六“山川之神則水旱癘疫之災於是乎禜之日月星辰之神則雪霜風雨之不時於是乎禜之”等條目中,在這些條目中《校勘記》都引用了《補注》未載、但見於《考正》的惠氏父子成果。除非有證據證明《校勘記》也得到記載這些内容的惠氏其他成果,並且與陳氏英雄所見略同地吸收了幾乎相同的條目,否則這些條目應作爲證明《校勘記》承襲《考正》的有力證據。

（三）揭示顧炎武校勘唐石經之失

唐代開成石經是現存最早最完整的儒家經書版本,因此是經書校勘不可忽略的材料。清初顧炎武《金石文字記》、《九經誤字》對之予以關注,並指出其文字訛誤。此二書影響頗大,但到了乾嘉時期便不斷有學者指出顧氏所據並非善本,其中摻雜多處明人妄改之字,因此結論值得商榷。但多爲零星散論,若論系統考察,陳樹華《考正》是其中較早的一種;另一部對唐石經作全面校勘的代表著作嚴可均《唐石經校文》,成于嘉慶二年,較陳書晚二十七年。陳書先驅之功由此可見。

陳氏《考正》以保存、分析唐石經面貌,辯駁顧氏之失爲重要目

---

① 筆者按,國家圖書館藏有一部清朱邦衡過録惠棟校本《春秋經傳集解》,典藏號:03802。“險而易行”處無校。又,此本于文中所列“嘉耦曰妃怨耦曰仇古之命也自古有此言”、“石甲父”、“待于鄆”、“夏許男成卒”處均無校;“高平昌邑縣西有茅鄉”處於“西”下補入“南”字,天頭校云“北宋重增‘南’字”,《考正》云“惠氏棟手校本‘西’字下增‘南’字,蓋據《後漢書·郡國志》”,可見陳樹華所見惠校本亦於“西”下增字,但無天頭校語,因此他不知惠氏依據爲北宋本。據此可知,陳氏所據並非此校本,當時應有其他惠棟校本流傳於世。

的,相關條目衆多,這些内容基本都見於《校勘記》。《校勘記》以唐石經爲主要參校本,二書在這方面有所重合本屬正常;但《校勘記》在辨駁顧説方面沒有一條超出《考正》,内容亦與之一致,卻證明了其對《考正》的承襲,如:

1. 楚之赢:顧氏云:石經"赢"誤作"嬴"。案,石經刓缺,所據乃謬刻。(《考正》卷二)

楚之赢:顧炎武云:石經"赢"誤作"嬴"。案,顧炎武所據乃謬刻,石經此處刓缺。(《校勘記》卷六)

2. 晉趙盾弑其君夷皋:顧氏云:石經"弑"誤作"殺"。案,《公》、《穀》及諸刻本皆作"弑",石經此處乃補刻,自不當從。(《考正》卷十)

晉趙盾弑其君夷皋:顧炎武云:石經"弑"誤作"殺"。案,石經此書乃朱梁補刻,不足依據。(《校勘記》卷十六)

3. 今伐其師:顧氏云:石經"今"誤作"令"。案,石經此處刓缺,所據乃謬刻。(《考正》卷十五)

今伐其師:顧炎武云:石經"今"誤"令"。案,石經此處缺,所據乃謬刻也。(《校勘記》卷二十一)

以上三條中,《校勘記》雖然稍變表達,但内容、結論與陳書並無差别。此類其他條目情況與之相同。

(四)陳氏案斷

上文曾經提到,《校勘記》標明引用陳樹華《考正》者共102處,内容以考辨案斷爲主,如卷七"傳曰武王有亂臣十人"條云"陳樹華云'臣字疑轉寫者所增',是也",又如卷三十二"詩曰唯此文王"條云"陳樹華云'傳文凡發語詞唯字俱從口,其引《詩》、《書》本句則從忄,前後一例,此唯字應從忄'"。然而在明確標引之外,在未經注明的情況下,《校勘記》吸收陳氏案斷的校記亦復不少。如《校勘記》卷四

"子都拔棘以逐之"條，云"石經凡'棘'字俱作'棘'"，與《考正》卷一
"子都棘以逐之"完全一致。

又如卷十三"余賜女孟諸之麋"條，云"案，《禹貢》作'孟豬'，《正
義》云'《左傳》、《爾雅》作孟諸，《周禮》作望諸，聲轉字異，正是一地
也'"，與《考正》卷七"余賜女孟諸之麋"條陳氏案語完全一致。

再如卷三十六"有事于上帝先王"條，云"正義曰'周之十月非祭
上帝先公之時'，則'先王'似當作'先公'。惜石經殘缺無以正之"，
此條與《考正》卷二十九"有事於上帝先王"條幾乎完全一致，陳氏
云："案，《正義》曰'周之十月非祭上帝先公之時'，則'先王'似當作
'先公'，惜石經殘闕。《家語》載此事亦作'先王'。"

通過以上四方面的分析，能清楚看到《校勘記》對《考正》的承
襲，而且這一承襲是大規模、多方面的。可以説，陳樹華《考正》是
《校勘記》經傳注部分校勘的基礎，不僅爲之提供了大量的校勘材料
和他人校勘成果，還提供了校勘的基本思路，即應該注意哪些異文、
哪些考辨角度。阮元主持的校勘工作便在這個扎實的基礎上展開，
最終成就了《左傳注疏校勘記》這部清代《左傳》校勘的代表之作。

三、阮元《校勘記》對《考正》的推進

如果只是一味地承襲陳氏《考正》，那麼《校勘記》充其量不過是
一部人云亦云之作。但事實上，《校勘記》通過新的工作，進一步推
進了《左傳》校勘事業。歸納起來，這主要包括以下四個方面：

（一）版本對校

在對校版本方面，二書存在出入。爲討論方便，羅列二者所用
版本如下：

	《考正》①	《校勘記》②
白文本	唐石經舊拓本 明秦鏷小字本	唐石經
《集解》本	南宋相臺岳氏刊本 明天放庵重刊岳本 明葛鼐刻本 足利本	宋刻本殘卷（存卷十八、二十二、二十三、二十四） 宋刻小字本殘卷（存卷二十四、二十五） 淳熙小字本 南宋相臺岳氏刊本 宋纂圖本 足利本
注疏合刻本	南宋慶元沈中賓重雕淳化元年監本（書中稱"淳化本"） 閩本 明萬曆監本 毛氏汲古閣本	南宋慶元沈中賓刊本 宋刻明修十行本 閩本 明萬曆監本 重修監本 毛氏汲古閣本
清人校本	何焯校永懷堂葛鼐刻本 惠棟校本 金鳳翔校本	

如表所示，與《考正》相比，《校勘記》新增的參校本共有五種，含四種宋刻《集解》本和一種宋刻明修注疏本，後者正是《校勘記》的底本。參校版本的增多，勢必會帶來新的異文、新的校記。其中既包括增補《考正》已有的校記，如卷三"夏及宋公遇於清"條云"纂圖本、閩本、監本、毛本'宋公'作'宋人'，非"，較《考正》"公及宋公遇於清"條增加纂圖本的面貌；也包括較《考正》新增校記，這類數量更多，如以下幾例：

① 據《考正》卷首《論例》與卷一"春秋左氏傳序"條。《春秋經傳集解考正》，第142冊，第15、19頁。

② 據卷首"引據各本目錄"。《左傳注疏校勘記》，第182冊，第311—13頁。

　　諸侯亦自有國史：纂圖本、毛本"亦"誤"不"。(卷一)

　　或有頻交而食者：各本作"頻"，此本誤"三"，今訂正。(卷三)

　　不從季梁謀：淳熙本"謀"作"戰"。(卷七)

　　敬姒强命之：宋殘本"敬"字缺末筆，下同。(卷二十四)

　　以其常與己言故：宋本、宋殘本、岳本、足利本"常"作
"嘗"。(卷三十)

　　與此同時，對於《考正》已使用的版本，《校勘記》比勘之下亦有
新的發現，如卷三十六"椓許父欲速得其處"條記載足利本異文"許"
作"詐"，同卷"宋皇瑗之子麇"條載閩本、監本誤"子"爲"于"等等。

　　上文曾經統計，與《考正》相比，《校勘記》新增了約百分之四十
五的條目，其中版本對勘的新成果占了相當大的比重。以新增條目
較多的卷二十七、卷三十六爲例，這兩卷新增條目分別爲114條、131
條，其中內容爲記載版本異文者爲113和119條，所占比例相當之
高。由此可見，版本對校的新成果是《校勘記》對《考正》的增補中最
爲重要的一項，至少在數量上如此。

　　值得注意的是，雖然二書都以唐石經參校，但二者所見唐石經
拓本卻略有差異。如《校勘记》卷九"遷權於那處"条云"石經初刻
同，改刻'邦'"，《考正》"遷權於邦處"条則云"石經初刻'邦'，改從
'那'"(卷三)。又如卷十三"曰彼實構吾二君"條云"石經初刻作
'構'，是也，後改從扌旁，宋本、監、毛本作'搆'"，《考正》則云"構，石
經初刻從扌旁，後改從木旁。惠氏云後改從扌，蓋誤看碑文也"(卷
七)。又如卷二十二"遒人以木鐸徇于路"條云"淳熙本'于'作'於'，
與石經合"，而《考正》則云"今案石經及諸本並作'於'，與《尚書》合"
(卷十五)。這類條目也可算作《校勘記》對《考正》的訂補。

(二)《經典釋文》的其他版本

　　陸德明《經典釋文》因爲記載了大量漢魏南北朝古説、古本之

貌,歷來都爲學者們所重視,清儒校勘經書更是大規模地參考此書,陳樹華《考正》、阮元《校勘記》皆是如此,但是二書所據《釋文》版本略有出入。陳氏所據爲明末葉奕影宋抄本(以下簡稱"葉抄")①。葉奕,清人多以其字林宗稱之,出自其手的影宋抄本對清代《經典釋文》流傳影響深遠,康熙徐乾學通志堂本、乾隆盧文弨抱經堂本均據以重刻,阮元《經典釋文校勘記》亦以之爲底本②。至於《左傳注疏校勘記》部分則未交待版本,需要略作考察。從校記來看,所參考的版本有二,一爲葉奕抄本,一爲北宋刊本。

　　首先來看葉奕抄本。經統計,《校勘記》標示引用葉抄者共26處。但在不少條目中,二書所據葉抄並不相同。如《考正》卷二"宋華父督"條云"依《釋文》作'督'",而《校勘記》則云"葉抄《釋文》亦作'督'"。又如《考正》卷二"檣動而鼓"引《釋文》作"檣",而《校勘記》則云"葉抄《釋文》'檣'作'檜'"。這種不相符合的情況,應與葉抄在清代的流傳情況一有關。

　　現代學者黃焯指出"徐本(筆者按,徐乾學刻通志堂本)既出,清儒如惠棟、段玉裁、臧鏞堂、顧廣圻諸人都據葉鈔細加勘校,孫星衍、鈕樹玉、袁廷檮、陳奐、王筠輩兼及宋刻諸經傳並多所改正"③,據此可以想見葉抄本在乾嘉時期複雜的過錄流傳情況,在這個過程中,難免訛錯、難免校改,這就導致了從葉抄本而來的諸本可能存在各種各樣的差異。曾參加阮元《十三經》局的顧廣圻亦曾指出"阮中丞辦《考證》(筆者按,《考證》爲《校勘記》早期之名),差一字不識之某人臨段本爲據,又增出無數錯誤"④,其中所謂"段"指的是段玉裁,而

　　①《春秋經傳集解考正》卷首《論例》云"《經典釋文》則通志堂所據之舊鈔本"。
　　②《十三經注疏校勘記》卷首《凡例》云"《經典釋文》明代無單行之本,崇禎間震澤葉林宗仿明閣本影寫一部。國朝徐乾學取以刻入《通志堂經解》,盧文弨又刻之抱經堂。雖皆據原書訂正,亦或是非互易,棄瑜録瑕。今仍取原書以校徐、盧兩刻拾遺訂誤"。
　　③黃焯匯校《經典釋文匯校》卷首《經典釋文匯校前言》,黃延祖重輯,北京:中華書局,2006年。
　　④顧廣圻《思適齋書跋》卷一,黃明標點,上海:上海古籍出版社,2007年,第7頁。

“某人”或爲何夢華。據此可知阮元等人所據葉抄本並非原本，而爲
輾轉過録之本，與原本存在差異。而陳樹華所據當爲葉抄原本，因
爲其本爲“南濠朱氏兔滋蘭堂藏本”①，葉抄確實曾經朱兔收藏，後轉
手於同郡藏書家周錫瓚，段玉裁校勘時即從周氏借得②。

　　除了提供與《考正》不同的葉抄面貌之外，《校勘記》還補充了
《考正》未曾記載的葉抄面貌，如卷十一“弦國在弋陽軑縣東南”條云
“葉抄《釋文》亦作‘軑’”，卷十三“武子宵俞也”條云“葉抄《釋文》
‘俞’作‘渝’”，卷十八“次於鞠居”條云“葉抄《釋文》作‘鞠’”，這些都
是較《考正》新增的內容。

　　其次，《校勘記》引用北宋刊本《釋文》共13次，如卷二十八“蘊利
生孽”條云石經、宋本等版本“‘蘊’作‘薀’，下及注同，與北宋刻《釋
文》合”，卷三十五“江漢睢漳”條云“北宋刻《釋文》亦作‘雎’”等等。
這個北宋刊本，當爲蘇州藏書家顧之逵所藏《春秋音義》。阮元《春
秋左傳釋文校勘記》卷一“春秋音義之一”條下曰“此依長洲顧之逵
所校北宋刻本”③云云，可爲佐證。

　　以上二本之外，還有大量的條目並未注明版本。通過對比，筆
者發現這些《釋文》面貌基本都與《考正》所引相同，只有一條例外。
此外還有一些內容超出《考正》所載。這二類材料爲釐清《校勘記》
所據《釋文》提供了線索：

　　唯一的例外是卷十四“且復致公女壻池之封”條云“《釋文》‘壻，
音細’，云‘俗作婿’”，《考正》則云“《釋文》曰：‘公壻，音細，俗作
聟’。案監本、閩本、毛本引《釋文》作‘俗作婿’。據黃焯《經典釋文

---

　　①《春秋經傳集解考正》卷首《論例》。
　　②周錫瓚《小通津山房文稿·經典釋文校本跋》云“乾隆丙午秋季朱丈文遊攜此書來，
云此何小山（何煌）家藏書也，即載於《讀書敏求記》，葉林宗從□□樓北宋本鈔出者，知君
耽書好古，其善藏之。余感朱文丈厚意爲之什襲而藏，不敢輕以示人。金壇段茂堂先生，
當代經師，箋注《説文》急欲借讀，余遂撿出付往。茂堂托毗陵臧在東精心細校，並將宋刊
諸經本參互考正，自書於通志堂刻本之上。《清代詩文集彙編》影印清周世敬抄本。
　　③《春秋左傳釋文校勘記》卷一，第183冊，第16頁。

匯校》，葉抄、北宋本與注疏本作"俗作婿"，通志堂本作"俗作聟"盧文弨抱經堂本作"俗作聟"①。從中可以得到兩點結論：其一，《校勘記》未標注版本的《釋文》可能出自葉抄、北宋本或注疏本；其二，《考正》與抱經堂本相合，通志堂本與抱經堂本均據葉抄而來，但有所不同，亦與黃焯所見葉抄有異，這再一次説明從葉抄本流傳而來的諸本之間存在差異。

較《考正》新增的條目中所引《釋文》皆爲諸本無異文者，但也有一條例外，即卷十八"右援枹而鼓"條，校記云"《釋文》'枹'作'桴'"。考《左傳釋文校勘記》云"陸氏本作'桴'，古文假借字也，石經以下本作'枹'，附音者乃改《釋文》之'桴'爲'枹'耳"。阮元所見注疏本所附《釋文》作"枹"，《校勘記》所引《釋文》作"桴"，可見並非注疏本。再綜合"且復致公女婿池之封"一條來看，可以推斷這些未注明版本者應當也出自葉抄或北宋刊本。

阮元《校勘記》以所見葉抄、北宋刊本校勘《左傳》，提供了不見於《考正》的、卻來源有自的《左傳音義》的面貌，提供新的證據，以此來推動對《左傳》的校勘。

（三）新的他人校勘成果

除了從《考正》吸收他人校勘成果之外，在經傳注部分，《校勘記》還另外參考了一些清代學者的成果，其中徵引最爲頻繁者爲段玉裁、盧文弨、臧琳、錢大昕四家，分別達41、20、17、15次。

---

①《經典釋文匯校》卷十六，第504頁。

　　所引段氏成果中，有五處標明出處爲段玉裁校本①，如卷三十"城父今襄城城父縣"條云"宋本、宋殘本、淳熙本、岳本、纂圖本、閩本、監本、毛本並作'城父縣'。段玉裁校本作'父城縣'，云：《元和郡縣志》引《左傳》'大城父城使太子建居之'，是李吉甫所據《左傳》作'父城'也，惟左氏本作'父城'，故《漢·地理志》有潁川父城縣，淺人但知有城父，不知有父城，則將《史記》、《漢書》、《説文》之'父城'字皆倒之，是當正者也。"有一處標出處爲《尚書撰異》，爲卷十六"靖譖庸回"條，考之正出自段氏《古文尚書撰異》卷十六"帝曰籲靖言庸違"②。其他35條並未注明出處，但稍作考察會發現某些條目引自《周禮漢讀考》，卷十一"均服振振"條即是一例，是條云"《釋文》'均，如字，同也'，字書'均'作'袀'，《周禮·司几筵》疏引傳文作'均'。段玉裁云：賈、服、杜君等皆爲'袀'，袀，同也，今本疏'袀'字訛'均'"，與《周禮漢讀考》完全一致③。

　　對於盧文弨成果，《校勘記》注明了兩個出處，一爲盧文弨校本，一爲《鍾山劄記》，前者如卷一"韓子所見"條云"盧文弨校本'見'下據疏增'魯春秋'三字，非也"，後者如卷十三"猶秦之有具囿也"條云"盧文弨《鍾山劄記》云'宋時本是具圃，今本作具囿'，引《初學記》、《水經注》、高誘《呂氏春秋注》並作'具圃'爲是"，所引内容見於今本

---

　　① 復旦大學圖書館藏江沅臨陳樹華、段玉裁校本，中有段氏跋識云："陳君既没，嘉慶壬戌（七年，1802）予借諸令嗣，命長孫美中細意臨校，次子騎倅而終之。……癸亥（八年，1803）段玉裁記。"可見至晚在嘉慶八年已出現段玉裁校本。《十三經注疏校勘記》嘉慶十一年修成，撰修者有機會見到。《校勘記》標明引用"段玉裁校本"的"自詒伊慼"、"盛以脤器故曰脤"、"城父今襄城城父縣"、"鴻驪難駟乗于公"、"申杼"五條也都見於這一校本。如"自詒伊慼"處校本改"伊"爲"繄'"，《校勘記》此條云"段玉裁校本作'繄'"，"城父今襄城城父縣"處校本乙"城父"二字，並於天頭校云"《元和郡縣志》引《左傳》'大城父城使太子建居之'"，與《校勘記》所引段校本亦合。

　　② 段玉裁《古文尚書撰異》，清《經韻樓叢書》本。

　　③ 段玉裁《周禮漢讀考》卷三"純注：鄭司農云純讀如均服之均，純緣也"條，清嘉慶刻本。

《鍾山劄記》①。

　　所引臧琳成果皆出自《經義雜記》，如卷八“夏公伐齊納子糾”條云“臧琳云：‘子’字衍文，沿唐定本之誤。《正義》于此引賈逵云‘不言公子次正也’，又于‘九月齊人取子糾殺之’下引賈逵云‘稱子者，滑之’，可證賈景伯于此無‘子’字”，所引見於今本《經義雜記》②。

　　所引錢大昕成果，均未標明出處，據筆者考證，分別見於《唐石經考異》、《廿二史考異》、《十駕齋養新錄》、《潛研堂集》等書③，如卷三十三“榮駕鵝曰”條云“錢大昕云：依正文當用‘鳴’，假借同音則‘駕’亦通也”，出於《唐石經考異·春秋廿七》“榮駕鵝曰”條④。卷二十二“泰山南武成縣”條云“錢大昕云：《續漢志》、《宋》、《齊》、《隋志》皆作‘南城’，《晉書》列傳中亦無‘武’字，唯《志》有之，係誤衍。杜注哀十四年《傳》作‘南城’”云云，自《廿二史考異·晉書》卷二“泰山郡南武城縣”節引而來⑤。卷十八“且辟左右”條云“案，錢大昕云：夢必在夜，則作‘旦’義爲長”，與《十駕齋養新錄》卷二“旦”相合⑥。卷三十“今執事攔然授兵登陣”條云“錢大昕云：‘攔’當爲‘侗’字之訛。《説文》‘侗，武貌’。《荀子·榮辱篇》‘陋者俄且侗’，楊倞注：‘侗與憪同，猛也。《方言》：晉魏之間謂猛爲侗。’今本《方言》亦從手旁”，見於《潛研堂集》卷七《答問四·三傳》⑦。

　　① 盧文弨《鍾山劄記》卷三“原圃具圃”條，北京：中華書局，2010年，第62頁。
　　② 臧琳《經義雜記》卷十五“左氏經納糾”條，清嘉慶四年（1799）拜經堂刻本。
　　③ 只有一條例外，即卷十七“屈蕩屍之曰”條，是徵引錢大昕《跋余仁仲校刻左傳本》一文。但考之，此文撰者並非錢大昕，而爲明末清初學者錢謙益，見於近人潘景鄭所輯《絳雲樓題跋》卷一“左氏隨筆五”（錢謙益《絳雲樓題跋》，潘景鄭輯校，上海：上海古籍出版社，2005年，第4頁）。又考陳樹華《春秋經傳集解考正》亦引錢氏此文，題撰者爲“錢氏”，《校勘記》當從陳書承襲而來，而誤以爲“錢氏”爲錢大昕（《春秋經傳集解考正》卷十一，第142冊，第472頁）。
　　④ 錢大昕《唐石經考異附補》，陳文和點校，《嘉定錢大昕全集》，第96頁。
　　⑤ 錢大昕《廿二史考異》卷十九，方詩銘、周殿傑校點，上海：上海古籍出版社，2004年，第335頁。
　　⑥ 錢大昕《十駕齋養新錄》卷二，楊勇軍整理，上海：上海書店，2011年，第35頁。
　　⑦ 錢大昕《潛研堂集》卷七，呂友仁標校，上海：上海古籍出版社，1989年，第95頁。

　　除以上四家之外,《校勘記》新徵引的清儒成果還包括顧炎武《日知録》、浦鏜《十三經注疏正字》、趙一清《水經注釋》、程瑤田《通易録》、彭元瑞《石經考文提要》、孫志祖《讀書脞録》、王念孫《廣雅疏證》、王引之《經義述聞》、《周秦名字解詁》及梁履繩、臧禮堂等數十家。可以説,《校勘記》對同時代學者的成果相當重視,徵引十分廣泛。

(四) 對《考正》的審視與考辨

　　以上三方面,反映的都是《校勘記》在搜羅材料上的努力與推進。校勘材料、他人成果的搜集只是校勘工作的初期工作,如段玉裁所言“校書之難,非照本改字不訛不漏之難也,定其是非之難”①,在搜集了大量的異文、大量他人校勘意見之後,校勘者便需要對紛繁齟齬的現象加以判斷,這是更考驗校勘者學識的步驟。《校勘記》以陳樹華《考正》爲基礎,從中吸收材料與案斷,也對陳氏考辨加以審視,通過考證,得出新的結論,對於推進《左傳》校勘來説這是更爲重要的内容。

　　對陳氏校勘的訂補,大多是針對具體問題的分析判斷,情況較爲複雜,試舉二例予以説明:

　　1. 宵從公故:宵,宋、元、明本、高麗諸本皆誤“霄”,從林唐翁《直解》勘正。(《考正》卷二十四)

　　霄從公故:宋本、小字宋本、淳熙本、岳本、纂圖本、閩本、監本、毛本並作“霄”。岳氏《九經三傳沿革例》云:“詳考傳文本末,時齊豹殺衛侯之兄,縶衛侯出,如死鳥,析朱鉏宵從竇出,徒行從公,公入而之賜之諡。注云宵從公故。蓋以宵其自竇出,徒行從公而賜諡。宵,夜也。其字當作‘宵’,則注與傳上文合,

────────────

①《經韻樓集》卷二十一《與諸同志書論校書之難》,第332頁。

今諸本於注皆作‘霄’，誤也。”案，岳氏知“霄”字之誤，而未得誤
之所由。宋殘本“宵從寶出”作“霄從寶出”，宋刻書籍多從唐碑，
如《張猛龍碑》“宵”作“霄”，蓋字形之訛俗，宋殘本亦遂作“霄”，
後又因“霄”而訛爲“霄”也。（《校勘記》卷三十）

比較《考正》，《校勘記》無疑有所推進。《考正》的依據爲“林唐翁
《直解》”，林唐翁爲宋代林堯叟，撰有《春秋左傳句讀直解》。此書傳
世有元刻明修本《音注全文春秋括例始末左傳句讀直解》①，此處正
作“宵”，但無任何説明。也就是説，陳樹華以《直解》文字校正諸本
之失。《校勘記》則充分論述了這一問題，先引《九經三傳沿革例》證
明諸本“霄”字爲誤，又從宋代版書用字、文字輾轉訛變的角度剖析
致誤因由，論證可謂深入。

2. 亂次以濟：釋文曰“本或作‘亂次以濟其水’”。案，《水經
注》引作“亂次以濟淇水”。《釋文》“其”字誤。（《考正》卷二）

及鄾亂次以濟：《釋文》云“本或作‘亂次以濟其水’”。案，
《水經注·洧水》引作“以濟淇水”，乃轉寫“其”訛爲“淇”也。（《校
勘記》卷七）

可以看到《考正》與《校勘記》所據材料相同，結論卻完全不同。
清代學者趙一清對“其”“淇”二字亦有考辨，可以參考：“今本《左傳》
作‘及鄾，亂次以濟，遂無次’，陸德明《音義》曰‘本或作亂次以濟其
水’，《九域志》：宜城縣有淇水鎮，又删定《元豐九域志》：南漳縣有漳
水、沮水、淇水、鄾水，是知《經典釋文》誤作‘其水’字也。”②
前文“險而易行”亦屬此類。在這些例子中，《校勘記》或正確或
失誤，但都無疑透露出它對《考正》有意識的檢視。除了對具體問題

---

①《音注全文春秋括例始末左傳句讀直解》卷五十五，《續修四庫全書》影印國家圖書
館藏元刻明修本，第178册，第702頁。
②趙一清《水經注釋》卷二十八“洧水下”，清文淵閣《四庫全書》本。

的訂補之外,對《考正》內容的取捨也是檢視《考正》的結果之一。上
文曾做過統計,《考正》中約四成的條目未被《校勘記》吸收,除此之
外,在二書重合的條目中也並非所有內容都被《校勘記》吸收。這些
內容爲何被捨棄? 這其中當然包含了對《考正》正誤的判斷,但似乎
也反映出在一些基本觀念上二書存在差異,比如校勘旨在解決哪些
問題,校勘材料如何取捨等等。就筆者所見,對他書文獻的處理是
其中較爲重要的一點。《考正》十分注重搜集他書對《左傳》經傳注的
徵引、對同一史實的記載,《校勘記》所吸收的只是其中一部分,還有
很多內容被捨棄了。以《校勘記》卷十二爲例,《考正》未被吸收的條
目爲89條,其中內容爲徵引他書文獻者有63條,如:

> 吉凶焉在:《漢書·五行志》引作"何在"。(《考正》卷六,下同)
> 徐嬴:《史記》作"徐姬"。
> 而立公子無虧:《史記》作"無詭",《古今人表》同。"無虧"始
> 見於閔二年,因《史記》不載戍曹事,故著於此。
> 秋宋公至會於盂:盂,《公羊》作"霍",《穀梁》作"雽"。
> 子犯曰:《史記》作"趙衰曰"。
> 桑泉在河東解縣西:《郡國志》引杜注曰"在縣西二十里"。
> 齊桓公置射鈎而使管仲相:《幽通賦》注引"相"下有
> "之"字。
> 茅胙:王符引作"茆胙"。

陳樹華對他書材料勤爲搜集,幾乎到了巨細無遺的程度,但《校
勘記》却對之多有取捨,此卷引用他書文獻校勘者僅20條。數據的
多寡對照,已經透露出《校勘記》並不像《考正》那樣倚重他書材料,
或者説在利用時更爲審慎。通觀《校勘記》此卷對他書文獻的徵引
可以發現,所引材料反映的異文多非孤證,換言之,個中異文基本都
不是個別性的偶誤,而是一段時期或一家師法家法中具有普遍性的
面貌。這種對他書材料更審慎的處理方式,正反映了阮氏《校勘記》

乃至當時校勘者更加嚴謹成熟的觀念。

四、《校勘記》成書中的一些問題

經由上文，我們已基本了解《校勘記》如何在《考正》的基礎上開展校勘工作，由此也可對《左傳注疏校勘記》成書過程中的一些問題予以梳理：

首先，《左傳注疏校勘記》所引他書材料多非自行翻檢所得。按照通常的想像，阮元主持的《左傳注疏》校勘工作應首先經過廣泛搜集材料階段，這一階段不僅要比勘衆多版本，還要翻檢大量文獻，從中鈎稽與《左傳注疏》相關的異文材料。這一階段對後續考證工作影響很大，是校勘的基礎。但上文已經指出《左傳注疏校勘記》在經傳注部分所引他書文獻，絕大部分都是從陳樹華《春秋經傳集解考正》吸收而來，《校勘記》整理者並不需要、也並沒有大規模地翻檢文獻、鈎稽材料，所做的工作以覆核、增補爲主。《左傳注疏校勘記》情況如此，那麼另外十二部校勘記是否也有類似的情況呢？這一事實的浮現，讓我們不得不去審視這一問題。

其次，《左傳注疏校勘記》徵引他人校勘成果，特別是清人成果，十分豐富。但其中有兩點需要留意：其一，與他書文獻一樣，存在大量自他書轉引的情況，從陳氏《考正》轉引或許只是其中一例；其二，《校勘記》引用他人成果並不規範，或者引用他人成果而不注明出處，或者僅於案斷處標明出處而不將他人所搜集的材料視爲其成果，或者根據需要節引他人論述。于古人而言，這並非稀見之舉，反映的是古今學術觀念之別，因此不必以現代學術規範加以苛責。但它提醒我們，今天根據《左傳注疏校勘記》或者《十三經注疏校勘記》討論其所徵引的他人成果時，需要十分小心，並不能據之輕斷他人成果的面貌、特點與價值。

再次，在離析出《校勘記》自《考正》承襲的內容之後，《校勘記》

在經傳注部分所做的工作也就比較清楚了，大體包括版本對勘、自陳樹華《考正》吸收他書材料與他人成果、以葉抄本和北宋刊本《左傳音義》勘正文字、補充其他清人成果和他書材料、對異文及他人意見予以考辨五方面。其中，版本對勘與參考《考正》應是最早期的工作。前者無須解釋，這是所有校勘工作的第一步。至於後者，從二書如此大規模的重合來看，《校勘記》應將《考正》作爲藍本，通過對它的別擇和補正來開展校勘工作。

最後，本文力圖澄清《左傳注疏校勘記》與陳樹華《春秋經傳集解考正》之間關係，但意圖並不在於討論《校勘記》是否有抄襲之嫌疑，而是希望揭示出《校勘記》一書的學術背景。《校勘記》的撰成自然有其明確的撰修動機，也投入了相當大的精力，然而仍不能忽略當時的學術環境、撰修者所見他人研究給此書修撰帶來的刺激與助力。以陳樹華《考正》爲例，可以知道此書對《校勘記》的影響遠超過書中明確標示的程度，也遠超過我們的想像。但這只是《校勘記》複雜學術背景中的一部分，其他部分仍有待進一步的研究。從歷時的角度來講，從明代陸粲《左傳附注》、傅玄《左傳注解辨誤》到清初顧炎武《左傳杜解補注》，從康熙末年惠棟《左傳補注》到乾隆中期陳樹華《考正》，再到嘉慶初年的《校勘記》，每一部書都在前人的基礎上往前推進，形成一條脈絡。從共時的角度來講，《校勘記》修撰之時正是清代考據學大興、校勘大家湧現、校勘成果紛陳之時，修撰者面對這一情況，如何取捨、如何回應、如何推進便成爲有意思的問題。弄清它所處的學術背景，弄清它與其他成果的關係，弄清它有何推進，才能更清楚地認識《校勘記》的價值。而這種價值不僅在於校勘質量方面，更在於其在《左傳》校勘學術史上的地位與意義。

【作者簡介】　袁媛，國家圖書館研究院博士後科研工作站在站博士後。

《孟子注疏校勘記》編纂考述*

王耐剛

　　《孟子注疏校勘記》（以下簡稱"《校勘記》"）是阮元主持編修的
《十三經注疏校勘記》中的一部，其修纂的情況和諸經疏校勘記的情
況有相同之處。關於《十三經注疏校勘記》修纂之經過，可參汪紹楹
《阮氏重刻宋本〈十三經注疏〉考》一文①。本文中主要討論和《孟子
注疏校勘記》編纂相關的情況。

一、《校勘記》成書之前學者的校勘工作

　　《孟子注疏校勘記》成書之前，校勘《孟子》的成果大致有兩類，
一是已經成書的校勘專著，一是學者的校本。前者主要有日本學者
山井鼎所作《七經孟子考文》中的《孟子》部分以及物觀完成的《補
遺》中的相關部分，浦鏜《十三經注疏正字》中的《孟子注疏正字》
（《孟子注疏校勘記》中稱爲"正誤"）。後者則以何焯、何煌兄弟，戴
震、盧文弨等爲代表。

　　* 本文爲國家社科基金重點項目"《十三經注疏校勘記》研究"（項目號：11AZW005）
階段成果。
　　① 載《文史》第3輯，北京：中華書局，1963年，第25—60頁。

　　山井鼎《七經孟子考文》及物觀《補遺》,利用足利學校所藏古舊之本對《周易》、《尚書》、《毛詩》、《禮記》、《左傳》、《論語》、《孝經》及《孟子》等書進行校勘。據《七經孟子考文序》及《補遺序》等可知,《考文補遺》大致成書於日本中御門天皇享保十一年(1726,雍正四年),後傳入中國,並收入《四庫全書》之中。此書甚爲清代學者所重,主要是因其利用了當時中國學者並不多見的日本足利學校所藏古舊鈔本、宋代舊槧等珍本。阮元曾重刻此書,在《刻七經孟子考文並補遺序》中云:"山井鼎所稱宋本,往往與漢晉古籍及《釋文》別本、岳珂諸本合,所稱古本及足利本,以校諸本,竟爲唐以前別行之本,物茂卿序所稱唐以前王、段、吉備諸氏所齎來古博士之書,誠非妄語。"①阮氏所主持的《十三經注疏校勘記》中也反復引用此書,可見對此書的重視。此書校勘《孟子》所利用的版本主要有正德本,即元刻明修十行本。嘉靖本,即李元陽閩中刻本。萬曆本,即萬曆間北京國子監刊本。崇禎本,乃是崇禎間毛晉汲古閣所刊。以上諸種皆是注疏本。又有足利古本,乃是日本足利學校所藏古舊鈔本,又有活字本,亦是足利學校所藏,《考文》中稱爲足利本。《校勘記》中主要利用的就是《考文補遺》中所記載的這兩個版本。

　　浦鏜的《孟子注疏正字》,《校勘記》中亦有引用。此書也收入了《四庫全書》,作者署爲沈廷芳,但是實際的作者是浦鏜,所以《孟子注疏校勘記》引此書時,直説"浦鏜云"。《四庫全總目》對此書也多有稱讚,云:"是書所舉,或漏或拘,尚未能毫髮無憾。至於參稽衆本,考驗六書,訂刊版之舛謌,袪經生之疑似,注疏有功於聖經,此書更有功於注疏。較諸訓詁未明而自謂能窮理義者,固有虛談實際之分矣。"②

　　清代學者大都重視此書。盧文弨在《十三經注疏正字跋》一文

---

① 阮元撰,鄧經元點校《揅經室集》,北京:中華書局,1993年,第43頁。
② 永瑢等撰《四庫全書總目》,北京:中華書局影印,1965年,第278頁。

中云：“是書八十一卷，嘉善浦君鏜所訂，仁和沈萩園先生廷芳覆加審定，録而藏之。……余初得日本國人山井氏鼎所撰《易書詩春秋左傳禮記孝經論語孟子考文》，深喜其遵用舊式，據古本、宋本以正今本之誤。然特就本對校而已，其誤處相同者，雖間亦獻疑，然而漏者正多矣；且今本亦有絶勝於舊者，不能辨也。是書所校正，視彼國爲倍多，且凡引用他經傳者，必據本文以正之。雖同一字而有古今之別，同一義而有繁省之殊，亦備載焉。此則令讀者得以參考而已，非謂所引必當盡依本文也。”①盧文弨這裏將《七經孟子考文補遺》與《十三經注疏正字》相比，認爲《正字》更優。根據《十三經注疏正字·例言》，浦氏在校勘中所使用的主要版本是閩本、北監本的初印本及後重修本和毛氏汲古閣本，但浦鏜没有利用時代較早的經注本和注疏本，具體到《孟子》，浦氏還使用了《孟子音義》。浦氏認爲《孟子注疏》是偽書，所以只校經文、注文，對於疏文不加校理。

　　阮氏《校勘記》中對兩書都有所參考，但兩書也存在問題。如盧文弨指出《七經孟子考文補遺》雖多記舊本、古本，但是多校異同，而于諸本皆同並誤之處，措意不多。而於《十三經注疏正字》，盧氏云：“其書微不足者，不盡知《釋文》之本與義疏之本元不相同，後人欲其畫一，多所竄改，兩失本真，此書亦未能盡正也。又未得見古本、宋本，故《釋文》及義疏有與今之傳注不合者往往致疑，此則外國本甚了然也。又於題篇分卷本來舊式多不措意，或反有以不誤爲誤者。”②盧文弨在這裏指出了浦鏜《正字》一書在校勘中存在的不足，主要有以下幾點：第一，對於古書的層次構成未加注意，這主要是指浦鏜尚未意識到經書版本的流變尤其是由經注本、單疏本到注疏合刻的過程，因此單純追求文字統一。第二，版本搜羅上不够廣泛，對於山井鼎等人的成果也未能及時採納。第三，對於古書格式有所忽

---

① 盧文弨撰，王文錦點校《抱經堂文集》，北京：中華書局，1990年，第106頁。
② 盧文弨撰，王文錦點校《抱經堂文集》，第106—107頁。

略，單純校文字異同。另外，我們已經指出，浦鏜也没有校勘《孟子注疏》中疏文文字。

學者校本一類，《校勘記》中曾經參考過何煌所校的"岳本"與何焯所校的"廖本"。何氏兄弟而外，尚有戴震的校本，而《校勘記》所使用的孔本和韓本，則是戴震校本的直接成果。何氏兄弟校本和戴震所校諸本詳參下文"引據版本分析"部分。

盧文弨曾校過《孟子注疏》，其《抱經堂文集》卷八有《孟子注疏校本書後(丙申)》一文，從文中我們可以知道的是，盧文弨用過的校本有監本、汲古閣本以及武英殿本等，同時也輯録注疏本所無之《章指》和《篇敘》。文後附有"《孟子》異文"。阮元《校勘記》中亦採盧文弨説。盧文弨曾立志匯校十三經，尤其是在乾隆四十四年(1779)在鮑廷博處看到《七經孟子考文補遺》、四十五年從翁方綱處借得《十三經注疏正字》後，更欲兼取二書之長。盧氏《七經孟子考文補遺題辭(辛丑)》云："此書(引者按:指《七經孟子考文補遺》)余從友人鮑以文借得之，猶以其古本、宋本之誤不能盡加別裁，而各本竝誤者雖有正誤、謹案諸條，亦復不能詳備，又其先後位置之間頗費尋檢，因欲取其是者別爲一書。庚子入京師，又見吾鄉沈萩園先生所進《十三經正字》，則凡譌誤之處多所改正，其不可知者亦著其疑，又凡所引經傳脱誤處皆據本文正之，此出自中國儒者之手，又過其書遠甚；然所見舊本反不逮彼國之多，故此書卒不可棄置也。余欲兩取其長，凡其未是處則删去之，不使徒穢簡編。然今年余已六十有五矣，未知此志能竟成否。聊書於此，以見余之亦有志乎此也。"①並在乾隆四十六年，參考二書重校《周易》，成《周易注疏輯正》。又蕭穆《敬孚類稿》卷八《記方植之先生臨盧抱經手校十三經注疏》記其曾見方東樹所鈔盧文弨手校《十三經注疏》，並據此認爲："抱經先生手校《十三經注疏》本，後入山東衍聖公府，又轉入揚州阮氏文選樓。阮

---

① 盧文弨撰，王文錦點校《抱經堂文集》，第87頁。

太傅作《校勘記》,實以此爲藍本。道光四年,吾鄉方植之先生客於廣東督署,曾以阮刻《十三經注疏校勘記》借抱經先生原本詳校一過,上下四旁朱墨交錯,惜彼時行笥無《注疏》全部傳録句讀耳。余于咸豐己未春訪植翁之孫山如于魯龡山中,得觀植翁臨本,始知阮刻脱譌不可枚舉。"①據此似盧氏完成了《十三經注疏》的校勘工作,且爲阮元所參考。但是盧文弨《孟子注疏校本書後(丙申)》一文後所記録的異文數量較少,可能只是校本的一個跋語。且《校勘記》中引用盧文弨斷語之處,僅有兩處,因此要全面分析《十三經注疏校勘記》之内容中所引用盧文弨之説,方可對於蕭穆所記載的方東樹的説法作一個較爲明確的判斷,故此處存疑。

二、《校勘記》編修人員之推測②

《孟子注疏校勘記序》云"今屬元和生員李鋭合諸本臚其同異,臣爲辨其是非",由此可知《孟子注疏校勘記》的成書至少經過了校同異和辨是非,也就是初校和覆校兩道手續,其他各經的情況也大致如是。根據各經《校勘記》的序和錢泰吉《曝書雜記》的記載,各部經書的分工如下:

《周易》、《穀梁》、《孟子》:李鋭

《尚書》、《儀禮》:徐養原

《毛詩》:顧廣圻

《周禮》、《公羊》、《爾雅》:臧庸

《禮記》:洪震煊

《左傳》、《孝經》:嚴杰

《論語》:孫同元

---

① 蕭穆撰,項純文點校《敬孚類稿》,合肥:黄山書社,1992年,第209—210頁。

② 關於《孟子注疏校勘記》和段玉裁之關係,進一步的論證可以參考董洪利、王耐剛《從〈孟子注疏校勘記〉看段玉裁與〈十三經注疏校勘記〉之關係》一文,載《國學學刊》,2013年第3期,第75—81頁。

那麼除了李鋭之外，是否還有他人參與了《校勘記》的編修呢？我們認爲是有的。下試論證之。

首先，《校勘記》的初校是由李鋭來完成的，這一點應該沒有多大問題。《校勘記》也經過了初校和覆校兩個過程。其中一些簡單的按語，如"是"、"非"，參考《周易注疏》稿本、謄清本、刻本的情況，可能是由阮元完成的①。

如上文所言，《校勘記》經由初校、覆校等過程。

> 卷十二下第46條："君子不亮惡乎執"，《音義》本亦無"乎"字。（引者按，據文選樓本《校勘記》，下同，不注。）

此條校記前當有各本之異文，其中當有一本或數本無"乎"字，故後言"亦無乎字"。由此可知，從稿本《校勘記》到今天我們所看到的文選樓刻本《校勘記》，其間經過了一定程度的修改。當然就上面所舉的例子而言，我們也不能排除是刻工的失誤。

> 卷六上第47條"筐厥玄黄"，閩、監、毛三本同。廖本、孔本、韓本"筐"作"匪"。案，《音義》出"匪厥"，丁云義當作"筐"，此作"匪"，古字借用，則作"匪"是也，下同。○按，據《說文》"匚部"，匪似竹篋，引《周書》"實玄黄於匪"，非借用也，乃正字也。"竹部"筐訓車笭也。
>
> 卷十一下第40條"此天之所與我者"，廖本、閩、監、毛三本同。岳本、孔本、韓本"此"作"比"。按，《朱子文集》云："舊官本皆作'比'字，注中'此乃'亦作'比方'。"又《集注》云："舊本多作'比'，而趙注亦以'比方'釋之。今本既多作'此'，而注亦作'此乃'，未詳孰是。"○按，朱子誤矣，趙注既云"比方"，安可因近本

---

①　詳參劉玉才先生《從稿本到刻本——以〈周易注疏校勘記〉成書爲例》，此文爲劉玉才先生在國家圖書館等主辦的"古籍形制·圖像·文本——中日書籍史比較研究學術研討會"上發表的演講。

之譌而疑之。上文"官有二",故比方之而先立其大者,文義甚明。《漢書·賈誼傳》"比物此志也",如淳曰:"比謂比方也。"今多譌"此物"。《公羊傳》注"父老比三老,孝弟官屬",今本"比"亦譌"此"。

通過上述兩例,我們可以發現,"○"之前和之後的按語的意見是相反的,顯然不可能出於一人之手。那麼這部分新意見是由誰撰寫的呢?這是我們接下來要討論的問題。但是由於沒有可靠的記載和資料,所以這裏只能作一番推測。

　　卷五上第37條:"畫爾于茅",《音義》:張云,或作"苗",誤也。○按,《士相見禮》"在野則曰草茅之臣",注:"古文'茅'作'苗'。"是"茅"、"苗"古通用,張説非也。茅山古曰苗山,魏有"苗茨之碑",即茅茨之碑。

此説亦見段注《説文》。《説文》艸部云:"苗,草生於田者,從艸田。"段玉裁注云:"古或假'苗'爲'茅'。如《士相見禮》古文'艸茅'作'艸苗',《洛陽伽藍記》所云魏時'苗茨之碑'實即茅茨,取堯舜'茅茨不翦'也。"[1]

段注之稿本《説文解字讀》"苗"字下云:"楊衒之《洛陽伽藍記》曰,'奈林南有石碑一所,魏明帝所立也。題云苗茨之碑。高祖于碑北作苗茨堂。永安中年,莊帝馬射于華林園,百官皆來讀碑,疑苗字誤。國子博士李同軌曰:魏明英才,世偁三祖,公幹仲宣,爲其羽翼,但未知本意如何,不得言誤也。衒之時爲奉朝請,因即釋曰:以蒿(段氏原注:當作稿)覆之,故言苗茨,何誤之有。眾咸偁善,以爲得

---

① 段玉裁《説文解字注》,上海:上海古籍出版社,1988年,第40頁。又《洛陽伽藍記》卷一云:"奈林南有石碑一所,魏明帝所立也。題云:'苗茨之碑'。高祖于碑北作苗茨堂。"周祖謨《校釋》引《水經注》云:"天淵池南置魏文帝茅茨堂,前有茅茨碑,是黃初中所立也。"雖《洛陽伽藍記》與《水經注》所載立碑之人有異,然二書可證段玉裁説之確。

其旨歸。'玉裁按，衒之强作解事耳。古音茅、苗不别，無蕭、肴之分。苗茨碑取堯舜茅茨不翦名之，古書必有作茅茨者《士相見禮》'在野則曰艸茅之臣'，鄭注曰，'古文茅作苗。'會稽山本名茅山，亦曰苗山，《越絶書》作茅山，張勃《吴録》作苗山（《史記索隱》），是其證也。"①

對比段玉裁的看法和《校勘記》中的意見，二者都使用了《儀禮》鄭注和《洛陽伽藍記》中的材料，認爲"茅"、"苗"二字古通用，從而駁斥《孟子音義》中所録張鎰説法。所以無論是證據還是結論，二者都是一致的，由此我們可以考見此條校記"○"後按語和段玉裁的關係。

> 卷十二上第3條："翄辭也若言何其不啻也"，按，"翄，辭也"者，翄者是語詞，即不啻也。《説文》"口部"曰："啻，語時不啻也。""奚翄"、"不啻"猶《史》、《漢》之言"夥頤"。或析"翄"字訓但，誤矣。注云"若言何其重也"，正謂色食之重者，後人添"不"字，遂不可解矣。

此條按語之内容亦可與段玉裁《説文解字注》互參。《説文》"口部"云："啻，語時不啻也。"段注云："玄應引《倉頡篇》曰：'不啻，多也。'按不啻者，多之詞也。《秦誓》曰'不啻若自其口出'，《世説新語》云：'王文度弟阿智，惡乃不啻'，《玉篇》云'買賣云不啻也'，可知爲市井常談矣。不啻，如楚人言'夥頤'。啻，亦作翄，支聲、帝聲同部也。《疒部》'痕'下曰：'病不翄。'《孟子》曰：'奚翄食重。'"②又"疒部"之"痕"字云："病不翄也。"段注云："翄，同'啻'，《口部》'啻'下曰：'語時不啻也。'《倉頡篇》曰：'不啻，多也。'古語'不啻'，如楚人言'夥頤'之類。《世説新語》云：'王文度弟阿至，惡乃不翄。'晉宋間人

---

① 段玉裁《説文解字讀》，北京：北京師範大學出版社，1995年，第66頁。
② 段玉裁《説文解字注》，第58頁。

尚作此語,帝聲、支聲、氏聲同在十六部,故'疧'以'病不翅'釋之,取疊韻爲訓也。《爾雅·釋詁》《詩·無將大車》《白華》傳皆云:'疧,病也。'《何人斯》假借'衹'爲'疧',故毛傳曰:'衹,病也。'言假借也。又按古書或言'不啻',或言'奚啻','啻'皆或作'翅'。《國語》曰'奚啻其聞之也',韋注云:'奚,何也。何啻,言所聞非一也。'《孟子》'奚翅食重''奚翅色重',趙注:'翅,辭也。若言何其重也。'今刻本作'何其不重也',乃大誤。"①可見按語之説與段玉裁説全同,甚至涉及的相關説法(如"夥頤")也是相同的。

像上面這樣與段玉裁《説文注》中的説法和證據極爲相似的例子我們還可以找出一些,如果我們將例證的範圍從《孟子注疏校勘記》擴大至其他各經的校勘記的話,這樣的例子會更多。如果只是結論相似,尚不足以斷定這些意見一定是段玉裁的,但是如果所舉證據甚至涉及的相關問題也是一致的話,如上述幾個例子,那麼《校勘記》和段玉裁的關係則是顯而易見的。這裏還可以提供一個更加明確的例子:

> 卷十下第2條:"郤之郤之爲不恭",閩本同。監、毛二本,孔本、韓本"郤"作"卻"。《音義》出"卻之"云:"或作'郤',誤。"案,"卻"字從"卩",《説文》曰"卩卻也",俗作"卻"。郤者,邑名,字從邑,經傳亦借爲"隙"字。

按,《校勘記》中引用《説文》釋"卻"字,但與傳世之大徐本和小徐本皆不同,而與段玉裁改訂本同。大徐本作:"卻,節欲也,從卩谷聲。"小徐本與大徐本同。然段玉裁改訂本作:"卻,卩卻也,從卩谷聲。"注云:"各本作'節欲也',誤。今依《玉篇》'欲'爲'卻',又改'節'爲'卩'。卩卻者,節制而卻退之也。"②可見,段玉裁是根據《玉

---

① 段玉裁《説文解字注》,第352頁。
② 段玉裁《説文解字注》,第431頁。

篇》修改了傳世本《説文解字》，而《校勘記》中所引恰恰正與段玉裁的改訂本相同，再結合上面例子，我們雖然不能斷定《校勘記》中所有的按語都是出自段玉裁，但是卻可以説其中的一部分按語應當是段玉裁的意見。

在《校勘記》中還有一點值得我們注意，因爲校記中有和其他經疏的校勘記相互參證的情況。

> 卷五上第25條："且志曰"，此與《左傳》"且諺曰：匪宅是卜，惟鄰是卜"文法正同，依趙注疑"且"字下奪"曰"字，《左傳》亦然。

今按，《左傳》云云見昭公三年。《春秋左傳注疏校勘記》卷二十六"則使宅人反之且諺曰"條云："陳樹華曰：朱氏《日鈔》云：'且'字文義不接，或疑上有闕文，又疑'曰'字之誤。'諺曰'以下皆晏子使宅人反故室辭。"

> 卷十一下第34條："樲棘"，樲棘，古書皆作"樲棗"。《爾雅》"遵，羊棗"注引《孟子》"養其樲棗"①，古本《爾雅》皆同，詳《爾雅校勘記》。唐宋人《本艸》注皆作"樲棗"，《毛傳》曰"棘者，棗也"，統言之也，故羊棗雖小而得稱棗。

此處言《孟子注疏校勘記》此條可與《爾雅注疏校勘記》互參。《爾雅》云云見《釋木》，《爾雅注疏校勘記》卷下之上"養其樲棗"條云："單疏本、雪牕本、正德本同，閩本、監本、毛本'棗'改'棘'，俗本《孟子》同。按此疏引《孟子》及趙岐注作'樲棗'。《玉篇·木部》'樲，酸棗'，《孟子》云'樲棗'是也，皆與此合。"

由上述可見，《校勘記》的修撰也參考到了其他經注疏的校勘記

---

① 《校勘記》此處所言《爾雅注》引《孟子》文似誤記。《爾雅·釋木》"樲，酸棗"，郭璞注引《孟子》曰："養其樲棗。"《爾雅》又云"遵，羊棗"，郭璞注引《孟子》曰："曾皙嗜羊棗。"

工作,而上面涉及的《左傳》、《爾雅》和《孟子》分別由嚴傑、臧庸和李銳擔任初校,當然存在他們之間互相交換意見的可能性。但是我們考慮到段玉裁審定《十三經注疏校勘記》的情况,那麽這些彼此互參的按語是否是段玉裁在審定時,根據各經的情况而撰寫的呢,這種可能性也是存在的。

段氏《説文解字注》的初刻本刻于嘉慶二十年(1815),而《十三經注疏校勘記》刻板時間是嘉慶十三年,所以《校勘記》修纂時引用的可能是段注的稿本,即修纂《校勘記》時已經成書並有盧文弨、王念孫先後作序的《説文解字讀》。

接下來我們要討論的問題是,《校勘記》中所有的按語都是由段玉裁一人來撰寫嗎? 我們認爲恐怕也不能這樣説。因爲《校勘記》也有與段玉裁意見不同之處。

> 卷十四下第25條:"是以言餂之也",《音義》云:本亦作"餂"。○按,韻書無"餂"字,而趙注與《方言》正合,則爲"餂"字之誤無疑也。

此説與段玉裁之説不同,段氏之説見《經韻樓集》卷六《答江晉三論韻(壬申七月)》,其説云:"銛,舌聲,足下改作甜省聲,不知此乃'丙'聲之誤也。考'木部'之'栝',即今'栋'字(鉉曰:當甜省聲);'炎部'"丙"字,舌聲(鉉曰當甜省聲);'心部''恬'字,甜省聲。'谷部''丙'下曰:'舌兒,從谷省,象形。'(《唐韻》他念切)此正上三字所從以爲聲也。丙與舌,義近形相似,故'丙'譌'舌',淺者不得其説,改爲甜省聲,非也。舌能引取物,故炊竈木字從丙,亦形聲含會意。《方言》:'銛,取也。'孫宣公説《孟子》'言餂'、'不言餂'皆當作'銛',僕則謂皆當作'錮'。'恬'字或可甜省聲,'栝'、'銛'、'秳'字斷不可也。"①《説文解字注》之説與此同,可見《校勘記》初校之後的工作或許並非由段玉裁一人完成。

在段玉裁自己的描述中,也曾經提及他自己曾經參加過《十三經注疏校勘記》的編纂。《經韻樓集》卷一《跋黄蕘圃蜀石經毛詩殘本》中説"余爲阮梁伯定《十三經校勘記》",卷五《與孫淵如書》中亦云"昔年,愚爲阮梁伯修《十三經校勘記》",由此可見,段玉裁確實曾經參與過《校勘記》的編修,那麽我們之前的論證又增一佐證。

三、引據版本考析

《校勘記》卷首有"引據各本目録",我們現在就這一部分,對《校勘記》中使用的各個版本進行分析。

單經本

《校勘記》明確交代的單經本僅有1種,即:

宋石經殘本(高宗御書,行書,每行字數參差不齊,今止存十一碑,見在杭州府學。)

宋石經而外,《校勘記》中還提到了"宋九經本"與"咸淳衢州本",但在卷前"引據各本目録"中並未提及,蓋據他人校本。

宋九經本,《校勘記》中出現13次。《天禄琳琅書目後編》卷三著録《九經》四函,十六册,云:"巾箱本,不分卷。《易》、《書》共一册,《詩》二册,《周禮》二册,《禮記》三册,《左傳》六册,《孝經》、《論語》共一册,《孟子》一册,《音義》皆附上方。諱'眘'不諱'惇',淳熙、乾道間刻也。"②《藏園訂補邸亭知見傳本書目》云:"九經,明刊本,白文,爲《周易》、《尚書》、《毛詩》、《周禮》、《禮記》、《春秋左傳》、《孝經》、

---

① 段玉裁撰,鍾敬華點校《經韻樓集》,上海:上海古籍出版社,2008年,第134—135頁。

② 彭元瑞等纂,徐德明點校《天禄琳琅書目後編》,上海:上海古籍出版社,2007年,第438頁。

《孟子》各一卷,《論語》二卷,共十卷。半葉二十行,行二十七字,細黑口,左右雙闌,上加眉闌,内注字音,此即世所謂靖江本,故宫有一帙,江南圖書館有一帙,前人誤認爲宋本。"①《藏園群書題記·宋刊巾箱本八經書後》亦云:"世傳宋巾箱本諸經正文,各家目録多載之,其行格與此同,所謂行密如櫛,字細如髮者。然簡端加闌,上注字音,與此本異。……明靖江本即據以覆木,而加上闌焉,故行格同,尺寸同,避諱之字亦無不同。"②由此可知欄上加音義者乃是明代翻刻之本。此書題爲"宋刊白文九經",故前人誤以爲宋本。阮元所云"宋九經本"未知即此本否。又有明崇禎十三年(1640)錫山秦璨刻九經,半葉十三行,行二十四字,白口,四周雙闌,有眉闌。

《校勘記》中還提到了所謂"咸淳衢州本",計17次,皆校經文。按,此本實爲《四書章句集注》,故不校趙注、疏文。《天禄琳琅書目》卷一"宋版經部"著録《四書》五函,二十七册,云:"咸淳癸酉,衢守長沙趙淇刊於郡庠,每版中有'衢州官書'四字。……此本,淇爲衢守所刻,時度宗九年。按虞集《道園學古録》:淇乃趙葵次子,幼以郊恩補承奉郎,舉童子科。刻書後六年而入元,拜湖南道宣慰使。"③

經注本

《校勘記》中使用的經注本共計七種,但是在"引據各本目録"中卻提到了八種,分別是北宋蜀大字本、宋本、岳本、廖本、孔本、韓本,以及《七經孟子考文補遺》中所載之古本及足利本。但是《校勘記》各條目下所引用的各本文字中並没有北宋蜀大字本的異文。

(1)北宋蜀大字本(章邱李氏所藏,今據何焯校本)

---

① 莫友芝撰,傅增湘訂補《藏園訂補邸亭知見傳本書目》,北京:中華書局,2009年,第4頁。
② 傅增湘《藏園群書題記》,上海:上海古籍出版社,1989年,第1—2頁。
③ 于敏中等纂,徐德明點校《天禄琳琅書目》,上海:上海古籍出版社,2007年,第16頁。

從校記文字來看,《校勘記》中並未提及此本。這大概是編修《校勘記》時計劃尋找或者使用此本,但可能最後未尋找到。或者忘記將何焯校文補入。

有很多清代學者都曾經提到過這個所謂的"北宋蜀大字本"。戴震《孟子趙注跋》云:"有章丘李氏所藏北宋蜀大字章句本,毛斧季影鈔者,並得趙岐《孟子篇序》。"①陳鱣《經籍跋文》亦云《孟子》經注舊刻有"李中麓所藏北宋蜀大字本"②。戴震及阮元所説的章丘李氏,就是陳鱣所説的李中麓,也就是李開先。李開先(1501—1568),字伯華,號仲麓,亦作中麓,章丘是其籍貫,朱彝尊《静志居詩話》云其"藏書之富,甲于齊東"③。毛扆曾經在書賈處見到過這個"北宋本",其爲影宋鈔《三經音義》所撰寫的跋文云:

> 余在京師得宋本《孟子音義》,發而讀之,其條目有《孟子篇敍》,注云"此趙氏述《孟子》七篇所以相次敍之意"。茫然不知所謂。書賈又挾北宋板《章句》求售,亦系蜀本大字,皆章丘李氏開先藏書也。卷末有《篇敍》之文,狂喜叫絶,令僮子影寫攜歸,附於音釋之後,後人勿易視之也。虞山毛扆識④。

由毛扆此跋可知以下幾點:第一,毛扆曾經收藏過宋蜀刻大字本《孟子音義》,與其經由書賈所見《章句》皆爲李開舊藏,也就是戴震、阮元所説的章丘李氏,陳鱣大概也是據此跋而知章丘李氏爲李中麓;第二,毛扆以此本爲北宋蜀刻本,後人遂本之亦云其爲北宋本;第三,毛扆曾命人影鈔,但可能只是此書的篇末即《篇敍》部分,

---

① 戴震《戴震集》,上海:上海古籍出版社,2009年,第205頁。

② 陳鱣《經籍跋文》,《宋版書考録》影印道光十七年(1837)海昌蔣光煦刻本,北京:北京圖書館出版社,2003年,第261頁。

③ 朱彝尊著,黃君坦校點《静志居詩話》卷十二,北京:人民文學出版社,1990年,第332頁。

④《蘇州圖書館藏古籍善本提要(經部)》,南京:鳳凰出版社,2004年版,第116頁。

故云"附於音釋之後",毛氏是否影鈔《章句》全書,從此不易推定。據何焯云"毛斧季從真定梁氏借得宋槧本影鈔"①,則毛扆所影鈔之《章句》則是自梁清標處。

章丘李氏藏書後來流出,范鳳書《中國私家藏書史》云:"首先在萬曆初,其藏書相當一部分與江都葛氏書合萬卷歸明宗室朱睦㮮。餘者康熙間散出,半爲昆山徐乾學傳是樓所得。詞曲精本盡歸毛扆。"②結合毛扆跋文書賈求售一語,可以推測此書亦大概是康熙間流出的。又毛扆跋《五色線集》云:"辛酉夏日,余訪書于章丘李氏中麓先生之後。"③辛酉是康熙二十年,因此我們推測此書是康熙間從李開先後人手中流出。

又何焯云:"聞真定梁氏有北宋刻本,安得一旦遇之,盡爲是正乎。"④真定梁氏,即梁清標(1621—1691),字玉立,一字蒼岩,號蕉林,真定乃是其籍貫。《四部叢刊》影印本卷一鈐有"蕉林藏書"印記,由此可以判斷,前人所謂真定梁氏所藏北宋本亦即《四部叢刊》本《孟子章句》。今按,《四部叢刊》本《孟子章句》卷後有《孟子篇敘》,與毛氏汲古閣影鈔本《孟子音義》後所附《孟子篇敘》字體、行款全同。由上文所引毛扆跋文可知毛氏影鈔源自李開先舊藏,因此我們可以肯定此本即是毛扆在書賈處所見的李開先舊藏"北宋本"《孟子章句》。這即是說,章丘李開先所藏者後歸真定梁清標,而二人所藏者即是後來《四部叢刊》本《孟子章句》的底本。

又《四部叢刊》影印本卷二、卷六標題下有"至正二十五年正月"印,卷十一頁十七A有一印記,左側一行已經不易辨認,右側一行可識者爲"不許借出",當是元人的收藏印記,張元濟《影印〈續古逸叢

① 何焯語亦見戴震《孟子趙注跋》,《戴震集》第205頁。
② 范鳳書《中國私家藏書史》(修訂版),鄭州:大象出版社,2009年,第203頁。
③ 毛晉等撰,潘景鄭校訂《汲古閣書跋》,上海:上海古籍出版社,2005年,第132頁。
④ 傅增湘《藏園群書經眼錄》,北京:中華書局,2009年,第5頁。

書〉緣起》據此云“驗其印記,尚是元時松江儒學官書”①。那麼此書在元代曾爲儒學官書,後輾轉流傳至李開先處,而後又歸梁清標。

梁氏藏書不知散失於何時,而此書在梁氏之後至入清内府之前這段時間的流傳則説法歧而不一。一説梁氏獻此書於官府,以備四庫館採擇。桂馥《晚學集》卷六《與龔禮部麗正書》云:“當四庫館初開,真定梁氏獻《孟子趙注章旨》及宋槧《説文解字》,官府以《孟子》、《説文》非遺書,不爲上,有識者鈔其《章旨》流布世間,《説文》則仍歸梁氏。”②四庫館初開在乾隆三十七年(1772)③,乾隆皇帝亦屢下徵求天下書籍之詔,那麼如果桂馥之説可信的話,梁氏獻書的時間當在乾隆三十七年或者其後不久。而乾隆三十七年時,梁清標早已辭世,所以獻書的當是其後人。孔繼涵《孟子趙注序》云:“乾隆己丑之春,晤梁孝廉用梅于京邸,詢其宋本趙注《孟子》,許假而未與。”④乾隆己丑是乾隆三十四年(1769),梁孝廉用梅是梁清標五世孫,王鳴盛《贈梁生序》云:“真定梁生用梅,力學有文,屢試省闈不售,今秋已儁矣,又屈置副乘。……生爲故相國蕉林先生諱清標之五世孫,相國群從昆弟清寬、清遠,同時官九卿。生之曾大父及尊甫仍世通籍,有烏衣雀桁蘭錡貂蟬之美。蓋河北數巨族者必首及焉。”⑤那麼獻書之人可能是梁用梅。

---

① 張元濟《影印〈續古逸叢書〉緣起》,《張元濟全集》第10卷,北京:商務印書館,2010年,第247頁。

② 桂馥《晚學集》卷六,《續修四庫全書》第1458册影印清道光孔憲彝刻本,第697頁。

③ 四庫館開館之時間,諸家説各不同,有乾隆三十六年、三十七年、三十八年三説,一般認爲是乾隆三十七年。詳參張升《四庫全書館研究》第一章“四庫館開、閉館的時間”(北京:北京師範大學出版社,2012年)。

④ 王昶編《湖海文傳》卷二十一,《續修四庫全書》第1668册影印道光經訓堂刻本,第587頁。按,《湖海文傳》所載孔氏此文與孔氏刊本《孟子章句》書後所附孔氏跋文文字略有不同,跋文于“晤梁孝廉用梅于京邸”下有“真定大學士之孫也”一句,而《文傳》無之,據下文引王鳴盛之文,則《文傳》删去此一句更近情實。

⑤ 王鳴盛《西莊始存稿》卷十五,《嘉定王鳴盛全集》第10册,北京:中華書局,2010年,第278頁。

又桂馥言梁氏所獻者有"《孟子趙注章旨》及宋槧《説文解字》"並没言明梁氏所獻者僅是章指或是《章句》全書,但從下文所云"官府以《孟子》、《説文》非遺書"可知,梁氏所獻者爲《章句》全書。如果僅有《章指》的話,應該並不會説是"非遺書",因爲在清代尤其是清初,《章指》並不常見,所以很多學者都在對《章指》進行輯佚。

又桂馥言"有識者鈔其《章旨》流布世間,《説文》則仍歸梁氏",從桂馥此語來推斷,《孟子趙注章旨》一書似乎並没有歸還梁氏,所以桂馥言"《説文》仍歸梁氏",而不及《孟子》。是否是進獻内府了呢?由於缺乏文獻證據,我們不得而知。王國維曾推測説:"今觀此帙,則當時雖未著録,實已進御矣。惜《四庫》例不録單注本,遂令此書顯而復晦。"①

第二種説法則見於傅增湘《藏園訂補郘亭知見傳本書目》,其卷三云:"真定梁氏有北宋本,後歸王侍郎之樞。"②王之樞,曾爲康熙四十四年(1705)乙酉科鄉試江南考官,《清秘述聞》卷三云:"侍講學士王之樞字恒麓,直隸定州人,乙丑(康熙二十四年,1685)進士。"③曾官吏部右侍郎。又江慶柏《清代人物生卒年表》據《康熙二十四年乙丑科會試進士履歷便覽》載其生年爲康熙五年(1666),卒年不詳,字雪石。傅氏云此書真定梁氏後歸王之樞,應該是據《困學紀聞注》中所引方樸山(引者按,方楘如,號樸山)説。方氏云:"真定梁氏所藏,是北宋槧本,今在侍郎王公之樞家。其本篇有《篇序》,章有《章指》,即義門所云僞疏所割者也。諸經注亦往往與今刊本異。余在京師,曾于同年王虛舟(引者注,王澍,號虛舟)處閲之,得以校正譌謬。"④

---

① 王國維《觀堂題跋選録(經史部分)》,《文獻》1981年第3期,第209頁。
② 莫友芝撰,傅增湘訂補《藏園訂補郘亭知見傳本書目》,第140頁。
③ 法式善等撰《清秘述聞三種》,北京:中華書局,1982年,第93頁。
④ 王應麟著,翁元圻等注,欒保群等校點《困學紀聞》,上海:上海古籍出版社,2008年,第1004頁。

　　此書後自內府流出,傅增湘《藏園訂補郘亭知見傳本書目》云:
"此書清宮舊藏,曾借出影印,收入《續古逸叢書》中。後忽爲人竊
出,余嘗見數卷於張岱杉許,已離析矣,可惜之至。"①張岱杉即張弧,
民國時曾任財長。此書自內府流出後部分歸於張弧,而在此之後則
下落不明,至今不知尚存否。

　　清人多以此本爲北宋本,實則不然。孟森先生曾經用《四部叢
刊》本《孟子章句》與《校勘記》對校,並撰寫《宋槧大字本孟子校記》
一文,詳細説明此本的避諱情況:"今大字本,審其時代,刊于南宋孝
宗時,北宋諸帝諱皆避,南宋則僅避高孝兩朝。高宗名構,構怨、構
兵之構,避嫌名而缺筆;孝宗名眘,故'術不可不慎'及'慎子爲將軍'
之慎亦皆缺筆。至光宗諱惇,宋書版避諱例,享作饗,'郭'字亦缺筆
作'郭',今本'享多儀'及'七里之郭'、'城郭不完'皆不缺筆,'使虞
敦匠事'之敦,音義皆同,又同偏旁,亦無缺筆,是不避光宗諱也。至
寧宗諱擴,'擴而充之'不避。理宗諱昀,'舉百鈞'、'井地不均'、'鈞
是人也'不避。度宗諱禥,'雖有鎡基'不避。度宗以後,宋不國矣,
可不復論。"②因此,從避諱字來判斷,《四部叢刊》本即清人所説的章
丘李氏藏北宋本並不是真正的北宋本,其刻板時代不可能早於孝
宗朝。

　　(2)宋本(劉氏丹桂堂巾箱本,鄭師山所藏,闕《公孫丑》、《告子》
二册,今據何焯校本。)

　　此本未詳。鄭師山是元代學者鄭玉,字子美,事蹟詳《宋元學
案》卷九十四《師山學案》。傅增湘《藏園群書經眼録》卷一録何焯題
記云:"康熙丙戌,常熟錢楚殷以宋劉氏丹桂堂巾箱本《孟子》見贈,

---

　　① 莫友芝撰,傅增湘訂補《藏園訂補郘亭知見傳本書目》,第140頁。
　　② 孟森《宋槧大字本孟子校記》,《國立北平圖書館刊》,第9卷第4號,1935年,第
81頁。

其中關《公孫丑》、《告子》二册，雖非完書，然猶是鄭師山舊藏也，祛疑正誤，爲功甚大。聞真定梁氏有北宋刻本，安得一旦遇之，盡爲是正乎！辛卯春日，汲古毛氏以影寫元盱郡重刊廖氏善本質錢於志雅齋，因假其第三、第四卷，第十一、十二卷，盡爲校正，案頭趙注遂有完本，願與好古之士共之。右義門先生記，鳳翔謹録。”①傅增湘先生《雙鑒樓善本書目》卷一著録《孟子注疏解經》十四卷，云：“汲古閣本，金鳳翔臨何義門校宋丹桂堂巾箱本、盱郡重刻廖氏本。”②傅增湘所見是金鳳翔過録於汲古閣本《注疏》上的何校本。未知《校勘記》修纂者所見爲何校原本或是過録之本。

又何焯《義門先生集》卷九《孟子音義跋》云：“建陽殘本《孟子》五册，得之虞山錢氏。末葉脱爛，手寫補完。《篇敘》自世綵堂以下諸刻皆闕，毛丈斧季爲東海司寇購得章邱李中麓少卿所藏北宋本乃有之，余又傳于毛氏也。壬辰夏六月，廬江何焯記。”③第一，此文雖題爲《孟子音義跋》，但從册數上判斷，應是有《音義》的《孟子》，若是只有《音義》，則不可能有五册。第二，此處説此福建建陽刻本得自虞山錢氏，而上文所録何焯題記云丹桂堂巾箱本乃是常熟錢楚殷所贈，錢楚殷乃是錢曾之子錢沅，由此可知《文集》中所提及的建陽刻本即是《校勘記》中所言及的丹桂堂巾箱本。

（3）岳本（亦據何焯校本）

（4）廖本（廖瑩中世綵堂本，元盱郡重刊，今據何煌校本）
以上兩種版本，皆爲翻刻廖瑩中世綵堂刊本。
廖瑩中世綵堂所刊諸書，世稱善本。周密《癸辛雜志·後集》“賈

①傅增湘《藏園群書經眼録》，第5頁。
②傅增湘《雙鑒樓善本書目》，《中國著名藏書家書目彙刊：近代卷》第28册影印民國十八年（1929）江安傅氏藏園刻本，北京：商務印書館，2005年，第20頁。
③何焯《義門先生集》，《續修四庫全書》第1420册影印道光三十年刻本，第230頁。

廖刊書"條云：

　　廖群玉諸書，則始《開景福華編》，備載江上之功，事雖誇而文可采。江子遠、李祥父諸公皆有跋。九經本最佳，凡以數十種比校，百餘人校正而後成，以撫州萆抄紙、油煙墨印造，其裝襯至以泥金爲簽，然或者惜其删落諸經注爲可惜耳，反不若韓、柳文爲精妙。又有《三禮節》、《左傳節》、《諸史要略》及建寧所開《文選》諸書，其後又欲開手節《十三經注疏》，姚氏注《戰國策》、注坡詩，皆未及入梓，而國事異矣①。

　　又其《志雅堂雜鈔》云：

　　廖群玉諸書則始于《景開福華編》，備載江上之功，雖鋪張過實，然文字古雅，頗奇可喜。江子遠、李祥文諸公皆有跋。其後開九經，凡用十餘本對定，各委本經人點對，又圈句讀，極其精妙，皆以撫州單鈔清江紙造，油煙墨印刷，其裝飾至以泥金爲簽，然或者惜其删畧經注爲可議耳②。

　　由以上兩段可知：第一，廖瑩中刊刻九經，選用諸本進行對校，加以句讀。這和岳氏《刊正九經三傳沿革例》的記載是相合的。岳氏《沿革例》本自廖瑩中《九經總例》③，其云："今以家塾所藏唐石刻本、晉天福銅版本、京師大字舊本、紹興初監本、監中見行本、蜀大字舊本、蜀學重刻大字本、中字本、又中字有句讀附音本、潭州舊本、撫州舊本、建大字本、俞韶卿家本、又中字凡四本、婺州舊本，並興國于

_____

① 周密撰，吳企明點校《癸辛雜志》，北京：中華書局，1988年，第84—85頁。
② 周密撰《志雅堂雜抄》卷下第15頁，《粵雅堂叢書》本。
③ 張政烺先生認爲岳氏《刊正九經三傳沿革例》主體部分承襲自廖氏《九經總例》，參看氏著〈讀〈相台書塾刊正九經三傳沿革例〉〉第二部分"徵廖氏《九經總例》"，《張政烺文集》第二卷《文史叢考》，北京：中華書局，2012年，第315—319頁。

氏、建余仁仲凡二十本,又以越中舊本注疏、建本有音釋注疏、蜀注疏,合二十三本,專屬本經名士反復參訂,始命良工入梓。固自信以爲盡善,正恐掃塵隨生,亦或有之,惟望通經先達不吝惠教。"①周密言十餘本,《總例》言二十三種,周氏當是約略言之,或是岳氏有所增補。第二,除了文字精良之外,當時的印刷也極爲講究,無論是紙墨還是裝幀,都較爲考究。第三,廖氏所刻九經亦有不足之處,即周密所謂"删落諸經注"。就《孟子章句》而言,廖本删落了各篇題下之注釋。

關於廖瑩中所刊九經具體書目,據張政烺先生《讀〈相台書塾刊正九經三傳沿革例〉》,有《周易》王弼、韓康伯注,《尚書》僞孔傳,《毛詩》傳箋,《周禮》鄭注,《禮記》鄭注,杜預《春秋經傳集解》,《孝經》唐玄宗注,何晏《論語集解》,趙岐《孟子章句》九種。這與王應麟《玉海》的記載時人所謂的"九經"是相合的,《玉海·藝文》云:

> 至唐貞觀中,荅那律淹貫群書,褚遂良稱爲"九經庫",九經之名又昉乎此。其後明經取士以《禮記》、《春秋左傳》爲大經,《詩》、《周禮》、《儀禮》爲中經,《易》、《尚書》、《春秋公》、《穀》爲小經,所謂九經也。國朝方以三傳合爲一,又舍《儀禮》而以《易》、《詩》、《書》、《周禮》、《禮記》、《春秋》爲六經,又以《孟子》升經,《論語》、《孝經》爲三小經,今所謂九經也②。

但是廖瑩中所刻九經並無傳本,岳氏《刊正九經三傳沿革例》謂:廖氏所刻九經,"板行之初,天下寶之,流布未久,元板散落不復存。嘗博求諸藏書之家,凡聚數帙,僅成全書"。可見在元代時,廖氏書版已經毀亡,而九經原本亦不常見,所以岳氏盡力搜求才成完

---

① 岳浚《相台書塾刊正九經三傳沿革例》,孫欽善選注《中國古文獻學文選》,南京:江蘇教育出版社,2008年,第121頁。

② 王應麟輯《玉海》,揚州:廣陵書社影印,2005年,第783頁。

帙。儘管廖氏原本並未傳世,但其版刻風貌賴覆刻本以傳。《刊正九經三傳沿革例》云:“懼其久而無傳也,爰仿成例,乃命良工刻梓家塾。”①可見義興岳浚所刻九經三傳中的九經,就是覆刻廖瑩中世綵堂本九經。並在此基礎上增以何休《春秋公羊經傳解詁》,范寧《春秋穀梁傳集解》,又附刻《春秋年表》、《春秋名號歸一圖》。今所存岳氏刻本有《周易》王弼韓康伯注、《周禮》鄭注殘卷、《春秋經傳集解》、《孝經》唐玄宗注、《論語集解》、《孟子章句》。

　　廖瑩中世綵堂九經,除了義興岳浚的翻刻本之外,尚有元旴郡的翻刻本。今所見旴郡翻刻之本,僅有《論語》、《孟子》二書,每卷末皆有牌記,書“旴郡重刊廖氏善本”八字。又陳澔《禮記集説》卷首《凡例》所列“校讎經文”諸本有“旴郡重刊廖氏本”。又明張萱《内閣藏書目録》卷二著録《九經總例》一册,注云:“依旴郡廖氏元本梓之,莫詳姓氏。”由此可知:一、旴郡所重刊者,《論語》、《孟子》之外,尚有《禮記》鄭注及《九經總例》。由此可以進一步推測,旴郡所刊可能是九經,所以張政烺先生説:“元旴郡重刊殆屬全書,並及《九經總例》。”②二、明代所刻《禮記集説》皆誤“旴郡”之“旴”爲“盱”,可見明代以來旴郡重刊廖氏九經並不常見。張政烺先生云:“史語所藏明經廠本《禮記集説》及《禮記集説大全》‘旴’字皆誤作‘盱’,同治十一年山東書局刊本同,自明以來知有旴郡覆廖本者鮮矣。”③而陳澔自序題至治壬戌(元英宗至治二年,1322),張政烺先生由此推測,旴郡翻刻本開版當在元英宗以前。又云:“旴郡以旴江得名,江出江西南城縣,宋爲建昌軍治,元爲建昌路治。又旴江書院(見《大明一統志》卷五十三建昌府),此本或刊置書院者。”④

---

　　① 岳浚《相台書塾刊正九經三傳沿革例》,孫欽善選注《中國古文獻學文選》,第120頁。

　　② 張政烺《讀〈相台書塾刊正九經三傳沿革例〉》,《文史叢考》,第335頁。
　　③ 張政烺《讀〈相台書塾刊正九經三傳沿革例〉》,《文史叢考》,第317頁。
　　④ 張政烺《讀〈相台書塾刊正九經三傳沿革例〉》,《文史叢考》,第316頁。

　　如上所述，廖瑩中世綵堂所刊《孟子》原書已經不存，但義興岳氏所刻九經三傳，盱郡重刊廖氏本，其中的《孟子》皆存。二本的行款版式一致，皆每半頁八行，行十七字，注文雙行，行亦十七字。四周雙欄。細黑口，版心上方記字數，中爲雙魚尾，上魚尾下記卷次，下魚尾上記頁次，版心下方記刻工姓名。二本每卷末皆有牌記，左欄之外皆有書耳。

　　字體風格上，兩本也是高度一致。在文字内容上，兩本偶有異文。例如《公孫丑下》“城非不高也”注“有堅強如此而破之走者”，盱郡本文字如此，而岳本“破”作“彼”。但這種情形極少，二本的絕大多數文字是相同的。在句讀和音讀上，兩本所加圈也基本一致，偶有彼本有而此本無者，但並不多見，可能是手民之誤。

　　所以，岳本和盱郡本同出一源，且均較爲忠實的保留了廖本的原貌，因此廖氏所刻九經中《孟子》的原本雖已不存，但是通過岳本、盱郡本我們仍能瞭解其概況。

　　義興岳氏刻《孟子》今藏中國國家圖書館。其上鈐有“晉府書畫之印”、“敬德堂書畫印”、“李國壽印”、“陳氏世寶”、“陳定書印”，又有“滄葦”、“季振宜印”二印，“崑山徐氏家藏”、“乾學之印”、“健菴”三印，可見先後經季振宜、徐乾學傳是樓收藏，又有“五福五代堂古稀天子寶”、“八徵耄念之寶”、“太上皇帝之寶”、“乾隆御覽之寶”、“天禄琳琅”、“天禄繼鑒”“子子孫孫永寶用”，是爲清内府天禄琳琅所藏。《天禄琳琅書目後編》卷三“宋版經部”著録此本。時人誤以岳珂爲刻書之人，故著録作宋版，後經張政烺先生考證所謂岳氏乃是元時宜興（古稱義興）岳浚，刻板時代當在元大德末[①]。卷末牌記云“相台岳氏刻梓荆溪家塾”。此本部分頁面已經殘泐，但主體部分尚好。其書口下方之刻工有：范、祐、王圭、王、圭、凌拱、凌、拱、伯、恭、伯恭、史、張守中、張、守中、中、子、金、從善、從、善、永、何、永言。

---

① 參張政烺《讀〈相台書塾刊正九經三傳沿革例〉》，《文史叢考》，第327—334頁。

　　元旴郡翻刻廖本現存臺北故宮博物院,民國二十年(1931)時影印入《天禄琳琅叢書》,後1985年臺北故宮博物院再次影印。其上鈐有"毛晉私印"、"子晉"、"毛氏子晉"、"毛褒之印"、"華伯氏"、"毛氏收藏,子孫永保",可見是毛氏汲古閣舊藏。後入藏故宮位育齋。又有"沅叔審定"印記,則又爲傅增湘所經眼者,見於《藏園群書經眼録》卷二。卷末有牌記,云"旴郡重刊廖氏善本",卷七則作"旴江重刊廖氏善本"。又此本卷九末頁及卷十首二頁,卷十三第十一頁,皆爲補寫。其版心下方録有刻工姓名:祥、張泳(或作"張"、"泳",知張泳爲一人者,據旴郡重刊廖本《論語集解》推測)、子成、戴觀(或作"觀")、宏、吴栱(或作"栱")、余德高(或作"德高"、"高")、弓、嵩甫(或作"嵩父"、"嵩")、可華(或作"可")、澄、吉榮(或作"榮")、明甫、吴明(或作"吴"、"明")、永、久、興甫(或作"興")、甫等。另在上象鼻或下魚尾下有:水村(或作"水")、若虛(或作"若"、"虛")、心,阿部隆一先生《增訂中國訪書志》以爲亦是刻工,而昌彼得先生則推測爲書手[1]。版心下方刻工不同的書版上往往同樣書有"水村"等,而且大致上水村出現在此書的前一部分,而若虛則出現在中間部分,心則出現在後面,因此,我們認爲昌彼得先生之説可能更可信。

　　此書雖曾入藏內府,但《天禄琳琅書目》及《後編》並未著録。而《天禄琳琅書目後編》卷八"影宋鈔諸部"著録《孟子》一函七册,云:"趙岐注,同前,每卷末亦有'旴郡重刊廖氏善本'各種印。琴川毛氏影鈔,商丘宋氏藏。八印俱同上《論語》,蓋並弆藏者。"其上所鈐諸印有:"毛晉私印"、"子晉"、"汲古閣"、"汲古主人"、"毛扆之印"、"斧季"、"臣扆"、"三晉提刑"[2]。由此可知,汲古閣除藏有旴郡原本之外,又有影鈔本。原本歸毛褒,而影本則歸毛扆。然旴郡所刊在元

　　① 阿部隆一先生之觀點,見氏著《增訂中國訪書志》,東京:汲古書院,昭和五十八年(1983)版,第214頁。昌彼得先生之説,見氏著《增訂蟫庵群書題識》,臺北:臺灣商務印書館,1997年,第41頁。
　　② 彭元瑞等著,徐德明標點《天禄琳琅書目後編》,第565頁。

時，《天禄琳琅書目後編》著者以爲影宋鈔，並不可信。而此影鈔本
之存藏，何焯云：“辛卯春日，汲古毛氏以影寫元旴郡重刊廖氏善本
質錢於志雅齋，因假其第三、第四卷，第十一、十二卷，盡爲校正。”[1]
由此可知，何焯尚知毛氏影寫者爲元時刊本，而非《天禄琳琅書目後
編》所云影宋鈔；又此影寫本後從毛氏流出，賣於志雅齋，又由商丘
宋筠收藏，其後又流入内府。據顧宏義、戴揚本編《歷代四書序跋題
記資料彙編》和《儒藏總目》，此影鈔本現藏上海圖書館。然翻閲《上
海圖書館善本書目》及查閲上圖網站古籍目録，均未著録此影鈔本。

　　（5）孔本（乾隆壬辰曲阜孔繼涵微波榭刊，凡十四卷，末附《音
義》，韓本同。）

　　（6）韓本（乾隆辛丑安邱韓岱雲刊）
　　乾隆壬辰即乾隆三十七年（1772），辛丑即乾隆四十六年
（1781）。《校勘記》以孔本刊刻於乾隆壬辰，可能是根據書後戴震的
跋文（詳後），但是孔繼涵跋云：“迨癸巳之秋，東原征赴京師，予走謁
諸寓，即出是本與宋刻《國語》及補音本見付，余喜劇，遂重校授梓。”
因此，壬辰當是戴震完成校本之歲，而次年孔繼涵則刊之于《微波榭
叢書》之中。孔本、韓本時代相近，有諸多的共同點。
　　首先，兩者在版式、行款上幾乎相同。二本皆四周雙邊，單魚
尾。每半頁皆十一行，行21字，經文頂格，注文單行大字低一格。惟
書口略有差別，孔本上象鼻鐫“孟子趙注”四字，魚尾下書卷次，頁
次，版心下方小字鐫“微波榭刻”四字。韓本上象鼻處刻“孟子趙氏
注”五字，魚尾下書卷次、頁次。
　　其次，二書在内容上也是相同的，均包括趙岐《孟子章句》十四
卷及孫奭《孟子音義》兩卷。尤其是趙氏《章句》，含有《題辭》、《篇

---

[1] 傅增湘《藏園群書經眼録》，第5頁。

敘》、《章指》,是完整的趙注文本。

第三,在版本源頭上,二者皆與戴震有關。

孔繼涵跋語云:"乾隆己丑之春,晤梁孝廉用梅于京邸,真定大學士之孫也。詢其宋本趙注《孟子》,許假而未與。歸寓以告吾友戴君東原,東原因舉《正義序》即刪改《音義序》,尤爲作僞之證。迨癸巳之秋,東原徵赴京師,予走謁諸寓,即出是本與宋刻《國語》及補音本見付,余喜劇,遂重校授梓。"可見孔本所據本是源自戴震。

韓岱雲跋語云:"右趙氏注足本十四卷,孫氏《音義》二卷,休寧戴吉士(震)從館書録副以畀益都李南澗先生,蓋即毛斧季借鈔正定梁玉立相公宋槧本也。南澗攜之桂林,踰歲卒官,未及授梓。頃聞同縣曹子仲儒言益都諸君子將募刻焉,(岱雲)以鬻田之直爲出半資,又得兩縣茂宰捐俸助之,乃克藏事。……乾隆辛丑,如月晦日,安邱韓岱雲。"由此亦可知,韓本所據之本亦源自戴震。

韓岱雲認爲戴氏校本乃是自"館書録副",即源自四庫全書館;另外韓氏還推測戴氏校本的源頭乃是毛扆影鈔梁清標藏本,韓本卷尾有周嘉猷跋,亦云:"益都李南澗司馬獲宋槧本於京師,謀付諸梓而齎志以歿。"那麼事實是否如此呢?

戴氏在《孟子趙注跋》云:

> 吾友朱君文游出所藏校本二示余。一有"虞山毛扆手校"印記,稱引小宋本、元本、抄本,又有宋本又或稱廖氏本,而逐卷之末,多記從吳文定抄本一校。何屺瞻云:"毛斧季從真定梁氏借得宋槧本影鈔。"今未見其影鈔者,而此本《盡心下》惟"梓匠輪輿"章有《章指》,餘並闕。
>
> 一爲何仲子手校之本,末記云:"文注用旴郡重刊廖氏善本校。"而《盡心上》"有事君人者"一章,"孔子登東山"已下三章,《盡心下》"吾今而後知"已下七章,並闕《章指》。
>
> 二校本各有詳略,得以互訂。

外有章丘李氏所藏北宋蜀大字章句本，毛斧季影鈔者，並得趙岐《孟子篇序》。於是臺卿之學殘失之餘，合之復完，亦一大快也。乾隆壬辰春正月，休寧戴震識[1]。

由戴震跋文可知，戴氏校本的來源有三：一是毛扆的校本，另一個是何煌的校本，二者皆是朱奐（字文游）所藏；三是毛扆影鈔的李開先藏本，這個藏本大概僅有《音義》部分，辨詳下文。

戴震所見毛扆的校本，是以吳寬（字文定）的抄本參校的本子，故而“逐卷之末，多記從吳文定抄本一校”。盧文弨也曾見過毛扆的這個校本。盧氏《孟子注疏校本書後》云：“乾隆辛巳，余從吳友朱文游奐處借得毛斧季所臨吳匏庵校本，乃始見所爲《章指》者，獨於末卷缺如也。”[2]其《答汪容甫書》亦云：“在辛巳歲，從吳友朱君文游處借得毛斧季所臨吳匏庵趙注《孟子》校本，獨末卷缺《章指》，於意終未慊也。”[3]由盧氏所言可知毛扆的校本是臨吳寬校本。盧氏云其“卷末缺如”、“獨末卷缺《章指》”，和戴震所云“此本《盡心下》惟‘梓匠輪輿’章有《章指》，餘並闕”正相符合。毛扆所用校本尚有廖氏本，即旴郡本。其他校本則不易考知：其所謂“小宋本”，未知是否即《校勘記》所謂丹桂堂巾箱本。其所謂“抄本”未知是否即士人所傳“毛斧季從真定梁氏借得宋槧本影鈔”者。

何仲子即何煌，何煌的校本主要是利用旴郡重刊廖瑩中世綵堂本，阮元編修《校勘記》所用“廖本”即源自何煌校本。

戴震校本的《章句》部分正是在這些校本的基礎上重新加以釐定和整理的。因此，韓岱雲推測恐不能成立，此其一。

其二，戴氏明云：“何忌瞻云：‘毛斧季從真定梁氏借得宋槧本影鈔。’今未見其影鈔者。”真定梁氏就是我們在上文所提到的梁清標，

① 戴震《戴震集》，第205頁。
② 盧文弨著，王文錦點校《抱經堂文集》，第121頁。
③ 盧文弨著，王文錦點校《抱經堂文集》，第268頁。

戴震明確指出他是没有見到毛扆所影鈔的梁清標藏《章句》（即我們在上文所討論過的《四部叢刊》本）的。我們在上文已經指出，梁清標所藏《孟子章句》乃是李開先舊藏。而戴氏在跋文中又有"外有章丘李氏所藏北宋蜀大字章句本，毛斧季影鈔者，並得趙岐《孟子篇序》"云云，這説明戴氏見到了毛扆影鈔的李開先藏本。這似乎前後矛盾，唯一的解釋就是，戴震所見的部分只有《音義》毛扆所影鈔的《篇敘》，而没有《章句》。這樣就可以解釋戴震一方面説自己没有見到毛扆影鈔梁氏本（即李開先舊藏），一方面又説有毛扆影鈔李開先本。

　　因此韓氏、周氏所云戴氏校本源自毛扆影鈔梁清標藏本恐不可信。

　　孔、韓二本都是源自戴震的校本，因此二者在文字上相近，與其他經注本相類，而與注疏本中的注文差別較大。二本雖然同源，但在文字上並不完全相同，例如：

　　《梁惠王上》"無望民之多於鄰國也"注"何異於以五十步笑百步者乎"，孔本文字如此，韓本無"以"字。《四部叢刊》本、岳本、旰郡本、音注本同孔本，注疏十行本、閩本、監本、毛本、阮刻本同韓本。

　　《梁惠王上》"齊桓晉文之事可得聞乎"注"欲以仁義爲首篇"，孔本文字如此，韓本無"爲"字。《四部叢刊》本、岳本、旰郡本同韓本，注疏十行本、閩本、監本、毛本、音注本同孔本。

　　由以上二例可知，孔、韓二本的文字不同，造成這種情況的原因，我們認爲可能有以下幾點。第一，戴震在乾隆三十七年壬辰完成校本並在次年由孔繼涵刊刻後，又陸續重新加以校訂。第二，就是孔繼涵、韓岱雲等刻書之人的再加工。孔繼涵在刻書跋語中説"重校授梓"，孔本卷六所載牌記亦云"曲阜孔繼涵重校刊"，可見孔繼涵在整理戴震的校本的過程中有一定的再加工。韓本所載周嘉猷跋文亦云："趙太常《孟子章句》已列於《十三經注疏》中，顧《章指》既遭刊落，注文復有竄易，則已失邠卿之舊矣。益都李南澗司馬獲宋槧本于京師，謀付諸梓而齎志以殁。乾隆庚子冬，厥弟（文濤）欲

遂其兄之遺志,乃與楊孝廉(峒)、段茂才(松苓)重加讎校,訂其闕
譌。"韓本也有整理之人的"重加讎校"。

　　由以上二例,我們還可以推知,在戴氏或者整理校本的"再加
工"的過程中,也曾經參校過《注疏》系統的版本,因而,孔、韓二本也
有與注疏諸本一致而與經注諸本相異之處。例如:

　　《梁惠王下》"反其旄倪"注"旄,老耄也",孔本文字如此,韓本、
注疏十行本、閩本、監本、毛本同。《四部叢刊》本、岳本、旴郡本、音注
本"耄"作"旄"。

　　《盡心下》"夫予之設科也,往者不追,來者不拒",孔本文字如
此,韓本、注疏十行本、閩本、監本、毛本同。《四部叢刊》本、岳本、廖
本、音注本"拒"皆作"距"。

　　因此,雖然戴震在跋文中没有説明他在校勘的過程中是否使用
過《注疏》系統的版本,但是從實際的情况來看,《注疏》諸本還是對
韓本、孔本的文本有所影響。

　　孔、韓二本的流傳並不廣泛。葉德輝《郋園讀書志》云:"但據安
邱韓氏跋,竟不知孔氏已刻於前。以同鄉共里之人,事止越十年之
久,而竟茫然不知,何也?尤奇者,歷城馬國翰《玉函山房輯佚書》中
列趙岐《孟子章指》二卷,謂本之毛鈔,亦竟不知鄉先輩有孔、韓二氏
刻本者,豈當時兩刻本流傳甚稀耶?"①造成這種情况的原因,主要有
以下幾點:第一,明清時代《孟子》注本自以朱熹《集注》爲主,因此這
一系統的衍生的書籍極多。儘管隨着考據學風氣的興盛,漢代的經
注又重新受到人們的重視,在經歷數百年之後,在戴震的協助下,孔
繼涵刊刻《孟子章句》,但是由於科舉考試等因素,理學系統的《孟
子》學著作,仍然是一般學者閱讀《孟子》的主要文本。第二,在古注
的興起的同時,疏亦得到重視,所以在趙注在清代的主要流傳方式
是以《孟子注疏》的形式流傳。

_____

① 葉德輝撰,楊洪升點校《郋園讀書志》,上海:上海古籍出版社,2010年,第76頁。

（7）日本國古本（已下二本據《七經孟子考文補遺》）

此本爲足利學校藏古寫本，《七經孟子考文·凡例》："有曰古本者，亦足利學校所藏寫本也：《周易》三通，各三本；《略例》一通；《尚書》一通，三本；《毛詩》二通，各十本；《禮記》一通，十本；《論語》二通，各二本；皇侃《義疏》一通，十本；《古文孝經》一通；《孟子》一通，七本。皆此方古博士家所傳也。所以識其者，其《禮記》書尾猶存永和年中，清原良賢句讀舊跋。又活字版《禮記》，其和訓用朱點，別有一法，非復今時專用假名者比。皆古博士家所授受者，而每卷末之有落款可徵焉。"又云："《孟子》有《題辭》及《章指》矣。"①由此可知，第一，山井鼎所見的《孟子》古本一種凡七册，爲足利學校所藏，其中有《題辭》與《章指》，可見是較爲完整的趙注。第二，山井鼎認爲足利學校所藏的古本是日本博士家的傳本，並以《禮記》爲證加以説明。同時山井鼎還以活字本《禮記》的訓點與當時所流行的假名不一致這一點來説明活字本與古本之間的關係。這既指出了古本的源頭，同時也指出了後來日本的活字本與古本之間的關係。

（8）足利本

《七經孟子考文·凡例》："有曰足利本者，亦本學所印行活字版也。細翫其本，後人騾梏古本者。"②

趙注的活字本有二，一是半頁七行者，一是半頁八行者，二者皆是日本後陽成天皇慶長年間（1596—1615）印本。

活字七行本，每半頁七行，行十七字，注文小字雙行，行亦十七字。四周雙欄，黑口，雙魚尾。版心書"孟子卷幾"及頁次。嚴紹璗

---

① 山井鼎撰，物觀補遺《七經孟子考文補遺》卷首《凡例》，《叢書集成初編》本，上海：商務印書館，民國二十五年（1936），第3頁。

② 山井鼎等《七經孟子考文並補遺》卷首《凡例》第3頁。

先生《日藏漢籍善本書録》著録作"京都下村生藏刊"。①東京大學東
洋文化研究所和北京大學圖書館皆有藏本。東京大學東洋文化研
究所所藏者上鈐有"雙鑒樓藏書記",可知曾爲傅增湘先生收藏。又
北大所藏者有大量批語,卷三末有"以累家秘本寫之,加朱墨訖,爲
後葉一之卷申請家君御證明而已(空格)給事中清原判",這與日本
天理圖書館所藏鈔本各卷末的識語相同,可能是後人據鈔本加以過
録。北大所藏者鈐有"清原氏"藏書章,東大所藏者鈐有"清原"、"弘
賢"藏書章。

　　活字八行本,每半頁八行,行十七字,注文小字雙行,亦十七
字。四周雙欄,黑口,雙魚尾。版心書"孟子卷幾",後是頁次。我們
所據以討論者是京都大學附屬圖書館的藏本。其上鈐有"松本文
庫"和"高橋藏書"二印。在卷首內頁抄録有《四庫全書總目提要》所
載《孟子正義》提要,及《孟子篇敘》等。

　　據高橋智先生考察,這兩個版本與古鈔本之間存在著相當密切
的關係:"中世末期古活字版的時代到來以後,慶長年間印刷的古活
字版七行本是依據清家本,八行本則依據廣隆寺系統本,這兩個系
統的古活字版都贏得了眾多讀者,令古鈔本獲得一個完美的謝
幕。"②二本有各自不同的源流(見下頁):

---

　　① 嚴紹璗《日藏漢籍善本書録》,北京:中華書局,2007年,第206頁。
　　② 高橋智著,楊洋譯《日本室町時代古鈔本〈論語集解〉研究》,北京:北京大學出版
社,2013年版,第3—4頁。

日本活字印本版本源流圖 1①

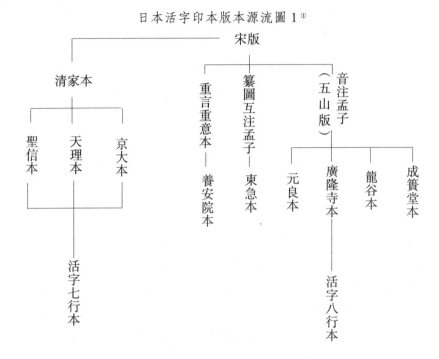

　　高橋智先生提到了所謂的音注本《孟子》，此本是日本五山版，因將孫奭《音義》和趙岐《章句》合而爲一，故名“音注”。五山版漢籍多爲覆刻宋元舊槧，此《音注孟子》中亦避宋代皇帝名諱，因此可以知曉音注本《孟子》亦出自宋本。民國時羅振玉《吉石盦叢書》二集收入此音注本《孟子》時，就稱之爲“日本覆宋本《音注孟子》”。此本每半頁十一行，行十九、二十字不等，注文雙行，行二十七字。左右雙邊，細黑口。此本與上述諸本相較，最大的特點是加入了重言互注，即在某句注文之後，將其他篇章中相似或者相關的文句附於其

---

　　① 高橋智著，楊洋譯《日本室町時代古鈔本〈論語集解〉研究》，第4頁。本文引用時稍有變動。圖中高橋先生所提及的聖信本、天理本、京大本、養安院本、東急本、元良本、廣隆寺本、龍谷本、成簣堂本皆是現存《孟子》趙注的古鈔本，詳參氏著《舊鈔本趙注孟子校記（一）》，《斯道文庫論集》第24輯，《舊鈔本趙注孟子校記（二）》，《斯道文庫論集》第26輯。

下，並以陰文標出其所在篇章。這種做法與福建地區的坊刻本如重言重意，纂圖互注等極爲相似。將其與各本對勘，此本與活字七行本、活字八行本文字相近，與《四部叢刊》本、世綵堂諸本相差較多。

我們再回到高橋先生的上述結論，我們認爲這一結論大體上是正確的。但將《四部叢刊》本、音注本、活字七行本和活字八行本加以對勘，並參以岳本、盱郡本、孔本和韓本，我們認爲，高橋先生的結論還需要進一步補充和完善。

第一，無論是活字八行本還是活字七行本，屬於單經注一系，有《章指》《題辭》等，與注疏本以及由注疏本衍生的經注本不同。

第二，兩個活字本相比，活字八行本的質量較差，譌字較多。一是形近而譌者較多，如"載之行事"，"靡所不載"，"五百餘載"，活字八行本"載"皆誤作"戴"。二是將左右活字誤倒的情況。如"以百里之地以致王天下"，各本同，活字八行本"致"作"也"，"謂文王也"，各本同，活字八行本"也"誤作"致"。今按，此二句中"致"、"也"二字，八行本左右擺印錯誤，故有此誤。

因此高橋智先生認爲活字本八行本源於寺院講讀本，而寺院講讀本一系又源自質量較差的福建地區坊刻本。例如《四部叢刊》本趙注"政殺人"，各本或作"刃政殺人"，活字八行本"殺人"誤作"教人"，正以"殺"與"教"形近而誤，參考高橋智先生《舊鈔本趙注孟子校記（一）》可知，廣隆寺本亦作"教"，則活字八行本之譌誤其來有自。又如，"頭半白斑斑者也"，活字八行本"白"下增"曰頒"二字，"曰"字乃是"曰"字之譌，而廣隆寺本、元良本等日本寺廟古鈔本亦作"曰"。從這種情況來看，高橋智先生認爲活字八行本源自寺院講讀本一系是正確的。

第三，將五山版《音注》本、活字七行本及活字八行本相較，三者的整體情況相似，而三者與《四部叢刊》本及岳本等國內所流傳的宋元本相差較大。例如如下異文：

《四部叢刊》本	音注本	活字七行本	活字八行本	備考
君臣集穆	君臣輯穆	君臣輯穆	君臣輯穆	岳本、旴郡本、孔本、韓本同《四部叢刊》本。《音義》引張鎰云"集"當作"輯"。
使林木茂暢	使材木茂暢	使材木茂暢	使材木茂暢	各本同《四部叢刊》本作"林"。
《四部叢刊》本	音注本	活字七行本	活字八行本	備考
冬入保城二畞半	各入保城二畞半	各入保城二畞半	各入保城二畞半	各本同《四部叢刊》本作"冬"。
王復曰政殺人	王復曰刃政殺人	王復曰刃政殺人	王復曰刃政教人	各本同《四部叢刊》本無"刃"字。又活字八行本作"教"誤。
以食人也	以食人者也	以食人者也	以食人者也	各本同《四部叢刊》本無"者"字。
虎狼食禽獸	古者虎狼之中能常食於禽獸,是人所惡,今	古者虎狼之中能常食於禽獸,是人所惡,今	古者虎狼之中能常食於禽獸,是人所惡,今	各本同《四部叢刊》本。
仁與不仁也	仁與不仁者也	仁與不仁者也	仁與不仁者也	各本同《四部叢刊》本無"者"字。
足以察秋豪之末	足以察秋毫之末	足以察秋毫之末	足以察秋毫之末	各本同《四部叢刊》本作"豪"。

　　上所羅列者,僅僅是一部分異文。因此,我們認爲音注本、活字七行本和活字八行本在源頭上較爲一致。高橋智先生指出活字七

行本源自清家本,而清家本源自宋監本。而從對勘的結果來説,這樣的結論恐怕很難成立。活字七行本與五山版《音注》本的文字相似,這一點我們可以從上述例證發現,如"虎狼食禽獸"例,國内傳本皆同,而音注本與活字二本皆作"古者虎狼之中能常食於禽獸,是人所惡,今……",由此一例,即可知活字七行本與宋監本之間恐並無淵源。而且參考高橋智先生《舊鈔本趙注孟子校記(二)》,源自清家本的京大本和天理本與五山版音注《孟子》的文字亦較爲相近,而與源自宋監本的《四部叢刊》本不同。因此,我們認爲活字七行本的源頭清家本也極有可能源自五山版《孟子》。退一步講,即使如高橋智先生所言,清家本源自宋代的監本,那麽也不應該忽略,在日本産生較大影響的五山版對於清家本的影響。

第四,山井鼎在《七經孟子考文》中指出"活字版"是足利學校印行的,並源自日本的古本。上文指出,東京大學東洋文化研究所所藏活字七行本上鈐有傅增湘先生"雙鑒樓藏書記"。傅氏《藏園群書經眼録》亦云:"日本足利學校活字印本,七行十七字。慶長(壬子)。"①也就是説傅增湘先生認爲活字七行本即是山井鼎在《七經孟子考文》中所使用的足利本。而從對勘的結果來看,山井鼎在校勘《孟子》中所使用的"足利本",不是活字七行本,而是質量較差源自寺院講讀本的活字八行本。

四部叢刊本	音注本	活字七行本	活字八行本	備考
故曰王何必以利爲名乎	故曰王何必以利爲名乎	故曰何必以利爲名乎	故曰可必以利爲乎	各本同《四部叢刊》本,又據《校勘記》,足利本與活字八行本同。
湯臨士眾而誓之	湯臨士眾而誓之	湯臨士眾而誓之	湯臨士眾而誓往	各本皆同《四部叢刊》本。

① 傅增湘《藏園群書經眼録》,第79頁。

續表

我與汝俱往亡之	我與女俱往亡之	我與女俱往亡之	我與女俱之亡之	汝,各本皆作"女"。往,各本皆如此。活字八行本此處"之"字與上例"往"字,同在一行,活字擺印誤倒。《七經孟子考文補遺》所引足利本亦誤倒。
足以笑百步止者不	是以笑百步止者不	足以笑百步止者不	是以笑百步止者不	各本作"足"。又《校勘記》引足利本作"是"。
頭半白斑斑者也	頭半白曰頒,班者,負也。	頭半白曰頒,班者,負也。	頭半白曰頒,班班者也。	岳本、盰郡本、韓本作"頭半白斑斑然者也",孔本作"頭半白曰頒,斑斑然者也"。又《校勘記》所引足利本同活字八行本。
王爲仁之道也	王爲仁之道也	爲仁之道也	王爲仁道也	各本有"王"字、"之"字。《校勘記》引足利本與活字八行本同。
尤當爲之甚者也	尤當爲之甚者也	尤當爲之甚者也	尤爲之甚者也	岳本、盰郡本、孔本有"當"字,韓本無"當"字。《校勘記》引足利本與活字八行本同。

注疏本

《校勘記》中使用的注疏本有宋十行本、閩本、監本、毛本。這裏有這樣幾個問題需要説明：第一，阮元所見十行本並非宋刻；第二，《校勘記》編纂中所用的注疏本同出一系。

第一，阮元所見十行本並非宋刻。

錢大昕《十駕齋養新録》云："《論語注疏》，每葉廿行，每行廿餘字，首卷標題'注疏'下多'解經'二字。首葉板心有'正德某年刊'字，但遇宋諱，旁加圈識之。疑本元人翻宋板，中有避諱不全之字，識出令其補完耳。若明刻前代書籍，則未見此式，必是修補元板也。"①

錢氏雖論證《論語注疏》，但其情況同樣適用於《孟子注疏》，錢大昕從避諱字的角度來看，但是出於審慎仍僅言"疑本元人翻宋板"。

顧廣圻則説得更加肯定："南雍本，世稱十行本，蓋原出宋季建附音本，而元明間所刻，正德以後，遞有修補，小異大同耳。李元陽本、萬曆監本、毛晉本，則以十行爲之祖，而又轉轉相承，今於此三者不更區別，謂之俗注疏而已。近日有重刻十行本者，款式無異，其中字句特多改易，雖當否參半，但難可徵信，故置而弗論。"②顧氏認爲十行本源出宋末福建地區的坊刻，故謂之"俗注疏"。具體就此遞經明代修補的十行本而言，則是元明時所刻。顧千里同時也質疑此十行本的價值，並且説"明南雍有附音注疏本，乃俗本之祖，而譌舛滋多"，同時也質疑在此基礎上進行校勘、翻刻的阮元南昌府學本。

那麽問題的關鍵在於，以阮元爲代表的學者何以認爲此十行本

---

① 錢大昕著，楊勇軍整理《十駕齋養新録》，上海：上海書店出版社，2011年，第247頁。

② 顧廣圻著，王欣夫輯《顧千里集》，北京：中華書局，2007年，第132頁。

是宋刻？又何以錢大昕、顧廣圻等人又認爲阮元所見十行本乃是元刻本？下面我們以《中華再造善本》影印北京市文物局藏元刻明修《十三經注疏》中之十行本《孟子注疏解經》，來説明這些問題。

《再造善本》所影印之《注疏》，卷首有《孟子正義序》，無《孟子注疏題辭》，鈐有"積學齋徐乃昌藏書"、"南陵徐乃昌校勘經籍記"楷書朱文印記，"劉印盼遂"篆文白方印，可知爲徐乃昌、劉盼遂舊藏。

首先，此本中有若干頁遇宋諱是缺末筆的，如"殷"、"玄"、"匡"、"恒"、"桓"等字，且這些諱字多加圈圍。如卷一下《梁惠王上》"無恒產而有恒心者……若民則無恒產因無恒心，苟無恒心……"趙注："恒，常也。產，生也。恒產則民常可以生之業也。民誠無恒心……"上所舉經、注之"恒"字皆缺末筆，而疏文爲明代補版，則不缺。大概是基於這樣一種情況，所以以阮元爲代表的學者才會認爲此本是宋刻本。

那麼，爲何錢大昕等人卻不認同是宋刻而提出乃是元刻之説呢？這主要有以下幾點。一是，在某些經注疏的版心下方有"泰定四年"字樣，泰定四年（1327）乃是元時年號。二是，從避諱上講，也有不避宋諱的情形。且這種情況頗多。如"構"、"讓"、"慎"、"完"、"廓"、"樹"等字也皆不諱。且有諱字之頁與無諱字之頁在版刻風格上都極爲相似，皆左右雙邊，白口，有書耳，因此我們不能從版刻風格上將二者截然分開。

二説看起來都很有道理，主要依據是避諱字。但是坊刻本的避諱字並不嚴格，因此僅以避諱字就斷定其版刻時代恐怕是不合理的。而且從嚴格意義上講，避諱字只能確定版刻時代的上限，並不能準確斷定版刻時代的下限。

下面我們據《再造善本》影印之《注疏》的版面情形來分析上述諸説。大體而言，我們可以把影本《注疏》的版面分爲如下四類：

A. 遇宋諱字缺筆之頁，此種版片左右雙邊，白口，有書耳，然頁數極少。版心無字數，亦無刻工姓名。認爲此本是宋刻者認爲這部分版片是宋代所刻,其實争議的節點也主要集中在這一類版片上。

B. 遇宋諱不避又非明代補版者。此種版片亦左右雙邊,白口,有書耳,偶有四周雙邊者或細黑口者,然以刻工互見,知爲同期之版片。上象鼻之上刻此頁字數:大字若干小字若干,版心爲卷次頁碼,版心下方爲刊工姓名。有:仲明、枝、君祐(或作"祐")、吕善(或作"善")、伯、中、宸、山等,亦有因漫漶而不能識讀者數人。此種版片中亦有無刻工名姓者。對於這類版片,學者多數認爲是元刻,因爲從刻工可以判斷,且不避宋諱。

是否如學者所説,第一種版片是宋代刻板者呢? 我們認爲恐怕不是。卷十二下《告子》"國恒亡"之"恒"字缺末筆,然此頁之刻工爲"仲明",與其他葉互見,而他葉之中則又不避宋諱,由此例可知,避宋諱者未必是宋時刻板。

因此,我們認爲錢大昕之説是合理的,即此本是元時翻刻宋本,遇宋諱字輒加圈,以爲待補之標識。如卷九下葉四B,此爲B種版片,"殷"字不諱,但是其末筆歪斜,與他字不類,可知這一筆是後來補上的。這種情形正合錢大昕之推測。

其他兩類補版爲明代補版:

C. 明代正德十二年(1517)補版葉,四周雙邊(一葉四周單邊),無書耳。上象鼻刻"正德十二年重刊",文字細長,刻工僅見楊尚旦一人。

D. 明代補版葉。這部分版片的版式與上述正德十二年補版不同,四周單邊,無書耳,文字風格亦與正德十二年補版不同。上象鼻刻"侯番劉校",版心偶刻"卿林重校",此種補版數量較多。刻工可識讀者有江達、謝元慶、余富一、王仕榮等四十餘人,多爲福建閩中地區刻工,且這些刻工往往亦見於李元陽刻本《十三經注疏》。因此,這部分刻板的時代雖與正德十二年者不同,但補版時代可能在正德、嘉靖期間。

第二,《校勘記》編纂中所用的注疏本同出一系。

這幾個版本之間的關係,傅增湘先生在其《藏園訂補邵亭知見傳本書目》中説:

　　　　注疏有十行十七字附釋音者,系宋元舊刊,至明正德後遞有修補之頁,即明初南雍所集舊板也。……至嘉靖中,閩中御史李元陽等即用此十行本重寫,刊爲十三經注疏,每半頁九行,行二十一字,所謂閩本也。南監中諸經板仍十行之舊,其初本闕《儀禮》,以楊復《儀禮圖》補之,亦宋元舊板。嘉靖五年,陳鳳梧刻《儀禮注疏》於山東,以板送監,十行,行二十字。閩刻《儀禮》即據其本,經文佚脱數處,亦未能校補。後南監《周禮》、《禮記》、《孟子》板盡無存,餘亦多殘缺。神宗萬曆中,乃依閩板刻北監十三經。崇禎時,常熟毛氏又依北監板刊十三經,譌誤甚多,不及其十七史多據古本重刊勝於監板也。本朝乾隆初殿板,注疏句下加圈,校刻甚精。嘉慶乙亥,阮文達太傅巡撫江西,重刊十行本於南昌府學,共四百十六卷,後附《校勘記》,然不若單本《校勘記》之詳備①。

據傅增湘先生所言,我們可以將諸本之關係歸納如下:

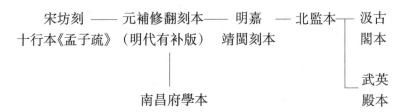

小結:《校勘記》版本使用的特點

第一,在版本搜羅上超過前人,但以經注本爲主。

---

① 傅增湘《藏園訂補邵亭知見傳本書目》,第2頁。

　　浦鏜《十三經注疏正字》中的《孟子注疏》部分中利用了北監本和毛氏汲古閣本。山井鼎《七經孟子考文》中《孟子》部分主要利用了古本、足利本和毛氏汲古閣本偶及李元陽所刻閩本。又據《抱經堂文集》卷八《孟子注疏校本書後（丙申）》知，盧文弨校勘《注疏》利用了浦鏜、山井鼎等人的成果，同時也利用了乾隆間新刊的武英殿本。與上述諸家相比，《校勘記》則直接或間接地使用了14種不同版本的《孟子》，這些不同的版本可以分爲白文本、經注本、注疏本及朱子《四書》本四個系統：

白文本	宋石經殘本、宋九經本
經注本	宋本、岳本、廖本、孔本、韓本、日本國古本、足利本
注疏本	宋十行本、閩本、監本、毛本
朱子《四書》本	咸淳衢州本

　　不難發現，《校勘記》所使用的四個系統中所涉及的經注本是最多的，因此在《校勘記》所反映的文字差異方面，也以趙注爲主。《校勘記》出校異文共2020條，其中注文的異文有1279條，加上補充《章指》的261條和校勘《孟子題辭》的4條，涉及趙注的條目有1544條，占到了全部條目的76.4%，接近八成。也就是説《校勘記》中絕大多數條目是在校勘趙注。這一情況與使用的趙注的版本較多有直接的關係。

　　第二，經注本使用上，所目驗的版本不多，以間接利用爲主。

　　所謂“間接利用”，是指《校勘記》所利用的版本中有些未經目驗，而只是使用了他人的校本。

　　我們分析《校勘記》所使用的14種版本，其中《校勘記》直接利用的僅有7種，而另外的7種則或據前人校勘學著作，或據他人校本。其中宋本、岳本據何焯校本，廖本據何煌校本，日本國古本和足利本據山井鼎等《七經孟子考文補遺》。宋九經本、咸淳衢州本是《校勘記》卷首"引據各本目録"中未提及而在校記中出現的二種,而在其他十二部經疏的校勘記中並沒有提到這兩種版本。因此,我們推測這兩種版本也可能轉録自他人校本。

間接利用這些版本的風險在於,這些校本爲《校勘記》提供版本信息的數量和質量取決於校書人的細緻負責程度和學術水平的高低,這些校本所記録的版本信息是否源自第一手資料也是一個問題。由於今天我們已經無法看到《校勘記》編修者所利用的這些校本,所以他們對於校本的異文是如何進行處理的如是否有所去取等,我們也不得而知。如《校勘記》卷七上第38條:

> "家謂卿大夫家",閩、監、毛三本同,孔本、韓本下"家"作"也",《考文》古本下有"也"字。

此條沒有列舉廖本的異文,似乎是廖本沒有異文。但實際上,廖本與校記中提到的各本文字都不同,作"家謂卿大夫之家也",較《校勘記》羅列諸本異文又多一"之"字。但是,我們今天已經不能斷定是所利用的何煌校本中遺漏了這一條,還是《校勘記》的編者遺漏了何煌校本上的這一條。

這些校本所記録的異文的可信程度,也是由校書之人的認真程度來決定的。《校勘記》中所記這些間接版本的異文並不全部可信。例如:

> 卷一上第95條:"梃刃殺人與政殺人",閩、監、毛三本,廖本、岳本同,宋本、孔本、韓本無"梃刃殺人與"五字。

據《校勘記》所載,廖本、岳本當與出文相同,但是我們核實廖本、岳本發現,其實二本的文字也沒有"梃刃殺人與",與宋本、孔本、韓本是相同的。又如:

> 卷八下第52條:"言賓師不與臣同耳",閩、監、毛三本同。

廖本無"耳"字。宋本、孔本、韓本、《考文》古本作"言師賓不與臣同"。

《校勘記》此條所揭示文字之差別有二,一是"賓師"二字互乙,一是"耳"字之有無。據《校勘記》所載,廖本與注疏諸本的差別只是"耳"字之有無,而與宋本等經注本作"師賓"不同。今核諸廖本,實際上廖本的文字與經注本等並無不同,無"耳"字,作"師賓"。這種明顯的錯誤由於材料的缺乏,我們已經不易斷定是《校勘記》編撰者心粗而誤,抑或《校勘記》所利用的校本已經有所錯誤。

第三,由於注疏本出於同一系統,因此《校勘記》所反映的疏文的差異並不全面。

《校勘記》使用的4種注疏本之間存在著直接的源流關係,同屬一個系統,因此這幾種版本所反映的各個版本之間的差別是有限的。上一節中,我們已經指出《校勘記》全部異文共計2020條,其分布如下:

序、《題辭解》異文	各卷題名異文	經文異文	注文異文	輯校章指	疏文異文
15	9	201	1279	261	255

據上面的表格不難發現,《孟子》各本的差別主要在注文,而注文主要是靠7種經注本反映的,因爲閩本、監本、毛本經常作爲一個整體出現。另一個問題就是疏文的異文數量偏少,而從文字數量上說,疏文的文字是最多的。《孟子》全書共261章,而疏文異文卻僅有255條,章均不足1條。從疏文的角度來看,我們只能説,現有的《校勘記》只反映了十行本系統的差異,並不全面。因此一個十行本系統之外的注疏本的價值自然不言而喻。

由上述三個部分可知,《校勘記》的修纂有較强的計劃性,是學者分工合作的結果,在這之中,段玉裁發揮了統籌性的作用。《校勘記》的編修是在充分繼承前人成果的基礎上完成的,這主要表現爲對前人校勘成果的利用。《校勘記》突破前人之處主要在於版本上的相對完備,但也不無缺憾。

【作者簡介】　王耐剛,华東師範大學古籍研究所講師。

唐石經校譌

松崎慊堂撰　劉玉才整理

《周易》校譌

卷　一

可與幾也　古本、足利本“與”下有“言”字。按，有者義長。
至靜而德方　《石經》“德”下旁增“也”字。按，旁增字並後人所爲，多不可信也。　**童蒙求我**　古本“蒙”下有“來”字。案，《彖傳》“童蒙求我”，《釋文》云：一本作“來求我”。阮元云：惠棟《周易古義》引《吕覽·勸學篇》注，“《易》曰：匪我求童蒙，童蒙來求我。”王念孫云：注云“童蒙之來求我”。又蔡邕《處士圈叔則碑》：童蒙來求，彪之用文。是漢魏時經文多有“來”字。今按，彖因卦主而立言，此卦九二爲主於内，六五來而應之，故云童蒙來求我。凡《易》外卦曰往，内卦曰來，有“來”字爲是。《彖傳》同。　**以此毒天下**　《石經》“毒”誤从母，今改正，以下“毒”字皆同。

卷　二

征邑國　《釋文》出“征國”，云本或作“征邑國”者，非。　**觀天之神道**　《石經》“道”下旁增“日月不過”四字。

卷　三

利艱貞吉　《石經》“貞”下旁增“大”字。　　小利有攸往　《石經》“利”下旁增“貞”字。　　剝之无咎　《釋文》出六三“剝无咎”，云一本作“剝之无咎”，非。今按，注云“雖處於剝，可以无咎”，則無“之”字爲是。《象》則加一“之”字，條暢爻辭，乃其例也。經文相涉而衍耳。　　無祗悔　諸本“祗”誤“祇”，《石經》作“祗”。按，錢大昕云：《説文》示部有“祇”、“祗”二字，一爲神祇，字從“氏”；一爲祗敬，字從“氐”。又別有“禔”字，從“是”，安福也。引《易》“禔既平”，今《易》亦作“祗”。古文“氏”、“是”通用，則“禔”、“祗”亦可通，但相承讀爲“支”音，與神祇音小異耳。此《釋文》云無“祗”，王肅作“禔”，九家作“多”，音“支”。古人“多”、“祗”同音，“祗”訓“適”，“禔”訓“福”，訓“安”，“安”與“適”義亦相承，則“祗”訓“適”者，即與“禔”通之“祗”，非別有他字矣。乃《玉篇》於衣部添“祗”字，讀之移切，訓爲“適”。此六朝俗體，《五經文字》承《玉篇》之誤，亦收此字，且以從“示”爲誤，則大謬矣。此寫手改作“祗”，以就《石經》用字之例。其實《石經》中唯此及《繫辭》不誤，蓋其初猶未用張參之謬説耳。但《石經》例既如此，故今不復更正。　　坎下坎上　《石經》誤作“坎上坎下”，今改正。

卷　五

象曰鼎黄耳　《石經》“象”誤“象”，今改正。　　君子以居賢德善俗　足利本“俗”上有“風”字。《釋文》云：“善俗”，王肅本作“善風俗”。《正義》引經文亦無“風”字。按，注云“賢德以止巽則居，風俗以止巽乃善”，則王弼本似亦有“風”字。

卷　七

韓康伯注　《釋文》云：韓伯注，本亦作“韓康伯注”。按，無“康”字者義長。　　存乎其小疵也　諸本“存”作“言”。阮元云：按《正義》

云"言説此卦爻有小疵病也",則《正義》所據本是"言"字。《石經》與下文相涉而誤耳。　**故再扐而後掛**　《釋文》云:掛,京作"卦"。阮元云:《乾鑿度》、《説文》引此句皆作"卦"。張惠言云作"卦"義長。

卷　八

无衹悔　《石經》"衹"作"祇",説見前。

卷　九

爲萑葦　《石經》"萑"作"藋",諸本作"萑"。按,《五經文字》云:萑,户官反,從艹,下隹。今經或相承隸省"艸"作"萑"。《説文》有"萑",有"藋"。"藋"者,葦之類也,從艸,萑聲。萑者,鳥名,從丫,從隹。今人萑葦字蓋用萑雀字爲假借,非用萑艸字也。萑艸字從艸,隹聲,音追,與藋字不相涉。《石經》萑葦字初皆作"藋",俗字也,後多改作"萑",此獨未改耳。今改正。　**故受之以履**　注云:履者,禮也。李鼎祚《集解》以四字接此下爲經文。按《略例》引《雜卦》曰:履,不處也。又曰:履者,禮也。盧文弨云:此四字是序卦文,不分別言之者,省文耳。今本入之韓注,殊不類也。推其誤,蓋始于《石經》。　**物不可以終動止之**　古本、足利本"止"上有"動必"二字,阮元引岳本同。按"止之"二字亦頗難讀,若上有"動必"二字,句法極穩,有者爲善。　**遘遇也**　諸本"遘"作"姤"。陳鱣云:咸淳本《本義》及岳本皆作"遘"。考《説文》無"姤"字。《釋詁》云:遘,遇也。《易》"姤",《釋文》云:薛云古文作"遘",鄭同。馮椅《易輯》云:古文"姤"作"遘",遇也,亦婚媾也。王注《易》改爲今文爲"姤"。《雜卦》猶是古文,鄭本同。蓋《雜卦》以無王注,故未及改。流俗相承盡改爲"姤",非也。凡《石經》不誤而他本誤者,此校例不標出,此標者,惡其似是而非也。

略　例

所以在兔　《石經》下二字漫滅,寫手依諸本補。按,足利本

"在"作"存"。注云：存蹄得兔，得兔忘蹄。則作"存"似是。下文"所以在魚"，《石經》"在"字雖缺，猶存其半，明是在字。蓋上文明象存意變文，故存兔、在魚亦變文應之也。 **洽乃疑亡也** 《石經》"洽"初刻"合"，後加水旁。《釋文》出"洽"，乃云：咸夾反，本又作"合"。按，作"合"者義長。

尚書校讟

卷 一

懼覽之者不一 阮元云：岳本"之者"倒。顏師古《糾謬正俗》曰：《尚書序》云"覩史籍之煩文，懼覽者之不一"。覽者，謂習讀之人，猶言學者爾。蓋思後之讀史籍者以其煩文不能專一，將生異說，故删定之。凡此數句，文對旨明，甚爲易曉，然後之學者輒改"之"字居"者"字上，雖大意不失，而顛倒本文，語更凡淺，又不屬對，亦爲妄矣。今有晉宋時書，不被改者往往而在，皆云"覽者之不一"。案，顏說、岳本是也，可據訂正。 **敬授人時** 人，古本作"民"。阮元云：唐以前引此句未有不作"民"者。疏云：敬授下人，以天時之早晚。下人，猶下民也。知孔疏所據本猶作"民時"。後人因疏作"人"，并經傳改之，自《開成石經》以後，沿讟至今。《舜典》"食哉惟時"，傳云"應敬授民時"，此未經改竄者。 **流共工于幽洲** 阮元云：《說文》無"洲"字，後人加水，相沿已久。惟此句不可作"洲"。觀孔疏直以十二州之幽州釋之，則孔氏所據之經作"州"，與《孟子》同。若作"洲"，則似別有一地名爲幽洲矣。孔傳云"水中可居者曰州"，蓋汎釋"州"字之義。案，阮說是也。傳"水中可居曰洲"，十行本、閩本俱作"州"，不从水，亦足爲一證佐矣。

卷 二

降水儆予 諸本同。《石經考文提要》云：坊本作"洚水"，沿《蔡傳》。阮元云：《蔡傳》曰“洚水，洪水也。古文作降”，而《纂傳》引朱子則曰“降水，洪水也。古文作洚”，與《蔡傳》正相反。蓋蔡氏用師説而誤倒其文也。　　**惟先蔽志**　孫志祖云：《左傳》哀公十八年引《夏書》“官占惟能蔽志”，《釋文》云《尚書》“能”作“克”，“克”亦“能”也。孔疏則云《夏書·大禹謨》之篇也，惟彼“能”作“先”耳。頗疑《釋文》近得其真，孔疏“先”字後人以意改也。阮元云：《左傳疏》“先”字疑本是“克”字，後人卻據誤本《尚書》改之。案，孫、阮二説是也。但“先”與“克”字形相似而誤，亦未可知也。　　**亦言其有德**　諸本“其”下有“人”字。《石經》原刻亦有，唐元度覆定乃删“人”字，重刻與《史記·夏本紀》合。　　**明庶以功**　古本“庶”作“試”。阮元云：《左傳》僖公二十七年引《夏書》“賦納以言，明試以功”，疏云：古文“賦”作“敷”，“試”作“庶”，師受不同耳。案，作“試”者是。王符《潛夫論》引亦作“試”，與左氏合。　　**傲虐是作**　傲，岳本作“敖”。阮元云：傲，倨也。五報反。敖，遊也。五羔反。傳云“傲戲而爲虐”，《釋文》音五羔反，則當作“敖”明矣。案，“傲”、“敖”通用，不必據彼而非此。阮説失之。

卷　三

　　任土作貢　古本“貢”下有“作禹貢”三字。案，疏云：此篇貢法是禹所制也。不謂此篇禹所作，而謂貢法禹所制，則其法雖禹所制，筆之於書自出于史官之手。本應有“作禹貢”三字，而海彼諸本無之者，蓋淺人誤會疏文删落之，而《石經》以下沿其謬也。今雖不敢武斷其是非，姑標出異文以俟後考。　　**島夷皮服**　臧琳云：孔傳“海曲謂之島”，疏云孔讀“鳥”爲“島”。鄭玄曰：鳥夷，東方之民，搏食鳥獸者也。王肅云：鳥夷，東北夷國名也。與孔不同。據此知鄭、王本皆作“鳥夷”，《孔傳》雖讀“鳥”爲“島”，然未改經字，故《正義》本亦作“鳥”也。《史記·夏本紀》冀州作“鳥夷”，楊州作“島夷”，蓋因《集解》采孔傳，後人遂私改。《漢書·地理志》冀州、楊州皆作“島夷”。《羣經音辨·鳥部》云：鳥，海曲也，當老切。《書》"鳥夷"。是北宋孔傳尚作"鳥"字。　　**達于河**　阮元云：諸本作"河"，非也。案，《説文》"荷"字下，《水經》"濟水篇"引並作"達于荷"。《古文尚書疏證》云：荷者，澤名，爲濟水所經，又東至于荷者。是在豫之東北，即徐之西北。舟則自淮而泗，自泗而荷，然後由荷入濟，以達于河。此徐之貢道也。**浮于洛達于河**　《石經》脱"達于"二字，今據諸本補。　　**北過降水**　阮元云：此與《大禹謨》"降水"字同義異。《禹謨》"降"字可作"泽"，此"降"字必不可作"泽"也。　　**又東至于澧**　阮元云：澧，《史記》、《漢書》俱作"醴"。《史記索隱》曰：虞喜《志林》以醴是江沅之別流，而"醴"字作"澧"也。據此則以"醴"爲"澧"，始於《志林》，孔本作"醴"，與馬、鄭同耳。

卷　四

惟天生聰明　諸本同。《石經》初刻亦同，後剗去"天"字，蓋嫌與上天字相複。案，初刻是也，磨改誤。　　**弗敢赦**　弗，諸本作"不"。**惟明明**　《石經》初刻"明明"下有"后"字，後磨改。

卷　五

戎毒　《石經》"毒"誤從"母"，下"毒"字並同。　　**汝無老侮成人**　諸本"老侮"倒。段玉裁云：《石經》是也。今版本作"侮老"，因"老成人"口習既熟，又誤會孔傳，故倒亂之。　　**乃祖乃父丕乃告**　《石經》、古本"乃父"作"先父"，諸本並作"乃父"。案，據上文作"乃父"者是也，今據諸本訂正。　　**作丕刑于朕子孫**　諸本俱無"子"字，《石經》、古本俱有。王鳴盛云：據傳當有"子"字。　　**敢對揚天子休命**　諸本"天子"下有"之"字。　　**大命胡不摯**　"胡"字《石經》旁增。王鳴盛云：《史記》作"大命胡不至"，觀孔傳云"何以不至"，是孔本亦有"胡"字。《石經》"胡"字初時誤脱，後考得其實而增者，不知今本何以又脱也。案，王説是也。阮元則據《説文》所引，妄謂"胡"字不應有，

《石經》旁添，乃後人依《史記》增入者。殊謬。

卷　六

泰誓　《困學紀聞》云：泰誓，古文作“大誓”。孔傳“大會以誓衆”。晁氏曰：開元閒衛包定今文，始作“泰”，或以交泰爲説，真郢書哉。大誓與大誥同，音泰者非。　**予有亂十人**　《石經》“亂”下旁增“臣”字。《石經考文提要》云此文此與《論語·泰伯》、《左傳》襄公二十八年、昭公二十四年凡四見，皆無“臣”字，後人於《泰誓》、昭公二十四年、《論語》皆旁增“臣”字，襄公二十八年復失不增。若云《石經》脱字，不應四見皆同也。《釋文》於《論語》明出“予有亂十人”，云本或作“亂臣十人”，非是。則增“臣”字，自《論語》別本始也。　**惟婦言用**　諸本“言”下有“是”字。《石經》“是”字旁增。阮元云：《漢書·五行志》引此經亦無“是”字。　**師逾孟津**　顧炎武云：《石經》、監本同，《釋文》“逾”亦作“踰”，今本作“渡”，非。　**封比干墓**　《石經》“干”下旁增“之”字，“商容”下同。

卷　七

明作哲　諸本同。《蔡傳》作“晢”。王肅及《漢書·五行志》作“悊”。《書傳會選》：晢，之列反，下當从日，从口非。段玉裁云：《説文》日部，晢、昭、晰，明也，从日折聲。口部，哲，知也，从口折聲。心部，悊，敬也，从心折聲。三字各有所屬本義，而經傳多假借。　**無偏無陂**　《唐書·藝文志》，開元十四年，玄宗以《洪範》“無頗”聲不協，詔改爲“無陂”。顧炎武云：《吕氏春秋》引此正作“頗”，而下文有“人用側頗僻”之語。況以古韻求之，作“頗”爲協。　**曰蒙曰驛**　孫志祖云：案，經文本作“雺”、“圛”，而傳讀爲“蒙”、“驛”耳。孔疏猶作“雺”、“圛”，且云雺聲近蒙，圛即驛也。可證經文之作“雺”、“圛”矣。不知何時徑改經爲“蒙”、“驛”，沿誤至今。幸疏中字多不及全改，後之學者猶可尋求是正也。　**天閟毖我成功所**　錢大昕云：天

閟毖我成功所,傳訓"閟"爲"慎",又解之云"天慎勞我周家成功所
在"。疏云:閟,慎,《釋詁》文。考《釋詁》,本云"毖,慎也"。經既以
閟爲毖,不當重出"毖"字。據《莽誥》云"天毖勞我,成功所則",知此
經"毖"乃"勞"之譌,字形相涉而誤,傳猶未誤也。阮元云:下經"勤
毖",傳解爲"勞慎",此傳云"慎勞",則經當作"毖勤"。《莽誥》於下云
"天亦惟勞,我民是訓",勤爲勞也。案,二説未知孰是,恐阮説近之。

卷 八

聽朕誥汝 《石經》、古本同,諸本俱作"告"。 **惟其塗暨茨**
阮元云:塗,疏作"斁",下同。此亦古文之見於疏者,又見《羣經音
辨》支部。此亦爲衛包所改者也。 **比介于我有周御事** 介,古本
作"迩"。山井鼎云"迩"即"邇"字。考傳文"比介"解"比近",恐經文
作"比迩"爲是。阮元云:作"迩"者,《古文尚書》也,《今文尚書》當作
"邇",後誤爲"介",則因"迩"字而訛也,《開成石經》已然。案,古
"邇"、"近"字通作"爾",《周禮》"肆長職實相近者相爾也",《孟子·離婁篇》"道在於
爾而求諸遠",是其證也。"尒"即"爾"古文,"尒"之與"介",只一筆之多少
耳,字形最相似,則當今文作"爾",古文作"尒"。

卷 九

其往 "其"上古本有"慎"字。段玉裁云:《後漢書》爰延上封事
曰:臣聞之帝左右者,所以咨政德,故周公戒成王曰"其朋其朋",言
慎所與也。李注,《尚書》周公戒成王曰"孺子其朋,孺子其朋,慎其
往",較今本多一"慎"字,疑妄增,足利、古本蓋本諸此。案,古本是
也。若無"慎"字,不詞甚矣。況有"慎"字,與《後漢書》、李注合。段
阮之徒,嫉媢皇朝古本,每加抑黜,至其善者亦欲强掩之,非篤論
也。上文"比迩",此經"慎"字,是古本之尤確然不可易者矣。 **惟
公德明** 古本作"明德",與傳合。

卷　十

我乃其大罰殛之　殛，古本作"極"。阮元云作"極"是，說詳《尚書撰異》。

卷十一

惟孝友于兄弟　"孝"下古本有"于孝"二字。潘岳《閒居賦》引作"孝乎惟孝"。阮元云：《閒居賦》爲近之。孝乎惟孝者，猶君子人與君子人也，故曰美大孝之辭。以"乎"爲"于"，不可通矣。

卷十二

王若曰嗚呼君牙　《石經》篇首例皆提行，此及下"囧命""吕刑"並不提行，誤也。此刻寫手畫一遵守，謬效其顰，今糾之事極煩，姑依舊文。　**小民惟曰怨咨**　曰，古本作"日"，下句同。　**今爾罔不由慰曰勤**　段玉裁云：曰勤，《釋文》作日月字，人實反，一音曰。"曰"當作"越"。玉裁云。《正義》作子曰字，云言曰我當勤之。王鳴盛云：孔傳"今汝無不用安自居，曰當勤之"，孔本本作"曰"字。今定作"曰"字，石經作"日"，非也。

卷十三

盧弓一盧矢百　兩"盧"字古本並作"旅"。阮元云：案，《正義》中"旅"字凡六見，且曰"彤"字從"丹"，"旅"字從"玄"，故"彤"赤"旅"黑也。據此則可知《尚書》經傳皆作"旅"，今作"盧"者，此亦爲衛包所改，而古文之存於疏中者也。　**東郊不闢**　《石經》初刻作"闢"，後磨改作"開"。《糾謬正俗》引此作"東郊不關"，云徐邈音"開"。《說文》及《古今字詁》，闢，古"開"字；關，古"闢"字，但"闢"訓"開"，故傳釋云"東郊不開"耳，不得徑讀"闢"爲"開"。阮元云：古文作"關"，則今文自宜作"闢"，先儒以"關""闢"相似，故誤讀"關"爲"開"，而《今文尚書》徑改爲"開"，失之遠矣。案，阮說是也，今定從初刻。　**敕乃**

甲冑　《石經》"敕"誤"敕",今據《五經文字》正。　　**若弗云來**　云,古本作"員",下"雖則云然"同。盧文弨云:疏云"員"即"云"也,則本"員"字。阮元云:傳以"云"釋"員",故疏云"員"即"云"也,衛包依之改"員"爲"云",下文"雖則云然"同。

毛诗校譌

卷　一

言王政之所由廢興也　《正義》云:定本"王政所由廢興",俗本"王政"下有"之"字,誤也。　　**爲絺爲綌**　《石經》"綌"誤从"谷",今改正。《綠衣》"綌兮"同。　　**不可休息**　《釋文》云:舊本皆爾,本或作"休思",此以意改耳。《正義》云:詩之大體,韻在辭上,疑"休"、"求"字爲韻,二字俱作思,但未見如此之本,不敢輒改耳。阮元云:《正義》之説是也。此爲字之誤,惠棟以爲"思"、"息"通,非是。　　**召伯所憩**　案,《説文》無憩字。《釋文》云:憩,本作"愒"。《五經文字》云:愒,丘例反,息也,又作"憩",見《詩風》。今《小雅·菀柳》、《大雅·民勞》經皆作"愒","憩"蓋"愒"之俗字耳。

卷　二

覯閔既多　《石經》"覯"誤"覯",今改正。　　**瞻望弗及**　《石經》"望"誤"望",今改正。以下"望"字左點者皆同。　　**願言則疐**　《釋文》云:疐,本又作"嚏",又作"疌"。舊竹利反,又丁四反,又豬吏反,或竹季反。劫也。鄭作"嚔"音,都麗反。段玉裁云:毛作"疐",跲也。鄭云"疐"讀爲不敢嚔咳之"嚔",此鄭改字。阮元云:《正義》本傳是跲也,則其經當是"疐"字。《釋文》"疌"即"疐"之變體,《狼跋·釋文》"疐,本又作疌",可證也。與《説文》止部之"疌"字,迥不相涉。若經字作止部之"疌",鄭不得讀爲"嚔",《釋文》亦不當作竹利等反矣。按,段、阮二説皆是也。《五經文字》云:嚔,多計反,見《詩風》。

然則《石經》沿張參之誤也。　**濟盈不濡軏**　諸本“軏”作“軌”。《釋文》、《正義》亦作“軌”,而從“軏”爲説。蓋《石經》以前,未有直改作“軏”者也。案,此經當作“軌”爲正,非誤也。説詳戴震《毛鄭詩考正》、段玉裁《詩經小學》。　**湜湜其沚**　案,《説文》水部“湜”下引詩曰“湜湜其止”。段玉裁云:毛作“止”,鄭作“沚”。阮元云:考《鄭箋》,但義從“沚”耳,其經字不作“沚”也。《釋文》、《石經》及各本皆誤。　**賈用不售**　《石經》“售”字摩改。錢大昕云:蓋本作“讎”。段玉裁云:讎,正字;售,俗字。《史記》、《漢書》尚多用“讎”。阮元云:《釋文》“售,市救反”,《石經》摩改所從也。　**比予于毒**　《石經》“毒”誤從“母”,今改正。以下“毒”字皆同。　**胡爲乎泥中**　《石經》“泥”誤“泹”,今改正。

卷　三

玼兮玼兮　《釋文》引沈云本或作“瑳”,此是後文“瑳兮”云云。今案“玼”、“瑳”一字,兩章不容歧出也。段玉裁云後人乃分別二章、三章,是也。　**鬒髮如雲**　《石經》“鬒”誤“鬕”,今改正。　**而刺在位不承先君之化**　諸本無“不”字。阮元云:《石經》誤也。《正義》云:故刺其在位,有承先君之化,無禮儀。又云:以其承先君之化,弊風未革,不當有“不”字。　**如切如磋**　岳本、小字本“磋”作“瑳”。按,《五經文字》石部“磋,治也”,玉部“瑳,玉色鮮”。是唐人有以此字與“瑳兮瑳兮”字爲別者。《説文》有“瑳”無“磋”,“磋”即“瑳”之俗字也。　**國人閔而憂之**　盧文弨云:《石經》下有“故作是詩也”五字,刓缺猶可辨。今撿石本初刻,有是五字,後刊去,今雖刓缺五字,右偏猶存其半,了了可辨。此刻於《石經》刊去者,例從刊去。　**甿刺時也**　諸本“甿”作“泯”,下皆同。按,此當作“泯”爲正。《石經》作“甿”者,避諱改之耳。然《周禮》亦用是字,故今不輒改。　**刺淫泆也**　《釋文》云:佚,音逸。《正義》標起止云至“淫佚”。阮元云:《石經》改作“泆”者,非也。　**所以育人民也**　古本“人民”作“民人”,

《釋文》同。阮元云：《出其東門》，序云"民人思保其室家焉"；《蜉蝣》，
序云"民人勞苦"；《摽有梅》，傳亦作"民人"，此序當同。

<h2>卷　四</h2>

將其來施施　阮元云：《顏氏家訓》引傳及箋，云《韓詩》亦重爲
"施施"，河北《毛詩》皆云"施施"，江南舊本悉單爲"施"。俗遂是之，
恐有少誤。然則今《毛詩》、《釋文》、《正義》及各本皆作"施施"者，或
由顏説定之也。《經義雜記》以爲經文一字，傳、箋重文，引《邶·谷風》
有"洸有潰"，傳"洸洸，武也；潰潰，怒也"；箋"君子洸洸然，潰潰然，
無溫潤之色"等證之，是也。　　**大叔于田乘乘馬**　岳本、小字本同。
《釋文》云：叔于田，本或作"大叔于田"者，誤。《正義》標起止云"大叔
至傷女"，又上篇《正義》云：此言"叔于田"，下言"大叔于田"，作者意
殊。阮元云：此詩三章共十言，"叔"不應一句獨言"大叔"，或名篇自
異，詩文則同。如《唐風》、《杕杜》、《有杕之杜》二篇之比，其首句有
"大"字者，援序入經耳。　　**亂世則學校不脩焉**　《石經》缺。《釋文》
云：世亂，本或以"世"字在下者，誤。此寫手依諸本補，今不更改
正。　　**零露漙兮**　《正義》云："靈"作"零"字，故爲落也。段玉裁云：
案，此則經本作"靈露"，箋作"靈落"也。假"靈"爲"零"字，依《説文》
則是假"靈"爲"霝"也。

<h2>卷　六</h2>

阪有漆　《石經》"漆"誤"桼"，今改正。　　**駟驖**　《石經》初刻
"鐵"，後改"驖"。按，後改是也，但"驖"中"呈"誤"呈"，今改正。下皆
同。

<h2>卷　七</h2>

可以療飢　諸本"療"作"樂"，《石經》初刻同，後加"疒"。錢大昕
云：用鄭義也。今案，鄭但讀爲"療"而已，不容經文與毛相異也。《釋
文》云：毛本止作"樂"，鄭本作"療"非也。此當從初刻爲是。**歌以訊**

之　《釋文》云：訊，本又作“誶”，音信。徐息悴反。告也。段玉裁云：“誶”、“訊”義別，“誶”多譌作“訊”，如《爾疋》，誶，告也。《釋文》云：本作“訊”，音信。《説文》引《國語》“誶申胥”，今《國語》作“訊”。《詩》“歌以誶止，誶予不顧”，傳“誶，告也”；“莫肯用誶”，箋“誶，告也”，正用《釋詁》文。而《釋文》誤作“訊”，以音“信”爲正。王逸《楚詞注》引“誶予不顧”。《廣韻》六至“誶”下，引“歌以誶止”，可正其誤。戴震云“止”譌作“之”。　　**勞心慘兮**　戴震云：蓋“懆”字轉寫譌爲“慘”耳。毛晃、陳第、顧炎武諸人論之詳矣。　　**從夏南**　《石經》“南”下“旁”增“姬”字，下句同。惠棟云：“南”與“林”協韻，不容闌入“姬”字，依疏當云“從夏南兮”。阮元云：《正義》云定本無“兮”字。按，旁增字並後人所爲，多不可信也。　　**乘我乘駒**　《釋文》云：乘驕，音駒。沈云或作“駒”字，是後人改之。《皇皇者華》篇内同。阮元云：沈説是也。詳段玉裁《説文解字注》。　　**我心藴結兮**　諸本“藴”作“蘊”，《石經》後改同，初刻作“藴”。阮元云：《説文》“藴，積也，从艸温聲”。《正義》、《釋文》作“蘊”者，即“藴”之俗字耳。今據初刻。**國人疾其君之淫恣**　《正義》云：定本無“淫”字，《石經》缺，以字行計之，應有。　　**萇楚三章**　諸本上有“隰有”二字。案，有者是也，《石經》誤脱耳。　　**浸彼苞蓍**　《石經》“蓍”誤“蕃”[1]，今改正。

卷　八

上入執宮功　《石經》“執”下旁增“於”字。　　**公乃爲詩以遺王**《釋文》云：遺，唯季反，本亦作“貽”，從《尚書》本也。《正義》云：定本“貽”作“遺”字，則不得爲“怡，悦也”。阮元云：《正義》引《金縢》注“怡，悦也”，是鄭讀《尚書》“貽”爲“怡”也。此序注義既與彼同，則“貽”字亦不爲有異，當以《正義》本爲長。　　**予尾翛翛**　諸本“翛翛”作“翛翛”，《釋文》同。阮元云：考此經相傳有作“翛”、作“翛”二本

也。《沿革例》云：監、蜀、越本皆作"脩脩"，以疏爲據；興國本及建寧諸本皆作"脩脩"，以《釋文》爲據也。又引疏云：定本作"脩脩"，今《正義》誤。段玉裁云：《集韻》、光堯《石經》作"脩脩"。

卷　九

莫如兄弟　《石經》初刻同，後改"弟"作"弟"，非，今改正。以下"弟"字左點者皆同。　**況也永嘆**　阮元云《石經》"況"字後改，今撿石本未必然也。《釋文》云：況也，或作"兄"，非也。段玉裁云：此《桑柔》、《召旻》及《今文尚書》"母兄曰則"，"兄曰"正同，作"兄"是，作"況"非。　**伐木六章章六句**　阮元云：《正義》序下標起止云"伐木六章章六句"。《正義》又云：燕故舊即二章卒章，上二句是也；燕朋友即二章諸父諸舅卒章，兄弟無遠是也。與標起止不合，當是《正義》本自作三章，章十二句，經注本作六章，章六句者。其誤始於《石經》也，合併經、注、正義時又誤改標起止耳。　**豈不曰戒**　諸本"曰"作"日"，《石經》後改同，初刻作"曰"。案，《釋文》云："曰"音"越"，又人栗反。阮元云：上一音是也。下一音字即宜作"日"。箋意是"曰"字。今據初刻。　**僕夫況瘁**　《釋文》云：況瘁，本亦作"萃"，依注作"悴"。阮元云：考此當是經本作"萃"，故於訓釋中竟改其字，箋之例也。《釋文》云依注作"悴"，似乎未晰也。《四月》，《釋文》：盡瘁，本又作"萃"。下篇同。亦其證。

卷　十

保艾爾後　段玉裁云：依傳，艾，養也；保，安也，似經文當作"艾保"。　**匪陽不晞**　《石經》"晞"誤"晞"，今改正。　**我是用急**　戴震云："急"字於韻不合。段玉裁云：《鹽鐵論》引"急"作"戒"。謝靈運撰《征賦》用作"棘"，皆協。今作"急"者，後人用其義改其字耳。　**白旆央央**　《釋文》云：白茷，本又作"旆"。《正義》本作"帛茷"。阮元云：《公羊》宣十二年疏載孫炎《爾雅注》引作"帛"，則《正義》本之所同也。段玉裁云：作“帛”爲善。　　**蠢爾蠻荊**　段玉裁云：《漢書·韋賢傳》引“荊蠻來威”。案，毛云荊州之蠻也。然則《毛詩》固作荊蠻，傳寫倒之也。《晉語》、《後漢書·李膺傳》、《文選·王仲宣誄》皆可證。阮元云：《正義》云宣王承厲王之亂，荊蠻内侵，是《正義》本作荊蠻。下文皆作蠻荊，後人依經注本倒之，而有未盡也。　　**搏獸于敖**　惠棟云：《水經注》引云“薄狩于敖”，《東京賦》同。段玉裁云：薄狩，《後漢書·安帝紀》注及《初學記》所引皆可證。薄，辭也。箋釋狩以搏獸者，上文言苗毛謂夏獵，則不當復舉冬獵之名。且上章之行狩，疏謂是獵之捴名，則此“狩”字當爲實事，以别於上章。　　**徒御不驚**　古本“驚”作“警”。段玉裁云：經文作“警”，傳、箋、《正義》皆甚明。

卷十一

言就爾宿　《石經》“宿”誤“宿”，今改正。**十篇卅七章**　諸本“七”作“二”，《石經》同，誤也。今據古本訂正。

卷十二

憂心如惔　《釋文》云：惔，徒藍反，又音炎，燔也。《韓詩》作“炎”字，《書》作“焱”，《説文》作“爇”字。《正義》云：“如惔”之字，《説文》作“爇”。段玉裁云：《毛詩》本作“如爇”，或同《韓詩》作“如炎”，不知何人始作“如惔”。惔，憂也。豈憂心如憂乎？又於《説文》“惔”下妄加“詩曰憂心如惔”。今案，此經當作“爇”爲是。《五經文字》云“惔”見《小雅》，誤也。　　**菽菽方有穀**　《釋文》云：方穀，本或作“方有穀”，非也。戴震云：當從《釋文》爲正。　　**山冢崒崩**　《釋文》云：崒，舊子恤反，徐子綏反。鄭云：崔，嵬也，宜依《爾雅》音徂恤反，本又作“卒”。阮元云：“卒”、“崒”古字同用。箋云“卒者，崔嵬”，訓“卒”爲“崒”，而不改其字也，《漸漸之石》傳、箋、《正義》可證。《漢書·劉向傳》作“卒”，是《魯詩》亦作“卒”也。　　**十月八章**　古本、岳本、小字本“十月”下有“之交”二字。案，有者是也，序可證。　　**慘慘日瘁**

諸本"慘慘"作"懵懵",《釋文》、《正義》皆同,不知《石經》出何本也。
莫肯用訊　按,"訊"當作"誶",説見前。　**故蘇公作是詩而絶之**
諸本"而"作"以"。阮元云:《石經》作"而絶之也",《正義》云故序專
云"刺暴公而絶之也",《石經》是也。按,《石經》初有"也"字,後刊
去。《正義》所引自爲文耳,有"也"字未必是也。今一依《石經》。
云何其盱　《石經》脱"其"字,後旁增之。今據補。　**作爲此詩**
《釋文》云:作爲此詩,一本云"作爲作詩"。阮元云:《正義》本是"作
爲作詩",故《正義》本箋並有"作,起也"、"作,爲也"二訓。《正義》云:
定本云"作爲此詩",又定本箋有"作,起也"、"作,爲也"二訓,自與經
相乖,非也。今各本皆但有"作,起也"一訓,必是因其經與注相乖,
不可通而去之也。

卷十三

率土之濱　《石經》"土"誤"士",今改正。以下"土"字左點者
同。　**鼓鍾送尸**　阮元云:《宋書·樂志》兩引此作"鍾鼓送尸"。

卷十四

有渰萋萋　古本"萋萋"作"淒淒"。段玉裁云:當從《説文》、《玉
篇》、《廣韻》作"淒淒"。阮元云:《吕氏春秋·務本篇》、《漢書·食貨
志》、《後漢書·左雄傳》皆作"淒淒"。見《經義雜記》。　**興雨祁祁**
《釋文》云:"興雨"如字,本或作"興雲",非也。《正義》云:經"興雨"或
作"興雲",誤也。定本作"興雨"。案,此經本作"興雲",今本作"興
雨"者,從《顏氏家訓》而改也。段玉裁、阮元諸人論之詳矣。　**不能
宴樂同姓**　古本"宴"作"燕",《釋文》同,云又作"宴"。阮元云:以
《鹿鳴》等訂之,序字當用"燕",又作"宴"者,依經"君子維宴"字改
也。　**匪由勿語**　段玉裁云:觀箋亦無從而行之也,鄭時經文作"勿
由勿語"。

卷十五

不親九族　《石經》"族"誤"族"，今改正。　**我心苑結**　古本"苑"作"菀"，《釋文》、《正義》皆同。案，此以"菀"字爲是。

卷十六

自土沮漆　《正義》本作"漆沮"。段玉裁云：《漢書》、《水經注》作"漆沮"。　**其正不獲**　諸本"正"作"政"。《釋文》云："其政"如字。政，政教也。鄭作"正"。正，長也。今案，鄭但以"政"爲"正"之假借耳。《石經》改其字則非。　**天立厥配**　《釋文》云：厥配，本亦作"妃"。段玉裁云：古多用"妃"，少用"配"。"妃"是正字，"配"是假借字也。配者，酒色也。今人云"配合"，周秦人云"妃合"。嘉耦曰妃，非專稱男女也。經文本作"妃"，毛以配合解之，鄭以后妃解之。改"妃"爲"配"，自是後人所爲。　**同爾兄弟**　段玉裁云：《後漢書·伏湛傳》作"同爾弟兄"，入韻。顧炎武説同。阮元云：《正義》本作"兄弟"，或《毛氏詩》與《伏湛傳》所引自不同也。

卷十七

既醉告大平也　諸本無"告"字。《正義》云：本或云"告大平"者，此與《維天之命》敍文相涉，故遂誤耳。今定本無"告"字，《釋文》以"既醉大平"作音。阮元云：考《維天之命》在《頌》，故序云"告謂以其成功告於神明"；此"既醉"在《雅》，序本不云"告"，《石經》有"告"字，誤。　**宜君宜王**　《釋文》云：且君且王，一本"且"作"宜"字。段玉裁云：作"宜"爲俗本。詳《詩經小學》。　**迺場迺疆**　《石經》"場"誤"場"，今改正。　**優游爾休矣**　《石經》"休"誤"伏"，今改正。　**辭之懌矣**　《釋文》云：繹，本亦作"懌"。案，古無"懌"字，以"繹"爲之。《那》"亦不夷懌"，《釋文》"繹"字亦作"懌"，與此同也。

卷十八

女雖湛樂從 《石經》“樂”下旁增“克”字。　**質爾人民** 《正義》本作“民人”。阮元云：郭璞注《爾疋》引《詩》“質爾民人”，與《正義》本正合。《説苑》引“告爾民人”，《鹽鐵論》引“誥爾民人”，皆即此經也。當是《石經》誤倒，如《有狐》序之比也。　**萬民靡不承** 《釋文》云：一本“靡”作“是”。段玉裁云：依《釋文》，一本與箋合。　**告之話言** 傳云：話言，古之善言也。段玉裁云：當作“詀”。話，古之善言也。前“慎爾出話”，傳云：話，善言也。此云詀話，古之善言也。一篇之内，依字分訓，而相蒙如此。《釋文》云：《説文》作“詀”。蓋《説文》稱《毛詩》“告之詀話”，陸氏所據《説文》“詀”字未誤，而“話”字亦已誤爲“言”矣。　**我心慘慘** 阮元云：此以韻求之，當作“懆懆”。　**亂況斯削** 阮元云：案，此“況”字當作“兄”。上經云“倉兄填兮”，傳“兄，滋也”，箋云“喪亡之道。滋，久長”。此無傳、箋云，而亂滋甚，皆承上也。倉兄，《釋文》云本亦作“況”，亦與下互爲詳略耳。《石經》上作“兄”，下作“況”，非也。　**好是稼穡** 《釋文》云：家，王、申、毛音“駕”，謂耕稼也。鄭作“家”，謂居家也。下句“家穡是寶”同。穡，本亦作“嗇”，王、申、毛謂收家也，鄭云吝嗇也。尋鄭“家嗇”二字，本皆無禾者，下“穡穡卒痒”始從禾。《正義》云：箋不言“稼”當作“家”，則所授之本皆作“家”字也，是毛鄭《詩》本作“家嗇”，王、申、毛乃爲“稼穡”，非也。説詳《經義雜記》、《詩經小學》。　**諒曰不可** 諸本“諒”作“涼”。上“職涼”，《釋文》云：毛音良，薄也；鄭音亮，信也，下同。段玉裁云：所云“下同”者，即此“涼曰”之“涼”是也。《石經》上作“涼”，此作“諒”，失之甚矣。　**如惔如焚** 《釋文》云：如惔，音談，燎也。《説文》云“炎，燎也”。徐音炎。《正義》云：定本經中作“如惔如焚”。阮元云：是《正義》本經中作“如炎如焚”也。段玉裁云：章懷注《章帝紀》引《韓詩》“如炎如焚”，作“炎”爲善。《説文》“炎，燎也”，傳云“惔，燎之也”，蓋毛亦作炎也。上文“赫赫炎炎”，本或作

“恢”，是其明證。　**往近王舅**　按，“近”當作“辺”。《釋文》云：辺，音記，今亦誤作“近”。《六經正誤》云：《説文》作“𨒅”，今作“辺”，音記，字譌作“近”。段玉裁云：此借“辺”爲“己”。　**我儀圖之**　《釋文》云：我義，毛如字，宜也。鄭作“儀”，儀，匹也。《正義》云：儀，匹，《釋詁》文，然則鄭讀爲儀，故以爲匹是。鄭但以義爲儀之假借耳，《石經》乃改“儀”字，非。　**鞙鞙淺幭**　《石經》初刻同，後改“幭”作“幭”，《五經文字》同。阮元云：正字當作“幦”，假借“幭”爲之。“幭”從巾，蔑聲。《五經文字》體譌，今據初刻。　**錫山土田**　《石經》“錫”下旁增“之”字，“山”下旁增“川”字，“田”下旁增“附庸”二字。《釋文》云：錫山土田，本或作“錫“之”山川土田附庸”者，是因《魯頌》之文妄加也。

卷十九

　　周公既成洛邑　古本“洛”作“雒”，《釋文》同，云音洛，本亦作“洛”，水名，字從水。後漢都洛陽，以火德，爲水剋火，故改爲各旁佳。段玉裁云：豫州之水自古作“雒”，《周禮》、《逸周書·職方》、《淮南·地形訓》之屬皆有其證，後漢改之。魚豢録魏詔云爾，則魏文帝之失也。當以《釋文》本爲長。　**維周之禎**　《石經》初刻“禎”作“楨”，涉《大雅》而誤也，後改“禎”。《釋文》云：之祺，音其，祥也。《爾疋》同。徐云本又作“禎”，音貞，與崔本同。《正義》云：定本、《集注》“祺”字作“禎”。阮元云：考此傳云“祺，祥也”，箋云“乃周家得天下之吉祥”，皆用《爾疋》祺祥、祺吉之文。《釋文》、《正義》二本皆作“祺”，是也。《詩經小學》云恐是改易取韻，亦見《經義雜記》。　**維羊維牛**　《經義雜記》云：《正義》本作“維牛維羊”，《周禮》“羊人”疏、《隋書·宇文愷傳》引亦如此。《石經》與《正義》本不合，未詳所本也。**懷柔百神**　《正義》云：《集注》作“濡柔”。《釋文》云：懷柔，如字，本亦作“濡”，兩通，俱訓安也。段玉裁云：當從《集注》本作“濡”。　**而毖後患**　《石經》“毖”下旁增“彼”字。　**萬億及秭**　《石經》“秭”誤

五五五五五五五五五五五五五五五五五五五五五五五五五五五五五五五五五五

“秾”，今改正。

卷　廿

駉駉牡馬　《石經》初刻同，後改“牡”作“牧”，下皆同。《釋文》云：牡馬，本或作“牧”。《正義》云：定本“牧馬”字作“牡馬”。阮元云：考在六朝時江南書皆作牝牡之“牡”，江北本悉爲放牧之“牧”，見《顏氏家訓》。顏據此章傳“良馬之文以爲有驔無驖”，定從“牡”字。段玉裁云：考《周官》馬政，凡馬特居四之一，絶無郊祀朝聘有驔無驖之説。且序云“牧于坰野”，傳云“牧之坰野，則駉駉然”，《正義》云“駉駉然，腹幹肥張者，所牧養之良馬也”。經文作“牧”爲是。此寫手誤依初刻，今不更改正。　歲其有　《石經》“有”下旁增“年”字。《釋文》云：歲其有，本或作“歲其有矣”，又作“歲其有年”，“年”、“矣”皆衍字也。惠棟引《漢西嶽華山廟碑》有“歲其有年”之文，此或出於三家耳。　詒孫子　《石經》“詒”下旁增“厥”字。《釋文》云：詒孫子，本或作“詒厥子孫”、“詒于孫子”，皆是妄加也。惠棟引劉子《列女傳》“貽厥子孫”，此正三家詩也。　頌僖公能脩泮宮也　《釋文》云：頖宮，音判，本多作“泮”。阮元云：此亦序與經不同字之例，當以《釋文》本爲長。　不吳不揚　《釋文》云：瘍，余章反。阮元云：此毛、鄭不同，毛作“瘍”，訓傷；鄭讀“瘍”爲“揚”，訓大聲，後人從鄭改經字。　百禄是總　《釋文》云：是總，子孔反，本又作“稯”，音宗。阮元云：案，此當“稯”字爲長，淺人以“總”字與上文三上聲相叶而輒改耳。　曰商是常　《石經》“商”下旁增“王”字。阮元云：箋曰“商王是吾常君也”，“王”字是箋文而非經文也。

左氏經傳校譌

卷　一

伐戴　諸本作“戴”，《石經》初刻同，後改“載”。《釋文》云：戴，音再,《字林》作"戴"。阮元云:《釋文》當云《字林》作"戴"。《説文》"戴"字注云:戴,故國在陳留是也。"戴"者假借字,亦或作"戴"。案,《釋文》音再,則當以改刻爲長。下"伐戴"、"圍戴"等並同。

卷　二

仍叔之子來聘弱也　諸本無"來聘"二字,《石經》初刻同,後磨改補入。案,四年《傳》"宰渠伯糾來聘",父在故名,文例正同。　**以名生**　諸本同。阮元云:《論衡·主術篇》"生"字在"名"字上。案,以生名,以德名,以類名,語言一例,《論衡》似長。　**故以紀魯及齊與宋衞燕**　諸本同。案,經云"及齊侯、宋侯、衞侯、燕人戰","齊"下不當有"與"字。或云齊大國或戰有先後,故下一"與"字以殊三國。"及"、"與"原不相複,若然注疏不容不解,今注疏無説,則"與"字恐當爲衍文。

卷　三

冬十有二月　古本、附釋音本無"有"字,是也。凡經記年月必有"有"字,傳則否,《石经》誤衍耳。　**謀山戎也**　《石經》初刻同,重刻"謀"下增入"伐"字,非也。據諸本删之。　**春城小穀**　諸本同。阮元引孫志祖云:讀《公羊疏》云二《傳》作"小穀",與《左氏》異,始悟《左氏》經本作"穀",此與申無宇所言"齊桓公城穀而寘管仲焉"語正合,故杜注以爲齊邑,又引濟北穀城縣中有管仲井以實之。今經傳及注俱作"小穀"者,乃後人據二《傳》之文而誤加之《左氏》也,惜杜氏手定本已亡,無從是正。

卷　四

酖壽　《石經》"壽"字从母,誤也,據《説文》改正。凡"壽"字左點者並同。

卷　五

　　以歸　阮元云:《石經》"以"下有"尸"字,似後人依閔二年《傳》增入,不足爲據。案,"尸"字小而不整,妄增無疑,據諸本删正。**漢水以爲池**　諸本同。《釋文》云:漢水以爲池,本或作"漢以爲池","水"衍字。臧琳云:方城者,山名;漢者,水名。《傳》文漢不云水,猶之方城不言山也。案,方城複名,漢單名,故《傳》加"水"字以取整,乃古人措辭之常。臧琳以方城不言山,欲并去漢水之水,其説雖本乎《釋文》,亦頗大拘。且本多作"漢水",《釋文》從或本,以"水"字爲衍,自其所見未足以爲定説也。但臧説往往爲諸家所取,姑收之以備參考云。　　**道柏**　《石經》"柏"作"栢",俗字也,據古本、岳珂本正之。　　**救許**　《石經》"救"誤"捄",據諸本改正。阮元云:《石經》自"楚子圍許"至"諸侯救許"十一字,皆重刻。案,朱梁補刻宣公卷,"救"字並作"捄",則此亦朱梁所改也。　　**面縛**　《石經》"縛"誤"縳",據諸本改正。　　**若摠其罪人**　《石經》"摠"誤"惣",據諸本改正。案,上二條字迹隁劣,恐亦係重刊。　　**亡鄭父**　諸本同。阮元云:《公羊疏》云《左氏》經無"父"字,然則今諸本有"父"者衍文也。　　**曰上天降災使我兩君匪以玉帛相見而以興戎若晉君朝以入則婢子夕以死夕以入則朝以死惟君裁之**　諸本同。阮元云:《正義》曰《左傳》本無此言,後人妄增之。今定本亦無,葉鈔《釋文》云此凡四十二字,檢古本皆無,尋杜注亦不得有,有是後人加也。《正義》作"使我兩君相見不以玉帛",與諸本亦異。

卷　六

　　徵諸侯而戍周　《石經》無"而"字,據諸本補入。　　**宋公**　《石經》"宋"下有"襄"字。阮元云:後人所增,非唐刻也。據諸本删之。**與子犯謀醉而遣之**　凡從"㔾"之字,《石經》並從"己",此"子犯"及下"逐子犯"從"巳"作"犯",誤也。"醉"字上有"飲之酒"三字,阮元云後人所增,今皆據諸本改正。　　**晉祀**　《石經》"祀"誤"祀",據諸本改正。　　**母氏之寵子帶**　《石經》諸本作"母弟",宋本無"弟"字。阮元云:《考文提要》據僖五年《正義》"弟"作"氏",是也。今據以改正。

卷　七

責無禮也　諸本同,《石經》闕。《釋文》云:責無禮,本或作"責禮也"。阮元云:作"責無禮"者,非也。案,無"無"字爲責之以行禮之義,文義稍澀。注云"責不共也",不共即無禮之實,故杜直取上文"杞不共也"之語以注之。若責之以行禮,杜不宜徒云責不共也。有"無"字似是。或云《石經》前行止"入杞",此行"將圍"以下五字完全,上當有五字,若有"無"字,則一行十一字,恐無"無"字,故杜解之云"責不共也",若作"責無禮",其義自明,不待注解,無者近是。存參。　　**可矣乎**　諸本同。《石經》"乎"字旁增。阮元云:蓋初刻時脱去,覆勘增成也。　　**謂楚人曰**　《石經》及宋本無"曰"字,此據諸本補入。案,注云:謂告楚人,言子叢不終戍事而歸,故殺之。若有"曰"字,文義自明,必不詳説至此。前校補入,其義未精。　　**曰稱舍於墓**　諸本同。王念孫云:"曰"字涉下文"聽輿人之誦"而衍。鄭注《射義》曰:稱猶言也,輿人之謀言舍於墓也。"稱"上不當有"曰"字。《通典》"兵"十五、《大平御覽》"兵部"四十五引此皆無"曰"字。案,王説是也。　　**具囿**　《石經》諸本同。足利本"囿"作"圃"。阮元引盧文弨《鍾山札記》云:宋時本是"具圃",今本作"具囿",引《初學記》、《水經注》、高誘《吕氏春秋注》並作"具圃"爲是。

卷　八

何以事夫子　《石經》初刻同,後磨去"夫子"二字,重刊"子"字。阮元云似未足據。今據初刻及諸本補入。

卷　九

錫穴　《石經》如此,據《校勘記》所引岳珂本、宋纂圖本亦作

"錫",自餘多作"錫"。《釋文》云:錫,音羊,或作錫,星歷反。阮元云:《漢書·地理志》錫縣屬漢中郡,應劭曰音陽,師古曰即《春秋》所謂錫穴。而《後漢書·郡國志》又云沔陽有鐵,安陽有錫,春秋時曰錫穴。劉昭《郡國志注》引傳文亦作"錫穴"。似作錫字爲當。　**遽除**　諸本作"蘧蒢",《石經》初刻同,後磨去艸頭。阮元云未知所據,《公羊》、《穀梁》並從竹。　**會公于沓**　《石經》"沓"誤從日,據諸本改正,《傳》同。　**經十有六年春**　諸本同。《石經》初刻脫"春"字,後旁增,細驗字樣,蓋唐人所補也。　**美而豔**　《石經》作"豓",譌字也,據桓元年《傳》正之。

卷　十

　　此及下卷《石經》譌字極多,字迹又劣。阮元云乃朱梁所補。全忠祖名信,父名誠,故"信"作"伩","成"、"城"作"厎"、"圻",避嫌名也。所存唐刻僅三之一是也。今皆據古本、宋本等改正,其缺末筆者依唐諱例填之。

　　濟西　《石經》"濟"誤"齊"。　**趙盾**　《石經》"盾"誤"盾"。凡宣公卷譌字重出者,仍點圈於左旁,《校譌》中不復出之,避煩也。其譌字有異文,仍出之。　**趙穿**　《石經》"穿"誤"宨"。　**不足與也**　《石經》"與"誤"与"。　**不禮**　《石經》"禮"作"礼",古文也。　**救鄭**　《石經》"救"誤"捄"。　**解揚**　《石經》"揚"誤"楊"。　**趙穿**　《石經》"穿"誤"宨"。　**急宋**　《石經》"急"誤"悤"。　**求成**　《石經》"求"誤"求"。　**北林之役**　《石經》"役"誤"伇"。　**不競**　《石經》"競"誤"兢"。　**弑其君**　《石經》"弑"誤"殺"。　**傳二年春**　《石經》脫"春"字。　**命于楚**　《石經》及諸本"命"上有"受"字。釋文云:受命于楚,本或作"命于楚"。臧琳云:《傳》本無"受"字,故注云"受楚命"。若《傳》本作"受命于楚",則文義已明,杜無可庸注矣。此依《釋文》或作刪之。　**馘百人**　《石經》"馘"誤"馘"。　**玫果**

《石經》"致"誤"殺"。　　**果毅**　《石經》"毅"誤"殺"。　　**寢門**　《石經》
"寢"誤"寢"。　　**恭敬**　《石經》"恭"作"共",依諸本改之。案,"共"、
"恭"通而必改之者,以補刻也。　　**提彌明**　《石經》"明"誤"朙"。
乃宦卿之適　《石經》及諸本"適"下有"子"字,據宋本、岳珂本削
之。　　**匡王**　《石經》"匡"誤"匡"。　　**郊之屬也**　《石經》"屬"作
"属",俗字也。　　**及郔**　《石經》"郔"誤"延"。　　**輕重**　《石經》"輕"
誤"輕"。　　**不逢**　諸本同。阮元引惠棟云:張平子《西京賦》云"禁
禦不若",《爾雅·釋詁》云"若,善也",郭景純注引《左傳》曰"禁禦不
若"。今《左傳》作"不逢",又云"莫逢",文既重出,且杜氏不應舍上
句注下句,此晉以後傳寫之譌。案,惠棟説是也。　　**秋公**　《石經》
"秋"誤"利"。　　**權不足也**　《石經》"權"誤"攉"。　　**楚人謂乳穀謂
虎於菟**　《石經》"乳"下、"虎"下並衍"爲"字,據諸本删之。阮元云:
"穀"當作"穀"。《説文·子部》云:穀,乳也,从子𣪊聲。段玉裁注云:
《釋文》云奴走反,宣四年《左傳釋文》曰奴口反,以音定字,則其大字
必作"穀"無疑。　　**召桓公**　《石經》"桓"誤"蘇"。☲《石經》"離卦"誤
畫作"同人"。　　**絳市**　《石經》"絳"誤"終"。　　**吳越**　《石經》"吳"誤
"吳"。　　**仲孫蔑**　《石經》"蔑"誤"蔑"。　　**九月晉侯**　《石經》"九月"
下衍"公會"二字。

卷十一

杜氏　《石經》"杜"誤"杜"。　　**衛人**　《石經》"衛"誤"衞"。
出車　《石經》"出"誤"出"。　　**孤不天**　《石經》"孤"誤"孤"。　　**否臧**
《石經》"否"作"不"。　　**巳重**　《石經》"巳"誤"己"。　　**六人**　阮元
云:六,《石經》誤"立",改刊加两点,遂成"𡗗"字。　　**候人**　《石經》
"候"誤"候"。　　**兩馬掉鞅**　《石經》"鞅"誤"鞅"。惠棟云:鄭注《周
禮》"環人"引作"枊馬"。《釋文》引徐先民云或作"枊"。按,此則兩本
"枊"字,故服杜訓爲飾,古文省作"兩"。　　**請致師**　《石經》"請"誤
"請"。　　**二憾往矣**　《石經》原刻"感",改刊加忄旁,宋本亦作

“感”。阮元云：改刊非也。此从原刻。　**董澤之蒲**　《石經》“蒲”誤“蒲”。　**京觀**　《石經》脫“觀”字，後旁增，諸本並有“觀”字，據補。　**久不競**　《石經》“久”誤“夂”。　**蕭潰**　諸本同。顧炎武云：下有“明日蕭潰”之文，此處疑衍。若此云“蕭潰”，下便不得言“遂傅于蕭”也。　**遂傅於蕭**　《石經》“傅”誤“傅”，“蕭”下衍“城”字。　**於是乎**　諸本無“乎”字，據文求義，無“乎”字爲長，《石經》恐衍。　**嬰兒**　《石經》“兒”誤“兒”。　**含垢**　諸本同。《釋文》云：垢，本或作“詬”。阮元云：《漢書·路溫舒傳》引作“詬”。案，詬，正字；垢，假借字。　**爲炎**　《石經》“炎”誤“災”。　**爾用而先人之治命余是以報**　諸本無“而”字。顧炎武云：當據《石經》“而”補入。《石經》“余”誤“余”。　**卷楚**　《石經》“卷”誤“巷”。　**自内虐其君**　諸本無“内”字。阮元云：《石經》“自”下有“内”字。案，《周禮》“大司馬之職”、《正義》、李善《魏都賦注》引《傳》，並有“内”字。顧炎武云《石經》“虐”上多“内”字，誤也。案，顧說是也。此句云虐其君，故不言内；下句不言他國之君，故云外。《左氏》之文，一字不可移易者如此。賤儒見注云所以別内外之名，謂傳文當内外相對，遂妄增“内”字，而《石經》襲之耳。

卷十二

盧蒲就魁　《石經》“就”誤“就”，據諸本改正。　**執縶馬前**　諸本同。阮元云：《說文》引《傳》作“韓厥執馵前”，讀若輒。縶馵，或从糸執。臧琳云：古文《左氏》本作“韓厥執馵前”，“馵”即“縶”正字，今本化爲“馬”，又別出“縶”字。“縶”當爲衍文。

卷十三

公至自京師　諸本無“至”字。阮元云：《石經》“公”下有“至”字，衍文也。案，阮說是也。魯公如京未歸，與諸侯伐秦，故云遂。若有“至”字，是既歸魯矣，不得復言遂也。　**苦成家**　諸本同。阮元云:《石經》"家"字上旁增"叔"字,與《初學記》所引合,然非唐刻也。案,《檀弓》曰:幼名冠字,五十以伯仲。故伯仲叔季亦謂之且字,且與苴通藉也,所以藉字也。然則輩行配字者可剝而稱之,故《傳》徒稱苦成,不言叔。《石經》旁增,未足爲據也。   **赦季孫** 諸本同。《石經》"赦"字上旁增"而"字,阮元云後人所爲。案,"而"字結體頗正,恐是唐刻,文亦有"而"字爲長。   **奔卫** 諸本同。阮元云:《石經》"奔"字上有"遂"字,乃後人所增。惠棟云今本皆脱"遂"字,非確論也。案,有"遂"字文義極穩,此依阮説删之,未是。   **州蒲** 阮元云:"蒲"當作"滿"。石刻及諸本作"蒲"。案,《史記·晉世家》立其大子壽曼爲君,是爲厲公,壽曼即州滿。今本作"蒲"者,字形相涉而誤耳。   **辛巳** 正義云:服虔本作"辛未"。臧琳云:庚午既盟而入,故明日辛未即朝於始祖廟,服本是也。若作辛巳,則與盟而入之日相去十有二日,久入而不朝,何也。案,范、荀諸人弑君擅權,悼公以英敏鎮壓之,其朝始祖廟不宜遲緩至十二日,臧説近是。   **使脩** 《石經》"脩"誤"俑",據下文"使脩士蔿"之"脩"正之。

卷十四

弃力 諸本同。《釋文》云:服本作"棄功"。臧琳云:當從服本作"棄功"。案,"力"與"功"於義兩通,而作"功"稍穩。   **而後卜** 諸本無"後"字,唯《石經》、古本有之。阮元云:疑衍文,《正義》等引皆無"後"字。   ䷟ 《石經》艮上體畫誤巽,據諸本改正。

卷十五

亳城 諸本同。阮元云:《公羊》、《穀梁》"亳"作"京"。《公羊疏》云《穀梁》與此同。《左氏》經作亳城北,服氏之經亦作京城北,乃與此《傳》同之也。惠棟云:案,亳城當依服氏作京城。京,鄭地,在滎陽,隱元年《傳》謂之京城大叔是也。   **願君之** 《石經》無"之"字,據古本補之。   **尹公佗曰** 《石經》"曰"誤"日",據諸本改正。

卷十六

多凍 《石經》"凍"作"涷"。毛誼父《六經正誤》云作"涷"誤,涷音東,夏月暴雨曰涷,是也。據諸本改正。 **公子買** 諸本同。二十八年《傳》云:賈在句瀆之丘。"賈"、"買"形似,一必有誤,未知孰是。 **出奔楚** 諸本無此三字。《石經》有"奔楚"二字,"出"字旁增。阮元云:《周禮》"候人",《正義》引作"晉欒盈出奔楚,過周",此"出"字似非後人所加也。案,上文"秋,欒盈出奔楚",《傳》文一開先序晉國內亂,至此方終,故再序欒盈過周事,遙接上出奔楚之文,正是《左氏》過接之法。若又有此三字,不獨重複,文脉總絕。"候人"《正義》則剝引《傳》文,故揭上文欒盈出奔楚,又加"晉"字以冠之,使後人易知其事耳。阮説未是。

卷十七

子之家 《石經》改刊削"之"字,據初刻及諸本補入。 **是以請罪焉** 諸本同。《釋文》云:是以請罪焉,一本作"是以請請罪焉"。"請"並七井反,徐上"請"字音情。阮元云:《石經》"罪焉"二字刓缺,不重"請"字,脱文也。案,上"請"請於晉也;請罪,請問見伐之罪於陳也。若不重"請"字,語意不全。阮説是也。注云"請得罪於陳也",則杜本似不重"請"字,抑以上"請"易知,杜特解下"請"與。 **有如上帝** 諸本無此四字。阮元云:《石經》"崔者"下多"有如上帝"四字。《釋文》云:本或此下有"有如此盟"四字者,後人妄加。案,注云:盟書云所不與崔慶者,有如上帝,讀書未終,晏子鈔苔易其辭,因自歃。則杜本無此四字。

卷十八

皆取其邑而歸諸侯諸侯是以 諸本同。阮元云:案,劉炫云晉宋古文皆不重言諸侯,細玩傳文,當"使諸侯"至"皆取其邑而歸"爲句,下文"諸侯是以睦於晉"爲句,若此處重"諸侯"字,則文理有碯。　**與宋致死**　諸本同。阮元云：岳本無此四字。沈彤云：此疑因疏文誤增，舊本無之。案，夫能致死，夫猶夫人，謂人人致死，此汎言其理。與宋致死，與下文倍楚爲襯，言二國致死，其勢固可以倍楚矣。《傳》著一"宋"字，精彩百倍。注云宋爲地主，致死助我，疏云今晉師與宋致死，並解此句。疏又云"夫"謂宋，其説未是。沈又誤會疏意，遂謂四字因疏文誤增，疎謬甚矣。　**君小國**　諸本同。《釋文》云：君小國事大國，古本無"小"字。《正義》云：晉宋古本及王肅注其文皆如此。"君國"謂爲國君言，其爲君之難也。今定本作"小國"。據此則孔本作"君國"，陸本、顔本作"君小國"，而今本因之也。案，小國之事大國，當倍敬慎，非齊秦大國以勢不振且服事於盟主之比，故子産斷其死。若汎論國君，語絶無味。阮元云《漢書·五行志》引《傳》亦作"君小國"，是也；而又引臧琳反以"小"字爲衍，何也。　**草舍不爲壇**　諸本無"草"字，唯《石經》有之。案，"舍"字義自明，有"草"字衍也。下文"今子草舍乃外僕，非子産不爲壇"，故加一"草"字以貶其陋，言各有當也。故下子産荅辭云"苟舍而已"，亦無"草"字。阮元云《石經》乃重刊增入，是也。　**人必瘁**　《石經》"瘁"誤"庠"，據諸本改正。　**叔孫**　《石經》誤倒作"孫叔"，據諸本改正。　**賈在句瀆之丘**　説詳于第十六卷《校譌》中。

卷十九

辭固　諸本作"固辭"，是也。《石經》誤倒。　**霍揚**　諸本同。《石經》初刻"楊"，後改从手。段玉裁云：初刻是也。　**不底**　《釋文》云：底，丁禮反。阮元云：《石經》"底"作"底"，非。據諸本改正。　**宋災故**　阮元云：《石經》"故"下後人增"也"字，非也。案，經文不用"也"字，阮説是也。據諸本刪之。　**爲宋災故**　諸本無"爲"字，是也。阮元云：《左氏》援引聖經，斷不妄增一字，《石經》凡若此等，皆唐時濫惡之本，名儒所不窺者。其言雖過甚，亦頗有理。　**使句請命**　諸本同。《釋文》云：句，本作"丐"，古害反。解者云士文伯是范氏之族,不應與范宣子同名,作"丐"是也。案,士文伯字伯瑕,春秋時人,名字皆相配。楚令尹陽丐字子瑕,即與文伯名字正同。又鄭有駟乞字子瑕,"匄"與"乞"義同,則作"匄"者是。又案,魯有仲嬰齊,是莊公之孫;又有公孫嬰齊,是文公之孫,仲嬰齊於公孫嬰齊爲從祖,同時同名。鄭有公孫段字子石,又云伯石印段字伯石,《傳》又謂之二子石。然印段即公孫段從父兄弟之子,尚同名字,伯瑕與宣子何廢同乎?是也。丐,俗"匄"字,本或作"丏",因譌爲"丐",後儒遂疑其有異文耳。《釋文》作"丏",是也。"之丏"當作"丐"。丏,彌殄切,《説文》云不見也,今本皆誤"丐"。　**然明曰**　《石經》"曰"誤"日",據諸本改正。　**似君矣**　《正義》云:服虔云言令尹動作以君儀,故云以君矣。服言以君儀者,明年《傳》云二執戈者前矣,是用君儀也。俗本作"似君",若云似君,不須言矣。案,毛本疏"以"、"似"互易,孔云是用君儀也,是以"用"字釋"以"字,則其誤顯然。附釋音本不誤,此依用之。

卷 廿

子盍亦遠續禹功　諸本同。阮元云:案,"大司徒"疏、李善注《文選》、袁彦伯《三國名臣序賛》、陸士衡《五等論》引《傳》無"亦"字。　**翫歳**　諸本同。阮元云:葉鈔《釋文》云又作"忨",是也。案,《説文·心部》"忨"字注云:貪也,从心元聲。引《傳》作"忨歳而㵼日",《外傳》作"忨日而㵼歳"。韋昭云:忨,偷也;㵼,遲也。《漢書·五行志》亦作"忨歳"。　**爲伍陳**　諸本作"五陳"。《正義》云:五陳者,即兩伍、專、參、偏是也。《石經》作"伍陳",與上下"伍"字相涉而誤耳。　**湫底**　諸本同。阮元云:《石經》"底"作"厎",少下畫,非是。據諸本改正。　**凍餒**　諸本同。《石經》"凍"誤"涷",説見于第十六卷《校譌》中。

卷廿一

士匄　諸本同。《釋文》云:古本"士匄"或作"王正"。董遇、王肅本同。學者皆以“士匄”是范宣子，即士鞅之父，不應取其父同名，人以爲介，今傳本誤也，依“王正”爲是。王元規云：古人質口不言之耳，何妨爲介也。案，“王”與“士”只違一畫，“匄”本或作“丐”，亦與“正”相近，疑“王正”亦“士丐”之譌耳。　　**彼日而食**　諸本同。今《詩》作“此日”。　　**黃熊**　諸本同。《釋文》云：熊，音雄，獸名，亦作能，如字，一音奴來反，三足鼈也。解者云獸非入水之物，故是鼈也。一曰既爲神，何妨是獸。案，雖是神物，亦各從其類，依“亦作”本作“能”，訓爲三足鼈似長。下爲黃熊同。

卷廿二

莫信其性　《石經》缺。阮元校本作“莫保其性”，云宋本、宋殘本“保”作“信”。案，《漢書·五行志》引同，師古曰“信”猶“保”也，一説“信”讀爲“申”。此本據以補之。案，本多作“保”，注云“民不敢自保其性命”，若《傳》文作“信”，杜當先詁字然後解其義，今不然則杜本作“保”也。　　**工尹路**　《石經》無“工”字。阮元云：初刊有，後磨去，故此行九字。案，工尹官名，掌工事，故以櫬柲爲請。若無“工”字，則姓也，與櫬柲無涉。《石經》非是，據諸本補入。

卷廿三

經十有六年春　《石經》脱“春”字，據諸本補入。　　**巳有著位**　《石經》、諸本同。阮元云宋本“巳”作“己”爲長。　　**失官官學**　諸本不疊“官”字，唯《石經》如此。陳樹華云：王肅注《家語》云孔子稱官學在四夷，似本重“官”字。案，注云“失官官不脩其職也”，與郯子所稱之官名原不相涉，何得言天子失官而官學在四夷哉？且世豈有所謂官學哉？諸本不疊“官”字於義爲長。大抵清人貴考證，所得固多，其弊也雜而不精，其失往往如此。　　**必火入而伏**　諸本同。《正義》云：服虔注本“火出而章必火，火入而伏”，重火別句。臧琳云：當從服氏本有重“火”字爲是。梓慎以火彗之隱顯占諸侯之有災。下云"其居火也久矣,其與不然乎",言彗星隨火行已二年矣,諸侯之有火災必然而無疑也。若作"必火入而伏",爲火星入而彗伏,則下文"其與不然"何所指乎?案,臧説非也。若重火別句,則爲梓慎先以往年火出而彗見,今茲火出而彗章,斷諸侯有火。再以火入而彗伏,其居火久,斷其必然。而所謂居火久者,亦不得不并往年彗見與來年彗伏而言之,支離殊甚。且於時火未入而彗未伏,梓慎以其隨火行預知火入而伏,故此曰必,下曰若。若徒云火入而伏爲目見其伏而論之,幾乎文不成理,而可乎然字緊承"火"字,"其與不然乎"猶言"其與不火乎"。或云此梓慎與申須語,"其與不然乎"承申須"諸侯其有火災乎"之語而言,亦通。

卷廿四

駟氏聳　諸本同。阮元云:《説文》"慫"字注引《傳》作"慫",張載注《魏都賦》引同。段玉裁云:作"聳",後人所易也。　**使華齊**《正義》云:諸本皆"華"上有"使"字,計華齊是公孟之臣,自爲公孟之御,非齊氏所當使,必不得有"使"字,今定本有"使"非也。　**昭臨**《石經》如此。阮元云:宋本、淳熙本、岳本"昭"作"照"。案,毛誼父《六經正誤》云"照"作"昭"誤。案,《傳》文"照臨"、"臨照"之類並从火作"照",阮説是也。　**苑何忌**　諸本同。阮元云:《廣韻》二十"阮菀"字注云《左傳》齊大夫菀何忌"。賈氏《羣經音辨》云:菀,姓也,於阮反。《春秋傳》有菀何忌,廿一年《傳》同。　**蘴苻**　《石經》初刻"萑蒲",蓋與上文"澤之萑蒲"相涉而誤,後磨改作"蘴苻"。阮元云"苻"字从竹者非。據諸本改正,下同。　**盡殺之**　諸本同。《釋文》云:盡殺之,本或作"盡之","殺"衍字。《正義》云"盡"謂盡蘴苻之内盜,然則孔本亦無"殺"字。臧琳云:疏標起止盡殺之及既言盡殺之,二"殺"字後人所增。　**不減**　《石經》初刻"咸",後加水旁,非也。據初刻及諸本改正。　**是以咸咸實生疾**　諸本"咸"並作"感",《石經》初刻"憾",後改咸。案,"咸"、"感"通,但此作"感"爲長。　**毀**

其西南　《石經》“西南”下後人妄增“子朝奔郊”四字,據諸本删之。

卷廿五

必試諸人　《石經》“試”誤“弒”,據諸本改正。　**必子疆也**　諸本作“彊”。案,陳武子名開,則石經作“疆”是也。　**苑何忌**　説見于第廿四卷《校譌》中。　**規求無度**　諸本同。《正義》云俗本作“規”,服、王、孫皆云“玩,貪也。”元年《傳》曰“玩歲而愒日”,杜云“翫”、“愒”皆貪也,則此言貪求無限度,本或作規,謬也。案,規,謀也,規求猶言營求,其義亦通。但作“規”杜不容不解,不解者以其本作“忨”,元年《傳》既解之也。作忨爲長。疏中“玩”“翫”並當作“忨”,説見于第廿卷《校譌》中。

卷廿六

郹臧　《釋文》:郹,舊音烏户反,又音偃。《石經》初刻“郹”磨改作“鄥”,蓋據《釋文》又音改之,非也。據初刻及諸本改正。　**郹大夫**　《石經》初刻“郹”,改刊作“鄥”。阮元云非也,《水經注》晉大夫司馬彌牟之邑謂之郹水。案,阮説是也。凡地名“鄥”者三,一在魯,一在鄭,一在楚,皆與晉遠。據初刻及諸本改正。　**惟此文王**　《石經》、諸本“惟”作“唯”。陳樹華云:《傳》文凡發語詞“唯”字俱从口,其引《詩》、《書》本句則從忄旁,前後一例,此“唯”字應從忄。案,此當依《石經》作“唯”,今據陳説改字,非也。《釋文》云詩作“唯此王季”。

卷廿七

敲之　《諸本》同。阮元云:葉鈔《釋文》“敲”作“毃”,《説文·殳部》有“毃”,云擊頭也。　**矜無資**　諸本同,《石經》“資”下旁增“也”字。阮元云:《書》“武成”《正義》引有“也”字,似一本有“也”字。案,傳解經文例有“也”字,有者近是。

卷廿八

代子 《石經》"代"誤"伐",據諸本改正。　　**乍謂** 諸本"乍"作"咋",《石經》初刻"乍",後加"口"旁。錢大昕云:《孟子》"今人乍見孺子",趙岐訓"乍"爲"暫","乍"、"暫"聲相近,疑經注皆無口旁,後人妄增。梁履繩云:"咋"字經典罕見,《左傳》果有此字,《五經文字》何以不收也。案,二說皆是,此依初刻。　　**書曰得得器用也** 諸本不重"得"字。阮元引段玉裁云此"得"字不當重,《石經》非也。《傳》言以其爲器用,故謂之得,細玩下文,則器用上不宜有"得"字是也。

卷廿九

妃嬙 諸本同。《釋文》云:嬙,本又作"廧",或作"牆"。錢大昕云:《說文》無"嬙"字,漢隸爿旁字或變从广,"廧"與"牆"實一字也。阮元云:《石經》初刻作"牆",後改"嬙"。細驗《石經》,似是初刻"嬙",後改牆,姑依諸本。　　**登鐵上** 諸本同。阮元云:酈道元注《水經·河水篇》、李善注《文選·長笛賦》引"上"作"丘"。　　**作而後悔** 《石經》作"悔後"。詳玩文意,《石經》似誤,據諸本改正。　　**睢漳** 《石經》"睢"作"雎",阮元云誤,是也。據諸本改正。　　**有子曰** 《石經》闕,諸本同。劉原父《春秋權衡》云"有子"當作"子有"。子有者,冉求字也,仲尼門人字多云子某者,不得云有子也。　　**子盍見大宰嚭** 諸本無"嚭"字。案,此景伯與子貢語,故徒稱其官,下文史記其事,故並舉其名。諸本無"嚭"字,於義爲長,《石經》與下文相涉而衍耳。

卷三十

歸帥屬徒 諸本無"帥"字。《釋文》云:屬,之欲反。阮元云:《石經》"歸"下有"帥"字,衍文也,屬則不必更言帥矣。案,此兩通。有"帥"字,"屬"市玉反,謂帥其官屬私徒。然《釋文》不出"帥"字,疏亦無說,則當時本皆無"帥"字也。　　**不言將亨** 諸本作"烹",《石經》

初刻“亨”，後妄增四點，唯宋本作“亨”，是也。據初刻及宋本正之。下“則亨”、“乃亨”同。　　**以禦之**　《石經》作“御”，古本、毛本同，足利本、岳珂本作“禦”，上文“吳子禦之笠澤”，《石經》亦作“禦”。案，《石經》“禦”多作“御”，當據此以正上，不則各依原文，今依上以改此，乃書手之謬也。阮元云：《釋文》上文“禦”字作“御”，云下同，是也。　　**閉門**　《石經》缺。阮元云：纂圖本、閩本、監本、毛本作“闔”，宋本、淳熙本、岳本作“閉”。此依宋本等補之。　　**以荊爲大子**　《石經》及諸本“以荊”上有“而”字，此據足利本刪之。案，荊之爲大子，由立其母爲夫人，故《傳》著“而”字承上以起下，文勢極順。《石經》爲長。　　**君將殸之**　諸本同。阮元云：《釋文》作“啟”。案，《説文》“啟”字注云歐皃，从口殸聲，《春秋傳》云“君將啟之”。　　**孫於陳**　《石經》初刻“孫”，重加辶旁。阮元云：後人據《釋文》亦作之字，妄改也。據初刻及諸本改正。下“孫於齊”、“再在孫”及二十七年《傳》“孫于邾”同。　　**厭齊師之門**　《石經》初刻“厭”後加土作“壓”，非也。據初刻及諸本改正。

穀梁經傳校譌

卷　一

取二邑　《石經》原刻重“取”字，後磨改作“又取”，並誤，據諸本刪正。

卷　二

孔氏父子謚也　《石經》、諸本同。段玉裁云：“氏”字衍。孔父者字謚也，字謚者以字爲謚也，《左傳》曰諸侯以字爲謚是也。案，嘉字孔父，子孫以字爲謚，因以爲氏，於是有孔氏。是時未以孔爲氏也，“氏”字爲衍無疑。

卷　三

廿有一年　《石經》無"有"字。案,凡經記年月必著"有"字,《石經》脱也。據諸本補入。

卷　五

齊侯　諸本作"齊師"。《左氏》經亦作"師",據《傳》是役齊率師者爲國歸父崔夭,則《石經》作"侯"誤也。

卷　六

王子虎　《石經》"王"誤"壬",據諸本改正。　**不至復**　諸本"復"上有"而"字,唯《石經》如此。案,《左氏》經有"而"字,《公羊》則無。據傳,《公》、《穀》皆以爲未如,《左氏》則云不至以幣奔莒。蓋《左氏》經有"而"字,《公》、《穀》無"而"字,故傳釋之有異也。此當以《石經》爲長。

卷　七

以譏乎宣也　《石經》"譏"誤"饑",據諸本改正。　**其曰潞子嬰兒賢也**　《石經》、諸本同,惠棟云當作"日"。案,此承"夷狄不日"之句,作"日"誠是,但無本可據正,姑依原本。　**挩殺也**　諸本同。阮元云:嚴杰曰《石經》初刻"挩"作"棁",後改從手,非也。案,《説文》:棁,木杖也。棁殺,謂以杖殺之。段玉裁云《石經》後改從手,唐元度之紕繆也。

卷　八

公至自京師　諸本無"至"字。按,注云"使若既朝王而命己使伐秦","使若"二字釋"自"字,若"自"上有"至"字,范必不爲此解也。《石經》有"至"字當爲衍文。説又互見于《左氏校譌》。

卷　九

荀罃　《石經》"罃"誤"嬰",據諸本改正,卷內"荀罃"並同。案,此卷字迹陋劣,蓋係後人補刊,以故謬誤尤多。

諸侯始失正矣　《石經》"正"誤"王",據諸本改正。　**怨接於上也**　《石經》"上"誤"二",據諸本改正。　**有矢創**　《石經》"矢"誤"失",據諸本改正。

卷　十

厥憝　憝,《石經》誤"愁",據諸本改正。　**郤宛**　《石經》、諸本作"郤",《左氏》、《公羊》作"邵",《史記》同。《五經文字》云:邵,去逆反,作"郤"者訛也。據以正之。

公羊經傳校譌

序

釀嘲　諸本同,《釋文》作"讓嘲"。阮元云:讓,相責讓也;嘲,嘲笑也。言時加誚讓嘲笑之辭。作"釀"誤。　**胡毋生**　《廣韻》"毋"音無,止之辭。亦姓毋丘,或爲毋氏,又漢複姓八氏:毋鹽、毋將、毋丘、毋車、毋終、慈毋、巨毋、綦毋,並音無。《石經》作"母"誤。

卷　一

何以名　《石經》"名"上有"不"字。阮元云:案,此設爲問荅之辭。此問何以名,故下荅之曰非名也,字也。若作"何以不名",則與下"曷爲稱字"意複,此下"字也"一句爲贅矣。注云據齊侯以祿父爲名,故疑儀父亦名,則何注本無"不"字,《唐石經》當衍。案,阮説是也。據諸本刪之。　**未有成也**　宋本、元本、閩本、監本、毛本"未"作"末"。阮元云:《石經》"末"作"未"誤,何訓無,則當作"未"是也。或云《國策·秦策》"未能復戰也",鮑彪注"未,無也",則"未"有"無"

訓,《石經》不誤。存參。　**以爲不繫**　諸本同。阮元云:《漢石經》無"以爲"二字,詞意益堅決。凡云以爲者,皆隱曲申明之意。

卷　二

存則存　諸本"存"下有"矣"字。阮元云《唐石經》無"矣"非,十一年疏引此亦有"矣"字。

卷　三

萬曰　《石經》"曰"誤"日",據諸本改正。　**公會齊侯**　諸本同,《石經》缺,《左》、《穀》經並無"公"字。阮元云:十九年何注云"鄄幽之會公比不至","公會"二字當爲衍文。

卷　四

孰城之城杞也　《石經》、諸本同。案,二年《傳》"孰城城衛也",無"之"字,是也。"孰城"問所爲城,故下爲荅辭曰"城杞也"。下文"然則孰城之",問城者,故下爲荅辭曰"桓公城之"。若此又有"之"字,語乃不分賓主,"之"字當爲衍文。阮元反據此疑二年《傳》脫"之"字,其說未精。　**君雖不言國國固臣之國也**　諸本同。阮元云:《石經》原刻"言"下不疊"國"字,後磨改同今本。"君雖不言"句,"國固臣之國也"句,是也。　**師出百里子**　百,《石經》作"伯"。案,"伯"、"百"兩通,但上下並作"百",一條中不容岐出,據諸本而正之。

卷　五

其謂之逆婦姜于齊何　何,《石經》作"河"。案,《商頌‧玄鳥》"景員維河",《鄭箋》云"河之言何也",《吳仲山碑》"感痛奈河",《逢盛碑》"無可奈河",並與"何"通。然《公羊》用"何"字,前後不記其數,唯此作"河",則斷係訛謬,今亦據諸本改正。

卷　七

國佐曰　《石經》"曰"誤"日",據諸本改正。　**冬十月**　諸本無此三字,唯《石經》有之。阮元云:嚴杰曰《左》、《穀》皆有此三字,與《公羊經》異。錢大昕云:何注云去冬者惡成公,然則《石經》有此三字,非何意也。

卷　九

衞石惡　《石經》、諸本同。齊召南云:二《傳》作"齊惡",是也。石惡已於襄廿八年出奔晉矣。孫志祖云:《釋文》不云二《傳》作"齊惡",是《公羊》古本與二《傳》同。　**大雨雪**　《石經》、諸本同。案,《解》云:案正本皆作"雹"字,《左氏經》亦作"雹"字,故賈氏云《穀梁》作"大雨雪",今此若有作"雪"字,誤也。　**執陳公子招**　《石經》脱"執陳"二字,據諸本補入。　**其言火何**　《石經》如此,諸本"火"上有"陳"字,似長。

卷　十

三月辛卯　諸本並作"二月"。阮元云:《石經》原刻"三月",磨改作"二月"。《解》云:《公羊》、《穀梁》皆作"三月",《左氏》作"二月",未知孰正。案,此則當從《唐石經》原刻。　**至乎日**　《石經》"日"誤"曰",據諸本、《解》正。

卷十一

蔡侯申　《石經》、諸本同。《左傳釋文》云:案,宣十七年蔡侯申卒是文公也,今昭公是其玄孫,不容與高祖同名。未詳何者誤也。段玉裁云:今案《史記》此作"昭侯甲",則此"申"字誤。　**齊高張**　余仁仲本、元本、毛本並無"齊"字,惟《石經》有之。案,經文無再揭國名例,上既云齊國夏,若此又有"齊"字,《傳》不容不解之。"齊"字當爲衍文,《左》、《穀》亦無"齊"字。

校勘記終

【整理後記】：松崎慊堂（1771—1844），名復，字明復，號慊堂，日本江戶時代後期著名考證派儒學者。早年師承昌平學黌大學頭林述齋，修習朱子之學，并長期擔任藩教授。在江戶後期經學考據蔚成風尚的背景下，學術旨趣發生變化，成爲漢唐經注校勘之學的核心人物。松崎慊堂漢籍版本學造詣深厚，致仕後致力於漢籍翻刻校勘，而尤以《縮刻唐石經》貢獻卓著。松崎慊堂以唐《開成石經》爲現行刊本之祖，而宋元諸儒竄亂經典，通行《十三經注疏》本難副人意，遂謀劃刊刻石經，復其舊本，以饗學人。此舉繼承中國儒經刻石傳統，以恢復唐石舊本、正定文字爲旨歸，在《開成石經》基礎上，廣採宋元槧本及日本古本，校勘文字，辨析異體，力求成爲可資信賴的定本。松崎慊堂《縮刻唐石經》不僅部帙宏巨，校勘精細，而且成書早於民國間張氏皕忍堂《景刊唐開成石經》近百年，雖然校訂經文不乏粗疏淺陋之處，亦未全面參校日本古本，但其草創價值仍不可小覷。

《縮刻唐石經》文字改訂及異文並存之處，均施圈點予以標記，同時撰述考異文字，名曰《校譌》。《校譌》辨析石經原文磨改及字形字體，羅列宋元槧本及日本古本異文，引述清儒考證成果，間下取捨按斷。然其內容，現存日本弘化元年（1844）刊本《縮刻唐石經》僅附《易書詩校譌》與《春秋三傳校譌》兩冊，且流傳不廣，其餘諸經完成情況不詳。關於《唐石經》校勘，清儒嚴可均有《唐石經校文》十卷，但松崎慊堂參校日藏古本，仍有其獨特的價值。今將《易書詩校譌》與《春秋三傳校譌》單獨輯出，並作《唐石經校譌》，施以標點整理，以饗學界。

【整理者簡介】　劉玉才，北京大學中文系、中國古文獻研究中心教授。

周易校勘記舉正[*]

海保漁村撰　張學謙整理

【整理説明】海保漁村(1798—1866)，名元備，字純卿，又名紀之，字春農，號漁村。日本江户後期儒學家。海保漁村以舊抄單疏本《周易正義》校阮本，並加按斷，以補阮元《周易注疏校勘記》之闕誤，因名《周易校勘記舉正》。

據[日]關儀一郎編《日本儒林叢書·儒林雜纂》第十四卷(東京:鳳出版，1971年)整理，改正了其中的個别誤字(誤字用【】表示)。後附《漁村海保府君墓碣》、《漁村先生著述書目》。

周易校勘記舉正序

阮氏元之作《十三經校勘記》也，稱單行之疏今厪存《儀禮》、《穀梁》、《爾雅》，而他經多亡。及閲《周易》引據書目，又載有單疏本，標曰宋本一，“今不復能識别，但稱錢校本”。始讀至此，以爲所謂錢校本者，必其以單疏相比校者矣。及徧檢通篇，其專指引單疏者，僅一

*【基金項目】本整理稿爲國家社科基金重點項目“《十三經注疏校勘記》研究”(項目號:11AZW005)階段成果。

見《乾・彖》內，餘皆不復能識別，則又以爲所謂單疏者，與宋注疏本
亦不甚相徑庭矣。迨獲舊抄單疏校之，則疑其異同紛然出於錢校本
之外者，何其夥也。意者所謂宋單疏本者，錢氏蓋偶一寓目，而未經
點校。當阮氏校書時，則此種已屬絕響，於是僅存其目於卷首，猶據
《七經考文》所引，直標宋本，實未始目擊而檢尋之也。今詳加點勘，
其可據以訂今本之訛，補阮氏未道之遺者，蓋有更僕不能罄者焉。
而盧文弨、浦鏜、孫志祖輩以意私改之陋，亦皆灼然可辨，譬如揭日
星以行，明莫不照，豈不亦愉快乎。蓋無是本，則《校勘記》之作，吾
知其不得已也。有是本矣，《校勘記》可復不作焉。遂條舉其字句之
大者，以示是本之卓然可據，名曰《周易校勘記舉正》。嗟夫，是本在
天壤間，《周易正義》十四卷始無一疑滯矣。《正義》十四卷無一疑滯，
而王《注》始可得而讀焉。王《注》可讀，而後兩漢先儒之義詁亦得以
溯洄從之矣，豈不更偉乎。聞又有應永間抄本、永祿間抄本，若得比
校以從一是，抑亦善之善者矣，跂予望之。

周易校勘記舉正

海保元備撰

周易正義八論終　《八論》後間一行有此七字，今本無，《校勘記》
　　闕。以上序及八論爲第一卷。

周易正義卷第二　右在《乾卦》前。此爲《正義》舊題，今本題"周易
　　兼義上經乾傳第一"，宋注疏本題"周易注疏卷一"，皆非。《校勘
　　記》不知《乾卦》以下爲第二卷，則宜乎其不能復十四卷之舊也。

乾

天乃積諸陽氣而成天　今本同。浦鏜云："下'天'字疑衍。"按，《正
　　義》之文不厭膹複，今據此本，知原文本有"天"字，非衍【厭】也。

欲使人法天之用　今本同。《校勘記》云："錢本'使人'二字作'以'。"

今據此本，錢本非是。

以長萬物得生存而爲元也　今本“物”字重，《校勘記》闕。

此潛龍始起　今本同。舊校云：“刻本‘此’作‘比’。”《校勘記》云：“錢本、宋本亦作‘比’。”今按，作“比”殊非文義，宜從此本爲正。

所以重錢故交其錢　宋本同，毛本二“錢”字改“躰”。按，重錢、交錢之目，又見《儀禮·士冠疏》。錢大昕《養新錄》云：“賈《疏》本於北齊黃慶、隋李孟悊二家，是則齊、隋與唐初皆已用錢。重、交、單、拆之名，與今不異。但古人先揲蓍，而後以錢記之。其後術者漸趨簡易，但擲錢得數，不更揲蓍。”此説是也。《校勘記》云：“《火珠林》始以錢代蓍，故謂之重錢、交錢。”按，《火珠林》【珠】只是擲錢代蓍，始不以此記爻也。阮氏偶未之考也。

仍有陽存　今本“存”誤“在”，《校勘記》闕。

可與言幾也　今本無“言”字。按，古鈔經注本有經“可與幾也”作“可與言幾也”者，單疏所據，蓋與此同。“可與言幾也”，“可與存義也”，相對爲文，則有“言”字者是也。《校勘記》闕。

猶疑惑也　今本“惑”作“或”。按，下文曰“若疑惑以爲思慮”，據此則自當作“惑”爲正。《校勘記》闕。

猶豫遲疑　今本同。《校勘記》云：“宋本‘遲’作‘持’，與注合。”按，是既倒用其語，則“遲”字不必從注作“持”，宋本蓋依下文改耳。

持疑猶豫　按，此舉王《注》全文，則“持”字不當作“遲”，毛本誤。

百姓既未離禍患　今本同。盧云：“‘未’字衍文。”按，去“未”字則義不可通，盧説失之。

天上而極盛　宋本、毛本並脱“上”字。毛本“天”誤“大”。

純陽進極　今本“進”誤“雖”。《校勘記》闕。

无祇悔元吉之類　今本脱“元吉”二字。《校勘記》闕。

何情之有　今本同。浦鏜云：“‘情’當‘正’誤。”案文義，此説得之。

亦有先云亨更陳餘事於下　今本脱“於下”二字。《校勘記》闕。

是利字所施處廣　今本“字”誤“事”。《校勘記》闕。

此第二節釋初九爻辭也　盧云：“當云‘此《文言》第二節’。”按，“乾元【言】者”節亦無“文言”字，則此亦未必云“文言”。盧氏不察，疑此二字之脱，失之矣。

心處僻陋不見是而旡悶　盧云：“‘心’疑‘身’之誤。”按，上文云“心旡所悶”，又云“心亦旡悶”，是“心”字自粘“旡悶”。“處僻陋，不見是”，以身所居言，是《正義》文之駁處。盧説未是也。

心志守道　今本同。宋本無“志”字者，脱也。

可與言幾者　“言”字校者旁補，與“九三”經正義及古鈔經注本合，説見上。

而不犯凶咎　毛本脱“犯”字。《校勘記》云：“毛本作‘而不犯咎’。”按，“而不犯咎”句別見注下正義，阮氏蓋譌混。

以上九非位　今本同。盧云：“當作‘上非九位而九居之’。”按，“非位”者謂非陽位也，非有錯誤也，盧説誤甚。

周氏云上第五節　今本“五”誤“六”。《校勘記》闕。

所以今曰潛者　今本“曰”誤“日”。《校勘記》闕。

坤

　　按，是本《坤》至《訟》爲第三卷。《校勘記》云：“錢本、宋本《坤卦》前題‘周易注疏卷二’。”按，諸本皆失當日之舊，宜從是本爲正。

馬雖比龍爲劣　《校勘記》云：“十行本、閩、監本‘比’字缺，毛本如此。”按，是本正作“比”，足以見毛本之是矣。

故品類之物　毛本同。錢本作“故品物之類”，誤。

人若得静而能正　《校勘記》引閩、監本同。錢本、宋本、毛本“若”誤“君”。

與傳年相附　諸本並脱“年”字。《校勘記》闕。

故曰戰于野　諸本並脱“戰”字。《校勘記》闕。

然猶未能離其陰類　毛本同。《校勘記》“陰”誤“陽”。

蒙

小爾雅云　今本作“爾雅”。《校勘記》作“小雅”，云：“《小爾雅》唐人多作《小雅》，《文選注》亦然。”按，據是本，則今本之脱“小”字明甚。《校勘記》曲爲之説，不可從矣。

注陽稱實者正義曰　今本改作“陽實也”爲標，删“稱”字者改也。《校勘記》闕。

師

按，是本《師》至《同人》爲第四卷。凡卷第，別見跋尾，茲不復言。

比

故外比也　閩、監、毛本“故”誤“欲”，宋本誤“外”。《校勘記》闕。

今亦從之去則射之　盧云：“此八字乃衍文。”今按，“亦”當作“不”，字形相似而誤也。“今不從之，去則射之”者，是孔所以申王義也。蓋先儒之説，以爲三度之後，不復射之。王義不然，三面驅之，其去者則射之。故引褚氏諸儒，以證“三驅”之義。盧氏不能密察文義，一概目爲衍文，失之遠矣。

小畜

貴於止往　今本“止”誤“上”。

畜極則通　今本“極”誤“之”。

无所可畜　毛本同。宋本“所可”二字誤倒。

履

欲行九五之志　今本同。盧云“志”當作“事”，據毛居正所引爲證。

按,注云"志存于五,頑之甚也",則"志"字不悞。毛居正蓋以意改之,不足據矣。

否

辟其陰陽厄運之難 各本"厄"誤"己"。《校勘記》闕。

所以包承之事唯羞辱也 各本脱"以"字。

同人

去初上而言 毛本"去"誤"云"。《校勘記》引閩、監本與此同。

謙

卑者謙而不可踰越 各本脱"者"字。《集解》引與此合。

言君子施下 各本"施"誤"於"。

豫

恒守正得吉也 宋本"正"作"善"。按,下云"守正吉者",又云"六二居中守正",觀此當作"正"爲是,宋本誤。

多從省略 各本"從"誤"是"。《校勘記》闕。

經有盱豫有悔 各本同。按,據此皇國古鈔本經作"盱豫有悔",蓋孔氏舊本。

略云有悔不舉其遲也 各本脱"不"字。《校勘記》闕。

隨

若以元亨利貞則天下隨從 各本同。浦鏜云:"'者'誤'若'。"按,此與上文"若不以大亨貞无咎"云云同其語例,"若"字不悞,浦鏜説失之。

釋隨時之義 毛本同。宋本無"釋"字者脱也。

三四俱无應者 各本脱"三"字。此與舊鈔經注本合。

今有不從　《校勘記》云：“錢本‘今’作‘令’，是也。”按，“今”字不悞，錢本非是。

噬嗑

由噬嗑而摠得亨也　各本脱“摠”字。

所居陽位　各本“陽”誤“陰”。

恐思之適五位則是上行　按，“思之適五位”，下文所謂“向五位”是也。各本“思”誤“畏”。浦鏜云“‘畏’疑‘謂’字”，尤非。

是減下而益上卦　今本“下”誤“三”。《校勘記》云當作“下”，與單疏合。

挃其小過　舊校云：“刻本作‘桎’。”浦鏜云：“‘桎’當‘懲’字誤。”按，此蓋本於注“桎其行也”。“挃”字不悞，浦鏜説失之。

失正刑人　毛本“正”誤“政”。按，此本於注“雖失其正，刑不侵順”，當作“正”爲是。

賁

若得匪有寇難　今本“得”誤“待”。《校勘記》闕。

剥

以小人道長世既闇亂　各本脱“以”字。

天氣盛大　毛本同。《校勘記》云：“錢本、宋本上有‘則’字。”按，無“則”字於文義爲順。

復

六十卦卦分之　各本不重“卦”字，蓋脱。

閉塞其關也　毛本同。盧云：“‘也’字當作‘使’，屬下句。”按，此以二事分釋，故各用“也”字，盧説失之。

无妄

其德乃爾　毛本同。錢本、宋本“爾”作“耳”，誤。

不敢菑發新田唯治其畬熟之地 宋本同。《校勘記》云："錢本作'畬熟'……盧文弨云,'畬熟之地'正謂'畬'也。錢本是。"按,"畬熟"正與"菑發"對文,宋本與單疏合,錢本非是,盧説失之。

大畜

何謂語辭何猶云何畜也 毛本同。《校勘記》云："'辭'下毛本衍'何'字。"按,此釋經"何"字有"何畜也"之義,疏家每有此複語,非衍也。

頤

一者養此賢人 毛本同。《校勘記》云："錢本'此'作'其'。"按,錢本誤。

大過

心无持吝 毛本"持"作"特"。按,單疏所據與《釋文》或本合。

稚者長者 毛本同。宋本"者"作"也",誤。

生稊則是女妻也 毛本同。宋本脱"是"字。《校勘記》以毛本爲衍,失之。

下必不撓弱何得云不被撓乎在下 毛本同。《校勘記》所據"弱"誤"若",宋本"云"誤"之"。

不能使老夫得女妻 毛本同。《校勘記》所據作"不能使女妻",云閩本同,宋本"使"作"得"。蓋各本脱"老夫得"三字。

習坎

此釋重險之義也 各本脱"此"字。

離

以婦人而預外事若柔而不履正中 各本"事"下衍"也"字,宋本"以"

誤“似”。

是以畜牝牛吉者　各本脱“畜”字，毛本“者”誤“言”。

咸

故言腓躰動躁者也　各本脱“者”字。

雖諸説不同　毛本同，宋本脱“諸”字。

恒

无疑亨字在三事之中　浦鏜云：“‘中’當作‘外’。”按，褚氏解“亨”不
　在“三事”之中，故浦鏜有此説。考《正義》蓋以褚氏解“亨”字包在
　“三事”之中，不須別計也。“中”字不惧。

用之以爲羅罔於己　宋本無“以”字。按，此亦依注爲文，則有“以”
　字者是也，宋本蓋脱。

良田居之有必喪其羊之理　各本無“其羊”二字，蓋脱。

晉

此就二躰　各本“此就”二字誤倒。

俱不盡一日者　各本脱“者”字。

上九處進之極　各本“進”作“晉”。按，此用注爲文，則宜作“進”
　爲是。

明夷

外執柔順之德　各本“德”作“能”。按，柔順不得稱能，則亦宜作
　“德”爲正。

家人

見謂遜接之也　《校勘記》云：“閩、監、毛本同，錢本、宋本無‘見’
　字。”按，無“見”字者脱也。

滯隔所在不得進也　今本"不"下衍"能"字。

蹇

西南地位　毛本"地"誤"順"。《校勘記》作"險",云"閩本同",尤誤。

損

尊夫剛德　今本"夫"誤"天"。

夬

故可以顯然發揚決斷之事於於王者之庭　孫志祖云:"上'之'字當作'其'。"按,"之"字不悮。決斷之事,謂決小人之事也。若改作"其",殊非文義。

此事必然是夬之象也　今本"然"下衍"故"字。

姤

淫壯至甚　各本"淫"誤"爲"。按,下文亦云"淫壯若此"可證。

萃

思援求朋　今本"援"下衍"而"字。

升

則未免於憂恤　今本"憂"下脱"恤"字。

積小以成高大者　今本無"成"字。按,據此本,則知孔氏所見與古本、足利本合。

然榮不可久　今本"榮"誤"勞",注同。唯古鈔經注本作"榮",與此本合。

困

此就二五之爻　毛本"此"誤"比"。《校勘記》云:"此就二五之爻,錢本、宋本、閩、監、毛本同。《考文補遺》引毛本'此'作'比',誤。"按,

《考文》所引不惧,《校勘記》所據毛本蓋後人私改。

釋株者杌木謂之株也　宋本同,毛本"杌"作"机"。《校勘記》"杌木"作"初不"。按,此句有惧,諸本皆不通。

井

此明井躰有常　今本"明"作"名"。盧云:"'名'當作'明'。"得之。

計覆一瓶之水何足言凶以喻人之脩德不成又云　今本同。盧云:"此句多衍文,當以《集解》正之云:'計覆一瓶之水,何足言凶,但此喻人德行不恒,不能善始令終,故就人言之凶也。'"按,《象》正義云:"汲水未出而覆,喻脩德未成而止。"據此,盧氏依《集解》删"以喻人之脩德不成"句,恐非是。今當以"又云"二字爲衍,餘皆依舊文爲正。

則是上水之象　《校勘記》引閩、監本同。毛本"是"誤"堤"。

勤恤民隱　毛本同。宋本"隱"誤"德"。

使有成功　毛本同。宋本作"使有功成",誤。

正似谷中之水　今本"似"誤"以"。

得位而有應於上非射鮒之象　今本"非"誤"井"。

革

變革而當其悔乃亡消也　今本脱"變"字,"當"下衍"理"字。

天地既震怒　今本"天"下無"地"字。

既革言三就有孚　毛本同。《校勘記》"革"作"不",云:"閩、監本同,毛本'不'改'革'。"按,作"革"者是孔氏舊文,非毛氏私改也。

炳然可觀　今本"炳"改"焕"。

鼎

能成新法　今本同。盧云:"句有誤字。"按,下文云"明其烹飪有成新之用",又云"變故成新",又云"故能制法成新"。據此,恐當作"成新制法",脱"制"字。

當成鼎之耳　今本"成"誤"此"。

剛柔節也者　今本脱"也"字。

震

驚懼以威則物皆整齊　按，據注，疑"威"字當作"成"。"則"字句，然諸本皆同，姑且從之。

削柄與末　今本"削"作"刊"。

驗注以訓震爲懼　盧云："當作'以震訓爲懼'。"按，此不必倒。

艮

時行則宜行　今本脱"宜"字。

是分裂其夤　今本"裂"作"列"。下"夤既分裂"、"裂夤則身亡"、"故曰裂其夤"、"所以躳分夤裂"並同。

漸

君子以居賢德善風俗者　今本删"風"字。

未得安寧也　今本"未"誤"不"。

利用禦寇者異躰合好　今本無"用"字。據下文"故曰利用禦寇也"，無"用"字者脱也。

歸妹

此因六三六五乘剛　毛本同。宋本"三"誤"二"。

從娣而行謂之歸妹　今本脱"妹"字。

注夫承嗣以君之子雖幼而不妄行正義曰。此爲少女作比例也。言君之子宜爲嗣承，以類妃之妹應爲娣也　今本"正義曰"字在"夫承嗣"上，"不妄行"下增"者"字。按，據注，此宜以"雖幼而不妄"爲句，引至"行"字，極覺不通，疑"行"字衍。下文"言君之子宜爲嗣"句，"承"字亦當衍。

雖所居貴位長不如少也　今本"位"下有"然"字。宋本脱"貴"字。

豐

明以動故豐者　今本脱"明以"二字。

又處於內　今本同。宋本"又"上更有"陰"字，衍。

是所以豐其沛　今本"其"誤"在"。

巽

故又因二五之爻　《校勘記》引閩本同。毛本"二"誤"三"。

則能致於盛多之吉　今本"致"下衍"之"字。

兑

上六六三以柔處外　《校勘記》引閩、監本同。毛本"三"誤"二"。

初九居兑之初　《校勘記》引閩、監本同。毛本"九"誤"六"。

節

甘者不苦之名也　《校勘記》引閩、監本同。毛本"甘"誤"苦"。

小過

履得中正　今本同。宋本"正"誤"位"。

以有如公之弋獵　今本脱"以"字。

既濟

故戒以今日既濟之初　今本"日"誤"曰"。

周易繫辭上第七　今本同。《校勘記》云："錢本、錢校本、宋本無'第七'二字。"按，此存經注本舊目，則有此二字者是也。

不得其位矣　《校勘記》句首有"則"字，云："宋本、閩本同，監、毛本無'則'字。"按，有"則"者非是。

釋經坤以簡能也　今本"經"下衍"之"字。

諸皆嫌其吉凶不明　今本無"諸"字,蓋脱。

此皆凶象灼然　舊校云:"'象'一作'狀'。"與今本同。

由觀易之位次序也　各本同。按,此當言"易位之次序","之位"二字蓋倒。

各斥其爻卦之適也　今本"之"字重。

論卦爻辭理之善　今本"善"作"義"。據下文"廣明易道之美",則宜作"善"爲是。

故知死生之説者　今本"死生"二字誤倒。

其事類精盡　今本"精"誤"稍"。

故曰无不通也　毛本同。《校勘記》云:"閩、監本同。錢本'曰'作'无'。"按,錢本誤。《校勘記》又云:"毛本增'无'字。"尤非。

萬物運動皆由道而然　今本"由"誤"曰"。按,"由道"字凡三見,足以相證焉。

此覆説前文見天下之至賾　今本無"至"字。按,下云"覆説上聖人見天下之至動",亦有"至"字,則似此亦當有"至"字。但上舉經文,並無"至"字,知此係疏家駁文,非經本有"至"字也。

若擬議於惡　今本脱"議"字。

物則有感我之思　今本"思"誤"恩"。

若此爻而有釁隙衰弱　今本脱"有"字。

言自招來於盜以盜　今本删"以盜"二字。

而載易之爻辭也　諸本同。盧校本"而"作"兩",非。

此第八章也　今本脱"也"字。

貴尚其爻卦之辭發其言辭　浦鏜云:"'發'當作'法'。"按,上云"發其言辭",又云"出言",疑其爲複,故有此説。然《正義》之文,每不厭賸複,此不必改。

故法其陰陽變化　今本同。浦鏜云:"'故'當作'效'。"按,此亦不必改。

筮是策之所用　今本作"策是筮之所用",致文義不明,誤。

其受命也如響者　今本“響”誤“嚮”，下同。

言象之所以立有象者　今本同。據下文“數之所以有數者”，“立”字似衍。然《正義》之文，不必一一整齊，則以爲衍文者非也。

神武而不殺者夫　今本同。宋本脱“而”字。

故云闔户謂之乾也　今本脱“云”字。

故云莫大乎蓍龜也　按，《正義》所據與《釋文》“一本”合。宋本“大”作“善”，蓋後人依《釋文》改。

是得以理之變也　今本同。盧云：“‘以’當作‘其’。”按，下文又云“是得理之變也”，據此，疑“以”字當衍。

聖人有以見天下之至賾至是故謂之爻者　今本無“至”字，此疑當衍，説見上。

謂覆説上文化而裁之謂之變也　各本同。上“謂”字疑衍。

是謂爻之變皆臻趣於時也　各本“謂”誤“諸”。

卦既總主一時　今本“主”誤“王”。

則德之不大　今本同。孫志祖云：“‘之’字疑衍。”按文義，孫説非是。

或水澤以罔魚鼈也故稱離卦之名　今本同。浦鏜云：“‘澤’當作‘漁’，‘稱’當作‘取’。”按文義，浦鏜之説得之。

照於郊野感附寶　諸本同。按，下文云“晻然陰風而感慶都”，據此，“野”下當有“而”字。

舟楫亦乘木以載運　今本“亦”誤“以”。

蓋爲此也　今本“蓋”誤“量”。

其故何者　今本“何”下有“也”字。按，下舉經文皆無“也”字，知此亦當無“也”字。

其德行何者前釋陰陽之躰　今本删“其德行何者”五字。

无爲者爲每事因循　今本同。孫志祖云：“‘爲’當作‘謂’。”按，古書爲、謂多通用。

不思而至矣　今本删“矣”字。按，注“不思而至”下，古本亦有“矣”

字,與《正義》本同。

何不利之有者　各本並脱"之有"二字。

待隼可射之動而射之　今本同。盧云:"上'之'字下當有'時'字。"
嚴杰云:"'動'疑'時'字之誤。"按,此釋經"待時而動"句,則"動"
字不可删,盧説近是。

由往前自持有其治理也　今本"持"誤"恃"。按,上文云"由往前保
有其存","持有"與"保有"同義,則作"恃"者誤也。

雖未能知幾　今本同。按,"雖"字疑衍。

易之其稱萬物之名　今本同。浦鏜云:"'之其'當作'辭所'。"按,加
"易之"二字於"其"字上,所以釋經"其"字,亦即《正義》文之駁
處。浦鏜説失之。

能以利益於物　今本同。錢本、宋本脱"以"字。

略舉二爻　今本"二"誤"一"。

云夫象者舉立象之統者　今本删"云"字。

覆釋上二多譽也　今本此下衍"言二所多譽者"六字。

恒易略不有艱難　今本同。宋本"艱"作"難",誤。

周易正義卷第十三　此八字在《下繫》後。

周易正義卷第十四　毛本作"周易兼義卷第九",錢本、錢校本、宋本
作"周易注疏卷第十三",並非。以上在《説卦》前。

欲極於數度得吉凶之審也　今本"度"誤"庶"。

直舉六子以明神之功用故曰鼓動萬物者　今本移"鼓動萬物者"以
下於經"動萬物者"後,删"故曰"二字,終使文義不明。《校勘記》不
知是正,坐不見此本故也。

的有似星之著天也　今本無"的"字。舊校云:"'的'一作'白'。"

是火之精也　今本脱"之"字。

周易序卦第十

故以取其義人理也　今本脱"義"字。錢本、宋本"人"作"義",亦
非。盧云:"句上疑有脱字。"尤非。

若旡用孔子序卦之意　今本"旡"誤"元"。

故爲物之始生也　今本脫"之"字。

周易正義第十四

　　右《周易正義》十四卷,卷首當有長孫無忌等上表,是本缺之,蓋有脫葉也。第一卷爲《序》及《八論》,第二卷爲《乾》,第三卷《坤》至《訟》,第四卷《師》至《同人》,第五卷《大有》至《剝》,第六卷《復》至《離》,第七卷《咸》至《解》,第八卷《損》至《革》,第九卷《鼎》至《豐》,第十卷《旅》至《未濟》,第十一卷《繫上》至第五章,第十二卷《繫上》第六章至第十二章,第十三卷《繫下》,第十四卷《說卦》至《雜卦》畢。其卷數與《現在書目》、《台記》及《舊唐書》所記皆合,其傳錄果出自唐時古本,與鈔自北宋刊本,皆未可知也。但據陳振孫所記,稱"《序》云十四卷,《館閣書目》亦云,今止十三卷",則其失舊第,蓋亦久矣。而是本存唐以來之本真,豈不可貴重乎! 點勘既畢,謹書其後。

　　　　庚戌重九　里見後人源元備

　　　　　　　　　　　周易校勘記舉正終

漁村海保府君墓碣

海保元起

　　海保府君既葬之明年,其門人將謀表其墓,咸曰:先生學爲醇儒,行爲君子,法應昭諸不朽,顧誰當任其事? 於是其不肖嗣元起奉其遺稿泣曰:先人謙遜寡欲,未嘗與雕華之士以聲譽相馳驟,而其最昵交稱知己者,今皆相續凋謝。其一時交往者,亦恐不能悉其平生矣。幸有先人自述在焉,請以碣墓左,粗敘其梗概於端耳,冀以副先人雅素之意矣。咸曰:然。乃謹敘曰:

　　君諱元備,字純卿,老別名紀之,字春農,漁村其自號。姓源,海保氏,南總武射郡北清水邑人。考諱修之,號恭齋,妣北田氏,生三子,君季也。生七八歲,恭齋君授以句讀,書字終日不倦。恭齋君憐之,數令之休,不肯。乃遣之通信於鄰里,君疾走往復,每事速辦【辨】。後或有急,恭齋君輒曰非純卿則不可,頗以爲累,北田氏後以爲咲。純卿,君之小字也。年十四,始來江戶,不堪其喧囂,泣曰:是豈可讀書耶!未數月歸鄉。既長,覃思經術,年二十四,再來江戶,首受知柳沍劉君,遂俱游于錦城師之門。錦城師一見,大嗟異之,許以遠到。及錦城師殁,君與荒井堯民實謀營建其墓碣。天保庚子,《周易古占法》刻成,識者稱其精確。後三年,游乎京師,尤爲日野亞相公所賓禮。明年,閣老佐倉侯招禮諸儒,啟迪其藩士,君亦與焉。嘉永壬子,水戶公聞君名,召見之,將使講經其邸。有沮之者,不果。先是,秋田侯及閣老濱松侯聘君爲儒官,皆不應。安政丁巳,曉湖棠邊二劉君與茞庭劉君謀,而請于大府,以君爲醫黌直舍儒學教授。處士命教授,自君始云。後五年疾作,乃自撰墓表誌其後曰:安政庚申寢疾,延至文久紀元,荏苒彌留,計將不起。乃或幸而能愈,亦慮氣力漸衰,精神益耗,不能長視息天地間,則他日以此代墓上之文,其亦無不可也。既而病稍小康,乃復握管。讎溫古籍,訂正著書,興會所至,間亦摹帖,未曾一日懈。所著經說雜著三十餘種,將相續刊行問于世。惜哉,世變多故,君亦老而益病。慶應二年八月,舊痼復大發,遂以九月十八日不諱。距其生寬政十年十一月二十二日,得年六十有九。以是月二十日葬本所普賢寺域內新塋。君氣貌淳古,寡言笑,不喜閒語空談。其接人,一以淳厚和平,不俯仰以取容,亦不矯激以矜氣節。其自述曰:處士無他所長,唯略知讀書,亦唯純乎一於治經,不喜汎涉。嘗謂漢經師說,雖有異同,要得之於七十子遺傳。則今日治經,唯當原之於注疏,徵諸各經,參之於史子合集之言,辨訂其異同,研覈其是非,以求合於古聖賢立言之指,如是焉耳。凡宋以後好自抒心得者,一切置之不取也。前後所著若干種,《周易古占法》及《漁村文話》既刊行世。他《易》、《書》、《詩》三經及《論語》有《漢注考》,《中庸》、《大學》有《鄭氏義》,《孝經》、《孟子》、《左傳》、《國語》並有《補證》,又有《孟子年表》。《書》及《中庸》晚加訂正,餘未及釐革。《文章軌範補注》七卷,嘗課及門之士,輯錄成書。《待老筆記》、《送老筆記》、《見聞異辭》三書,皆係平生所雜記。嘗謂古人經説,散見於歷代史,往往有足補古注疏之遺者,不一而足,亦略手輯就緒,曰《十七史經説》。又謂西洋説,唯天文曆學稱爲精確,然亦有得有失。若近日所唱地動之説,實與緯書妄談符,極爲不經。況其所主張袄教者,最大害於世道人心,此不可不辨,著有《袄教紀原》。餘經説及雜著,亦不下數十種。蓋處士少壯從大田錦城先生學,是以其於經義,一在乎恢張師説。然其不易從者,亦必有所論辨補正,不至阿乎所好也。幼從其先考恭齋府君受句讀,皆依古注疏。其晚年專用力於此,亦非偶然云。性孤僻,其讀書行己,不合時趣,是以終身轗軻以歿焉。此似爲可憫,而處士終不以此易彼也。漁村老夫自誌。慶應三年歲在橿梧單閼秋九月。

漁村先生著述書目

周易漢注攷　三十六卷

主漢人易説,而鄭氏爻辰、虞氏卦變,類在所不取。參以宋以後諸家説,而宋易亦在所不取。

周易正義點勘　一卷

依舊鈔單行《正義》,以刊正注疏本之訛,併補阮氏《校勘記》之遺。

尚書漢注攷　四十卷

根據馬、鄭注,專疏釋孔氏所傳真古文。參以《史記》者,以史公特傳孔氏古文之學也。

毛鄭詩義　三十六卷

以毛、鄭爲主,而旁參三家異文。

毛鄭詩攷異　三卷

據延文舊鈔,以訂今本之誤。

左傳正義點勘　三卷

據金澤文庫本單行《正義》,以訂今本之誤。

左傳補證　八卷

國語補證　三卷

諸家辨韋、杜之誤者別有專書,則皆置而不道,特疏記諸家說所未逮。

論語漢注攷　二十卷

根據漢晉諸家,一主古義,而以宋以後理氣、心性之談,一概廢之。

中庸鄭氏義　八卷

大學鄭氏義　四卷

專主鄭注爲說。蓋經解之最粹者,唯《禮》鄭氏注爲然也。其間考之於經,而有可疑者,時加辨訂,不必迂拘一義。

孝經今古文疏證　三卷

《孝經》之有今古文,不過《閨門》一章有無,二者並行,未始相悖。故此專主於通釋二文。

十七史經說　未完

錄唐以上諸史言及經義者,附以案語。

史記補證　三卷

依國朝舊刊活字本及舊鈔博士家傳本詳加校訂,補錢氏《考異》之遺。

扁倉傳續攷　一卷

補多紀氏《彙攷》之遺。

文章軌範補注　七卷

就謝氏書疏記古文字句之所淵源。

待老筆記　五卷

自少壯至老,有所得,隨輒札記,積而成册者。

送老筆記　無卷數

係六十以後隨手所記録,時有考證,亦或及俚俗常談,故通篇以國字行之,始非有意于著書。

見聞異辭　三卷

雜記見聞所及近事。命名本諸《公羊傳》,而取義不同,非敢爲僭竊也。

讀朱筆記　三卷

係讀《晦庵文集》所札記,附以案語。其書至半而輟。

煙草續録　一卷

補《煙草録》之遺。

茗飲攷　一卷

録《茶經》、《茶疏》等外,茶事之散見于各書者。

袄教紀原　三卷

洋説專言交易之利,亦利瑪竇所主張,其中天主邪教貽害最大。乃博引旁徵,以疏記其所起,俾世無惑焉。

文林海錯　十卷

就經史及文集、雜著中,節録字句雅馴、可充文家使用者,從而爲之部分,以便檢閲。

叩盆集　三卷

先生不欲以詞藻名家,此特録平生文章數篇,皆係不得已而爲之。若初年所作,皆删而不存。

西游日録　一卷

係京攝間及五十三驛游目所記。

邊政備覽　一卷

專論化北邊之俗,爲王政之民。

論語集注删存

就晦庵《集注》中存是去非,其書未成。

周易古占法　四卷
漁村文話　一卷　併續　一卷

　　二書既刻之家塾,仍有《古占法補遺》及《文話又續》、《三續》,皆未完之書也。以上通計三十種二百十三卷,中不錄卷數者三種云。昔南郭服子遷詳錄其師物徂徠著書目,以附《中庸解》之後。余雖譾劣,而其信師之篤,則竊謂不敢讓他人。爰傚服子之例,錄先生著書之目,併記一書之大旨,以與同志共之。慶應乙丑秋晚,受業和泉平松脩謹記。

　　【整理者簡介】　張學謙,北京大學中國語言文學系古典文獻專業博士研究生。

宋本《周易注》附《釋文》校記

孟　森撰　劉玉才整理

　　凡語助虛字多寡異同而於文義無大出入者,雖有出入而已經阮氏校勘有他善本已發見者,又有雙字上下互倒義理仍相同者,如師卦注"丈人莊嚴之稱也",他本"莊嚴"皆作"嚴莊",震六二注"威駭懈怠",他本皆作"威駭怠懈"之類,皆雙字互倒而仍同。皆别詳逐句校勘。兹提其足證各本所不及之特點,及本書字誤應以他本正之者,分别開列,附以筆畫缺蝕有待修補各文,以供整繕。孟森校記。

屯　初九注:民思其求主之時也。　　岳、十行無"求"字。按,上云"屯難之世,陰求於陽,弱求於强",則應有"求"字。或"求"、"其"字應互倒。

需　象注:盛德光亨。　　岳、十行"亨"皆作"享"。按,上象辭鄭讀"光亨貞吉",則證以此文。鄭又注"享宴",古亨、享同讀,知上文"亨"鄭亦讀"享"。王同鄭義,用"享"字。

訟　上九:《釋文》:"禦,本又作衛"。　　衛,盧、十行皆作"衞"。按,《集韻》八語:衞,止也,或作御,通作禦。此可正各本之誤。禦寇而作衞寇,尤於文義不合。

同人　九四注:反則得吉也。《釋文》標句作"反則得則得則則吉也”。 十行附《釋文》及盧本俱作“不克則反,反則得吉也。”按,不克則反乃此句之上文句中得則之則,即象辭其吉則困而反則也之文內反則之則。《釋文》所據注原作“不克則反,反則得則,得則則吉也”,因唐以後傳刻各本注文訛脫,作“不克則反,反則得吉也”,遂據以改《釋文》,於是《釋文》所謂又一本作“反則得得則吉也”者,遂脫去“不克則反”一句,殊失文義。不有此本附刻之《釋文》,莫有證世行《釋文》之誤者矣。

大有 九四:匪其彭,无咎。注:常匪其旁,則无咎矣。旁謂三也。《釋文》:彭,子夏作“旁”。姚云:彭、旁俗音同。 俗,十行、盧本皆誤作“徐”,得此乃正今《釋文》本之誤。

大畜 象:君子以多識前言往行。《釋文》:識,如字,又音試。劉音志。 十行、盧“劉音志”皆作“劉作志”,非。此可證其誤。

坎 六四:納約自牖。《釋文》:牖,音酉。陸音誘。 盧、十行皆作“陸作誘”,非。此可正其誤。謂陸績讀“牖”爲去聲耳。

家人 上九:威如,終吉。注:苟威嚴也,家道可終。 苟,各本作“尚”,文氣以“苟”字爲合。墨筆微改“尚”字,應修去。

睽 六三:其牛掣。《釋文》:掣,子夏作“挈”,傳云:一角仰也。 挈,盧、十行皆作“挈”。按,“挈”當即“契”字,“契”無一角仰之義。挈,《廣雅》:獨也,與介、特同訓。《方言》:絓、挈、儓、介,特也。楚曰儓,晉曰絓,秦曰挈,物無耦曰特,獸無耦曰介,挈亦介也。若以牛之角言,爲一角仰無疑,此可正《釋文》相承本之誤。

又天且劓。《釋文》:劓脆,王肅作“䚄”。䚄,魚一反。 䚄,盧、十行皆作“䚄”。按,《玉篇》有“䚄”字,同“䚄”,仰鼻也。此亦可證各本《釋文》之誤。

睽 上九注:至睽將合,至殊將通,恢詭譎怪,道將爲一。未至於合,先見殊怪。 未至於合,岳“合”作“洽”,十行“合”作“治”,阮校“治先”作“合志”,一本“治”作“合志”二字。按,上云“至睽將合”,即此“合”字所由來,此本獨無誤。

損　象：君子以懲忿窒欲。《釋文》：徵，直升反，止也。鄭云猶清也。劉作懲，云清也。蜀才作澄。　　盧本改"懲"爲"澂"，校云：舊本"懲"，據訓云清也，則當作"澂"。盧改或然。十行本誤作"劉懲云清也，蜀才作證"。蓋"劉"下脫"作"字，而"澄"又誤作"證"。阮校又誤以盧爲改"證"爲"澂"，則是改蜀才而非改劉，其實盧乃用蜀才之説而以"澄"字之或體"澂"改劉之"懲"耳。阮又據監本將"劉懲云"改作"劉云懲"，不知盧本實於"劉"下多"作"字，而"云"字自在"懲"字下。此本當是《釋文》真相，鄭於作"徵"之本可訓爲清，劉於作"懲"之本亦訓爲清，當不誤。

姤　初六：《釋文》：《説文》作"楄絡絲跌也"。　　跌，盧、十行皆訛"跌"，盧校勘"柅"字時涉及"跌"字仍作"跌"，誤甚。

萃　亨注：聚仍通也。　　仍，岳、十行作"乃"，此本作"仍"，意義有別。

井　彖注：音奉上之上。　　奉，岳、十行作"舉"。

井　六四：井甃，无咎。《釋文》：甃爲瓦裏下達上也。　　裏，盧、十行皆作"裏"。此可正"裏"字之誤，以瓦爲裏由下達上，説甃之義明甚。

漸　六二：鴻漸于磐，飲食衎衎。《釋文》：衎，馬云饒衍。　　饒衍，盧作"饒行"，十行作"譏衍"，皆誤。

旅　六五注：寄旅而進，雖處於文明之中，居于貴位，此位終不可有也。以其能知禍之萌，不安其處，以乘其下而上承於上，故終以譽而見命也。　　知禍之萌，各本皆作"知禍福之萌"。按，此位終不可有，但以禍言不當兼言福。

小過：　不宜上宜下。《釋文》：上，時掌反。注同。及下文宜上上六注"上"亦同。　　盧作"下及文不宜上上六注上極同"。十行作"下及文不宜上上六注上亦同"。阮校乃以盧爲是，其實此本最合。盧、十行所云"下及文"三字，明明有誤，盧校引館校改爲"及下文"，而以爲可從，不知此本正如是。又云"極"字舊本譌"亦"，此殊不然。"上六注"固連"上極"爲文,但單舉"上"字釋其爲上聲之時掌反,並無不合,至下文之"不宜上",但舉"宜上"二字,亦《釋文》標字通例。

繫辭上:標韓康伯注。《釋文》云:王輔嗣止注六經。　六,盧、十行作"大",按"六"似指前六卷爲王注,若作"大"則繫辭以下豈小經乎?

"鳴鶴在陰"節注:脩成則物應。　成,岳、十行作"誠"。

繫辭下:　象也者,像也。《釋文》:像,今眾本並云"像,擬也"。擬,音魚紀反。　盧、十行皆無"擬音魚紀反"五字,可據此正補。

又:則居可知矣。《釋文》:居,馬如字,處也;鄭、王肅音基,辭。　盧、十行皆脫"辭"字,當據正。居,讀如字者訓處,讀基音者語辭。

說卦:　和順於道德而理於義注:易所以和天道、明地德、理行義也。　岳、十行無此注十三字。阮校古本有此注,但"明"作"順",無"也"字。足利本亦有此注,但"行"作"仁"。此本蓋畧同古、足利。

乾,西北方之卦也。　岳、十行無方字。

說卦:　巽:爲進退,爲木果。　各本"木果"作"不果"。疏謂不果與上進退同義。按,如是則爲進退、爲不果連文嫌複,未敢必"木"字爲誤。

又:《釋文》:坎後有八,爲害。　害,盧、十行皆作"宮"。

雜卦:　謙輕而豫怠也。注:謙者不自重也。　重也,岳、十行作"重大"。按,注釋輕字之義,不涉大小。

又:夬,決也。剛決柔也,君子道長,小人道憂也。注:君子以決小人長其道,小人見決,去爲深憂也。　此注文十八字各本皆佚。

周易略例第十　岳作"周易略例卷第十"注疏本無此卷。按,此卷本與經文不涉,乃王輔嗣所撰。《釋文》云:或有題爲第十者,後人輒加之耳。然則陸氏所見止作第十,而明其爲後人所加,非王原本。如是,岳本又加"卷"字,更與陸所據不同。岳於前九卷俱無"卷"字,此處乃添此字,當從此本爲較近古也。

《周易略例》第十之標題下注云：略例者，舉釋綱目之名，統明大理之
稱。略，不具也；例，舉並也。然以先儒治易二十餘家，雖小有異
同，而迭相祖述，惟此王氏所見特殊，故作《略例》二篇，以辯諸家
之惑，錯綜文理，具錄之也。　　岳無此注七十一字。

明爻通變注：人之多辟己，獨處正其體，雖合志則不同，故曰合散。
乾之初九，潛龍勿用，身雖潛屈，情無憂悶。其志則申，故曰屈
伸。　　處，岳作"取"。"身雖潛屈"句上，岳多"初九"二字。按，此
本皆勝。

又：《釋文》：語成器而後有格，或"語成而後有格"。　　盧作"語成而
後有格，舊本如此。一本格作括"。按，據盧本則《略例》原文無
"器"字，但"格"或有本作"括"耳。此本則《略例》有"器"字，《釋
文》以無"器"字者又本，而"格"之爲"括"者不見。據注"格作括"
云云，不言本之《釋文》，未知果出《釋文》否？存此見宋時《釋文》
本之異。

明卦適變通爻注：一時有大畜、比、泰之制，反有天衢後夫復隍之
用。　　岳無"比泰"二字及"後夫復隍"四字。按，此注所釋之《畧
例》正文曰：一時之制可反而用也。注意謂大畜之上九若反爲陰
爻，即山天大畜變爲地天泰，而大畜上九何天之衢亨，泰之上六城
復于隍，勿用師自邑告命貞吝。蓋畜極反通，泰極反否之謂也。
如岳本，則不成意義。

　　以上爲宋本之特長。

乾　文言：是以動而有悔也。注：至於九二乾乾夕惕。　　二，岳作
三，此本誤，十行本亦作三。

屯　六二：《釋文》：下"近並"同。　　阮校、盧本作"近五"，閩、監本作
"近王"，十行本模糊，宋注疏本作"近並"。按，此本作"並"，誤同
宋注疏本。

屯　九五：《釋文》：下及文皆同。　　盧、十行皆作"及下文皆同"，岳

作"下文同"，此本誤倒。

需　象：《釋文》：于寶云。　于，盧、十行作"干"，阮校、閩誤"于"，此本亦誤。

訟　六三注：擊應在上。　擊，岳、十行皆作"繫"，此本誤。

比　象注：君不遇其主。　君，岳、十行作"若"，此本誤。

履　六三：《釋文》：跛，依字作破。　破，盧作"𬺸"，此本誤。_{阮校、宋注疏本及閩、監本皆訛"破"，十行本模糊，從盧改。}

履　九四注：以陽乘陽處多懼之也。　乘，岳同，殿翻本校改"承"。十行作"承"，此本誤。也，岳、十行皆作"地"，此本誤。

大有　九三：《釋文》：于云。　于，盧、十行作"干"，此本誤。

豫　六二：《釋文》：網小石聲。　網，盧、十行作"𥑗"，此本誤。

隨　九五：《釋文》：盡，津忍反。卷末同。　盧、十行作"盡，津忍反。盡卷末同"。盡卷末，謂盡此一卷也，與"盡津忍反"之"盡"無涉，不可省。

蠱　象：《釋文》引《左傳》"女惑男"。　"惑"訛作"感"，盧、十行不訛。

臨　象：《釋文》：治長反。　長，盧、十行作"良"，治良反爲長字平聲，不得仍用長字諧其韻，此本誤。

觀　上九象：《釋文》：盡從夫觀以下。　盡從，盧、十行及岳作"從盡"。"盡夫觀盛"乃注文，謂從此句以下耳。此本誤。

噬嗑　象注：無由利也。　利，岳、十行作"亨"，此本誤。_{經文噬嗑"亨"原不作"利"。}

噬嗑　上九注：罪非所懲，故刑及其首，至于滅耳。及其首非誠，滅耳非懲，凶莫甚焉。　及其首非誠，岳、十行作"及首非誠"。按，"及其首"或不誤，"誠"當作"誡"。

賁　象：《釋文》：王肅符文反，云有坎飾，黄白色。　坎，盧、十行作"文"，此本誤。

賁　六四:"賁如皤如"注:故或飾或素,内懷疑懼也。　此本脱上
　　"或"字,岳、十行皆作"故或飾或素"。

賁　上九:"白賁"注:處飾之終,飾終反素,故任其質素。　此本原
　　缺而寫填誤脱"終"字,而複衍"故"字,當從岳、十行改正。

復　初九:"不遠復,无祗悔"注:復之不速,遂致迷凶。不遠而復,幾
　　悔而反,以此修身,患難遠矣。　速,此本亦作"遠",當從岳、十行
　　改正。

復　六三:頻復,《釋文》:頻,如字,本又作"顰"。顰,眉也。鄭作
　　"矉"。　此本訛作"頻頻,本作顰。顰,眉也。鄭作卑"。按,"顰
　　顰"本分屬兩句,經文並無"頻頻"疊字,"卑"字亦明誤。當從盧、
　　十行改正。

又:薎,千寂反。　此本"千"訛"于",當從盧、十行改正。

大畜　九二:輿説輹。《釋文》:《釋名》曰:輹,似人屐。　此本訛作
　　"輾,似人屐",當從盧、十行改正。按,《釋名》原文亦作"輹"。

大畜　九三注:至於九三,升于上九,而止九處天衢之亨。　止,當
　　從岳、十行作"上",屬下句。

大畜　六五注:五象得尊位。　象,當從岳、十行作"處"。"象"字字體不
　　倫,當是修板誤填。

坎　初六:《釋文》内有"説文"二字,"字林"二字,誤爲妄人塗删,宜
　　修復。盧、十行皆有。

離　象:《釋文》内有"説文"二字,妄人塗删,宜修復。同上。

咸　上六:《釋文》:滕,虞作"媵",鄭云迭也。　迭,盧、十行皆作
　　"送",此本誤。

恒卦　首注:恒而亨,以齊三事也。　齊,盧、十行皆作"濟",《正義》
　　亦作"濟"。

遯　象注:匪迹避特。　特,盧、十行作"時",此本誤。

明夷　象:《釋文》:以之,鄭、荀句作"似之"。　句,盧、十行作"向",
　　此本誤。

睽　六三注：帶隔所在。　帶，盧、十行作“滯”，此本誤。

睽　六五注：非防己應者也。　防，盧、十行作“妨”，此本誤。

益　上九：《釋文》：厭，於鹽反。　鹽，盧、十行作“鹽”，此本誤。

夬　象：《釋文》：長，丁丈反，徐上六象注同。　注，盧、十行作“並”，此本誤。上六象本文有“長”字，並無注。

夬九四注：羊者，抵很難移之物。　抵，岳作“牴”，《釋文》大字標題亦作“牴”，十行與此本同作“抵”，據《釋文》乃又一本。

又：《釋文》：抵，丁禮反，本又作“抵”。　上“抵”字，盧、十行作“牴”，此本誤。

又：或作“牴”，丁帝反。　帝，盧、十行作“啼”，此本當誤。

夬　九五注：最此小人。　此，岳、十行作“比”，此本誤。

姤　初六注：以一柔而乘五剛。　乘，岳、十行作“承”，此本誤。

又：《釋文》：誥，鄭作“詰”，起一反。　下“誥”字，盧、十行作“詰”，此本誤。

又：梚。　盧、十行作“杞”，此本誤。

又：《説文》作“柀”。　柀，盧、十行作“檜”。

又：象擊于金梚。　擊，岳、十行作“繫”，爻辭原作“繫”，此本亦同，此“擊”字誤。

又九三：厲无咎。　岳、十行作“厲无大咎”，注亦曰“是以无大咎”，此脱“大”字。

又九五注：志不含命。　含，岳、十行作“舍”，此本誤。注本出下象辭，象辭原作“舍”，岳“舍”字圈作上聲，亦本象辭、《釋文》。

萃　上六：《釋文》：涕，池麗反。　池，盧、十行作“他”，此本誤。

困　上六注：困於上也。　困，岳、十行作“因”，此本誤。

又：《釋文》：以葛之草。　以，盧、十行作“似”，此本誤。

又：説又作魁。　又，盧、十行作“文”，此本誤。

井　六四：《釋文》：于云。　于，盧作“干”，十行作“本”，阮校、宋注疏本亦作"干"，此當作"干"。

又九五：《釋文》：**橈，乃孝反。**　橈，盧、十行作"橈"，注原作"橈"，此本誤。

革　上六注：**故居則得貞而吉。**　貞，岳、十行作"正"，注中文例"貞"應作"正"。

鼎　九四：《釋文》：**餗，虞氏八珍之具也。**　氏，盧、十行作"云"。

震　六二注：**故曰物逐七日得也。**　物，岳、十行作"勿"，經原作"勿"，此本誤。

又九四注：**履大不正。**　大，岳、十行作"夫"，岳加平聲圈。

艮　初六注：**至静无定。**　无，岳、十行作"而"，此本訛。

又九三注：**各正於其。**　正，岳、十行作"止"，此本訛。

又六二：《釋文》：**拯，音拯救之拯。**　盧、十行標"不承"二字，下注"音拯，救之拯"。則《釋文》所據本經文作"不承其隨"，此本抹殺陸據之原本，"拯"字又誤。

歸妹　初九注：**以女而與長男爲耦。**　以，岳、十行作"少"，岳加去聲圈，此本誤。

歸妹　六三：**象曰**：**歸妹以順。**　順，岳、十行作"須"，爻辭原作"須"，此本誤。

豐　象：《釋文》：**戾，如字，作稷。**　作稷，盧、十行作"孟作稷"，此本脱"孟"字。

旅　象注：**以乘于上，陰各順陽。**　乘，岳、十行作"承"，此本誤。

旅　初六："**旅瑣瑣，斯其所取災**"**注**：**而爲賤之役。**　岳、十行注作"而爲斯賤之役"。《正義》亦曰：是寄旅不得所安，而爲斯卑賤之役。然則爲斯卑賤勞役，由其處於窮下，故致此災。

節　象注：**爲節過若。**　若，岳、十行作"苦"，此本誤。

又：**遇中而爲節。**　遇，岳、十行作"過"，此本誤。

中孚　九二：《釋文》：**靡，本又作"縻"。**　縻，盧、十行作"縻"。按，下更有《埤蒼》作"糜",則此處應作"糜"。

又六三:《釋文》:少,時照反。　時,盧、十行作"詩",此本誤。

小過　象注:下則乘陽順也。　乘,岳、十行作"承",此本誤。

既濟　象注:以既濟爲家者。　家,岳作"象",十行作"安",阮校、岳同作"安",錢本、古本、足利本作"象",宋注疏本作"家","家"即"象"之誤。按,此本同宋注疏本之誤,而阮謂岳亦作"安",與今所見相臺本不同。殿翻岳本於此有校語云:象,武英殿注疏本作"安",則岳原作"象",而阮所據之岳爲又一本。

未濟　初六注:濡其首猶不及。　及,岳、十行作"反",此本誤。

繫辭上:　斷之者善也。　斷,岳、十行作"繼",疏亦作"繼",此本誤。三前九

注:衣披万物。　披,岳、十行作"被",《釋文》亦作"被",此本誤。三後一

《釋文》:稱極,尺正反。　正,盧、十行作"征"。按,此字應平聲,當作征。三後十一

《釋文》:專,如字,陸作"塼",音同。　塼,盧、十行作"摶",此本誤。四前二

注:君子出處語默。　語默,岳、十行作"默語"。依經文作"默語"與出處叶韻。五前五

《釋文》:乘,如字,一讀乘證反。　乘證,盧、十行作"繩證",此本誤。五後八

《釋文》:揲,鄭云取奇也,紀宜反。　盧、十行作"取也。奇,紀宜反。"此本誤。六前三

《釋文》:明僧作君子之道。　明僧,盧、十行作"明僧紹",此本脱"紹"字。六後六

《釋文》:易,韓音以。　以,盧、十行作"亦"。七後一

《釋文》:洗,劉獻悉殄反。　獻,盧、十行作"瓛"。七後二

繫辭下:　《釋文》:王肅、下伯王、桓玄、明僧紹作"仁"。　下伯王,

盧、十行作"卞伯玉"。一後六

注:臣以有事則代終。　岳、十行無"則"字。按,對上君以無爲統

衆,不當有"則"字。三前八

《釋文》:介干。　干,盧、十行作"于"。　王廙。　廙,盧、十行作

"廣"。四後八

注:无來不祭。　祭,岳、十行作"察",此本誤。五後一

《釋文》:貳,鄭氏謂當作"式"。　式,盧、十行作"弌"。五後六

注:而後有剛柔之用故曰物。　岳"故曰物"上多"故曰爻爻有等"六

字,十行多"故曰爻有等"五字,當從岳。七前八

注:近况此爻也。　此,岳、十行作"比",岳加去聲圈,《釋文》毗志

反。八前四

注:乘於時也。　乘,岳、十行作"乖",此本誤。八前四

説卦:《釋文》:《論衡》云七十歲生一莖,七百歲生十。　盧、十行

"生十"下更有"莖"字。《論衡·狀留篇》原有。一前四

《釋文》:參,七南反,如字。　盧、十行"如"字上有"又"字,此本脱。

一前六

《釋文》:烜,本又作"恒"。　盧、十行作"晅",本又作"晅"。按,經文

"日以烜之"原作烜。據盧、十行則《釋文》本作"晅",而又本作

"晅"。"晅"字缺筆,避真宗諱,右旁爲"恒"字無疑,其左旁必爲

"日"字。一後十

《釋文》:盛,鄭音成,云裏也。　裏,盧、十行作"裏",此本誤。二後二

《釋文》:龍,如字,虞、千作"駹"。虞云倉色,千云雜色。　兩"千"字

盧、十行作"干",此本誤。三前七

《釋文》:本又作"專",如字,虞同。姚云:專,一也。鄭市戀反。　兩

"專"字盧、十行作"專",此本誤。三前八

序卦　注:或柔上而剛下。　或,岳、十行作"咸",此本誤。五後一

故受之遯。　岳、十行作"故受之以遯",此本脱"以"字。五後四

注:其蔽必乖也。　蔽,岳、十行作"敝"。五後十

注：説不可偏孫。　孫，岳、十行作“係”，此本誤。六後二

雜卦：　隨，無故也。　無，岳、十行作“无”。按，本經例作“无”。七前四

周易略例並序　岳作“周易略例序”。

至頤隱乎名言。　頤，岳作“賾”，此本誤。一前二

孔仲尼之論備矣。　孔，岳作魯。一前九

王弼注。　岳無“注”字。按，《略例》爲弼所撰，邢璹爲注，此本誤衍。一後七

注：動是衆由一制也。　岳“衆”下重“衆”字。一後十二

注：有心歸於一。　岳“心”作“必”，此本誤。二前一

注：剛柔而得中也。　柔，岳作“來”。二前八

注：忠貞之用。　岳作“中正之用”。按，注釋“中之爲用”句耳，當從岳。二後四

非天下之至頤。　頤，岳作“賾”，此本誤。三前四

注：志懷剛武，人爲于大君。　岳無“人”字，每四字爲句。按，釋上“武人爲于大君志剛也”，當從岳乃合文例。三後二

《釋文》：語，偶許反。　盧本無。按，“語”字在注中，邢注在陸氏作《釋文》之後，不應見，《釋文》此本乃後人屛入。四前十一

《釋文》：人一本。　人，盧作“又”。五前二

注：一時有豐亨之用，反有覊旅之凶也。　岳“用”作“吉”，“也”作“是也”。注釋“一時之吉可反而凶也”句，當從岳。五前六

注：上下雖遠而動者有其應。　岳句下有“也”字。依下文例當有。五後五

注：爻有變，動存乎應，而有應動，動則不失，若謙之九三，勞謙君子有終吉之例。爻之安危在乎位，則安，若節之六四安節亨之例。是失位則危，若晉之九四晉如鼫鼠貞厲之類是也。　岳“存”作“在”，“而有應動”作“有應而動”，“則安”作“得位則安”，“安節亨之例”下無“是”字，末無“也”字。六前一至二

注：陰乘於陽順也。　乘，岳作“承”，此本誤。六前三

注：既得乾象。　象，岳作“意”。按，既得乾意，其龍可捨，所謂得意
　忘象也。此本誤。六後十

注：弃執而從得之。　從，岳作“後”。七前三

注：同其意也。　同，岳作“問”，此本誤。七後八

注：名守其位。　名，岳作“各”，此本誤。八前五

注：所與此者。　此，岳作“比”。八前七

注：其在一乎。　一，岳作“二”，此本誤。九前七

焉雖班如。　焉，岳作“馬”，此本誤。九後十

注：則見至也。　至，岳作“咥”。十前八

注：不係美。　岳作“不係爲美”，此本誤。十後七

　　以上此本有誤當正

　　秦味經跋稱此真北宋佳本，未免虛嚚之習，非耐心審勘之談。
北宋諸帝諱無不缺筆固無論矣，南宋昚、媾、構、慎皆缺，則避高宗諱
矣。坤六四注“施慎”，《釋文》“施慎”，象辭“慎不”，“慎”皆缺筆，則
避孝宗嫌名矣。至敦臨、敦艮之“敦”字皆不缺，則不避光宗諱。是
此書刊於孝宗之世。

　　以上爲版本時代

其缺蝕或妄人誤改應修整復故者：

卷一第十葉前末行注：爲仁由己。

卷二第三葉前五行注：不能包弘上下。　第六葉後五行注：五處已
　上。　第七葉前十一行注：使令洽而後乃誅。岳、十行句下多“也”字。
　岳作“洽”，十行訛“治”，阮校、岳、宋、古、足利皆作“洽”。此本似
　亦原作“洽”，又似作“治”，當修清。

卷三第三葉前一行注：而無患憂。　第九葉前八行注：不存外飾。
　後一行《釋文》：音支。後五行：䷌。

卷四第一葉前九行上十二:末。後八行上五:末。　第十葉後三行
　注:不可宴安。

卷五第三葉後六行注:迷務競爭。　第五葉前四行:䷜。　第十三葉
　前一行:首字"九"妄改"四"字。

卷六第四葉前末行注:夫剛得暢。　第七葉後十行注:不爲貴
　主。　第八葉前六行注:足及密雲。

卷七第三葉前三行:故能愛。　第三葉後十行注:由神而冥於神者
　也。　第五葉前二行《釋文》:一云門白。

卷八第六葉前六行:"易之爲書"上妄隔一"〇",應修去。　第七葉
　前八行注:爻有陰陽之類。　第八葉前七行《釋文》:枝音支。

卷十第十葉前六行首:䷳。前十一行首:䷲。前十二行《釋文》:附近
　之近。後一行首:䷁。後十行:壯乃全也。後十二行首:䷖。　第
　十一葉前七行首:䷏。

又有原誤而經墨筆改正,應依所改修清者:

卷一第十三葉後五行:象曰。　第十四葉前七行:處多懼之地。

卷三第六葉前九行注:之乎通路原訛"在",十行同。《易》"之"字作動辭用者極
　多,此確是"之"而非"在"。岳作"之"。又注:不憂險厄。原訛"已"。岳作"阨",
　十行作"厄",《釋文》作"阨",云本亦作"厄厄"。

卷四第一葉後一行:咸其股。　第五葉後五行注:以斯適人。　第
　十一葉後八行注:居益以沖。

卷五第七葉前一行注:物無取也。上行實空一格,此爲脱文無疑。岳、十行皆
　作"物無取也"。

卷七第五葉後十一行注:必因於有。

逐句校勘

卷　一

乾　象注:反復皆合道也。　十行、岳皆無"合"字,阮校、古本、足利

本有"合"字。岳本無,則此本同古及足利。二前五

文言曰。　　岳本上有"〇",十行本上有疏文,蓋亦隔斷。二前七

初九潛龍勿用。　　岳、十行"初九"下皆有"曰"字,阮無校語,蓋未見宋本原本。二前十

可與言幾也。　　岳、十行無"言"字,阮校、古本、足利本有。二後七

坤　象注:求安難哉。　　岳、十行"哉"作"矣",阮無校。四後末行

象注:任於自然。　　岳、十行"於"作"其",阮無校。五前四

注:而無不利者。　　岳、十行無"者"字,阮無校。五前五

文言注:動之方正。　　岳、十行"正"作"直",阮無校。五後六

《釋文》:此上有"易曰"。　　阮本"此"誤"也",岳本刪節不見,盧本作"此"。六前六

蒙卦　首注:筮者。　　阮本複"筮"字,誤。七後四

象注:无剛決中。　　岳同,十行"決"作"失"。蓋"中"字去聲,與上"時中"字《釋文》合,十行本非。七後末

象注:果行者,初筮之義也;育德者,養正之功也。　　岳無兩"也"字,十行有。八前二

九二注:故包蒙吉也。　　岳"故"下有"曰"字。八前六

九二象:剛柔接也。　　十行"接"誤"節",岳作"接",疏亦解作"接"字。八前七

需卦　首《釋文》:又音尃。　　十行、盧皆作"又作勇"。八後九

象:《釋文》:干同。　　十行、盧"干"作"下",阮校、宋作"干"誤。按,干即干寶之音義,未必誤。八後十二

訟　象注:物有其分。　　十行此句下衍"起契之過"四字,乃涉下文而誤衍,岳亦無。十前一

六三:《釋文》:掇,都活反。　　十行、盧"都活"上有"徐"字。**又本作惙。**　　十行、盧本上有"鄭"字。按,此本所附《釋文》與原本原小有出入,但此二字不應去。十前十

師卦　首注:莊嚴之稱也。　　岳、十行"莊嚴"作"嚴莊"。十後七

比卦　首注：**則不寧方來矣。**　岳作"則不寧之方皆來矣"，阮校已云，岳本獨如是。十一後七

九五注：**用三驅之道也。**　岳、十行"也"作"者也"。十二前七　應有"者"。

上六注：**宜其凶者也。**　岳、十行無"者"。十二前十一應無"者"。

小畜　象注：**初九之復自道。**　十行脫"自"字，岳有。十二後六行

九二象注：**不可以牽征。**　岳、十行皆無"以"字，阮校、古本有。十三前二

上九象注：**畜之極也，畜之不已。**　也，岳作"者也"。畜之不已，岳十行作"畜而不已"。十三後二

履　九二注：**宜其吉也。**　十行無"也"，岳有，阮無校。十四前一

六三注：**而志存於五。**　於五，岳作"于王"，十行作"于五"，武英殿翻岳本已校，改"王"作"五"，有校記。十四前四

卷　二

泰卦　首：**而小人道消也。**　岳、十行皆無"而"字。一前四

否　初六注：**故拔茅以類。**　拔茅，岳作"拔茅茹"，十行作"茅茹"，阮校、古本、足利本同岳，則此本爲獨異。二前八

六三注：**而位不當。**　位，岳同，阮本訛"但"。二前十二

同人　象注：**故特曰"同人曰"也。**　岳、十行無"也"字。二後九

象注：**天體於上。**　岳同，十行"於"作"在"，阮無校。二後十二

九三注：**貪於所比。**　岳同，阮"貪"誤"貧"。三前五

卦末：《釋文》：**異災，一本作"它災"。**　今本皆作"它在"，陸氏謂之又一本，陸本原作異，阮校舉各本異同，漏未舉出。三後五

謙　上六注：**可以征邑國而已。**　阮刻、十行本"征邑國"誤作"邑一國"。五前七

豫　六三注：**若其盱睢之豫。**　之，岳、十行作"而"。五後九

隨　六三注：**故利居貞也。**　故，岳同，阮訛"曰"。六後七

臨　彖注:大亨以正之義也。　岳、十行無"也"字。八前三

觀　彖注:而百姓自服。　岳、十行句下多"也"字。八後十二

六二注:寡所鑒見。　寡,十行作"無",阮無校,下文出"寡見",則原
　作"寡"。九前四

又:體於柔弱。　於,十行訛"性"。九前四

六三注:可以觀我生進退者也。　岳、十行無"者"字。九前六

六四注:最近至尊。　岳同,十行"尊"作"五"。九前八

又:故曰利用賓於王。　岳、十行句下有"也"字。九前九

九五注:上爲化主。　化,十行訛作"觀"。九前十一

卷　三

剥　六三象注:三上下各有二陰,而三獨應於陽。　兩"三"字,十行
　上訛"主",下訛"二"。三前十二

无妄　六三注:稼穡之資。　岳、十行句下有"也"字。五前十一

頤　六三注:故曰頤征凶。　征,十行訛作"貞"。七前四

離　九四注:故曰棄如。　岳、十行句下有"也"字。十前九

卷　四

咸　九三注:各其宜矣。　矣,岳、十行作"也"。一後二

恒卦　首注:終則有始也。往而无違,故利有攸往。　岳、十行"也"
　字移在注末"往"字下。二前一

恒　象注:道得所久則恒通。　得,岳同,阮訛"德"。恒,岳、十行皆
　作"常"。二前四

又:往無窮極。　極,十行作"也",阮校除閩、監、毛同十行外,各本
　作"極",閩、監、毛皆由十行遞衍而出,蓋訛自十行始。二前五

九三注:上不全尊,下不全卑。　岳同,十行兩"全"字皆作"至",
　誤。二後一

遯　初六注:危至而後求行。　十行"求"訛"未",阮校毛作"求",而

以爲衍文，其實岳亦作求，阮校誤甚。三前二

九四象注：音臧否之否也。　岳無此注，十行少"也"字。三前十一

大壯　初九注：故曰征凶有孚也。　岳、十行無"也"字。三後九

六五注：故曰喪羊于易也。　岳、十行無"也"字。四前六

上六注：遲疑猶與。　岳、十行"與"作"豫"，《釋文》本作"猶與"，謂
　一本作"預"。四前九

明夷　初九注：上六爲至闇也。　也，岳、十行作"者也"。五後四

蹇　六二注：處蹇以此。　岳同，十行"此"誤"比"，阮校從毛作
　"此"。阮未見此本，然岳亦作"此"，何不據校而反引後出之毛
　乎？八後六

上六注：往之則失。　岳、十行作"往則失之"，阮校、錢遵王、宋注疏
　本、古本、皆作"往之則失"，蓋此本猶爲舊本真相。九前二

解　象注：无所而不釋也。　岳同，十行"所"誤"圻"，阮校毛作
　"所"，非。阮氏不引岳而引毛，又反以爲非，甚誤。九前十

六五注：小人雖闇。　岳同，十行"闇"訛"間"。九後十

損　象注：損下益上。　十行"下"訛"柔"。阮於"柔"字加圈作識，
　明有校語，而《校勘記》脫去。岳及此宋本俱作"下"，可補阮校之
　脫。十前九

又：言何用豐爲也。　岳同，十行"用"作"以"。此釋經文"曷之用"，
　自應作用。十前十

象：《釋文》：陸作蓉。　蓉，盧作"峯"，十行作"峉"，三處各不同，未知
　孰是。十後三

九二注：進之乎柔。　岳同，十行"乎"作"於"。十後八

六三注：乃得化淳。　岳同，十行"淳"作"醇"，阮校謂岳亦作"醇"，
　誤。十後十一

又：三陰俱行，則必有疑矣。　岳、十行無"有"字，十行又訛"三"作
　"二"，阮無校。十後十一

六五注：**事竭其功。**　岳同，十行“竭”誤改“順”，阮失校。十一前三

又：**則衆才之用盡矣。**　岳同，十行“盡”誤“事”，阮校引毛本正作“盡”，亦遺前引後。十一前四

益　六二注：**在此時者也。**　岳、十行無“者”字。十一後九

卷　五

夬卦　首：**《釋文》：幾，音近。**　岳、十行、盧“近”皆作“祈”，當從之。一前四

象曰。　“象”爲“彖”之誤，當從各本改正。一前四

象注：**忌，禁也。**　岳同，十行“禁”作“止”，阮失校。一前十一

九四注：**下剛而進。**　岳同，十行“下”作“不”，阮失校。一後十

又：**必見侵食。**　岳同，十行“食”作“傷”。阮校岳、閩、監、毛同作“傷”，宋注疏本、古本、足利本作“食”。今按，武英殿翻岳本始改“食”爲“傷”，有校記可證，其改非也。阮所據之岳乃用翻刻本，而又不觀其校記，殊誤。阮又云《正義》本作“傷”。一後十

九四：**《釋文》：次，亦作“趀”，或作“跂”，《說文》及鄭作“趑”。**　趀，盧及宋注疏同，十行作“趙”。跂，十行同，盧、宋作“跤”。趑，盧、宋同，十行作“趙”。

九五注：**夬之爲義剛決柔。**　岳、十行“剛”上多“以”字。二前三

姤　九三注：**然獲得其位。**　岳、十行“獲”作“履”。二後十一

又：**是以无大咎。**　岳、十行句末多“也”字。二後十一

九三象注：**无民而動。**　民，十行訛作“風”。二後十二

又：**是以凶者也。**　岳、十行無“者”。二後十二

九五：**《釋文》：瓜，工花反。**　工，十行訛“王”。三前三

升　初六注：**是以大吉。**　岳、十行句下多“也”字。四後四

困　卦首注：**窮必通也。**　岳同，阮“窮”作“困”。五前四

九五注：**困而後能用其道者也。**　後，阮誤作“徐”。六前四

井　九三注：**履得其位。**　岳同。履，阮訛“復”。七前八

九五注:居中得位。　岳同,十行"位"訛"正"。七後一

革　九三注:自四至上從命而變,不敢有違。　岳同。四,阮訛
　　"曰"。有,阮訛"自"。八前七

鼎　初六注:得妾以爲子者,故无咎者也。　岳、十行無兩"者"字。
　　九前三

九二注:得全其吉者也。　岳、十行無"者"字。九前七

上九注:則靡所不舉。　岳同,阮"靡"訛"應"。九後七

震　象注:則惰者懼於近也。　十行同,岳"也"作"矣"。十前二

六二注:威駭懈怠。　岳、十行"懈怠"作"怠懈"。十前七

上六注:極懼相疑。　阮"疑"訛"宜"。十後七

艮　象注:止道不可常用。　止,十行訛"正"。十一前三

漸　初六:《釋文》:本又作"則困讒於小子"。　"讒"字當修清。十二
　　前二

六二注:山石之安者也。　岳同,阮"也"訛"少"。十二前四

歸妹　象注:相終始之道。十行句下多"也"字。十二後十二

九二注:以眇猶能視。　岳、十行無"以"字。十三前四

六五注:謂帝乙所寵也。　謂,十行訛"爲"。十三前十一

卷　六

豐　九三注:未足用者也。　岳、十行無"者"字。一後八

上六注:而自深藏者也。　岳、十行無"者"字。二前五

又:以治爲亂也。　岳同,十行作"是以治爲亂者也"。二前六

旅　上九:客而得上位。　岳同,十行"而"作"旅"。三前七

又:而當嫉害之地。　岳同,十行"嫉"訛"被"。三前八

又:故莫之聞。　故,岳、十行作"終"。三前九

巽　象注:處于中正。　岳同,十行"于"作"乎"。三後三

六四注:雖以柔御剛。　岳同,十行"御"誤"乘"。三後十一

上九注:貞凶者也。　岳、十行無"者"字。四前六

兌　初九注：吉其宜也。　　岳、十行"也"作"矣"。四後一

渙　上九注：不近侵克。　　岳同，十行"克"作"害"。五後二

節卦　首注：坎陽而兌陰。　　岳、十行句下有"也"字。五後五

初九注：慮於險偽。　　偽，十行訛"爲"。五後十

中孚　象注：各得其所也。　　得，岳、十行作"當"。六前九

小過　象注：施過以恭儉。　　岳、十行"以"作"於"。七前十

九三注：小過之世。　　阮校十行作"世"，岳作"時"。按，岳原作"世"，殿翻岳本作"時"而無校語，則阮固未見岳原本，殿翻祖本亦非原本也。七後七

六五注：夫雨者，陰布於下。　　岳同，阮刻"布"訛"在"。八前三

既濟　象注：故曰：初吉終亂，終亂不爲自亂。　　十行同，岳"終亂"字不重。八後三

六二注：處文明之盛而應五。　　岳、十行"五"字上有"乎"字。八後八

又：近而不相得。　　岳同，十行作"而近不相得"。八後八

九三注：是居衰末而能濟者也，故伐鬼方三年乃克也。　　岳同，十行"也故"二字作"高宗"。此爲十行妄填缺蝕之失，舊本所以可貴，而阮校言各本作"也故"，仍不以十行爲非，亦失之。八後十二

九五注：物皆濟矣。　　岳同，十行"濟"妄改"盛"，阮失校。九前六

未濟　初六注：濡其首猶不及。　　岳、十行"及"作"反"，此本誤。九後六

又：故曰吝者也。　　岳、十行無"者"字。九後七

九二注：用健施難，循難在正。　　岳同，十行"施"改"拯"，"循"改"靖"。阮校謂岳本、閩、監、毛各本皆同十行。閩、監、毛皆從十行出，岳本則明明不同，阮氏誤也。九後八

上九注：而耽樂之甚。　　岳、十行"耽"下多"於"字。十前八

卷　七

注：象總一卦之義者。　　岳、十行"者"作"也"。二前七

注:皆生乎變。　　岳同,十行"生"作"主",阮失校。二後一

注:始終之數也。　　十行"始終"作"終始"。二後八

注:而遊魂爲變也。　　岳無"而"字。二後十

注:而道爲象。　　岳、十行"而道"作"不可"。按,下文"必有之用極,
　　而无之功顯",則自言道之爲象,非不可爲象也。舊本所以可貴。
　　三前八

注:則有經營之功也。　　岳、十行"功"作"迹",乃《釋文》所謂又一
　　本。三後三

吾與爾縻之。　　岳、十行"縻"作"靡"。《釋文》:一本作"縻"。則各用
　　一本。四後七

其孰能與此。　　岳、十行"此"字上有"於"字,與下兩句同。六後五

非天下至變。　　岳、十行"至變"上有"之"字,與上下兩句同。六後十

聖人所以極深而研幾也。　　岳、十行"聖人"下有"之"字。七前二

注:取其有之所極。　　岳同,十行少"其"字。八前一

注:吉凶可定。　　岳、十行句上有"則"字。八前三

卷　八

効此者也。　　岳、十行"効"作"效",後遇"効"字皆同。一後一

注:獸麗於山。　　岳、十行句下多"也"字。二前一

注:故可久。　　岳同,十行句下多"也"字。二前九

注:故陽卦曰:君子之道也。　　岳、十行無"也"字。三前九

注:不思而至也。　　岳、十行無"也"字。三前十一

注:多則惑。　　岳同,十行"惑"訛"感"字,旁有圈爲識,蓋有校語,而
　　校勘記脱之。三前十二

語成器而後動者也。　　岳、十行無"後"字。四前二

注:則無結閡之患者也。　　岳、十行無"者"字。四前三

力少而任重。　　少,岳、十行作"小"。阮校《石經》作"少",又引錢大
　　昕《說歷》,據史傳用此文,當從《唐石經》作"少",刻本中惟北宋景

祐本作"少"云云。今得此本,又一與錢説相合之本,當時未爲諸公所見者。四前十二

注:窮理者也。　岳同,十行"也"作"乎"。四後三

注:而能遷其施者也。　岳、十行無"者"字。六前二

注:使物知内外之戒也。　岳同,阮刻"知"訛作"之"。六前十

注:此内外之戒者也。　岳、十行無"者"字。六前十

注:故易知者也。　岳、十行無"者"字。六後五

卷　九

《釋文》:似藾蕭。　似,阮本訛作"以",盧作"似"。一前三

注:六畫而成卦。　岳、十行無"而"字。五後二

動必止之。　岳同,十行脱"動必"二字,阮失校。六前八

注:君子經綸之時。　十行同,岳"君子"下多"以"字。六後十

卷　十

注:物雖繁而不憂錯亂。　岳無"而",依下句例當無。三前三

注:知取舍。　岳"取"作"趣"。四前九

比復好先。　"復"字岳本圈作去聲,誤。六前五

注:此所適違時。　岳句下多"也"字。六前十一

注:不可慢易也。　岳無"也"字。六後一

注:終吝。　岳句下多"也"字。六後一

注:龍則象意也。　岳"象"下多"之"字。六後七

《釋文》:贍,常豔反。　常,盧作"市",雖音紐相同,然岳本亦作"常",則宋本當作"常"。十後五

【整理後記】:瞿氏鐵琴銅劍樓舊藏宋刊經注附釋文本《周易》十卷,曾經文震孟、毛晉、徐乾學、秦蕙田、汪士鐘等名家收藏,今存中國國家圖書館。《中國版刻圖錄》著錄此本有

云:"宋諱缺筆至慎字,書體秀媚,字近瘦金體,知是南宋初葉建陽坊本。文字較他本多勝處。傳世宋版《周易》除淳熙間撫州公使庫刻本外,當推此爲最善之本。"1928年,日本東京文求堂影刊瞿氏藏本,後附孟森所撰校記,並據其修正原本文字。孟森校記以此本校相臺岳氏、十行諸本,且參考盧文弨、阮元校語,列出此本文字特長、文字有誤以及文字缺蝕或妄人誤改應修整復故者,并有逐句校勘,均頗多發明。孟森校記未見單行,流傳不廣,今據天津圖書館周叔弢舊藏文求堂影本附册,輯錄整理。孟森另撰有《相臺本<周易>校記》,刊於《國立北平圖書館館刊》第十卷第三號,爲便於參考起見,亦略事整理,一併刊發。

【整理者簡介】 劉玉才,北京大學中文系、中國古文獻研究中心教授。

相臺本《周易》校記

孟　森

　　涵芬樓藏相臺本《周易注》，與鐵琴銅劍樓宋本《周易》單注，兩個合校，略存校記如左。

　　相臺本又稱岳本，爲單注本，而略采釋文中音切，附入注後，有句讀，有四聲圈識，是讀本中之善本。宋本則全附《釋文》，惟將王弼注中訓釋之與《釋文》所采諸家，有相同者，則省之，《釋文》本有集解之意，此本采《釋文》略備，其用意不止便讀，且爲治經者之用，此傳刻之用意，微有不同者也。

　　惟此所謂相臺本，已非岳刻原本，蓋有數證：（一）宋諱無一缺筆，與一切宋本書不同。（二）書中有翰林院典簿廳關防，滿漢文皆備，然非武英殿翻刻之祖本。武英殿翻岳本，有高宗御［卿］筆序云，至於收藏家，則《易》、《書》、《詩》蓋同經七八家，而略有異，藏《禮記》者四家，藏《春秋》者三家。今校書中收藏家印章，僅有袁樞之印一章，袁伯應珍藏一章，吳門周公瑕氏一章，滿漢文翰林院典簿廳關防一方。袁樞、袁伯應兩章等大且每册皆並用，自是一人之名字，則合周氏及翰林院典簿廳，不過經三家耳。又歸妹卦首注：少陰而承長陽，承，十行訛“乘”，阮校、宋本、古本、足利本作“承”，岳作“永”，亦“承”之誤。今檢岳亦作“承”，“承”字字體微與上下不類，可知爲翻刻時就原板所修改，與原板相臺本不同，而武英殿翻岳亦作"承"，後又無校語及之，又知武英殿刻相臺本，亦未必相臺原刻，恐與此修改之相臺同一本也。然則雖非即用此一本開雕，猶可據爲用其同式之本。但小過九三註：小過之世。據阮校，十行作"世"，岳作"時"。今此相臺本亦作"世"，殿翻相臺作"時"，而無校改之語，可知殿翻之祖本，正同阮氏所云，而此相臺本，已屬翻刻校改矣。又既濟象注：以既濟爲象者。象，十行誤作"安"。阮校，岳亦作"安"，而錢本、古本、足利本作"象"，宋注疏本作"家"，"家"即"象"之誤，云云。殿翻相臺則校此文云：象，武英殿注疏本作"安"。是祖本又實作"象"，而非阮氏所見之岳本。又歸妹象注：嫁而係姊。"姊"字原誤，殿翻校改作"娣"，而十行阮校則云：岳同十行作"娣"，宋注疏及古本作"姊"。此亦同殿翻祖本，而異於阮據之岳本。又繫辭下"陰卦多陽"注：陰卦一陽。殿翻校改"一"作"二"，十行作"二"，阮無校語。此則今相臺本同殿翻祖本，阮或漏校，未能定其必與今本異也。總之，此相臺本與武英殿所祖之相臺本，阮文達所校之岳本，皆非一本。又宋諱全不避，可斷定爲宋以後一種翻刻，或據紙式、墨色、字體等等，以審定其是宋非宋，此賞鑒家之事，非吾所知。校勘之學，但能從文字中比其同異而已。至瞿氏藏宋單注本，較其孰勝，則瞿藏本發見自來未覩之特色，頗有數端，其爲功於王輔嗣注易之真相者，自大勝於各本，別詳宋單注本校記。_{履九二象注：而志存于王。殿翻校改"王"作"五"，阮校亦云岳作"王"，此則三本皆同。}民國十八年六月十九日，夏曆五月十三日，孟森記。

　　再相臺本刪改《釋文》，絕不存陸氏本色，是固然矣。取義不同，初不足議其優劣，但有一極謬之處，乾九四《釋文》，釋或躍在淵之躍字云：躍，羊灼反。《廣雅》云：上也。上，時掌反。此蓋以"上"爲"躍"字之訓，而又附釋"上"字之音耳。此相臺本改云：躍，羊灼反，上音可意會。所云上音可意會，太無意義，刪改以便童讀，此豈貽示童蒙之道乎？森又記。

遯九四象曰:君子好遯,小人否也。注:音臧否之否也。宋本、十行本皆然,十行但少"也"字,岳本脫去,蓋疑其爲《釋文》耳,其實非也。注蓋與"然否"之"否"字爲別,岳誤而殿翻未校出補正,森又記。

《略例》卷中,待宋本補正者甚多,別詳校宋記。

前校記已成,又思《略例》今不見阮氏校記,而有校記之本,以相臺及瞿藏單注兩本爲善,就校其異同之大有關係者,筆之以便改正成《略例》善本,又成續記如左。

《略例》云者,王弼爲之,非經文所有,注疏十行本不附《略例》。據阮文達十行本注疏《校勘記》序云:元於《周易注疏》,舊有校正各本,今更取唐、宋、元、明經本,經注本,單疏本,經注疏合本,讎校各刻同異,屬元和生員李銳筆之,爲書九卷,別校《畧例》一卷,陸氏《釋文》一卷。云云。蓋阮氏原有《略例》校勘記,但稱別校,不與《周易》經文注疏之校勘記相混而已,後刻注疏乃用十行本,所附校勘記,遂無《略例》校勘。今從讀經之便,兼讀阮氏校勘,不復更求其別校之《略例》。而此相臺本《周易》,與鐵琴銅劍樓宋單注附釋音本《周易》,則皆有《略例》,爲第十卷者,姑不旁求阮氏之別校,就兩本自相對校,可明其各有得失之故焉。

王弼著《略例》,附於所注《周易》經文之後,唐四門助教邢璹爲之注,殿翻相臺本《畧例》考證云:《略例》,今坊刻諸注疏本,皆無此册。案《隋書·經籍志》謂《周易》十卷,蓋併此爲十。此王弼綜一部之大指,括三聖之微言,唐邢璹謂其經緯天地,探測鬼神,信然。岳本考据精詳,附梓卷末。視監本之序目遺闕,字句舛訛,大相逕庭矣。殿刻相臺時之推重此本《畧例》,爲較他本獨勝,然自有宋單注本,則其可以糾正相臺者甚多,備列如左。

《周易略例》卷第十。宋無"卷"字。《釋文》云:或有題爲第十者,後人輒加之耳。蓋謂王弼所撰,本與經文不涉,不應與經文相次序。然可知陸氏所見,止作第十,而著明其爲後人所加,已非王輔嗣原本如是。岳本又加卷字,更與陸所據不同,且岳於前九卷標題俱無"卷"字,今忽添出,自亂其例,不若單注宋本之較爲近古。

《周易略例》卷第十之標題下,宋有注云:略例者,舉釋綱目之名,統明大理之稱。略,不具也;例,舉並也。然以先儒治易二十餘家,雖小有異同,而迭相祖述,惟此王氏所見特殊,故作《略例》二篇,以辯諸家之惑,錯綜文理,具録之也。凡七十一字,岳本既仍用邢注,不應脱此一注。

明爻通變注:人之多辟,己獨取正,其體雖合,志則不同,故曰合散。乾之初九,潛龍勿用,初九身雖潛屈,情無憂悶,其志則申,故曰屈伸。取正,宋作"處正",初九身雖潛屈句,宋不複出"初九"二字,文義皆以宋本爲勝。

明卦適變通爻注:一時有大畜之制,反有天衢之用,一時有豐亨之吉,反有羇旅之凶是也。宋作"一時有大畜比泰之制,反有天衢後夫復隍之用,一時有豐亨之用,反有羇旅之凶也。"岳蓋不顧刑注義理,就其文句,截爲齊整之式,大有無知妄作之病。按此注所釋之《畧例》正文曰:一時之制,可反而用也;一時之吉,可反而凶也。注義謂大畜之上九若反爲陰爻,即山天大畜變爲地天泰。而大畜上九何天之衢亨,泰之上九城後于隍勿用師,自邑告命貞吝,蓋畜極反通泰極反否之謂也。如岳本則不知所云矣,但宋本"豐亨之用",乃涉上句用字而誤,以岳本作"吉"字爲是。"是也"二字,宋無"是"字。邢注本是舉適變通爻可得相反之一例,非以大畜與泰二卦爲限,作"是也"乃合舉例口吻,又以岳本爲長也。

其互有異同,有不能定爲孰優者,亦有岳本實勝者。

《周易略例》序。宋作"《周易略例》並序"。

序中"魯仲尼之論備矣"。宋"魯"作"孔",對周文王,或"魯"字較合。

以上二條,但見文字之異,不能必其孰勝。

序中"至賾隱乎名言"。宋"賾"誤"頤"。一葉前四

明象標題下"王弼"二字。宋"王弼"下衍"注"字,《略例》爲弼所撰,而邢璹爲注。二葉前五

注:動是衆,衆由一制也。宋少一"衆"字。《略例》正文:制天下之動者,貞夫一者也。注:一爲君體,君禮合道,動是衆,衆由一制也。二葉後四

注:必歸於一。宋"必"誤作"心"。二葉後五

注:剛來而得中也。來,宋誤作"柔"。三葉前八

注:忠正之用。正,宋作"貞"。《略例》正文云:夫古今雖殊,軍國異容,中之爲用,故未可遠也。注:古今革變,軍國殊別,中正之用,終無疏遠。以"正"字貼"中"字,"中正"仍是中耳,若作"貞"則添出一義,以岳本爲合。四葉前三

非天下之至賾。賾,宋誤"頤"。五葉前二

注:志懷剛武,爲于大君。宋作"志懷剛武,人爲于大君"。注此文四字爲句,《略例》正文,釋經文"武人爲于大君,志剛也",云質柔愛剛。注云:兑體是陰,是質柔也;志懷剛武,爲于大君,是愛剛也。不當如宋。五葉後八

注:上下雖遠而動者,有其應也。宋無也字,依下文例,當有也字。十葉前五

注:爻有變動在乎應,有應而動,動則不失,若謙之九三,勞謙君子有終吉之例。爻之安危在乎位,得位則安,若節之六四,安節亨之例。失位則危,若晋之九四,晋如鼫鼠貞厲之類是。宋作"爻有變動存乎應,而有應動,動則不失",此"存"字當誤,應如下句作"在","而有應動"句顚舛。"若節之六四安節亨之例"句下多"是"字,亦贅。"晋如鼫鼠貞厲之類是"之下多"也"字。十至十一葉中間

注:陰承於陽順也。承,宋作"乘",上云"陰乘於陽逆也",此復作"乘",誤甚。十一葉前三

注:既得乾意。意,宋作"象",在《略例》爲明象,其文云:故言者所以明象,得象而忘言,象者所以明意,得意而忘象。注云:既得龍

象,其言可忘,既得乾意,其龍可捨。應用"意"字甚明,所謂得意忘象也。十二葉後七

注:棄執而後得之。宋"棄"作"弃","後"作"從"。"棄"字從唐以來避太宗世字諱而改,此不足論。《略例》正文爲得意在忘象,得象在忘言,注棄執爲棄其所執之象與言,得意得象,自在忘象、忘言之後。十三葉後一

注:問其意也。問,宋作"同",《略例》正文"何乎"句,注謂問其意。十四葉後二

注:各守其位。各,宋作"名"。《略例》正文:守位分之任,應貴賤之序者也。注:各守其位,應之以序。十五葉前五

注:所與比者。比,宋誤"此"。上云:比之六三,處二四之間,四自外比,二爲五貞,所與比者,皆非己親,是有所存者也。十六葉前八

注:其在二乎。二,宋誤"一",此注引訟象之王氏原注,原作"二"。十七葉後一

馬維班如。馬,宋誤"焉"。十八葉後三

注:則見咥也。咥,宋誤"至"。十九葉前七

注:不係爲美。"爲"字宋脱。遯九三係遯有疾厲,故云不係爲美。二十葉前五

以上各條乃相臺之實勝宋本者。

相臺《周易》藏涵芬樓,單注《周易》藏鐵琴銅劍樓,余嘗以兩本對校,知相臺本爲非真,南宋單注本則後有秦味經跋,稱此真北宋佳本,亦殊不確。蓋"匪寇昏媾"、"男女構精","媾"、"構"皆已缺筆,則已避高宗諱。坤六四注"施慎",《釋文》"施慎",象辭"慎不慎","慎"皆缺筆,則避孝宗"眘"字嫌名。"敦臨"、"敦艮"之"敦"字不缺,則不避光宗諱,應刊於孝宗之世。惟"慎"字又係仁宗諱"禎"字之偏旁,或不爲孝宗而缺,則至早亦刊於南渡初,北宋本之説決非也。後單注本爲日本影印鋟木,并以余校勘記附後,其與各本并相臺本文字

之異同優劣，業已刊入日本人所鈔單注本。茲以獨勘涵芬、相臺者，尚存篋中，因出而復就正於世焉。

　　宋本書之真僞，以經書爲最難辨。刻經者多，不比他書之動存孤本，雖不真而時代並不相遠。蓋有一善本經書，當時又無所謂版權，翻刻者勢必群起，故相臺之同式經書，且時代不甚相遠者，所在有之，必云此本爲真相臺，則難言之矣。得書亦何必真相臺，若校刻極精，今日亦可得經書佳讀本。且相臺原有謬誤，不關翻刻而然。就余所勘，若《略例》明卦適變通爻注中一則，其謬已甚，得宋單注本而證改之，庶爲相臺補過。此並非翻相臺之過，岳氏已誤於原刻時矣。以倦翁之精審，尚不免有失，欲爲經書成一毫髮無憾之讀本，實非易事。近有議刻相臺本諸經者，縱能盡得相臺祖本，不知祖本中亦有紕繆存也。特發表是記以預誡之。丙子長夏，心史再記。

《爾雅》校譌

松崎慊堂撰　劉玉才整理

卷　上

釋詁注肧胎　肧,舊譌"胚",今據大字本訂正。以下凡經注補正處,不云據某本者,皆同。　**注皆大**　大,譌"夫"。　**注猶耆**　耆,譌从目。　**注詩傳**　詩,譌"左"。　**毅**　阮元云:"毅"當爲衍文。段玉裁云:注當以果毅釋果猶,以陵犯夸奢釋犯釋夸也。　**注卜畀**　阮云蓋誤倒。　**晧**　譌"皓"。　**禕**　《説文》有从衣之"禕",無从示之"禕"。此本从衣不誤,大字本从示非。　**孌**　譌"燮"。　**搜**　原刻从木,今據《釋文》。　**阮阮**　鄭樵云:"阮阮"重文,經典所無,疑衍一字。阮云:疑一即作坑。　**頮**　大字本作"積"。　**注戮逐**　阮云"戮"字注已詳之,邢《疏》亦云"逐"者,郭氏未詳,"戮"字當衍。翟灝云一本但云"逐未詳",無"戮"字。　**注事務以相**　阮云四字衍文。**注多惰愉**　多,譌"怠"。　**注瘑**　譌"癠"。《一切經音義》引作"瘑",今姑據大字本。　**注力者**　阮云"者"當衍。　**注迨**　譌"治"。　**祗**　譌"祇"。　**底**　譌"底"。注"戾底"及下注"將底"同。　**注此義**　脱"此"。　**鞫訩**　阮云鞫詁盈,訩詁訟,不詁盈,此郭氏因引《詩》"降此鞫訩"正文,遂衍"訩"字。　**注按也**　邵晉涵云宋本無"按也"二字,《疏》云"按抑替廢皆止住"也,亦與宋本同。　**注詩傳**　阮云

據《疏》“傳”字衍。　　**注頸道**　阮云“頸”上當補“道”字。　　**注天畏**
大字本“畏”作“威”。　　**注貫忕**　譌“忧”,今據單疏本。　　**棲**　譌
“捿”。　　**郡**　段云“郡”當爲“郱”之誤。案,郱、仍、迺、乃皆一音之
轉,經傳未見訓郡爲乃者。　　**覛**　譌“顧”,注同。　　**使從也**　原刻
“使從”誤倒,今正。　　**注摰縮**　縮,譌“緒”。　　**釋言注傳**　譌“轉”,
今據繪圖本及鄭樵所引本。　　**注爲侈**　侈,譌“恀”。　　**注無幠**
幠,譌“憮”。　　**注揚側**　揚,譌“楊”。　　**征**　譌“征”。　　**注戰慄**
慄,譌“悚”。　　**注褌筏**　“褌”原刻作“褌”,今據《集韻》。**龕**大字本作
“龕”。　　**注者繫**　原刻空“繫”字,今據各本補。　　**飫**　譌“飮”。**注**
得自　自,譌“洎”。　　**注請事**　請,譌“謂”。　　**茮**　譌“蕭”,注
同。　　**廦**　譌“廦”。　　**注溎沆**　譌“海流”。　　**刖**　譌“別”。　　**注枕**
凷　疏云當作“王”。　　**注糜也**　糜,譌“糜”。　　**蠹**　大字本作“蠹”,
下同。　　**釋訓萌萌**　《釋文》“萌萌”字或作“茵”。嚴杰云據《説文》、
《玉篇》所引當作“茵”。　　**庚庚**　譌“瘦瘦”。　　**民協**　民,譌
“氏”。　　**注鳳凰**　凰,譌“鳳”。　　**注興頌歌**　興,譌“與”。　　**注恨**
士　恨,譌“悢”。　　**注侵削**　削,譌“則”。　　**注窮迫**　迫,譌“迪”。
注可待　待,譌“特”。　　**注公羊**　公,譌“兑”。　　**注戰竦**　竦,譌
“竦”。　　**穫**　《釋文》本亦作“鑊”,又作“濩”。按,據《五經文字》,作
“濩”者爲正,今姑依舊。　　**拇**　譌從木,注同。　　**辟**　據《音釋》作
“擗”。　　**釋親注曰考**　考,譌“孝”。　　**注妹爲媦**　妹,譌“妹”。
注不窋　窋,譌“窟”。　　**注兄鐘**　大字本同,各本皆作“鍾”。　　**女**
妹　袁廷檮據《禮記·昏義》“和於室人”注,室人謂女姒、女叔諸婦
也。云“女妹”當作“女叔”。夫弟爲叔,故女弟爲女叔,以經作女叔,
故注云今謂之女妹是也。若經作女妹,郭氏必不如此下注矣。

卷　中

釋宮坫端　端,大字本作“瑞”。　　**注楎簆**　楎,譌“揮”。　　**開**　譌
“關”,《音釋》不誤。　　**注南鄉**　鄉,譌“卿”。　　**所以止扉謂之閎**

《釋文》：閎，本亦作"閣"。按，據《説文》、《廣韻》，作"閣"者是也。**壼**　大字本作"壺"。　**注石絶水**　石，譌"右"。　**注堂皇**　皇，大字本作"埕"，皇、埕古通。　**釋器鐯**　《釋文》亦作"槠"。嚴云《説文·木部》"槠"下云斫謂之槠，知舊本從木。　**飾**　譌"餙"。　**黼領**　黼，譌"黼"，注同。　**縳**　譌"縛"。　**苫**　譌"苦"。　**觷**　譌"斛"。鋑，譌"鋑"。　**釋樂注捆**　譌"桐"。　**注擽之**　譌"櫟"。　**釋天默**　譌"從弋"。　**赤奮若**　下當空一行，與前四行歲陽同等，題歲陰二字，《石經》以下諸本皆脱。○案，《史記·曆書》焉逢攝提格元年，《索隱》曰：《爾雅·釋天》云歲陽者甲乙丙丁戊己庚辛壬癸十干是也，歲陰者子丑寅卯辰巳午未申酉戌亥十二支是也。歲陽在甲，云焉逢謂歲干也；歲陰在寅，曰攝提格謂歲支也。此唐司馬貞時歲陰二字與歲陽二字儼存也。自開成石刻脱此二字題，而後唐長興二年所刊《編注十二經》，一依開成本，宋初遂以長興本頒行天下，收向日民間寫本不用，於是後來各本皆脱。今補此二字，而後一行載歲也以下十六字嫿如列眉。余十七年前刻是本時，既以是説置於《挍譌》中。近日西舶載來郝氏《爾雅義疏》，依臧氏《爾雅漢注》直補二字，其説亦甚備。　**注孟陬**　陬，譌"取"。　**謂之津**　阮云"謂"字後人所加。　**注秏秏**　大字本作"秏秏"。　**注檐鼓**　檐，當作"擔"，然據《群經音辨》、《字林》木旁檐訓負，今不輒改。　**注埽彗**　埽，譌"埽"。　**注埋藏**　藏，譌"識"。　**注止風**　止，譌"上"。　**注交龍**　交，譌"蛟"。　**釋地注一目一鼻一孔**　"一目"二字脱，今據各本補。"一孔"之"一"字疑係後人妄增，李善注《文選》引無"一"字，阮氏以爲是。　**坰**　譌从回。　**注陂陀不平**　陂，譌"阪"。平，譌"乎"。　**田一**　譌"里"。　**注菑畬**　菑，譌"箔"。　**濮**　譌"渫"。**注日下**　上衍"日"字，今刪。　**注去也**　也，譌"地"。　**注氾也**　氾，譌"地"。　**釋丘注高堆**　堆，譌"升"。　**注塍埒**　塍，譌"睦"。**注社亡**　亡，譌"云"。　**釋山注嵩高**　高，譌"尚"。　**注有水者**　脱"有"。　**釋水瀾**　譌"瀾"。　**灡**　上作"灡"，下及注作"瀾"，與大字本合。《釋文》、補刊本經注並作瀾,元本、閩本作瀾,今依舊。臧琳曰《說文》大波爲瀾。瀾,潘也,潘,淅米汁也。義別《釋文》。作“瀾”是聲借字。　**注言俓**　言,譌“有”。　**注謂濟**　謂,譌“渭”。　**注沙壤**　壤,譌“壞”。

卷　下

釋草椵　譌“椵”,《音釋》同。　**注日及**　《釋文》出“爲日”,云人逸反,“日”上有“爲”字。　**注荏類**　荏,譌“桂”。　**注零陵人祖日貫之**　段云中山經寇脱郭注,作“植而日灌之”,祖貫即“植灌”形聲之譌。　**注草生**　草,本或作“多”,今依舊。　**注苴麻之有虈**　譌“苴麻之言虈”。　**注味酢**　味,譌“未”。　**注下淫**　淫,譌“淫”。　**注門冬**　冬,譌“冬”。　**蕭**　譌“篇”。　**莘**　譌“萍”。　**注如藜**　藜譌“藜”。　**注蕒斷**　單疏本“蕒”作“續”。　**注上壤**　譌“土壤”。　**橫目**　橫,譌“橫”。　**注鼓箏**　箏,譌“華”。　**注麥句**　句,譌“曰”。　**盜庚**　庚,譌“庚”。　**注華小**　華,譌“草”。　**莖藸**　藸,譌“藸”。　**赤枹**　枹,譌“袍”,注同。　**蘪從水生**　阮云:按,“生”字疑衍。此“蘪從水”與下“薇垂水”文一律,此注“生於水中”與下注“生於水邊”文亦一律。因經無“生”字,故注云生於水中,今本蓋因注誤衍,覺注爲贅矣。　**注今南方**　脱“今”。　**銚弋**　弋,譌从戈。　**注糾青**　糾,譌“所”。　**芺**　譌“芺”,注同。　**葭華**　阮云“華”當作“蕐”字之誤也,李善注《文選》引《爾雅》云“葭蕐”也,是唐初本不誤。　**注蒹薍**　蒹,譌“蒹”。　**注未聞**　聞,譌“開”。　**注茭茭**　臧云疑衍一“茭”字。○案,鄭樵注本引不複“茭”字,當據正。注疏本妄依《說文》改作芰芰,殊不知藕紹緒自名茭,而不名芰。《玉篇》“茢,蔽也,江東人呼藕根爲蔽”,與郭義合,而阮氏以“芰芰”爲是,誤矣。　**釋木注嵼曰**　曰,譌“曰”。　**椵柀**　椵,譌“椵”,注同。　**注槲樕**　槲,譌“檞”。　**注細栗**　栗,譌“粟”,下“栭栗”同。　**注柜柳**　柳,譌“枰”,大字本作“柳”,今據李元陽注疏本。　**注先殫**

殫,譌"彈"。　　注短苦　苦,各本作"味",然《説文繫傳》引此注亦作"苦",今不輒改。　　守宫　宫,譌"官"。　　注岐銳　岐,譌"岥",下同。　　注其上竦　大字本無"其"字,正德本作"具"。○按,"其"當爲"甚",形似之誤耳。　　釋蟲注蚰蜒　蜒,譌"蜓"。　　蟯蟯　譌"蟯蟯",《音釋》同。　　蜋　譌"蜋"。　　注蠲蚼　蚼,譌"蚼"。　　注阜螽　螽,譌"蟲"。　　注蟒蟒　譌"蟒蟒"。　　蟷蜋　蟷,大字本作"螳"。　　注蠶蛹　"蛹",譌"蝚"。　　注故曰　故,譌"放"。　　注蟻蚱　蚱,譌"蚱"。　　畫　阮云"畫"字於六書皆不合,以諧聲求之,當是作"蠱",从蚰棗聲,與《説文》"蚍蠱"同字。　　蚨蝎　蝎,譌"蝎",注同。　　鑮　譌"鑮"。　　釋魚注鱄魚似鱒　鱄,譌"鱄"。似,譌"以"。　　注白鰷　鰷,譌"鰷"。　　注鱏子　鱏,譌"鱏"。　　注子予　譌"子子"。　　注去蚑　蚑,譌"蚊"。　　注大苦　苦,譌"若"。　　注玉珧　玉,譌"王"。　　蜥蝎　蝎,譌"蝎"。　　注獼猴　獼,大字本作"獼",閩本作"獼"。　　注盡似　盡,譌"畫"。　　注觜蠵　蠵,譌"觜",下同。　　注曲折　折,譌"析"。　　注張閉　閉,譌"閑"。　　釋鳥注烏鳴窗鳴　鶂,譌"鳴"。　　注鸚雀　鸚,譌"鸚"。　　鵒　譌"鵒",注同。　　注鵒鶌　鵒,譌"鵒"。　　注鶌也　鶌,譌"鶌"。　　注以有　以,雪窻本作己。○案,以、己古通。　　鷇　譌"鷇"。　　注頭上　上,譌"比"。　　牝庫　庫,譌"痺"。　　注憨急　敢,譌"憨"。　　注睫攡　攡,大字本作"欐"。　　注白鵠　鵠,譌"鵤"。　　注入地　大字本"入"上有"穴"字。　　鵙　譌"鵙",下同。　　注鶌鶋　鶋,譌"鶋"。　　釋獸注呼猍　單疏本作"猍",大字本作"狶"。　　注反踵　反,譌"及"。　　注似獼猴　似,譌"以"。　　注好奮迅　好,譌"如"。　　卬　譌"卬"。　　注尾末　末,譌"未"。　　狀如　脫"如"。　　注鼢鼠　鼢,譌"鼩",今據《釋文》。　　注音雀　雀,譌"瞿",亦據《釋文》。　　顋　譌"顋",注同。　　注山中　中,譌"顋"。　　注嚼之　嚼,譌"爵"。　　注鼓鰓　鰓,譌"鰓"。　　釋畜注但尾　但,譌"俱"。　　注載星馬　載,大字本

作"戴"。　**注漫臚**　臚,大字本作"軈"。　**騉牝驪牡**　雪窻本作
"騉牝驪牝"。臧云:《爾雅》以"驪牝"釋《詩》"騉牝",《釋文》"騉牝,
頻忍反,下同",指下"驪牝"之"牝"也。今本作"驪牡",誤甚。　**注**
駁馬　駁,譌"駮"。　**注背脊**　背,譌"脊"。　**注徐聞**　聞,譌
"間"。　**魏牛**　魏,據《音釋》作"犚"。　**注懷牛**　懷,譌"憁",下
同。　**注豎角**　豎,譌"堅"。　**牭**　譌"牫",《音釋》同。　**報**　譌
"報"。　**注音練**　"練"下衍"也"字,今刪。　**注爲駐**　駐,大字本
作"龍"。　**注害狗**　《公羊傳》作"周狗",阮云"害","周"之誤字也,
字形相似。　**注尚書孔氏傳曰狗高四尺曰獒即此義**　大字本、單疏
本無此十五字。段云此非郭注,後人所附益。○案《尚書》僞孔傳東
晉之初已傳于世,郭氏親見之矣,故《釋詁》"徯待也"注及《釋鳥》"鳥
鼠"注并引僞古文孔傳,可以證也。段氏獨至此注確然定爲後人所
附益,未知何所據,恐失考。

卷上音釋

寈咎　咎,譌咎,今據元版注疏本正,惠補刊本下,音釋皆同。　**被褫**
皆譌从衣。　**覛**　譌"頯"。　**隓**　譌"隳"。　**饋**　譌"餉"。　**廞**
譌"瘶"。　**毖畏**　誤倒,今姑依舊。　**慔**　譌"愺"。　**鍠**　譌
"鑅"。

卷中音釋

　千結　千,譌"于"。　**楔**　譌"禊"。　**宋亡**　亡,譌"云"。　**斛**
譌"斗"。　**飻**　譌"餓"。　**笭**　譌"笒"。　**篁**　譌"篔"。　**袀**　譌
从衣。　**古曠**　古,譌"士"。　**旄**　譌"芼"。　**虛墟**　墟,譌
"虛"。　**嶍**　譌"嶜"。　**峐**　譌"峐"。

卷下音釋

　椴段　段,譌"叚"。　**蔏商**　譌"商"。　**皤**　譌"皤"。　**力果**

力,譌"方"。　　藕　譌"藹"。　　亡岡　亡,疑"古"字之誤。　　于閑

于,譌"子"。　　蚰縣　縣,譌"縣"。　　步佳　佳,譌"住"。　　鳶汯

汯譌"玄"。　　歇問　問,譌"門"。　　許靳　靳,譌"靳"。

　　此本係北宋仁宗時刻版,南宋高宗時補刊。　　敬、驚、弘、殷、
匡、胤、玄、朗、恒、楨、貞、禎、徵等字皆缺筆,其係補刊者版心各有重
刊、重開記,又"桓"、"遘"二字缺筆,餘"溝"、"購"等字及"桓"字係原
刻者,皆不缺筆,此可證也。　　原本京師大醫某君所藏,亡友狩谷卿
雲借鈔,極精。余病有宋以來此經滅裂,欲訂一本以貽後學,顧世無
善本,忽睹是本,急請卿雲獲之。入刻有年,所未敢出以問世者,猶
恐其有訛脫也。後又得室町氏時翻刻大字本,蓋所謂蜀本也。　　每
半葉八行,行十六字。注雙行,行廿一字。　　詳攷其體貌,蓋與是本
後先所刻,亦有南宋孝宗時補刊。　　帝諱缺筆皆與是本同,其係補
刊者,桓、遘、慎三字皆缺筆,餘"溝"、"購"等字及"桓"、"慎"二字係
原刻者,亦不缺筆。　　其字豐肥,雖異是本之謹肅,至其源流實同。
故據以訂正,參以元明諸本。其訂正異同處,旁施黑點,仍作《挍譌》
附末簡,庶存是本之舊,使讀者兼知二本之同異也。是本每卷末有
《音釋》,不審誰氏所作。　　案,晁公武《讀書志》曰《爾雅》有釋知騫
及陸朗釋文,毋昭裔以一字有兩音或三音,後學生疑,於呼讀釋其文
義最明者為定,有《爾雅音略》三卷。今此《音釋》雖零星數紙,亦分
為三卷。或係《音略》舊本歟?但毋昭裔乃孟蜀宰相,而大字本不載
是音,則大字本亦第宋本,而非蜀本也歟?　　大字本所不載,但元明
諸注疏本及無名氏本皆收之,繪圖本亦取附經文各處下,頗有異同,
因取各本訂正,以次合附卷末,所以便于檢閱也。若夫結字點畫不
正者,余自有訂定經本在,故一依是本之舊云。天保甲辰春月,益城
松崎復識,時年七十有四。

　　昔謀此刻時,沼田藩士堀田筠庭光長縮其俸金一鎰所資,故

是刻不踰時而成。顧太樸不可即用,挍以十餘本。予性寬緩,卒業太晚,久曠筠庭之高誼。又吾七十以後衰病相仍,學子渡邊魯、山井璞出入持養,無所不至,小間則侍筆,此挍所載如段玉裁、阮元、郝懿行諸説,皆其所録入,其功兩不可忘,因得連綴而書。復又識。

【整理後記】:《縮刻唐石經》之外,松崎慊堂又據狩谷棭齋影鈔宋十行本《爾雅》爲底本,校以日本覆刊宋蜀大字本及元明諸本,於其校經山房梓行宋本《爾雅》。書後附有《校譌》,依《唐石經校譌》之例,考訂異文,引述清儒校勘成果,間下取捨按斷。松崎慊堂所刊宋本《爾雅》及其《校譌》因流傳不廣,甚少爲已刊著作稱述,故此將《校譌》輯出,略事整理,以饗學界。

【整理者簡介】　劉玉才,北京大學中文系、中國古文獻研究中心教授。